軍縮問題入門

〔第5版〕

ISSUES IN DISARMAMENT : AN INTRODUCTION 5th ed.

日本軍縮学会

■編■

東信堂

はしがき

国際社会において紛争の被害を低減するには、紛争の発生自体を防止することが最も効果的であり、かつ重要であることは言うまでもない。しかし、主権国家によって構成される現代の国際社会では、国家間の対立を完全に解消することは不可能である。そうであれば、紛争解決のメカニズムを構築し、それでも紛争が不可避であるなら、武力行使に一定のルールを設けて残虐性を抑制するというアプローチが求められる。その一つが、兵器の規制と制限を行う軍縮・不拡散という政策である。軍縮・不拡散は、平和と安全保障の土台を構成し、私たちの社会の未来に直結する重要な政策分野である。

『軍縮問題入門』は、黒澤満日本軍縮学会初代会長（大阪大学名誉教授）が編著者としてその初版を1996年に刊行されて以来、第4版まで版を重ねてきた。そして、本書『軍縮問題入門（第5版）』は、日本軍縮学会の事業として黒澤先生より企画・編集を引き継ぎ、本学会会員が中心となって、非会員の専門家にもご協力を賜りつつ編纂した。

本書は旧版から引き続き、軍縮・不拡散の歴史的背景と現状を包括的かつ分かりやすく解説することを目的とし、核兵器にとどまらず生物・化学兵器や通常兵器を含め、主要な国際条約や政策枠組み、国際社会の挑戦と成果を取り上げている。第4版が刊行された2012年から軍縮・不拡散をめぐる動向は大きく変容しており、大国間の競争の激化や新興国の台頭といった地政学的要因に加え、人工知能（AI）の応用、宇宙空間やサイバー領域での技術革新が重なり、現代の国際社会における平和と安全保障はかつてないほど多様で複雑な課題に直面している。第5版では、そうした新たな課題についても取り上げた。また、軍縮・不拡散は国家レベルの政策ではあるが、同時に市民社会の役割もますます重要になっている。例えば、「核兵器のない世界」の実現は、最終的には私たち一人ひとりの理解と関与にかかっている。本書では、政府の動きに加え、市民社会（NGO）や軍縮教育が軍縮の推進にどのように貢献してきたかについても触れている。旧版と同様に第5版でも、本文中の重要な用語は太字にし、巻末に用語解説を付した。また、さらに学習・研究を進めたい方のために、主要な文献を各章ごとに案内している。

『軍縮問題入門』編集委員会委員長の不手際などもあり、当初の予定から大幅に遅れての刊行になった。その間に、「最終稿」からさらに加筆修正を依頼せざるをえなくなるなど、執筆者を含め本書に携わってくださった多くの方に多大なご迷惑をおかけしたことを、心よりお詫び申し上げたい。そうしたなかでも最後まで執筆にご尽力くださった皆様、編集作業において多大な労力を割いてくださった東信堂の下田勝司様および下田勝一郎様、そして『軍縮問題入門』を最初に世に送り出してくださった黒澤満日本軍縮学会初代会長に深く感謝したい。

軍縮・不拡散は一見難解で遠いテーマのように感じられるかもしれないが、本書がその扉を開く一助となり、ある人にとっては平和で持続可能な未来について考える最初の一歩に、そして他の人々にとってはさらなる理解を深めるきっかけとなれば幸いである。

2025年1月

『軍縮問題入門』編集委員会

目次／軍縮問題入門〔第５版〕

軍縮関係略語表

略語	正式名称	和名
ABM	Anti-Ballistic Missile	弾道弾迎撃ミサイル
AG	Australia Group	オーストラリア・グループ
ASBM	Air-to-Surface Ballistic Missiles	空対地弾道ミサイル
ATT	Arms Trade Treaty	武器貿易条約
BCC	Bilateral Consultative Commission	2国間協議委員会
BMD	Ballistic Missile Defense	弾道ミサイル防衛
BWC	Biological Weapons Convention	生物兵器禁止条約
CBM	Confidence-Building Measures	信頼醸成措置
CCW	Convention on Certain Conventional Weapons	特定通常兵器使用禁止制限条約
CD	Conference on Disarmament	軍縮会議
CFE	Conventional Armed Forces in Europe	欧州通常戦力(条約)
CMC	Cluster Munition Coalition	クラスター弾連合
COCOM	Coordinating Committee for Multilateral Export Controls	対共産圏輸出規制委員会
COPUOS	United Nations Committee on the Peaceful Uses of Outer Space	宇宙空間平和利用委員会
CPGS	Conventional Prompt Global Strike	通常即時グローバル打撃
CTBT	Comprehensive Nuclear-Test-Ban Treaty	包括的核実験禁止条約
CTR	Cooperative Threat Reduction	協調的脅威削減計画
CVID	Complete,Verifiable and Irreversible Dismantlement	完全で検証可能で不可逆的な解体
CVR	Community Violence Reduction	コミュニティ暴力削減
CWC	Chemical Weapons Convention	化学兵器禁止条約
DDR	Disarmament, Demobilization, Reintegration	武装解除・動員解除・社会復帰
ENDC	Eighteen-Nation Committee on Disarmament	18カ国軍縮委員会
ERW	Explosive Remnants of War	爆発性戦争残存物
FMCT	Fissile Material Cut-Off Treaty	兵器用核分裂性物質生産禁止条約
GGE	Group of Governmental Experts	政府専門家グループ(会合)
GLCM	Ground-Launched Cruise Missile	地上発射巡航ミサイル
GBV	Gender-Based Violence	ジェンダーに基づく暴力

HCOC	Hague Code of Conduct against Ballistic Missile Proliferation	弾道ミサイルの拡散に立ち向かうためのハーグ行動規範
HGV	Hypersonic Glide Vehicle	極超音速滑空体
IAEA	International Atomic Energy Agency	国際原子力機関
IANSA	International Action Network on Small Arms	国際小型武器行動ネットワーク
ICAN	International Campaign to Abolish Nuclear Weapons	核兵器廃絶国際キャンペーン
ICBL	International Campaign to Ban Landmines	地雷禁止国際キャンペーン
ICBM	Inter-Continental Ballistic Missile	大陸間弾道ミサイル
ICJ	International Court of Justice	国際司法裁判所
ICRC	International Committee of the Red Cross	赤十字国際委員会
ICT	Information and Communication Technology	情報通信技術
IHR	International Health Regulations	国際保健規則
IMS	International Monitoring System	国際監視制度
INF	Intermediate-Range Nuclear Forces	中距離核戦力
IPNDV	International Partnership for Nuclear Disarmament Verification	核軍縮検証のための国際パートナーシップ
IRBM	Intermediate-Range Ballistic Missile	中距離弾道ミサイル
ITI	International Tracing Instrument	トレーシング国際文書
JCPOA	Joint Comprehensive Plan of Action	包括的共同行動計画
LAWS	Lethal Autonomous Weapons Systems	自律型致死兵器システム
MAD	Mutually Assured Destruction	相互確証破壊
MIRV	Multiple Independently-Targetable Reentry Vehicle	複数個別誘導弾頭
MNWC	Model Nuclear Weapons Convention	モデル核兵器禁止条約
MTCR	Missile Technology Control Regime	ミサイル技術管理レジーム
NAM	Non-Aligned Movement	非同盟運動
NATO	North Atlantic Treaty Organization	北大西洋条約機構
NMD	National Missile Defense	本土ミサイル防衛
NPR	Nuclear Posture Review	核態勢見直し
NPT	Nuclear Non-Proliferation Treaty	核兵器不拡散条約
NSA	Negative Security Assurances	消極的安全保障
NSG	Nuclear Suppliers Group	原子力供給国グループ
NST	Nuclear Space Talks	核・宇宙交渉

NTM	National Technical Means of Verification	自国の検証技術手段
OEWG	Open-Ended Working Group on security of and in the use of information and communications technologies	サイバーセキュリティに関する国連オープンエンド作業部会
OPANAL	Organismo para la Proscripción de las Armas Nucleares en la América Latina y el Caribe	ラテンアメリカ核兵器禁止機構
OPCW	Organisation for the Prohibition of Chemical Weapons	化学兵器禁止機関
OSI	On-Site Inspection	現地査察
PAROS	Prevention of Arms Race in Outer Space	宇宙の軍備競争防止
PNET	Treaty on Underground Nuclear Explosions for Peaceful Purposes	平和目的核爆発条約
PoA	Programme of Action	小型武器･軽兵器の非合法取引の防止、除去、撲滅に向けた小型武器行動計画
PPPs	Potential Pandemic Pathogens	パンデミックになる潜在性のある病原体
PPWT	Treaty on Prevention of the Placement of Weapons in Outer Space and of the Threat or Use of Force Against Outer Space Objects	宇宙兵器配置禁止条約
PSI	Proliferation Security Initiative	拡散に対する安全保障構想
PTBT	Partial Test Ban Treaty	部分的核実験禁止条約
SALT	Strategic Arms Limitation Talks	戦略兵器制限交渉
SALW	Small Arms and Light Weapons	小型武器・軽兵器
SDI	Strategic Defense Initiative	戦略防衛構想
SLBM	Submarine Launched Ballistic Missile	潜水艦発射弾道ミサイル
SLCM	Sea-Launched Cruise Missile	海洋発射型核巡航ミサイル
SORT	Treaty Between the United States of America and the Russian Federation on Strategic Offensive Reductions	戦略攻撃能力削減条約(モスクワ条約)
START	Strategic Arms Reduction Treaty	戦略兵器削減条約
TLAM-N	Tomahawk Land Attack Missile-Nuclear	トマホーク巡航ミサイル核攻撃型
TMD	Theater Missile Defense	戦域ミサイル防衛
TPNW	Treaty on Prohibition of Nuclear Weapons	核兵器禁止条約
TTBT	Threshold Test Ban Treaty	地下核実験制限条約
UAV	Unmanned Aerial Vehicle	無人飛行体(航空機)
UNDC	United Nations Disarmament Commission	国連軍縮委員会

UNMOVIC	United Nations Monitoring, Verification and Inspection Commission	国連監視検証査察委員会
UNSCOM	United Nations Special Commission	国連イラク特別委員会
USAMRIID	U.S. Army Medical Research Institute of Infectious Diseases	米陸軍感染症医学研究所
WHO	World Health Organization	世界保健機関
WMD	Weapon of Mass Destruction	大量破壊兵器

軍縮問題入門〔第5版〕

序　章
軍縮の現状と課題

秋山信将

本章のねらい

本章では、現代の国際社会における軍縮、軍備管理、不拡散の展開を歴史的に概観しながら論点を提示し、それによって第1章以降において個別の問題の検討に入るための導入とする。まず、主権国家システム形成後の国際社会において、紛争を回避し、あるいは紛争による被害を抑制するため、そして平和を維持するなかで兵器の規制という政策がどのように生まれてきたかを概観し、本書で扱う武器の規制措置としての軍縮、軍備管理、不拡散など擁護の定義を述べる。そのあと、多国間の軍縮について核兵器その他の大量破壊兵器、通常兵器の軍縮のための諸機関の発展、そして米ソ（のちに米ロ）の核軍備管理・軍縮交渉の展開について概観する。次いで冷戦の終焉に伴い、米ロ関係の変容に伴う軍備管理関係の変化がもたらされ、ならず者国家や非国家主体などアクターの多様化およびそれに伴う拡散問題の深刻化とそれに対処するための新たな政策措置、技術の進歩に伴う新たな軍縮アジェンダの出現について論じる。また、市民社会の役割やジェンダーの視点、軍縮・不拡散教育といった視角を提示する。

第1節　戦争、平和、兵器の規制

1　国際社会と兵器の規制

人類の歴史は、戦争と平和、そして技術の進歩の歴史であると言っても過言ではない。人々は、個人の、あるいは自らの所属するコミュニティの利益を追求し、それらをめぐり時にお互いに衝突しあう。銃火器や飛行機の発明、そして核分裂技術の応用と、技術の進歩に伴って武器が発達するにつれ、衝突は大規模化し、凄惨さを増していった。今や戦争の影響は、当事国に留まらず第3国や地球環境への波及も懸念される状況になっている。

紛争の歴史は、同時に紛争を回避するための取り組みの歴史でもある。**主権国家**間には、領土、経済的権益、政治的独立、自国民の保護などをめぐり、潜在的に様々な争いが存在しえる。現代の国際社会においては、そのような紛争を回避するために、2国間や多数国間での条約や協定など、国際的な取り決めやルールによってあらかじめ紛争を回避する手立てを講じる。

国際連合（国連）憲章は、一般的に武力による威嚇又は武力の行使を禁じている（第1章第2条4項）。また、国連憲章に違反して不法な武力行使を行った国に対しては、これら国家の行為によって紛争が生じた場合の解決方法や、非軍事的および軍事的な制裁措置について規定している（第6章および7章）。

しかし、国連憲章は、このような取り決めによっても対立が解消されず武力攻撃が発生した場合の一般的な武力行使禁止の例外として、安全保障理事会が必要な措置を取るまでの間の個別的又は集団的自衛権の行使を認めている（第51条）。取り決めを守らせる、あるいは取り決めの実施を強制する中央権力が存在しない**「アナーキー」な国際社会**においては、主権国家が自国の存続や自国の利益を守る究極的な手段として武力の行使は排除しえない。また、このような自衛の目的のために軍事力を保持することは、相手国からの攻撃を抑止するための手段でもある。

主権国家の国益を確保する手段としての武力の行使（すなわち戦争）を完全に禁止することや、戦争を不可能とするために軍備を完全に撤廃することが困難であるならば、武力行使のルールを定めることによって戦争による被害や戦争の拡大を抑制すべきであろうとの考え方が生まれる。こうして武力行使に係るルール、**戦時国際法**が形成されていった。そうしたルールの中には、非人道性の観点からの特定兵器の禁止も含まれる。

また、兵器規制の動機については、このような人道的な観点からだけでなく、安全保障的な視点から見る必要がある。自国の安全を確保するための軍事力の強化は、他国にとっては不安の増大につながり軍事力の強化を招く。このように双方が「**セキュリティ・ジレンマ**」の状態に陥り際限のない軍拡競争が繰り広げられることを回避し、両者の勢力を均衡化し関係を安定化させることを目的とする場合や、多くの国が兵器を所有することによって国際的、地域的な安全保障環境が悪化することを避けることを目的とすることもある。

2　兵器の規制へのアプローチ：軍縮、軍備管理、不拡散

兵器の規制にはいくつかのアプローチがある。大きく分けると、軍縮（disarmament）、軍備管理（arms control）、不拡散（non-proliferation）である。

軍縮という概念は、もともとは1国の武装解除、あるいは戦争を困難にする程度にまで軍備を縮小することを意味したが、現在では特定の兵器を削減あるいは全廃することや兵力を削減することも含まれる。完全な武装解除や軍備の撤廃に至らないような軍備管理などの規制措置も包括する用語として使用されることもある。

軍備管理は、特定兵器の使用、配備、保有、製造、開発などを禁止、制限、削減もしくは廃棄することである。また、それらの約束を守らせるための検証や査察、さらには偶発的な危機を回避するためのホットラインの設置といった信頼醸成措置も含まれる。これらの措置は、軍備を廃絶するためのものというよりは、関係国間の軍備と軍備に係る行動を規制して勢力均衡を図り、それによって国家間の関係を安定化させることを主眼に置いている。1960年代以降、米ソの対立が激化し核軍拡が深刻化する中、両国間で核戦力をめぐり軍備管理が行われるようになった。目的はあくまで国家間関係の安定と危機管理であり、軍備の制限と言ってもそれは必ずしも削減を意味するわけではなく、場合によっては均衡を得るために軍備の拡張が許容される場合もある。

軍備管理と軍縮は、相互互換的に使われる場合もある。例えば、1922年にワシントンで合意された、大国間の海軍の艦船保有量を定めた「海軍軍備制限

のための条約」は、日本ではワシントン海軍「軍縮」条約と通称されるが、実質的には、各国の海軍の保有比率を設定することにより、大国間の安定を図るという、軍備管理の色彩の強い条約であった。

不拡散（あるいは拡散防止）とは、ある特定の兵器を保有する国、そして場合によっては非国家主体の数を増加させないこと（あるいは増加を防止すること）である。兵器の保有国が増えることを水平拡散、すでに保有している国における量的、質的増加を垂直拡散というが、通常、「拡散」と言えば水平拡散を意味する。不拡散のための措置は、兵器を取得するための活動、すなわち開発、製造、保有、譲渡、購入、盗取などと、兵器の取得を助長するための活動、すなわち移転、売却、譲渡、あるいは製造の支援などを禁止・規制するものである。加えて、兵器の開発や製造に必要な技術や資機材の移転を規制する輸出管理や、民生用途の物資の軍事転用を監視、差し押さえするなどの措置がある。

3　現代国際社会における兵器の規制の歴史

主権国家の概念が確立し、産業革命以降の技術革新と工業化の中で兵器の破壊力や残虐性が高まった近現代の国際社会において、兵器の規制はどのように展開してきたのだろうか。

1868 年のサンクト・ペテルブルク宣言において、戦争の唯一正当な目的は敵国の軍事力を弱体化させることであり、戦闘外の者の苦痛を無益に増大させたり死に至らしめたりすることは人道の法則に反するとの原則が提唱された。1899 年に開催された第 1 回ハーグ平和会議では、非戦闘員の保護を目的とするハーグ陸戦条約や「国際紛争の平和的処理に関する条約」などが採択されたが、それと合わせ、人員に不必要な苦痛を与えるとして**ダムダム弾**の使用を禁止する宣言、毒ガスの使用の禁止に関する宣言が署名された。

しかし、1914 年から 18 年にかけて戦われた第 1 次世界大戦では、塩素ガスやホスゲンなどの窒息剤、マスタードなどのびらん剤といった化学兵器が大量に使用され、死傷者は 130 万人に上ったと言われる。これを受け、1925 年には国際連盟理事会が招集した武器貿易に関する国際会議において、上記の毒ガス使用の禁止に係る宣言がジュネーブ毒ガス議定書として法制化、採択された。なお、同議定書には、細菌の使用禁止も含まれている。

戦間期においては、イギリス、米国、日本、フランス、イタリアの5カ国が海軍の軍縮に係る合意を結んだ。1922年、各国は、主力艦の保有比率を、英米各5：日本3：仏伊各1.67と定めた、**ワシントン海軍軍縮条約**に署名した。この海軍軍備の制限は、各国の財政圧迫要因となった軍拡競争を停止させ、各国間の関係を安定化させることが期待された。しかし、同条約は建艦（軍拡）競争のルールを変えたにとどまり、各国は、新たなルールの下で海軍力の増強にしのぎを削ることになった。そのため更なる規制として補助艦の制限を定める**ロンドン海軍軍縮条約**（1930年）、第2次ロンドン海軍条約（1936年）が結ばれた。しかし、ワシントン海軍軍縮条約は、1936年に日本が脱退し、1938年には実質的に失効した。そして、国際社会はさらなる軍拡競争の時代に突入し、第2次世界大戦へと向かっていった。

第2節　核兵器の登場と軍縮

1　集団安全保障と勢力均衡

国連は、第2次世界大戦後の平和を確保するための集団安全保障体制として設立された。集団安全保障とは、その構成国が国際紛争を解決する手段として武力を行使しないことを定め（武力行使の禁止）、もしある国がその取り決めに違反した場合、まずは平和的な解決を追求する（紛争の平和的解決）が、それが困難になった場合には、機構全体として制裁を加えることを約束し、これによって武力の行使を抑制して相互に安全を保障するというものである。

このような集団安全保障体制が国際社会において最初に設立されたのは、第1次世界大戦後に発足した**国際連盟**であった。それ以前の国際社会においては、1713年の**ユトレヒト条約**以降の「欧州協調（Concert of Europe）」に象徴されるように、平和は**勢力均衡（balance of power）**によって維持されると考えられてきた。しかし、「欧州協調」の下での勢力均衡は崩壊し、第1次世界大戦が勃発すると欧州全体が未曽有の被害に見舞われた。第1次世界大戦後、勢力均衡に代わる集団安全保障による平和の枠組みとして、国際連盟が設立された。国際連盟規約は、第8条で加盟国に対し、「軍備を、国家の安全と国際的義務の共同行動による実施との整合性を保つための最低限度まで削減する」ことを求めていた。しかし、同時に第1次世界大戦後に結ばれた一連の講和条約では、敗戦国の軍備の上限設定や武器取引の禁止など懲罰的な内容も盛り込まれていた。すなわち、軍縮には、敗者の武装解除という側面もあったのである。

さらに、1922年にはワシントン海軍軍縮条約、1928年には**不戦条約（ケロッグ=ブリアン条約）**、1930年にロンドン海軍軍縮条約が結ばれたように、戦間期には、軍備を制限する制度とルールを通じた平和が、特に大国間の関係を安定させる観点から追求されていた。しかし、このような制度とルールを通じた平和の試みは、第2次世界大戦の勃発という形で失敗に終わってしまった。

第2次世界大戦後の国際秩序を構想するなかで、再び集団安全保障体制として、国連が設立された。国連は、国際連盟の失敗を踏まえ、理事会の議決方式を全会一致から多数決方式へと変更（ただし、安全保障理事会（第7章4節参照）に強力な権限を付与し、安保理の常任理事国は**拒否権**を持つという、大国間協調の要素も残している）し、国際連盟にはなかった武力による制裁についても国連軍の創設が国連憲章において規定された。

国連憲章は、第2条4項で武力による威嚇又は武力の行使を禁じており、国連憲章第6章において紛争の平和的解決を規定している。武力の行使が例外的に認められるのは、国連憲章第7章で規定された平和に対する脅威、平和の破壊及び侵略行為に対し、国際の平和及び安全の維持又は回復のために安保理が認めた場合、もしくは第51条で規定された、安全保障理事会が必要な措置を取るまでの間の個別的又は集団的**自衛権**を行使する場合に限られる。しかし現実には、多くの戦争が自衛を目的として始められており、国連の集団安全保障体制（厳密にいえば国連憲章第7章）も規定した通りに機能したことはなかった。なお、**朝鮮戦争**が唯一、「**国連軍**」が派遣された紛争であるが、この際の「国連軍」は国連憲章7章に定められた正式な手続きを経て編成されたものではなかった。

米国とソ連をそれぞれ盟主とした西側諸国と東側諸国の対立が深刻化し、冷戦がはじまると、国連として集団安全保障体制を機能させるための決定を行うはずの安全保障理事会が東西両陣営の対立によって機能不全に陥ったからであった。さらに、米ソ両国が他国に先駆けて核兵器を保有し、軍拡競争を激化させていく中で、再び勢力均衡的な、力による平和が国際安全保障秩序の中心的な位置を占めるようになった。冷戦末期以降、ソ連の崩壊後に米国とロシアの対立が緩和した時期においては、大量破壊兵器の開発や保有などに対する制裁といった集団安全保障機能や、平和維持活動が地域紛争などの解決において一定程度の役割を果たすようになった。とはいえ、国際社会の平和と安全に果たす役割という点では､ポスト冷戦期においても集団安全保障体制より､パワーに裏打ちされた勢力均衡的な考え方に大きな比重がかけられていることに変わりはない。

このような勢力均衡的な秩序の中で、核兵器をはじめとする軍備の規制と軍縮は、3つの面から重要性を持つ。第1に、大国間では偶発的な紛争の危機を防止し、軍拡競争による不安定化を回避することである。そして第2に、国際社会全体として、国連が理想として掲げる集団安全保障体制の実現に近づくために軍備のレベルを大幅に低下させる必要があるという理念の追求である。そして第3に、国際社会における力の不均衡の是正で、とりわけ中小国の観点からは、この面が重視される。

2　国連と軍縮

国連憲章は、1945年6月に署名され、第2次世界大戦終結後の10月に発効した。その間、終戦の直前の8月6日と9日にそれぞれ広島と長崎に核兵器が投下された。国連は、「戦争の惨禍」を終わらせ2度と起こさないという強い決意のもとに設立されたものの、憲章の署名後に使用された核兵器についてはその取扱いが規定されていなかった。

しかし、国連は核兵器の脅威を重く受け止め、1946年に開催された最初の総会の第1号決議は、核軍縮を国連の最優先目標とし、原子力の平和利用と核兵器その他の大量破壊兵器（WMD）の廃絶に関する提言を行うための委員会の設立を定めるものであった。

その後、米国とソ連はそれぞれ核の国際管理の構想を打ち出すが（米のバルーク・プランとソ連のグロムイコ案）、1949年にはソ連も核実験に成功し核保有を宣言すると、両国とも核の国際管理構想への関心を失っていった。以降米国とソ連の対立は深刻化し、「冷戦」と呼ばれる状態の中で両国は軍拡競争を激化させた。1950年代から60年代にかけ、両国の核戦力は、人類を何度も滅亡させることができるほどの規模に拡大した。世界の核弾頭数は、1986年には約7

万発に達した。また、原子力の平和利用が各国で進み、核技術は西ドイツや日本など先進国をはじめ、各国に拡散していった。

1953年の国連総会におけるアイゼンハワー米大統領の「平和のための原子力(Atoms for Peace)」演説(第2章2節参照)は、核兵器のリスクを説くとともに、原子力技術の平和利用における便益については人類が共有し、そして核兵器は国際社会が共同管理すべきと訴えた。この演説で示された核の管理の考えは、原子力の平和利用における国際協力と核の軍事利用の拡散の防止(核不拡散)を目的とし、保障措置や査察によって核物質や核技術が軍事転用されないよう担保すること任務とする国際原子力機関(IAEA)(第2章4節参照)の設立(1957年)へとつながる。冷戦期、深刻な対立の渦中にあった米国とソ連がともに賛成して成立したことは、核兵器の拡散が米ソを含む国際社会にとって重大な懸念であったことを示唆しているといえよう。

国連が提供する集団安全保障の機能と軍縮とのかかわりについて、国連憲章では、総会が、軍備縮小及び軍備規制(disarmament and the regulation of armaments)を律する原則を含む国際の平和及び安全の維持についての協力に関する一般原則について加盟国や安保理に勧告をすることができ(第11条)、安保理は、軍備規制の方式を確立するため加盟国に提出される計画を作成する責任を負う(第26条)ことになっている。

軍縮問題を扱う機関としては、核兵器の規制を議論する原子力委員会と並び、1947年に安全保障理事会(安保理)が設置した通常軍備委員会がある。同委員会では、軍備及び兵力の早期の全面的規制と縮小が議論された。この2つの委員会は、1952年に統合され、安保理の下での**国連軍縮委員会**(United Nations Disarmament Commission: UNDC)となった。UNDCは、すべてのWMDの廃絶を含む、すべての兵力および軍備の規制、制限およびバランスの取れた削減のための条約の提案をすることを任務として与えられ、審議が行われたが、東西対立の中で次第に機能しなくなっていった。

1960年以降は、東西陣営から選ばれた5カ国ずつで構成され、米ソが共同議長を務める10カ国軍縮委員会がジュネーブで開催されるようになった。1962年に参加国が増やされ、**18カ国軍縮委員会(ENDC)**となった。ENDCでは、核実験禁止や核兵器不拡散条約(NPT)(第2章2節参照)の交渉が行われた。

NPTは、1968年に採択され、1970年に発効した。1967年1月1日より前に核爆発に成功した、米、ソ、英、仏、中のみを核兵器国と認め、それ以外を非核兵器国とし、非核兵器国による核兵器の取得や、核兵器国が核兵器取得を援助することを禁じ、原子力の平和的利用の「奪いえない権利」を明確にしてそのための国際協力を促し、さらに、核兵器国をはじめ締約国に核軍縮のための措置に関して誠実に交渉する義務を規定した。NPTには、現在191カ国（北朝鮮を含む）が加入し、国際的な核不拡散体制の「礎石」として、非核兵器国の条約遵守を担保する保障措置を提供するIAEAとともに不可欠な役割を果たしている。ただし、事実上の核保有国であるインド、パキスタン、イスラエルは加入していない。北朝鮮は2003年に脱退を宣言しているが、その手続きの正当性に関し疑義が呈されており、条約上の地位は確定していない。NPTでは、5年ごとに運用検討会議（第2章3節参照）が開催され、条約の履行状況の検討とさらなる履行の実現のために締約国がとるべき行動について議論し、それらを盛り込んだ最終文書が採択されてきた。（なお、最終文書が採択されない会議もあったことに留意。）

ENDCは1969年に日本など8カ国を加えて国連軍縮委員会会議（CCD）と改称され、1975年にはさらに5カ国を加えて構成国は31カ国となった。ENDCでは、NPTのほかにも、海底核兵器禁止条約（1972年発効）、生物兵器禁止条約（1975年発効）（第6章2節参照）などの交渉が行われた。

非同盟諸国の提唱により1978年に開催された**国連軍縮特別総会**では、軍縮にかかわる様々な課題が審議され、それまでの軍縮への取り組みの評価とともに、軍縮に関する宣言が採択され、軍縮を進めるための行動計画および機構について合意された。その合意の中で、あらためてUNDCが、すべての国連加盟国が参加する、総会の補助機関として改組され、軍縮分野における勧告や軍縮特別総会に関する決定や勧告を行うものとされた。また、同合意では、国連総会第1委員会は、軍縮問題及び関連する国際安全保障問題のみを取り扱うとされた。第1委員会では、多くの軍縮・不拡散関連の決議が審議・採択されている。これは、国際社会における軍縮・不拡散の政策動向を反映している。

一方で、CCDは、米ソの共同議長制を廃止し、構成国数もフランスと中国などを新たに加えて40カ国に拡大したうえで、軍縮委員会（Committee on

Disarmament）と改称し、唯一の多国間軍縮交渉機関として認定された。軍縮委員会は、1984年に**軍縮会議**（Conference on Disarmament:CD）となり、2024年6月時点では65カ国によって構成されている。

3　米ソ軍備管理交渉

1949年にソ連が核実験に成功し、第2の核保有国となって以来、米ソの軍拡競争は過熱の一途をたどった。そうした中で1962年に**キューバ危機**が勃発し、米ソ両国は核戦争の瀬戸際に立たされた。この危機を契機として、米ソの間には1963年に、偶発的な戦争を避けるためにホットラインが設置された。また、このような危機の高まりや、核実験に反対する国際世論の高まりの中、交渉開始からわずか3カ月で部分的核実験禁止条約（PTBT）が発効した。PTBTは、大気圏内、宇宙空間及び水中での核実験を禁止するものであった。一方、地下核実験という抜け道が用意されていたため、すでに地下核実験技術を持つ米ソ英にとっては痛手とならず、むしろ新たな核保有国の出現を遅らせることを意図したものといえよう。

米ソの核軍拡競争は、1960年代まではおおむね米国優位の中で競争が繰り広げられていたが、1960年代にはソ連が大陸間弾道ミサイル（ICBM）の数量で米国に追いつき、**潜水艦発射弾道ミサイル（SLBM）**の数でも追い上げるなど戦略レベルでの攻撃能力では米国と肩を並べつつあった。一方、防御兵器である弾道弾迎撃ミサイル（ABM）（第1章2節参照）はソ連が1960年代半ばに米国に先駆け配備を始め、米国は、両国間の戦略的関係の安定性（「戦略的安定性」（第1章1節用語解説参照））に大きな懸念を持つようになった。また、キューバ危機以降交渉が進展したNPTの交渉は大詰めを迎え、国際社会において核軍縮の世論が高まりつつあった。このような情勢を背景として米国とソ連は、1968年、NPT署名と同日に戦略兵器制限交渉（SALT）の開始を発表し、1969年から交渉を開始した。

SALT交渉は、核戦争回避を共通利益と認識するところから始まり、このような危機の回避のため、核兵器の偶発的あるいは無許可の使用が発生した際の相手側への即時通告や自国領域外へのミサイル打ち上げ計画の事前通告などを含む「米ソ偶発的戦争防止協定」が1971年に締結された。さらに、「米ソ公海事故防止協定」(1972年)、武力の行使や威嚇を差し控えることや核戦争の危険をはらむときには直ちに協議に入ることなどを定めた「米ソ核戦争防止協定」(1973年)も米ソの軍事衝突を回避するための措置である。

核兵器の量的規制に関しては、当初、攻撃兵器と防御兵器のいずれを規制するかをめぐって論争となった。その結果、まずは防御兵器の分野における軍備競争の規制をめぐる交渉が行われ、1972年に米ソはまずABM条約に署名した。この条約は、一部の例外を除き、自国の領域を防衛するためのABMシステムの配備を禁止するものである。防御兵器の実質的禁止によって、米ソ両国は確実に第2撃能力を維持することになり、相互に脆弱性を認め合うことになる。この相互脆弱性を認めるということは、両国が相互確証破壊(MAD)(第1章2節参照)の状態にあることを了解し、お互いに戦争のトリガーを引くことを自制する「戦略的安定性」の構図を規定する基礎となる。

ABM条約に続いて、1972年5月には、戦略攻撃兵器を規制する戦略兵器制限暫定協定(SALT I暫定協定)(第1章2節参照)が署名された。戦略兵器とは、米ソが互いに本土を直接攻撃することができる射程を有する兵器であり、射程5,500キロ以上のICBM、SLBM、そして戦略爆撃機に搭載される核爆弾のことであり、これら3種類の戦略核兵器を「トライアド(Triad)」と呼ぶ。SALT I暫定協定では、このうち、ICBMとSLBMの制限に合意し、ICBMは米国が1,054基、ソ連が1,618基、SLBMは米国が710基、ソ連が950基の保有が許された。戦略爆撃機は規制されなかったが、ICBMおよびSLBMの数量においてソ連の方が多いのは、戦略爆撃機や弾頭数で米国が優位にあったからである。条約遵守を検証するための手段としては「自国の技術手段(NTM)」(衛星による監視など)が盛り込まれた。その後1973年から開始された第2次戦略兵器制限交渉(SALT Ⅱ)は、SALT Iに含まれなかった戦略爆撃機や多弾頭化の規制を盛り込み、1979年に締結されたが、同年にソ連軍がアフガニスタンに侵攻したことで米ロ関係は悪化、米国議会がSALT Ⅱ条約の批准を否決したため、発効しなかった。

第3節　冷戦後の軍縮をめぐる国際情勢

1　冷戦の終焉と米ロ軍備管理交渉の進展

1970年代半ばから80年代初めにかけ、米ソ関係は「**新冷戦**」と形容されるように再び冷え込み、欧州ではソ連が東欧に中距離弾道ミサイル（IRBM）のSS-20を配備したことに端を発し、軍拡の危機が到来した。ソ連のSS-20に対し米国は、欧州に地上発射型の巡航ミサイルとIRBMのパーシングIIを配備することを決定し、同時にこれら中距離ミサイル（INF）を対象とした軍備制限の協議を呼び掛けるという「二重決定」（第1章3節参照）を行った。

これを受けてソ連は米国と協議を行うことに合意し、1980年に予備交渉が開始された。米ソの軍備管理・軍縮協議はいったんは中断されたが、1985年1月にINFに加え戦略兵器の削減（START I）と宇宙における軍拡競争（すなわち戦略防衛構想（SDI）（第1章3節参照））を含める形で再開することが合意された。1985年3月にソ連でゴルバチョフが書記長に就任すると「**ペレストロイカ**」、「新思考外交」を打ち出し米ソ関係は改善の方向に向かった。それまでソ連を「悪の帝国」と呼んでいた米国のレーガン大統領もそれに応え、1985年11月に、レーガン大統領とゴルバチョフ書記長はジュネーブで会談し、交渉を加速させることに合意した。またその会談の共同声明で両首脳は「核戦争に勝利はなく、ゆえに決して戦ってはならない（a nuclear war cannot be won and must never be fought）」と表明している。

1986年10月にアイスランドのレイキャビクで会談した両首脳は、欧州からのすべての中距離ミサイルの撤去、戦略攻撃兵器の半減などの原則に合意した。最終的に、対立が残ったSDI問題を切り離し、射程が500キロから5,500キロまでの範囲の地上発射型中距離ミサイル（射程1,000～5,500キロの中距離・準中距離弾道ミサイルと地上発射巡航ミサイル）および短距離ミサイル（射程500～1,000キロ）の全廃に合意し、1987年12月にINF条約（第1章3節参照）が調印された。なお交渉の過程で、ソ連のSS-20のウラル山脈以東への配備を回避すべく、日本も米国と緊密に連携し、INFの欧州からの撤去に留まらず、INFミサイルの全廃という結果の実現に関与した。

INF条約は、核兵器の分野では初となる特定カテゴリーの兵器の全廃を定めた軍縮条約である。また、条約遵守の検証のため、現地査察も含む詳細な検証制度も導入された。

1991年7月に署名された戦略兵器削減条約（START I）（第1章4節参照）は、戦略運搬手段（ICBM、SLBM、戦略爆撃機）の上限を1,600、核弾頭の配備上限を6000に定め、条約義務の履行を検証するため、基礎データ査察から現地査察や継続的監視活動まで極めて詳細な検証措置を規定した。この条約は運搬手段を規制したSALT I暫定協定やINF条約とは異なり、初めて核弾頭数の削減を盛り込んでいる。この条約のもと、米ソ両国の核兵器は大幅に削減されることになった。

同条約は署名直後、大きな問題に直面する。同年12月にソ連が解体され、12の共和国が生まれた。その結果、この条約で規定される戦略核兵器は、ソ連の法的義務を引き継いだロシアのみならず、ウクライナ、カザフスタン、ベラルーシにも残されることになった。そこで米国および旧ソ連4カ国は交渉を行い、1992年5月に署名されたリスボン議定書により、ウクライナ、カザフスタン、ベラルーシは、核兵器を放棄し、非核兵器国としてNPTに加入することが合意され、START I条約は1994年12月に発効した。またロシア以外の3カ国が非核兵器国としてNPTに加盟するに際し、これら3カ国の領土保全や政治的独立に対する脅威や武力行使を行わず安全を保障することを内容とするブダペスト覚書が米国、ロシア、英国によって署名された。

また、ソ連の解体によってもたらされた経済危機は、WMDや関連物資・技術の流出や兵器開発に携わった科学者流出の懸念をもたらした。米国のサム・ナン、リチャード・ルーガー両上院議員は、1991年ソビエト脅威削減法（ナン・ルーガー法）の立法を主導し、同法に基づいて米国は「協調的脅威削減計画（CTR）」（第1章4節参照）を策定、WMDや関連資材の防護及び人材流出管理の強化への支援を行った。またSTART I条約の発効後は、ソ連解体後の旧ソ連地域における核兵器を含めたWMDの解体・廃棄の支援を行った。CTRはのちに米国以外のG8諸国も加わった**G8グローバル・パートナーシップ**として支援活動が拡大された。

米ロは、START Iの署名に引き続き、さらなる核弾頭の削減を盛り込んだSTART IIの交渉を行い、1993年1月にジョージ・ブッシュ米国大統領とエリツィン露大統領の間で署名が交わされた。この条約で両国は、核弾頭数を 3,000 ～ 3,500 発以下に削減すること、ICBM の多弾頭化の禁止などに合意したが、ロシア議会が当初批准を拒否し（1997 年、のちに留保付きで 2000 年に批准）、また未批准の条約を履行するために策定された議定書については、今度は米国議会が批准を拒否した（2001 年）ため、結局条約は発効しなかった。

その間には、START Ⅲの交渉開始も 1997 年に合意されたが、START Ⅱが未発効のため交渉は進展しなかった。

2001 年に就任したジョージ・W・ブッシュ大統領は、同年 5 月の国防大学の演説においてロシアはもはや敵ではないとして、核兵器の一方的な削減を打ち出した。同年 11 月のプーチン露大統領との首脳会談では、今後 10 年で 1700 ～ 2200 のレベルまで戦略核弾頭を削減すると伝えた。一方ロシアは、検証などを含む条約にすべきと主張した。両首脳は結局 2002 年 5 月にモスクワにおいて、戦略攻撃能力削減条約（SORT 条約、もしくはモスクワ条約）（第 1 章 5 節参照）に調印し、2012 年末までに戦略核弾頭を 1700 ～ 2200 のレベルに削減することに合意した。ただし、検証や弾頭のカウンティング・ルールなどが含まれない極めて簡素な条約であった。

ロシアとの関係が改善する一方、米国はロシア以外の様々な脅威に対抗するためにミサイル防衛の必要性が論じられるようになり、ミサイル防衛システムの開発が進んだ。2001 年 9 月 11 日には同時多発テロが起き、テロリストや「ならず者国家」と大量破壊兵器が結びつく脅威が差し迫ったものとして認識されるようになり、同年 12 月、SORT 条約に先立って、米国は ABM 条約からの脱退を宣言した（2002 年 6 月失効）。米国のミサイル防衛は、ロシアとの戦略関係の新たな火種となったのである。

2 「軍縮の時代」

冷戦が終結し、国際社会は「**平和の配当**」を期待した。その中には核兵器の削減をはじめとする軍縮の進展も当然含まれていた。米ロ間においては 1980 年代から 2000 年代にかけ、核軍備管理・軍縮条約が結ばれ、核弾頭や運搬手段は大幅に削減された。それ以外にも、1990 年代には、軍縮、不拡散に関するいくつかの重要な条約の採択や決定がなされた。

軍縮への機運が高まる中で、1992年には、フランスと中国がNPTに加入し、NPTで合法的に核兵器を保有することが認められている5カ国がすべてNPT締約国となった。CDは、唯一の多国間軍縮交渉機関として、1993年には化学兵器禁止条約（CWC）を採択、1994年からは包括的核実験禁止条約（CTBT）（第3章2節参照）の交渉を行った。CDでの交渉は2年半にわたったが、インドの反対で採択には至らず、CTBTはその後交渉の舞台を国連に移し、1996年に国連総会において圧倒的多数で採択された。

このCTBTの採択の際にも問題になったようにCDは1国でも反対すると決定が得られないというコンセンサスを意思決定方式として採用しており、CTBTの交渉以降、交渉の議題に関しても合意が得られておらず、実質的な交渉が現在に至るまで行われていない。その間、2009年には、兵器用核分裂性物質生産禁止条約（FMCT）（第3章3節参照）の交渉開始に合意したが、パキスタンが反対したために交渉に入ることができなかった。以来FMCTの交渉は開始されないままである（2022年7月現在）。

また、1995年のNPT運用検討・延長会議では、発効から25年後に無期限又は一定の期間延長するかどうかを決めることになっていた条約を無期限延長することが、「運用検討プロセスの強化」、「核不拡散と核軍縮の原則と目標（原則と目標）」（第2章3節参照）とともに決定され、合わせて中東の非大量破壊兵器地帯に関する決議が採択された。条約延長の交渉過程においては、核兵器国と非核兵器国の間にある不平等性に対する不満が、とりわけ非同盟諸国などから提起されたが、「原則と目標」の中に核の役割の低減や核軍縮に向けた取り組みを盛り込むことで、不満を抑え込み、無評決で決定された。さらに、2000年の運用検討会議では、CTBTの早期発効、FMCTの交渉開始、核兵器国による核軍縮への明確な約束、透明性の強化、非戦略核の削減、核兵器の役割の低減を含む軍縮促進の措置、検証能力の向上など、軍縮促進のための13の措置を盛り込んだ最終文書が採択された。

1996年には、国際司法裁判所が、国連総会による「核兵器による威嚇又はその使用は、何らかの状況において国際法の下に許されることがあるか」という諮問に対し、勧告的意見（第2章2節参照）を与えた。同意見は、「核兵器の威嚇又は使用は、武力紛争に適用される国際法の規則、特に国際人道法上の原則・

規則に一般的に違反するが、国家の存亡そのものが危機にさらされるような、自衛の極端な状況においては合法であるか違法であるか最終的な結論を下すことができない」というものであった。また、NPT第6条に関連し、全面的な核軍縮に向けた交渉を誠実に行うことは、その交渉を完結させる義務があるとの判断も下された。この勧告的意見は、国際法の原則・規則に一般的に違反するという部分を重く見るのか、あるいは但し書きの部分に着目するのかでその意義付けは異なるが、それでも核兵器の威嚇又は使用には国際法上大きな制約が課されたと読むことができる。そして、この勧告的意見は、核兵器の役割の低減や核兵器の非人道性をめぐる議論に影響を与えることになる。

また、地域安全保障の文脈においても軍縮に関する様々な取り決めが作られた。いくつかの地域では非核兵器地帯条約が結ばれた。非核兵器地帯とは、その地域において核兵器の保有や生産を禁止し、それに加えて、他国による核兵器の配備や使用などを禁止するものである。核兵器国は、条約の締約国に対して核兵器による威嚇や使用をしないという消極的安全保証（negative security assurance）（第2章2節参照）を認めるための条約の議定書に署名する。このような非核兵器地帯条約（第4章2節参照）は、1990年までにラテンアメリカのトラテロルコ条約（1967年署名）、南太平洋における「ラロトンガ条約（1985年署名）」が存在していたが、1990年代以降、東南アジアの「バンコク条約（1995年署名）」、アフリカの「ペリンダバ条約（1996年署名）」、そして中央アジアの「中央アジア非核兵器地帯条約（2006年署名）」が結ばれた。東アジアでは、1992年に朝鮮半島の南北非核化共同宣言があるが、北東アジア非核兵器地帯については構想の段階にとどまっている。

3　通常兵器の分野における軍縮の進展

冷戦が終結し、大国間の核戦争の可能性は遠のいた。しかし、大国の地域への関与が低下したこともあり、世界各地で地域紛争や民族紛争、内戦が増加した。そうした紛争では、小型武器や地雷、クラスター弾などが大量に使用された。自動小銃が「史上最悪の大量殺りく兵器」と呼ばれるように、小型武器によって多く死傷者を出し、また時には非戦闘員が意図的に暴力の標的にされるようなこともあり、とりわけ女性や子供に多くの被害が出た。小型武器は、個人としての人間の生存・尊厳に対する脅威として認識され、人間の安全保障を脅かす存在として位置づけられた。

1991年に国連総会で成立した国連軍備登録制度（第8章4節参照）は、装甲戦闘車両や大口径火砲システム、戦闘用航空機など7つの分野の通常兵器についてそれぞれ移転とその数量等の情報を国連事務局に報告することを要請している。

ブトロス・ガリ国連事務総長は1995年、小型武器や地雷の問題を「ミクロ軍縮」と呼んで問題の重要性を強調した。国連総会も小型武器の非合法取引によって生じる悲惨な悪循環を断ち切るために、小型武器問題を国際的課題としてきた。ブトロス・ガリ事務総長の後任であるアナン事務総長も、小型武器の拡散の抑制を次世代の紛争予防上の重要課題と認識し（「We the People」報告書、2000年）、1999年に立ち上げられた政府専門家グループの議論を経て、2001年には、小型武器非合法取引に関する会議において小型武器非合法取引の防止、除去、撲滅に向け、「あらゆる側面における小型武器・軽兵器非合法取引の防止、除去および撲滅のための行動計画」（第8章3節参照）がコンセンサスで採択された。

通常兵器の移転の規制に関しては、国際的な基準を規定する目的で武器貿易条約（ATT）（第8章4節参照）の交渉が2006年に開始され、2013年に国連総会で条約が採択され、翌年発効した。

小型武器は、人道問題でもあり紛争予防や開発との関係のためにも重要であり、これら市民社会が従来から積極的に関与してきた政策分野と密接に関わっている。それゆえ、国際的な非政府組織（NGO）や市民社会のネットワークが関心国と協調して規制導入を推進する動きが顕著になった。

対人地雷については、内戦等で多くの人々がその被害に遭い、被害に遭った後の生活の質（QOL）を著しく低下させる非人道性から、それを禁止すべきとの声が市民社会から高まった。1996年に開始された交渉は、オタワ・プロセス（第8章2節参照）と呼ばれ、のちにノーベル平和賞を受賞したNGO連合体の地雷禁止国際キャンペーンが国際世論形成で大きな役割を果たし、カナダなど有志国が交渉のプロセスを主導し、両者の協調の中で1997年に対人地雷禁止条約の署名にこぎつけた。

同様に、クラスター爆弾についても、市民社会と有志国の連合が形成され、

2007年からのオスロ・プロセスは2008年にクラスター爆弾禁止条約となって結実した。この条約はクラスター弾を禁止するのに加え、特徴的なのは、犠牲者支援を締約国の義務として明文化したことである。

4　不拡散・核テロ問題の深刻化

以上述べてきたように、1990年代は米ロの関係が改善する中で核戦争の脅威が低下し、核兵器の役割の低減や核兵器の削減に国際的な関心が高まり、核軍縮に関する様々な条約や国際取り決めができた。また通常兵器の分野でも同様であった。その意味で1990年代は、「軍縮の時代」とも形容できるような10年であった。大国間の核戦争のリスクに変わり、1990年代から大きな関心を集めてきたのが、地域安全保障の文脈における拡散である。1998年に相次いで核実験を実施したインドとパキスタンの対立が厳しい南アジアや、イスラエル、イランの核問題に象徴されるような中東でのWMDやミサイルの拡散、そして東アジアでは北朝鮮の核・ミサイル開発など、地域安全保障のダイナミズムにWMDやミサイルの拡散が密接に結びついていた。

また、1990年代は、イラクや北朝鮮、イラン、リビアなど、権威主義体制の下、国際秩序への挑戦を続け、テロ支援やWMDの拡散などを行う国を「ならず者国家」と呼び、従来とは異なる脅威が認識されるようになった。また、非国家主体がWMDの拡散に関与するケースも出てきた。1995年3月、日本のカルト団体「オウム真理教」(第7章2節参照)は、東京の地下鉄において同時多発的にサリンガスによるテロ攻撃を行った。また、アルカイダ(第7章1節参照)による2001年の9・11米国同時多発テロは、実際にはWMDは使用されなかったものの、その被害の規模と心理的インパクトはテロとWMDのリンケージを想起させ、テログループによるWMD使用の脅威に関する認識を国際社会に植え付けた。

「ならず者国家」やテログループといったアクターの特徴としては、通常の国家と異なり、抑止が効かないと考えられ、いかにしてWMDの拡散や取得を阻止するかが大きな課題となった。また、これらが主体となってWMD等の拡散が起こることを防止するために、不拡散体制の強化と合わせ、国際的な取り決めの遵守だけでは不拡散を担保できない場合にそれを補完する措置として拡散行為に対する経済制裁や法執行の強化、あるいはミサイル防衛など、拡散対抗の措置が打ち出された。

1991年、湾岸戦争（第5章2節参照）に敗北したイラクは、停戦の条件としてクウェートへの不可侵に加え、核、化学、生物兵器及び弾道ミサイル（射程150km超）の完全廃棄と将来にわたる保有の断念を受け入れた（国連安保理決議687）。イラクでは、IAEAに隠れて（申告をせずに）高濃縮ウランの抽出と核兵器開発計画が進められていた。累次にわたるIAEAの査察によりこれらの活動が明らかになったが、イラクはIAEAに対して非協力的な態度をとり続けた。また、北朝鮮は、1974年にIAEAに加盟し、1985年にはNPTに加入したが、1986年には**黒鉛減速炉**の開発を開始した。1991年に韓国と南北非核化共同宣言（第4章3節参照）に署名し、1992年にはIAEAとの間で包括的保障措置協定を締結した。しかし、IAEAが未申告の核活動を指摘し、特別査察を要求すると北朝鮮は1993年に脱退を宣言した。安保理の勧告、米国との交渉の結果、1994年に北朝鮮は通常査察を受け入れるが、IAEAへの協力では消極的な態度を取った。その結果、IAEAがいくつかの施設で軍事転用がなかったことを確認できないとの報告書を出すと、北朝鮮はIAEAから脱退した。イラクと北朝鮮の事案は、IAEAの査察・保障措置の権限の限界に対する問題を提起した。これらの事案が契機となって、IAEAにより強いアクセスの権限を持たせるための包括的保障措置協定のモデル追加議定書が策定された（1997年）。

また、冷戦後旧ソ連諸国、とりわけロシアにおける経済危機は、核物質や核兵器の管理体制の劣化を招いた。2001年の米国同時多発テロなどの事案もあって、他国やテログループなどに核物質や核兵器が流出する懸念のある「ルース・ニューク（loose nuke）」や、そうして流出した核がテロ活動に使われたり、あるいはテロリストがそのような脆弱な管理下に置かれた核物質などを盗取したり、あるいは核施設に攻撃を仕掛けるという、いわゆる「核テロ」の脅威に対する認識が高まった。そこで国際社会は「核セキュリティ」（第2章6節参照）対策の強化に乗り出した。米国は、冷戦終結直後からCTRを通じて旧ソ連諸国の管理体制強化を支援し、その支援は、G8グローバル・パートナーシップとなって国際的な広がりを見せた。また、「核テロ防止条約」（2007年発効）（第2章6節参照）や、国際輸送中の核物質を不法な取得および使用から守ることを目的とした核物質防護条約(1987年)(第2章6節参照)を、国内の核物質や原子力施設を対象に含め、原子力施設に対する不法行為など禁止事項も増やすために改正(2016年)するなど、核セキュリティの強化を行った。

5　輸出管理体制の強化

1974年のインドの核実験は、原子力の平和利用が国際的な広がりを見せ、平和利用を通じて機微な技術や資機材が拡散することによって核兵器の拡散リスクが高まることを示した。インドの核実験を契機に発足した原子力供給国グループ(NSG)(第7章3節参照)は、核兵器の開発・製造に使われる機微な資機材の移転に関し供給国と受領国とで核兵器転用防止のための措置が講じられない限り輸出を認めないことを定めた、輸出管理の紳士協定である。NSGは、当初、原子力専用品・技術の移転に係る「ロンドン・ガイドライン・パート1」を制定したが、その後技術の進歩や貿易の拡大により民生品の軍事転用のリスクが高まったことで、このような汎用品についての輸出規制を目的とした「ロンドン・ガイドライン・パート2」を1992年に制定した。

化学兵器関連の輸出管理については、イラン・イラク戦争での化学兵器の使用を契機として、化学製剤原料、化学兵器、生物兵器関連資機材を対象にした輸出規制がオーストラリアから提唱され、オーストラリア・グループ(第5章2節参照)が1985年に発足している。

通常兵器については、地域の安定を損なう恐れのある通常兵器及び関連汎用品等の過度の移転と蓄積の防止、そしてテロ組織による通常兵器及び機微な関連連汎用品・技術の取得を防止する目的で、ワッセナー・アレンジメント(WA)(第7章3節参照)が1996年に設立された。

また、ミサイルについては、NPTの核兵器国以外の国への核拡散が懸念されるようなる中で、運搬手段の規制が重要であるとの判断の下、1987年にミサイル関連機材・技術輸出規制(MTCR)(第9章5節参照)が発足した。MTCRは当初、核弾頭を搭載できるミサイルを規制対象としたがその後の脅威認識の変化の中で、1992年に生物・化学兵器を搭載する小型ミサイルへと規制対象を拡大している。

冷戦が終わり、共産圏への技術拡散を防止するための対共産圏輸出規制委員会（ココム）（第7章3節参照）の役目は終了したが、逆に拡散による安全保障上の懸念はむしろ広がっていく傾向にあり、そのためあらゆる国に対し、より多くの規制対象について様々なルートや拡散することを防止するための輸出管理レジームが構築されていったのである。

さらに、このような輸出管理レジームの抜け穴をついた、「ならず者国家」、非国家主体による拡散活動を阻止するための措置も打ち出された。

拡散に対する安全保障構想（PSI）（第7章5節参照）は、2002年12月に、イエメン沖でスカッド・ミサイルなどを積載した北朝鮮の貨物船「ソ・サン」号が臨検され、その後これらを押収する法的根拠の問題からそのまま釈放されるという事件を契機に、2003年5月にジョージ・W・ブッシュ大統領がポーランドでその構想を発表し、同年9月に日本を含む11カ国によって「阻止原則宣言」が出された。PSIは、WMD・ミサイル及びそれらの関連物資の移転及び輸送を阻止するために、国際法・各国国内法の範囲内で、参加国が共同してとりうる措置を検討・実践することを目的とし、情報交換や共同阻止訓練などを実施し相互の連携や能力構築を行っている。

また、2004年には、パキスタンのカーン博士が中心となって構築していたとされる核の闇市場（「カーン・ネットワーク」（第4章4節参照）とも呼ばれる）は、北朝鮮やイランなどが、核開発に係る機微な資機材の調達を秘密裏に行っていたことが明るみになった。このネットワークには、日本を含む多くの国の企業が意図的、無意識を問わず組み込まれていたことも判明した。2004年4月に国連安保理において採択された国連安保理決議1540は、非国家主体によるWMD並びにその運搬手段の取得、開発、取引または使用を念頭に、その抑制に向けた国際協調体制として、WMD関連の条約の履行を強化するため、国内法整備を求め、また国際的な支援を促している。

第4節　軍縮の行方

1　「核兵器なき世界」とポスト・ポスト冷戦期のチャレンジ

冷戦後の世界では、米ロが依然として核においては2超大国であることに変わりはなかったが、その脅威認識は変化し、米国では大国間の核戦争のリスクよりも、北朝鮮やイラン、あるいはテロなどへのWMDとミサイルの脅威が安全保障上の脅威として重視されるようになった。2009年に就任した米国のオバマ大統領は、イラン問題など核不拡散への取り組みや核セキュリティの強化に意欲を示し、核軍縮に対しても積極的な姿勢を見せた。2009年4月にプラハで行われた演説では「核兵器なき世界」における平和と安全を追求するとの理念を掲げ、最初に核兵器を使用した国として、米国には核なき世界を目指す道義的責任があるとした。合わせて、核不拡散体制の強化や核テロ対策の強化も打ち出し、2010年には第1回核セキュリティ・サミットを開催した。

核軍縮における道義性に言及したオバマ大統領の**プラハ演説**は、核兵器の非人道性の側面にも改めて光を当てることになった。2010年のNPT運用検討会議では、交渉は難航したものの最終文書として行動計画が採択された。またこの最終文書では、NPT運用検討会議の文書で初めて核兵器の使用における国際人道法等の遵守の必要性を確認する文言が入れられている。さらに、2012年から14年にかけて、「核兵器の非人道的結末に関する会議」(第3章4節参照)が3回開催され、国際社会では核の非人道性に焦点を当てた核廃絶の機運が高まった。広島、長崎の被爆者は、これらの会議やNPT運用検討プロセスあるいはそれ以外のキャンペーンなどを通じ、高齢を押して証言活動を行うなど、積極的に核兵器の非人道性を訴えた。

こうした国際世論を喚起し、核兵器禁止条約(TPNW)(第3章4節参照)の交渉においても重要な役割を果たしたのは、のちにノーベル平和賞を受賞した市民社会ネットワークの核兵器廃絶国際キャンペーン(ICAN)であった。TPNWは、核兵器の使用や使用の威嚇、保有、製造、移転など核兵器に係るあらゆる活動を禁止する画期的な条約である。TPNWの交渉はICANとTPNW推進国の協力によって2016年10月に開始され、2017年7月に国連本部での交渉会議で採択、2021年1月22日に発効した。

核軍縮の機運が高まる一方で大国間の核軍備管理に目を転じると、同じ時期、米ロ関係は協調的なものから対立的なものへと変化を遂げた様子が見て取れる。米ロ間では、オバマ大統領とメドヴェージェフ大統領の間で新戦略兵器削減条約(新START条約)(第1章6節参照)が2010年4月に署名された(2011年発効)。この条約は、条約発効後7年で、核弾頭を1550まで削減し、配備済みの運搬手段を700、非配備の運搬手段を800にまで削減することを定めている。

同条約の削減目標はすでに達成されたが、その後米ロ間の戦略的関係は急速に悪化し、また、台頭した中国と米国の関係が悪化する中、米国は、ロシアの不遵守と中国による中距離ミサイルの保有に、自らだけがINF条約によって中距離核戦力の保有ができないことによる脆弱性に懸念を強め、2020年にINF条約から脱退した。また、新START条約の後継条約の交渉については、ミサイル防衛の扱いや中距離ミサイル、非戦略核や通常兵器、サイバーなどを組み込むべきかなど新たなアジェンダをめぐる米ロの隔たりは大きく、2021年3月時点ではその開始のめどはたっていない。米ロは2021年2月に新START条約の5年間の延長で合意したが、今後後継条約のアジェンダや中国をはじめとする他の核兵器国の参加問題などを議論していくことになる。しかし、中国は軍備管理交渉に意欲を示さず、大国間で軍拡の機運が高まる中、米中ロの関係の悪化だけでなく、そのような状況を反映して、2021年3月には英国が統合レビューの中で核弾頭の上限を引き上げることを示すなど、核兵器国間の間で軍縮をめぐる環境は悪化している。

また、2022年2月にロシアがウクライナに侵攻した。国際社会では、ロシアが核兵器を恫喝に使って米国や北大西洋条約機構（NATO）諸国の関与を抑止したり、ウクライナにおける軍事行動を有利に展開しようとしているとの懸念が高まった。核兵器の役割が改めて見直されたとも言え、大国間の核をめぐる関係および核軍縮に深刻な影を投げかけた。

核不拡散の分野では、北朝鮮が、国連安保理での制裁決議などにもかかわらず2006年に初めて核実験を実施して以来、6回にわたって核実験を実施し、また数多くのミサイル発射テストを実施し、着実に核能力を向上させてきている。米朝は、6者協議（第4章3節参照）や米朝の直接協議などで交渉を重ね、2018年にはトランプ大統領と金正恩総書記はシンガポールで史上初の米朝首脳会談に臨んだが、北朝鮮の非核化や朝鮮半島における平和体制の確立では具体的な進展が見られず、北朝鮮の核戦力増強は続いている。

イランについては、2002年にナタンズ及びアラクにおける濃縮や黒鉛炉の建設が発覚するなど、IAEAに無申告で原子力活動や核物質の入手を行っていたことが明るみに出た。その後、累次の交渉の末2015年に米、ロ、中、英、独、仏にEUとイランの間で包括的共同行動計画(JCPOA)(第4章5節参照)が結ばれ、濃縮をはじめとするイランの核活動の制限と検証、そしてイランに課せられた制裁の解除に関して合意された。しかし、イスラエルやサウジアラビアなど中東諸国が、JCPOAに対し、イランの核開発を完全阻止できず、制裁の解除は地域の影響力を拡大しかねないとの懸念を示す中、2018年トランプ政権はJCPOAから一方的に脱退し、それに対してイランが濃縮活動の再開やIAEAとの協力を制限するなど対抗措置をとった。その後イランと関係各国の間で米国、イラン両国のJCPOA遵守回帰の交渉がなされてきたが、解決策を見出すことは容易ではない。これらの事案は、地域安全保障の文脈と核不拡散が密接に結びついていることを示している。

加えて、TPNWを支持し、核軍縮を積極的に進めるべきというグループと、戦略環境が悪化する中で無条件に核兵器の削減を進める環境にないと考える核保有国などの間の溝をどのように埋め、どのような共通点を見出してそこを足掛かりに議論を進めていくのかは、今後核軍縮を進展させるうえでの大きな課題である。その間、核リスクの低減、透明性の向上などの信頼醸成措置を通じて核保有国間の環境改善、そして核保有国と非核保有国の間の協働関係の再確立の基盤を形成する取り組みなどが求められている。

2　軍縮アジェンダの多様化

従来からその規制のあり方が議論されてきたWMD、ミサイル、通常兵器に加え、近年ではサイバー、宇宙、人工知能(AI)、ロボット、量子コンピューティング、遺伝子工学など様々な技術が、国家安全保障や国家間の関係に与える影響が注目されるようになってきた。これらの技術の規制のあり方が、軍備管理・軍縮・不拡散の観点からは今後大きな課題となってくるだろう。なおこれらの技術の中にはすでに規制についての議論や交渉が進んでいる領域もあるが、いまだ兵器として実装が進んでおらず、規制の議論も概念整理や問題提起にとどまっている分野もある。

宇宙は、弾道ミサイルや偵察衛星など1950年代以降その軍事的な利用が追求されてきた。その規制についても1959年に宇宙空間平和利用委員会(COPUOS)(第9章6節参照)が設置され、議論がなされてきた。また1967年の宇宙条約（第9章6節参照）では宇宙空間にWMDを配置しないことがうたわれた。その後宇宙の軍備管理についてはCDやその下部組織の宇宙の軍備競争防止（PAROS）アドホック委員会（第9章6節参照）などで行われるようになった。現在では、衛星などへの攻撃が著しく戦略的安定性を損なう、あるいは破壊された衛星のデブリが他の衛星に損害を与え社会活動に大きな影響を与えるとの観点から宇宙物体に対する武力行使の禁止が議論されている。

サイバー技術は、人々の生活や経済活動、あるいは国家の軍事作戦にとって不可欠な技術的基盤となっている。サイバー空間の重要性が増すほど、サイバー空間における攻撃や防御が安全保障上の意味を増すが、サイバー攻撃に対してどのような国際法を適用すべきか、サイバー攻撃に対する自衛権行使の要件などについては、タリン・マニュアル（第9章4節参照）によって見解が示されているが、普遍的な規範となるには至っていない。このサイバー空間の国際的規制のあり方については国連の政府専門家グループやオープンエンド作業部会（OEWG）などで議論がなされている。2021年3月のOEWGで採択された最終報告書では国連憲章を含む国際法の適用が国連の全加盟国によって確認された。

また、近年、様々な新興技術が発展している。これらの技術はいまだに進化の途上にあり民生の向上に大きく貢献することが期待される一方、軍事利用された場合の影響や、民生利用やさらなる技術革新の障害にならない規制のあり方、あるいは技術の軍事利用における倫理の問題など、軍備管理・軍縮・不拡散の観点からも検討すべき点は少なくない。

AIの軍事分野における実装化は、人間の判断や操作を必要とせずにシステム自身が戦場の状況を把握し標的を攻撃する「自律型致死兵器システム（LAWS）」（第9章3節参照）において実現しつつある。LAWSの規制については、当初2014年から特定通常兵器禁止制限条約（CCW）（第8章2節参照）の下で議論され、2017年11月以降、CCWの政府専門家会合へその場を移し、LAWSの規制を検討する際の指針が議論されている。

新興技術は既存の軍備管理の枠組みへも影響を及ぼす。たとえば、極超音速滑空機（HGV）や、サイバー攻撃、あるいはAIやセンサー技術による情報収集から意思決定に至るプロセスの能力向上は、これまでの戦略的安定性やエスカレーション、あるいは抑止といった概念に変容をもたらす可能性が指摘され、これらは従来の軍備管理のあり方に影響を与えうる。

また、ゲノム編集技術やウイルスの人工合成を可能にするような技術の悪用などを防ぐための施策がBWCの文脈でも議論される必要がある。また、新型コロナウイルス（第6章1節参照）のパンデミックは改めて生物学的な脅威に対する社会の脆弱性を示した。パンデミックの発生過程を明らかにし、原因を究明することは、パンデミックの封じ込めや終息に向けて重要な意味を持つが、現在のBWCや世界保健機関（WHO）（第6章5節参照）など既存の枠組みでは強い権限を持った調査は困難である。また、2000年代以降だけでも、中国から東アジアに広く広がった重症急性呼吸器症候群（SARS）、中東呼吸器症候群（MERS）、西アフリカのエボラ出血熱など、国際社会は多くの感染症の流行の脅威に直面してきた。このような広範囲にわたる生物学的脅威に直面した際の封じ込めや感染対策、あるいは被害軽減のための国際支援のあり方などは、多国間協力の意義や実効性を問う課題であり、軍縮・不拡散の根底にある、多国間のルールを通じた平和と安定の獲得という考え方にも通じる論点であろう。

3　軍縮を見る多元的視点

軍縮は国家の安全保障に直結する問題であり、その交渉は主として主権国家の政府がその役割を担ってきた。しかし、軍縮・不拡散への取り組みを一層強化しその歩みを進めようとすれば、多元的な視点やアプローチが必要である。人類全体に影響をもたらすはずの軍縮、安全保障の問題において、これまで欠けてきた、実際に紛争の被害を受ける人間一人一人や、国以外のアクターの役割や視点、そして「ジェンダー」（第10章2節参照）の視点を持つことなどの必要性を認識し、多様なアイデンティティを持つ人材の意思決定や議論への参画が求められている。

対人地雷禁止条約のオタワ・プロセス、クラスター爆弾禁止のオスロ・プロセス、そしてTPNWの交渉過程においては、市民社会が世論を喚起し、また有志国と連携して交渉過程を作り上げていった。国際社会、もしくは人類共通の課題に対する、国家の視点からだけでなくそこに生きる人々の視点からの安全保障への取り組みである。国際的な規範の形成という点から、核軍縮において広島や長崎からの発信、とりわけ被爆者の証言の果たした役割は大きい。

また、新興技術の規制のあり方などを議論するフォーラムでは、産業界を含む民間やアカデミアに属する専門家の最先端の知見が欠かせない。確かに、条約や国際約束などの最終的な決定は政府間の合意が不可欠ではあるが、社会の世論をくみ上げたり、最先端の情報や技術を持ち、それらを実際に応用・活用したりするうえで、軍縮・不拡散分野における民間アクターの役割は今後増大するであろう。

近年より重視されるようになったのは「**ジェンダー**」の視点である。2000年10月の国連安保理決議1325は、武力紛争下の女性への暴力の防止や、平和構築プロセスにおける女性の参画など、女性が受ける被害が大きいにもかかわらず安全保障に係る意思決定や履行プロセスに女性が充分参画してこなかったとの問題意識の下、女性と安全保障を結び付けた初めての安保理決議であった。翌年には国連軍縮局が「ジェンダー主流化」（第10章2節参照）を自らの任務へと組み入れた。グテーレス国連事務総長は、「**軍縮アジェンダ**」において、軍縮と国際安全保障に関する意思決定プロセスにおける女性の完全かつ平等な参加を呼び掛けている。

これを受け、軍縮関連条約の締約国会合のサイド・イベントや、国連が共催や後援するイベントなどでは、ジェンダー・バランスを配慮し、それが実現されない場合国連は関与を取りやめるなどの取り組みがなされている。しかし、「ジェンダー」を単に「女性の参画」の問題とだけとらえる傾向もあるなど、多様なアイデンティティの問題として認識されるようになるまでは課題も多い。

多くの、そして多様な人々、とりわけ若い世代が軍縮と安全保障、平和の問題に関心を持つようになれば、軍縮問題への社会の関心が高まり、多くの人々が政策、研究、市民社会運動に参画するようになる。そのためには、学生レベルから社会人のリカレント教育まで、軍縮・不拡散教育を充実させていく必要がある。

2000年の**国連軍縮諮問委員会**において、核軍縮の停滞を打破するために若い世代の教育から取り組む必要があるとの問題提起がなされ、同年の国連総会で軍縮・不拡散教育に関する決議が採択された。翌年、第1回軍縮・不拡散教育政府専門家グループ会合（第10章4節参照）が開催され、2002年に報告書が国連事務総長に提出された。

核兵器のない世界、より安全な世界という目標を実現するための軍縮・不拡散教育は、次世代を担うリーダーの育成という観点から、大学や大学院での研究のみならず、高校生を対象にしたプロジェクトや、一般市民を対象としたアドボカシーなど重層的に実施される必要がある。また、社会での意識の向上や規範の強化、安全保障と軍縮の関係、軍縮を進める外交交渉や国際政治の仕組みなど多角的な視点からの教育も求められる。軍縮は、非常に複雑かつ困難な目標である。その達成に向けては何世代にもわたって息の長い取り組みが必要であり、軍縮・不拡散教育の強化が求められるゆえんである。

第1章
核兵器の削減

戸崎洋史

本章のねらい

本章では、核超大国の米国とソ連／ロシアが締結してきた二国間条約の動向を中心に、冷戦期から現在に至るまでの核兵器の制限・削減の取り組みと、その意義および課題を検討する。米ソは、激しい核軍拡競争の結果として相互確証破壊（MAD）状況に至ると、軍備管理を通じた戦略的安定の維持を共通の利益と認識し、弾道弾迎撃ミサイル制限条約（ABM条約）、戦略兵器制限条約（SALT）、中距離核戦力条約（INF条約）、そして戦略兵器削減条約（START）を締結していった。米露は冷戦後も、戦略攻撃能力削減条約（SORT）や新STARTを策定し、戦略核兵器の削減を続けている。しかしながら、米国の脱退によりABM条約およびINF条約は失効し、また新START後の核兵器削減のあり方を依然として見通せずにいる。ピーク時には地球上に70,000発が存在した核兵器は、2022年までに12,705発あまりにまで削減されてきたが（SIPRI推計）、その廃絶にはほど遠い。米露、さらには他の核保有国による核兵器の一層の削減をいかにして実現していくか、課題は少なくない。

第1節　核兵器削減の意義

米国が1945年7月に世界初の核実験を実施し、翌8月に広島・長崎に原子爆弾を投下してから77年が経過した。この間、核兵器は核兵器不拡散条約（NPT）上の5核兵器国（中国、フランス、ロシア、英国、米国）、同条約未加盟の3カ国（インド、イスラエル、パキスタン）、さらにはNPT脱退を宣言した北朝鮮が保有するに至った（南アフリカも核兵器を取得したが、冷戦終結直後に廃棄）。また、冷戦期には、米ソが激しい核軍拡競争を展開した結果、ピーク時には地球上に7万発あまりの核兵器が存在した。

その米ソは同時に、核兵器の制限、さらには削減に取り組み、特に冷戦末期から冷戦終結直後には大幅な核兵器の削減が実現した。両国はその後も核兵器の削減を継続している。また、英国およびフランスも、冷戦終結を受けて、一方的措置として核兵器の保有数を削減した。その結果、2022年初頭の時点で、世界の核兵器は12,705発の規模となった（SIPRI推計）。しかしながら、2010年代半ば以降、国際安全保障環境の悪化を背景に、核兵器の削減に向けた取り組みは停滞し、逆に核保有国は核兵器の近代化を積極的に推進している。

米ソ／米露による核兵器の制限・削減はこれまで、主として核超大国間の抑止関係、さらには戦略関係の安定化を目的とした、軍備管理措置として実施されてきた。核兵器の廃絶が当面は期待し難く、核保有国（やその同盟国）は国家安全保障に核抑止力が必要だと考えるなかで、そうした軍備管理の観点から核兵器の削減を推進することは、敵対・緊張関係にある国家間の**戦略的安定**を維持し、核兵器の使用可能性を低減するためにも引き続き重要である。

もちろん、核兵器の削減はNPT第6条に示される核軍縮義務の履行、さらに「核兵器のない世界」の実現に不可欠な措置である。米露は依然として世界の核兵器の9割を保有しており、その両国による核兵器の一層の削減は中心的な課題である。同時に、核兵器の廃絶には米露以外の核保有国による核兵器の削減が必要である。なかでも、核兵器の近代化を積極的に推進し、NPT上の5核兵器国のなかで唯一核兵器を削減しておらず、大国として台頭してきた中国を、いかにして核兵器削減プロセスに参加させるかが、喫緊の課題となっている。

第2節　戦略兵器制限交渉(SALT)

1　相互確証破壊と米ソ核軍備管理

第2次世界大戦終結後、勢力圏とイデオロギーをめぐる2極対立、すなわち冷戦に突入した米ソは、激しい核軍拡競争を展開した。当初は米国がソ連に対する大きな優位を維持していたが、ソ連も急速に米国を追い上げていった。そうしたなかで勃発した1962年のキューバ危機(序章2節参照)において全面核戦争の瀬戸際に立った米ソは、核による共倒れを回避すべく、そのための手段として「敵対国との軍事面における協力」としての軍備管理の必要性を認識していった。また1960年代には、核軍拡競争の結果として米ソが**相互確証破壊(MAD)**状況に至ったが、米国では、米ソがMAD状況にあることが戦略的安定の維持に資するという議論が主流となった。

米ソが1969年に開始した戦略兵器制限交渉(SALT)では、MAD状況を制度化するものとしての2国間の核軍備管理が最終的に追求された。そこでの焦点は双方の報復能力の保全であり、他方の報復能力を脅かすような対兵力打撃能力、とりわけ**複数個別誘導弾頭(MIRV)**化大陸間弾道ミサイル(ICBM)と、他方の報復攻撃に対する効果的な領域防衛能力となりうる**弾道弾迎撃ミサイル(ABM)**に制約を課すことであった。米ソは、まずはABMの制限を優先して条約の締結を目指した。

2　弾道弾迎撃ミサイル制限条約(ABM条約)

その結果として米ソが1972年5月26日に署名し、同年10月3日に発効したのが、弾道弾迎撃ミサイル制限条約(ABM条約)である。条約では、ABM迎撃ミサイル、ABM発射基およびABMレーダーからなるABMシステムを、その国の領域防衛、ならびに個々の地域の防衛のために配備しないことなどが規定された。同時に、例外として首都、およびICBMサイロ発射基がある1地域の計2地域へのABMシステム配備が許容され、1つの地域に配備されるABM発射基・迎撃ミサイルは100を越えてはならないなどと制限された。条約成立当時、米国はICBM基地防衛用、ソ連は首都防衛用のそれぞれ1地域のみにABMシステムを配備していたが、両国は1974年7月3日にABM条約議定書を締結し、配備地域をいずれか1地域に制限することに合意し、それぞれ既存の配備地域を選択した。

条約義務の検証に関しては、「**自国の検証技術手段（NTM）**」を用いて自由に実施できると規定され、主として偵察衛星を用いた履行状況の監視が合意された。また、「条約の規定の目的、ならびにその履行の促進」のため、常設協議委員会（SCC）が設置された。

他方の報復能力に対する脆弱性の維持を定めたABM条約は、MAD状況の制度化を企図した最初の条約であり、「戦略的安定の礎石」とも称された。また、ABM条約の前文では、「ABMシステムの制限は、戦略兵器の制限に関する今後の交渉にとって、より好ましい条件を作り出すことに貢献する」とも謳われた。

3　SALT I 暫定協定

米ソはABM条約と同日、戦略兵器制限暫定協定（SALT I）に署名した。SALT I暫定協定は、「戦略攻撃兵器を制限する、さらに完全な措置に関する協定」が成立するまでの措置を規定する5年間の暫定的な協定である。それでも、SALT I暫定協定署名日以後に追加的な固定式地上配備ICBM発射基の建造を開始しないこと、ならびにSLBM発射基および新型弾道ミサイル潜水艦を署名日に運用中および建造中のものに制限することなどを規定し、米ソ間の核軍拡競争に一定の制限を加えた。さらに、軽ICBMまたは旧型ICBMを1964年より前に配備された型の**重ICBM**に転換しないことが規定された。

SALT I暫定協定では、配備数の上限について、ICBMに関しては米国が1054基、ソ連が1618基、またSLBMについては米国が710基、ソ連が950基と規定された。いずれもソ連に有利な上限であったが、戦略爆撃機については米国が優位にあり、戦略核戦力全体でみれば均衡が図られていた。他方で、MIRV化ICBMの厳格な制限については、米ソともに戦略的に重要な運搬手段と位置づけて規制に積極的ではなく、実験、生産、配備などの制限・禁止をSALT I暫定協定では取り扱わないこととした。

4　SALT II 条約

SALT I暫定協定成立後の1972年11月、米ソは第2次戦略兵器制限交渉（SALT

II）を開始した。戦略攻撃兵器に関して包括的な数的・質的規制を定めるという条約の複雑性と、両国の戦略的利益を反映した意見の相違などから交渉は難航した。この間、1977年にはSALT I暫定協定が失効したが、米ソは条約交渉が続く間はその履行を継続するとした。米ソは1979年6月18日、SALT II条約に署名した。

SALT II条約は、ICBM、SLBMおよび戦略爆撃機を規制の対象とし、ICBM発射基、SLBM発射基、戦略爆撃機および空対地弾道ミサイル（ASBM）の配備総数を条約発効時に2400に、1981年末までに2250の規模に制限することを米ソに義務づけた。この規模は、ほぼ現状凍結を意味するものであった。弾道ミサイルのMIRV化に関しては、弾道ミサイル1基に搭載できる弾頭数がICBMで10発、SLBMで14発、ASBMで10発を超えてはならないこと、さらにMIRV化されたICBM発射基、SLBM発射基およびASBMの総数の上限を1200、またMIRV化ICBM発射基の総数の上限を820にすること、重ICBMにかかる質的制限を課すことなどが規定された。ただ、MIRV化ICBM、およびMIRV化ICBM・SLBMの合計については、米ソともに一定の増加が可能となるような上限が設定された。

検証措置については、ABM条約と同様にNTMを用いると規定された。SALT II条約ではさらに、米ソ両国の戦略核戦力について、データベースを作成し、更新することも定められ、効果的な検証に必要な透明性の一定の確保が図られた。

SALT II条約は、米ソの戦略核運搬手段に制限を課す初めての条約であり、MIRV化ICBMに関する規定とも相まって、戦略的安定の維持に一定の役割を果たすと期待された。しかしながら、米国では、条約の批准に必要な上院の3分の2の賛成が得られる見通しは立たなかった。SALT II条約がMIRV化ICBMを禁止せず、とりわけソ連の重ICBMに十分な規制を課していないことで、ICBM弾頭数などでソ連の一方的優位が容認され、米国の報復能力が脅かされるとの批判が強まったためである。さらに、当初は批准の推進を試みたカーター政権も、ソ連による1979年12月のアフガニスタン侵攻に反発して批准審議の停止を議会に要請した。続くレーガン政権は、大統領選において条約の批准に明確に反対した。SALT II条約は、米国が批准せず発効しないまま、1985

年末の有効期限を迎えて失効した。この間、米ソはともに未発効ながらも条約の義務を遵守するとの政治的約束を表明したが、米国は1986年に、ソ連が政治的約束に従った行動をとっていないとして条約には拘束されないと表明した。

第3節　INF条約

1　INF条約交渉

ソ連が1970年代後半に配備を開始した射程5,000 kmのSS-20中距離弾道ミサイル(IRBM)は、米国本土には到達しないものの、命中精度が高く、欧州に展開する北大西洋条約機構(NATO)(第8章1節参照)軍への効果的な先制攻撃の手段になると目された。これに対して、米国は同種のミサイルを保有しておらず、NATOはソ連／ワルシャワ条約機構(第8章1節参照)軍に対して、欧州戦域レベルにおける核抑止力で劣勢にあった。特に欧州NATO諸国は、そうした不均衡の結果として米国から見捨てられる(abandonment)可能性があるとして、米国が提供する拡大抑止の信頼性に疑問を投げかけた。

その対抗策として、NATOは1979年12月に、**中距離核戦力(INF)**に関する米ソ交渉を推進すること、進展がなければ米国がINFを西欧に配備することという「**二重決定**」を採択した。また、レーガン大統領は1981年11月の演説で、ソ連が自国本土を含む欧州地域に配備したINFを廃棄すれば米国もINFの配備計画を撤回するという、いわゆる「ゼロ・オプション」を提案した。1981年11月にはINF交渉が開始されたが、対象となる兵器、国・地理的範囲、および規制の基準について米ソの意見が鋭く対立して進展せず、米国は「二重決定」に従って1983年にパーシングII IRBMおよび地上発射巡航ミサイル(GLCM)の配備を開始し、条約交渉は中断した。

1985年にゴルバチョフがソ連書記長に就任すると、条約交渉は急速に進展した。同年11月の米ソ首脳会談では、「核戦争に勝者はなく、核戦争は決して戦われてはならないことにつき意見の一致をみた」ことが共同声明に明記された。1986年10月のレイキャビクにおける米ソ首脳会談では、INFに搭載される弾頭数の上限を100にし、欧州には配備しないことで意見の一致を見た。ただ、ソ連は米国が推進する**戦略防衛構想(SDI)**の制限もあわせて合意するよう求め、米国がこれに反対したため、合意には至らなかった。

しかしながら、ソ連は1987年2月、INF問題とSDI問題とを切り離して交渉するよう提案し、INF交渉における最大の障害が取り除かれた。米ソはその後、欧州において両国の射程1,000～5,500kmの中射程ミサイルと射程500～1,000kmの準中射程ミサイルを全廃する「ダブル・ゼロ」に合意したが、ソ連がアジア部に、また米国は自国本土に、それぞれ弾頭数100発までミサイルを配備できるというものであった。これに対して、日本は、ソ連のINFがアジアに残ることで安全保障に及び得る影響への強い懸念を米国に伝え、ソ連中央部への配備を提案した。最終的に米ソは、欧州以外でもINFを全廃する「グローバル・ダブル・ゼロ」に合意した。INF条約は米ソにより1987年12月8日に署名され、翌年6月1日に発効した。

2　INF条約の概要と意義

INF条約では、米ソが保有する地上配備の中射程・準中射程のミサイルシステム（ミサイル、ミサイル発射基、関連する支援構造物および支援装置）を全廃し、両国による将来の保有も禁止することが定められた。ただし、ミサイルに搭載される核弾頭は禁止や廃棄の対象に含まれなかった。また、INF条約では、対象となるミサイルシステムの詳細な廃棄方法、ならびに厳格かつ侵入度の高い現地査察を含む検証措置が規定された。その現地査察には、基礎査察、施設閉鎖査察、短通告査察（発効後13年間）、生産施設出入り口査察（発効後13年間）、廃棄査察が規定され、ミサイル配備基地、ミサイル支援施設、生産施設（出入り口の監視）、廃棄施設で実施された。

米ソは条約の規定に従って、1991年6月までに両国が保有する2,692発（米国が846発、ソ連が1,846発）の中射程・準中射程ミサイルを全廃した。1991年12月のソ連崩壊に伴い、INF条約は旧ソ連のINF関連施設が存在したロシア、ベラルーシ、カザフスタン、トルクメニスタンおよびウズベキスタンによって継承され、これらの旧ソ連諸国と米国は、条約に基づいて2001年末まで現地査察を実施した。

INF条約は2つの点で、極めて画期的な条約であった。第1に、INF条約は、特定のカテゴリーに限定されるものの核戦力の削減を規定するとともに、詳細で侵入度の高い現地査察の実施を規定する、初めての条約であった。第2に、米ソのINFは命中精度が高く、また敵陣近くに配備されるため他方からの先制攻撃に脆弱で、早期使用の可能性を高める核戦力であり、その全廃を規定したINF条約は2国間の戦略的安定の向上に大きく寄与するものと位置付けられた。

3 INF条約の終焉

1990年代以降、米露がINF条約に拘束される間に、その締約国ではない中国、北朝鮮、インド、パキスタンおよびいくつかの中東諸国が地上発射型中距離ミサイルを積極的に保有・強化し、米露は懸念を強めた。米露は2007年10月の**国連総会第1委員会**で、地上発射中距離ミサイルを他国も廃棄するよう共同で提案したが、これを受け入れる保有国はなかった。

その直後から、ロシアが、弱体化する通常戦力を補完し、また自国周辺での中距離ミサイルの拡散、NATOに対する劣勢、ならびに米国による東欧諸国への弾道ミサイル防衛(BMD)(第9章5節参照)配備に対抗する手段として、INF条約に反して地上発射型中距離ミサイルの再取得を試みているのではないかとの疑念が囁かれ始めた。そして2014年7月、米国務省はロシアのINF条約違反を公式に指摘した。米国はその後、ロシアが9M729 GLCMを2015年までに条約に反する方法で発射実験を実施したこと、2019年2月には9M729の配備数が4個大隊に増加したと見ていることなどを明らかにした。これに対してロシアは、9M729の存在を認めつつ、INF条約に違反する射程距離での開発・実験をも実施していないと主張した。ロシアは逆に、米国のイージス・アショアBMDシステムに用いられるMk-41発射システムがGLCMの発射能力を有しているなどとして、米国が条約に違反していると主張した。

米国は、ロシアによる条約違反への対抗措置として、通常弾頭搭載の移動式GLCMの開発、さらにはINF条約からの脱退の可能性も示唆していたが、これを実際に推し進めたのが2017年に発足したトランプ政権であった。2018年10月、トランプ大統領はINF条約締約国であるロシアの重大な違反、ならびに条約の締約国ではないものの中国による中距離ミサイルの増強を理由に挙げ、条約脱退の意向を表明した。米国は2019年2月、ロシアに対して条約脱退を正式に通告し、条約の規定に基づき6カ月後の同年8月2日に米国による脱退が発効した。

これを受けてロシアは、米国の脱退によりINF条約は自動的に効力を失ったとした。ロシアはまた、地上発射型中距離ミサイルの製造に着手する方針を表明する一方で、米国が先行して欧州地域にミサイルを配備しない限り、ロシアは飛び地のカリーニングラードにミサイルを配備しないとも述べた。これに対して米国およびNATO諸国は、ロシアによる9M729の実験・配備がそもそもINF条約違反であったこと、並びに適用地域に大きな非対称性があることを挙げて、ロシアの提案を拒否した。

米露(ソ)核軍備管理条約の象徴的存在の1つであったINF条約の終焉は、2010年代半ば以降の米露／米中による大国間競争、ならびに北東アジアや欧州などでの地政学的競争の深刻さを改めて示した。また、中距離ミサイルの拡散状況とあわせて考えれば、米露2極・均衡型の伝統的な核軍備管理条約が、両国にとって十分な役割を果たし得なくなりつつあることを示したものと言えた。

第4節　START条約

1　START I条約交渉

レーガン大統領は1981年11月の演説で、ソ連に対して、戦略兵器削減交渉(START)を開始し、戦略核兵器の制限ではなく平等で検証可能な大幅削減を行うよう提案したことを明らかにした。翌年6月に交渉が開始されたが、米ソ関係の悪化、ならびに米国のSDIに対するソ連の反発などにより進展しなかった。

そうした膠着状況は、INF条約交渉と同様に、ゴルバチョフ書記長の就任により、解消に向かう。**核・宇宙交渉(NST)**が再開され、1986年10月の米ソ首脳会談では、戦略核戦力の半減、すなわち運搬手段を1,600に、また搭載される弾頭数を6,000にすることで意見が一致した。米ソはその後の交渉で、重ICBMの半減をはじめ多くの点で条約に規定される措置に合意したが、米国のSDIを戦略核戦力とともに制限すべきとするソ連と、これに反対する米国の間で意見の隔たりは埋まらなかった。

しかしながら、1989年9月の米ソ外相会談でソ連がSDIとSTARTのリンケージを放棄したことで、交渉は急速に進展した。ソ連には、経済状況の悪化などから核戦力に係る米国との競争を継続するだけの体力はなく、米国との戦略核兵器削減を優先させるべきだとの判断が働いた。冷戦の象徴であるベルリンの壁が1989年11月に崩壊し、翌月の米ソ首脳会談（マルタ）で冷戦の終結が宣言された後、1990年6月には条約の基本的枠組みを示した米ソ共同声明が発出された。条約の成立は1990年8月のソ連におけるクーデター未遂や、1991年1月の湾岸戦争の勃発などにより遅れたものの、米ソは1991年7月31日、戦略兵器削減条約（START I条約）に署名した。

2　START I条約

START I条約では、発効後7年間で、両国が配備するICBM、SLBMおよび戦略爆撃機の総数を1,600以下とし、このうち重ICBMは154基以下にすると規定された。また、これらの戦略核運搬手段に搭載される核弾頭（戦略核弾頭）の総数は6,000発以下とされ、ICBMおよびSLBMに搭載されるもの（4,900発）、移動式ICBMに搭載されるもの（1,100発）、ならびに重ICBMに搭載されるもの（1,540発）に関して、それぞれ内訳が課された。ICBMおよびSLBMについては、同じタイプの運搬手段に搭載される1基あたりの弾頭数を両国間で決定し、その運搬手段数から配備核弾頭数が算定される。他方、戦略爆撃機に搭載される核弾頭数には特別の計算方法が適用され、実際の配備数はこれよりも多くなる。

戦略的安定性を大きく脅かすと懸念された重ICBMには厳格な措置が規定され、新型重ICBMの開発、実験および配備、既存の重ICBMの発射重量・投射重量の増大、既存の重ICBMの移動式化、既存の重ICBMの低減搭載などが禁止された。

検証措置に関しては、START I条約がINF条約と異なり戦略核戦力の一定の削減を定めたことを受けて、後者よりも厳格で詳細な措置が規定された。このうち現地査察については、検証・査察の基礎となる申告内容の正確性、運搬手段の廃棄・転換、関連施設の閉鎖、移動式ICBM生産施設などの確認のために、侵入度の高い多様な措置（基礎データ査察、データ更新査察、新施設査察、疑わしい場所の査察、再突入体査察、ポスト演習分散査察、転換・廃棄査察、施設閉鎖査察、以前に申告された施設の査察、技術的特徴の公開と査察、区分可能性の公開・査察、基礎公開・査察、継続的監視活動）の実施が定められた。

START I 条約は、米ソが保有する戦略核兵器の大幅な削減を初めて規定するとともに、MIRV 化 ICBM、特に重 ICBM の大幅な削減によって 2 国間の戦略的安定性を強化するとして、高く評価された。同時に START I 条約には、弱体化し、国内の混乱も続くソ連の核兵器を削減し、管理することで、冷戦終結直後の国際秩序の動揺を最小限に抑えるという重要な役割も与えられていた。さらに、START I 条約は、2 国間の戦略核戦力の均衡を規定しつつ、ソ連の主力である MIRV 化 ICBM の大幅削減を規定した点では米国に有利な条約でもあった。そうした意味で START I 条約は、「MAD 状況の制度化」と、紛争勝利国が敗戦国に対する優位を固定化する「紛争終結時の軍備管理」の双方の性格を併せ持つものでもあった。もちろん、ソ連にも START I 条約締結の誘因は小さくなかった。戦略核戦力の縮減を回避し得ない弱体化したソ連にとって、条約の下で米国とともに戦略核戦力を削減することが、その米国と同等の戦略核戦力の維持、すなわち核超大国としての地位を保全する唯一の方途だったからである。

3　ソ連崩壊と核軍備管理

START I 条約締結と相前後して、不安定な政情が続くソ連の核兵器の偶発的または非公認の使用、あるいは密輸や盗難などによる第 3 国や非国家主体への流出（いわゆる「ルース・ニューク」）の可能性が懸念され始めた。

こうした問題への迅速な対処が求められる状況で、ブッシュ大統領はソ連との法的拘束力のある条約の策定を追求することなく、1991 年 9 月に一方的核軍縮措置として「大統領の核兵器削減イニシアティブ（PNI）」を発表した。PNI では、地上・海洋発射型の戦術・戦域核兵器（以下、非戦略核兵器）の撤去、空中発射型戦術核兵器の半減などを明らかにし、ソ連に対して同様の措置を実施するよう提案した。ゴルバチョフ大統領も同年 10 月、米国と類似の PNI を発表した。ブッシュは 1992 年 1 月の一般教書演説で、さらなる一方的措置として、B2 戦略爆撃機の生産停止、小型 ICBM 計画の中止、SLBM 用核弾頭の生産中止、ピースキーパー（MX）ICBM の新規生産停止などを発表するとともに、ロシアに改めてMIRV化ICBM全廃を提案した。これに対してロシアのエリツィン大統領は同月、重爆撃機やALCMの生産中止といった措置の実施を約束した。

この間、1991年12月にはソ連が崩壊し、15の共和国に分裂した。ソ連の戦略核兵器はロシアに加えてベラルーシ、カザフスタンおよびウクライナに、また非戦略核兵器は旧ソ連全域に配備されており、核兵器や核分裂性物質などの厳格な管理に対する支援の実施が急務となる。米国は1992年に**協調的脅威削減(CTR)計画**を開始し、日本など西側諸国の協力も得つつ、旧ソ連諸国を対象に核兵器、核分裂性物質および関連施設などの厳格な管理を目的とした施策を実施していった。

旧ソ連の非戦略核兵器に関しては、1991年12月に旧ソ連諸国が署名した「核兵器に対する共同措置に関する協定(アルマ・アタ協定)」で、ロシアにある中央廃棄基地に1992年7月1日までに撤去することが定められた。これに対して、1991年12月に旧ソ連諸国が署名した「戦略軍に関する協定(ミンスク協定)」では、戦略核兵器の移管先や移管の期限が必ずしも明確にされなかった。その後の交渉の結果、ベラルーシ、カザフスタン、ロシアおよびウクライナと米国の5カ国は1992年5月23日、START I条約議定書に署名し、これら5カ国をSTART I条約の当事国とすること、ベラルーシ、カザフスタンおよびウクライナは非核兵器国としてNPTに加入することが定められた。ロシアを除く旧ソ連諸国3カ国は領域内のすべての核兵器の撤去とロシアへの移管をそれぞれ米国に約束したが、ウクライナはその対価として、安全の保証(security assurance)、ならびに解体される核弾頭から回収される核分裂性物質の売却益の一部還元を求め、米国、ロシアおよびウクライナは1994年1月、米露がウクライナに安全の保証および原発燃料の供給を約束し、ウクライナがNPT加入と核兵器のロシアへの移送を受諾するという3国合意を締結した。5カ国すべてがSTART I条約議定書を批准したことで、START I条約は1994年12月5日に発効した。また同日、これら5カ国と英国は**ブタペスト覚書**に署名した。

4 START II条約

START I条約の発効に向けた取り組みが続くなか、1992年6月には早くも米露間で戦略核兵器のさらなる削減に関する条約の基本的枠組みが合意された。

そこには、ロシアが米国との均衡を維持するためにさらなる戦略核兵器の削減が必要であったこと、米国も政情不安定なロシアの核に対する管理を一層促進することなどという、利害の一致が見られた。米露は1993年1月3日、第2次戦略兵器削減条約（START II条約）に署名した。

条約では、米露の配備戦略核弾頭数を2003年1月1日までに各3000～3500発以下に削減すること、さらにMIRV化ICBMおよび重ICBMの保有を禁止することが定められた。また、SLBM搭載核弾頭数を、START II条約下で許容される配備総数の半数となる1,700～1,750発以下にすること、戦略爆撃機に搭載される弾頭数は実際の搭載数で算定されることが規定された。

後述のようにSTART II条約は発効しなかったが、成立の際にはMIRV化ICBMを禁止し、同時に戦略核戦力のうち最も非脆弱で報復能力の中心と位置づけられるSLBMが両国の戦略核戦力の中核となるように規定を設計したことで、米露間の戦略的安定を一層強化するものと評価された。他方で、ロシアの主力たるMIRV化ICBMの「武装解除」は、米国の戦略核抑止力に係る優位の固定化、ならびにロシアによる戦略核戦力の急速な再強化の防止といった意義を米国にもたらすものとも言えた。さらに、経済難のため戦略核運搬手段の新規建造が容易でなかったロシアは、MIRV化ICBMの禁止によって、START II条約で規定された規模の配備戦略核弾頭数を維持できない可能性に懸念を強めた。ソ連崩壊後の混乱が一応の収束を見せると、ロシアは、この点に加えてNATOの東方拡大や米国の弾道ミサイル防衛（BMD）計画も挙げつつ、START II条約の批准に消極的な姿勢を強めていった。このうちBMD問題に関しては、ロシアは、冷戦後に米国が推進した**戦域ミサイル防衛（TMD）**が戦略弾道ミサイルの迎撃能力を備えた場合、ABM条約に違反するだけでなく、BMD網の突破に有効なMIRV化ICBMがSTART II条約で禁止されることで、ロシアの戦略核抑止力が大きく損なわれると主張した。

5　START III条約の模索と失敗

米露は1997年3月の首脳会談で、START II条約のロシアによる早期批准を目的として、第3次戦略兵器削減条約（START III条約）の基本的枠組みを示した「核戦力の将来の削減についてのパラメーターに関する共同声明」を発表した。

共同声明では、START II 条約の発効後に、米露の戦略核弾頭を 2007 年末までにそれぞれ 2,000 〜 2,500 発以下に削減することなど 4 つの基本的要素を含む START III 条約の交渉を開始すると記された。

同年 9 月 26 日には、START II 条約議定書および ABM 条約関連文書が署名された。米露が締約国となる START II 条約議定書では、条約の下で廃棄される戦略核運搬手段の廃棄期限を 2003 年 1 月 1 日から 2007 年 12 月 31 日に延長すると規定した。

ABM 条約関連文書については、米国、ベラルーシ、カザフスタン、ロシアおよびウクライナにより「ABM 条約に関する了解事項」が署名され、旧ソ連 4 カ国を ABM 条約に関するソ連の承継国とし、ソ連の承継国は全体として ABM システム配備地域が 1 つに制限されると定められた。これら 5 カ国はまた、TMD と**本土ミサイル防衛（NMD）**の分別に関する「ABM 条約に関する第 1 合意声明」および「ABM 条約に関する第 2 合意声明」にも署名した。「第 1 合意声明」では秒速 3km を超えない迎撃ミサイルを持つ低速度 TMD システムに関して、また「第 2 合意声明」では秒速 3km を超える迎撃ミサイルを持つ高速度 TMD システムに関して規定されたが、いずれも秒速 5km または飛翔距離 3,500km を超えるような標的となる弾道ミサイルに対して迎撃実験を行わない限り、その TMD は ABM 条約の制限を受けないと明記された。

こうした合意の成立にもかかわらず、ロシアによる START II 条約の批准は進まなかった。米国がその後、NMD の限定的な配備を推進すると政策を転換したからである。米国はまた、2000 年 1 月の米露協議で、米露が限定的な長距離弾道ミサイル攻撃に対する領域の限定的な防衛を目的としたミサイル防衛システムを配備できるとする ABM 条約議定書案を提出した。当然ながら、米国の NMD 計画に強く反対するロシアは米国の提案を受け入れなかった。

他方でロシアのプーチン大統領は、START II 条約の批准を外交政策の最優先事項とし、議会に批准手続きを進めるよう求めた。これを受けてロシア議会は 2000 年 4 月、START II 条約・議定書、ならびに ABM 条約関連文書の批准を承認した。批准に際して採択された START II 条約批准関連法では、START II 条約の批准書の交換について、米国による START II 条約議定書および ABM 条約関連文書の批准手続きの完了を条件とすることなどが規定された。これは、戦略核兵器の削減とABM条約の維持とを明確に関連付けるものであった。

しかしながら、クリントン政権下の米国上院では、共和党議員の根強い反対により、START II条約・議定書およびABM条約関連文書の批准が承認される見込みはなかった。2001年に発足した共和党のG・W・ブッシュ政権はもとより批准に反対し、後述のように新たな核軍備管理条約の策定を目指したため、START II条約が発効することはなかった。

第5節　SORT

1　ABM条約の終焉

G・W・ブッシュ大統領は2001年5月の演説で、ロシアは敵ではなく、切迫した脅威は「**ならず者国家**」からのWMDおよびミサイル攻撃であるとし、ミサイル防衛を推進する必要性を強調した。そのうえで、「冷戦の遺物」たるABM条約の「変更」に向けて取り組むとの決意を明言した。これに対して、ロシアのプーチン大統領は同年6月の米露首脳会談後の記者会見で、ABM条約を「今日の国際安全保障構造の礎石」だと発言した。しかしながら、米国など西側諸国との良好な関係の構築を模索していたロシアの反対は、必ずしも強硬なものではなかった。

2001年9月11日の米国における同時多発テロ事件（9・11テロ）以降、単極とも帝国とも称された米国は、国益の単独主義的な追求と圧倒的なパワーの行使を躊躇しないという姿勢を一層強めていった。さらに米国は、「対テロ戦争」と「ならずもの国家」のWMD・ミサイル脅威を半ば強引に関連づけ、ミサイル防衛推進のためABM条約から脱退する必要性を改めて強調した。そして2009年12月13日、米国はABM条約からの脱退をロシアに正式に通告した。脱退は通告から6カ月後の2002年6月13日に成立した。米国が脱退通告に際して示した「自国の至高な利益を危うくしていると認める異常な事態」には、「多くの国家および非国家主体が大量破壊兵器を取得し、または積極的に取得を模索」していること、「そのような主体のなかには、これらの兵器を米国に対して使用する用意があるものが明らかにある」ことが挙げられた。

これに対してプーチン大統領は、米国の「決定は誤りである」と述べたが、その批判は極めて抑制的であった。米国がアフガニスタンでの「対テロ戦争」の遂行にロシアとの協力を必要とするなかでの米国によるABM条約脱退を、ロシアは自国が維持しうる規模に米国とともに戦略核戦力を削減する好機と捉えたプーチンは、「一層の急激、不可逆的かつ検証可能な戦略攻撃兵器の削減に法的な印(legal seal)を加えること」がABM条約問題とともに重要な任務だとし、「それぞれ1,500〜2,200発の核弾頭の規模」にするよう米国に提案した。

2 SORT

米国が2001年12月末に策定した核態勢見直し(NPR 2001)では、米国の実戦配備戦略核弾頭数を10年間で1,700〜2,200発の規模に削減するとの方針が示された。他方で米国は、戦略核戦力に関する柔軟性を確保すべく、法的拘束力のある条約ではなく一方的措置による削減を繰り返し主張した。これに対して、米国との戦略核戦力にかかる均衡と、これを規定した条約の締結を「大国」の象徴として重視していたロシアは、「条約化」にこだわった。米国は最終的に「条約化」で譲歩したが、そこにはABM条約問題およびミサイル防衛問題へのロシアの不満を緩和しつつ、「対テロ戦争」やWMD拡散問題でロシアから一層の協力を得たいとの思惑があった。

こうして開始された米露の核軍備管理条約交渉はわずか半年で妥結し、米露両大統領は2002年5月24日にモスクワで戦略攻撃能力削減条約(SORT)に署名した。検証措置に関する議定書なども合わせると数百ページに及ぶSTART I条約やINF条約と異なり、SORTはわずか5カ条の非常に短い条約で、その実質的な措置は、米露は2012年12月31日までに(実戦)配備戦略核弾頭を1,700〜2,200発に削減すること、ならびに「戦略攻撃兵器の構成・構造を各自で決定する」ことだけで、戦略核弾頭の削減方法やプロセス、さらに検証措置は規定されていない。このため両国は、条約の期限でもある2012年末の時点で1,700〜2,200発の規模に削減すればよく、両国はその間、2009年が期限のSTART I条約に反しない範囲で自由に戦略核弾頭数を設定できる。こうしたSORTは、ラムズフェルド米国防長官が述べたように、「一方的に宣言された意図および削減を法制化しただけのもの」と言えた。

SORTは米国の主張を多分に反映した条約であったが、ロシアにも相応の利益をもたらす条約であった。戦略核兵器削減の「条約化」は、もとよりロシアが求めたものであり、規定された戦略核弾頭数はロシアが維持しうる規模に近かった。さらに、START II 条約では全廃が定められた MIRV 化 ICBM を保持することができ、ロシアは戦略核戦力のさらなる縮減の回避と、戦略核抑止力にかかる米国との均衡の維持が可能になった。

他方、SORT に対しては、それまでの米露核軍備管理条約とは異なり、核戦力の削減方法・プロセスが規定されていないこと、戦略核弾頭数の削減期限が条約の失効日であること、戦略核運搬手段や核弾頭の廃棄が義務づけられていないこと、検証措置の規定がないこと（ただし、START I 条約の有効期間中は、その検証措置が引き続き実施される）などから、実効性に欠ける、あるいは戦略核削減を実質的にもたらす保証がないなどと批判された。

3　米露核軍備管理の変容と課題

冷戦期、ならびに冷戦終結からしばらくの間、米ソ／米露間の核軍備管理は、双方の確証破壊能力を条約という外交的措置を通じて保全することを主眼として構築されていった。これに対して、米国による ABM 条約からの脱退と、米露による MIRV 化 ICBM の存続も容認する SORT の締結は、そうした「MAD 状況の制度化」からの離脱を試みたものと言えた。それは、ブッシュ政権が他国からの拘束を忌避し、単独主義的な政策を追求した結果であったが、同時に米露が冷戦期のような敵対関係になく、2 国間の戦略的安定における MAD 状況の保全の重要性が当時より低下したという戦略環境も無視し得なかった。そうしたなかで締結された SORT は、戦略核抑止関係に焦点を当てるのではなく、米露の異なる国益や期待、さらに言えば 2 国間関係全般を「管理」するための手段として位置づけられるものと言えた。

他方で、ロシアの戦略核戦力は、縮減が不可避とはいえ米国に耐え難い報復攻撃を遂行する能力があり、米国のミサイル防衛システムもロシアの報復能力を脅かすだけの質的・量的な能力を有しておらず、依然として米露間の MAD 状況は続いていた。また、米露が将来にわたって「敵ではない」関係を維持できるとの保証もなかった。米露関係が再び緊張に転じ、その際に MAD 状況を制度化する核軍備管理の枠組みが不在で、さらに戦略戦力に関する不透明性から不信感、誤解、あるいは安全保障ジレンマが高まれば、2国間関係の一層の悪化をもたらすことになると懸念された。

はたして、9・11テロ後の米露協調関係は長くは続かず、2003年のイラク戦争や、米国のミサイル防衛システム東欧配備計画などへのロシアの反発をはじめとして、米露関係は「冷たい平和」と称されるまでに悪化した。また、START I条約が2009年12月に失効するのを睨んで、その後の米露核軍備管理のあり方を巡る議論が2006年半ばに開始されたが、米国が核戦力に関する透明性措置や信頼醸成措置に留めたいと提案したのに対して、ロシアは検証措置を伴う戦略核戦力の一層の削減やミサイル防衛に対する制限を強く主張した。意見の対立が解消されないまま、米露は2008年12月、米国の次期政権とロシアに交渉を委ねることで合意した。

第6節　新START条約

1　プラハ演説と「核兵器のない世界」

2007年1月、シュルツ、ペリー、キッシンジャーおよびナンという4人の元米政府高官・議員が、「核兵器のない世界」と題する論考を発表した。4人は、冷戦終結によって米ソ間の相互抑止という教義は時代遅れになっただけでなく、北朝鮮やイラン、さらにはテロリストなど非国家主体による核兵器取得の可能性が高まり、危険な核時代が到来しつつあるという危機感を示した上で、「核兵器のない世界」に向けた施策を提言した。

これに触発され、「核兵器のない世界」の実現を求める主張や運動が急速に発展していくが、その機運を一気に高めたのが、2009年1月に就任したオバマ米大統領による、現職の米大統領として初めての「核兵器のない世界」へのコミットメントであった。オバマ大統領は2009年4月5日のプラハでの演説で、「米国は、核兵器国として、そして核兵器を使ったことがある唯一の核兵器国として行動する道義的責任がある」と述べた上で、「核兵器のない世界の平和と安全保障を追求するという米国の約束を、明確に、かつ確信をもって表明する」と高らかに謳った。その具体的な取り組みの1つに挙げたのが、ロシアと新たな戦略兵器削減条約を交渉することであった。

2　交渉過程

オバマ大統領のプラハ演説に先立つ2009年4月1日、米露両大統領は共同声明で、2009年12月5日に失効するSTART I条約の後継となる法的拘束力を持つ新たな条約について、直ちに協議を開始するとした。交渉は同月24日に開始され、7月の首脳会談では「START後継条約に関する共同理解」が公表された。これによれば、米露は戦略核弾頭数を1,500～1,675発、戦略運搬手段を500～1,100基・機の範囲で削減すること、条約には効果的な検証措置を規定することなどが報告された。

しかしながら、後継条約の成立はSTART I条約の失効日には間に合わなかった。その最大の要因の1つは、BMD問題を巡る米露の意見の相違であった。オバマ政権は2009年9月に、G・W・ブッシュ前政権が打ち出した地上配備迎撃ミサイル(GBI)の東欧配備計画の中止を発表したが、ロシアはそれだけでは十分だと考えず、後継条約ではBMD問題についても取り上げるべきだと主張した。ロシアはまた、米国が構想する通常弾頭搭載のICBM・SLBM(**通常即時グローバル打撃(CPGS)**)も後継条約での数的規制に含めるべきだと主張した。

米国は、そうしたロシアの主張に反対した。前政権よりは穏健であったがオバマ政権もBMDやCPGSを拡散懸念国の核・ミサイル問題への対応に必要だと考えていたからである。同時に、より重要な理由は国内問題であり、BMDやCPGSの推進を阻害するような軍備管理条約の批准が上院で承認される可能性は低く、オバマ政権はこれを回避する必要があった。

米露間の意見の相違は必ずしも小さくはなかったが、それでも両国は後継条約の早期妥結を目指して交渉を続け、NPT再検討会議に先立つ2010年4月8日にプラハで新戦略兵器削減条約(新START条約)に署名した。条約は2011年2月5日に発効した。

3　条約の概要

新START条約では、発効から7年後(条約の有効期限は発効から10年で、最大5年間の延長が可能)に、米露が配備するICBM、SLBMおよび戦略爆撃機を700基・機、また配備・非配備を合わせたICBM発射基、SLBM発射基および戦略爆撃機を800基・機とすること、ならびに配備ICBM・SLBM搭載の弾頭と配備戦略爆撃機搭載の核弾頭を1,550発とすることが定められた。この(核)弾頭数は、条約上はSORTで規定された上限から150～650発の削減となるが、実際には新START条約、場合によってはSORTの上限よりも多い戦略核弾頭を配備し得る。新START条約では、ICBMおよびSLBMについては実際に搭載された弾頭数が数えられるのに対して、戦略爆撃機に関しては1機につき1発の核弾頭を搭載すると見なして計算されるためである。

戦略攻撃兵器の構成・構造については、SORTと同様に米露がそれぞれ決定することとして戦略(核)運搬手段・弾頭数の内訳を設定せず、MIRV化ICBMに関する数的・質的な制限も規定されていない。米国のCPGSへの含意については、新START条約ではICBM・SLBMに搭載される「弾頭」数を対象としており、通常弾頭についても数的制限の対象に含まれる。

ロシアが新START条約交渉で最重要課題の1つに位置づけたBMD問題については、まず条約の前文で、「戦略攻撃兵器と戦略防御兵器の間の相互関係の存在を認識」するとし、「この相互関係は戦略核兵器が削減されるに従いより重要になること、ならびに現在の戦略防御兵器は両当事国の戦略攻撃兵器の有用性および有効性を損なわないこと」という、両国の立場が併記された。他方、条約本文では、BMDの迎撃ミサイルを新START条約下の数的制限に含まないことが明記されるなど、BMDの推進にほぼ制約は課されなかった。

検証措置については、配備・非配備の戦略運搬手段の数や位置、区分可能な特徴、配備運搬手段に搭載される弾頭数、戦略攻撃兵器の生産施設、貯蔵施設、修理施設、廃棄施設などに関するデータの交換および通告、ICBMおよびSLBM発射に関する**テレメトリー情報の均衡の原則**での交換、NTM(第10条)、ならびに現地査察が規定された。また、条約の目的および履行を促進するため、2国間協議委員会(BCC)を設置するとした。

現地査察は、2つのタイプに大別される。タイプ1の現地査察は、ICBM、SLBMおよび戦略爆撃機のそれぞれの基地において、配備・非配備の戦略攻撃兵器の数・種類、配備ICBM・SLBMに搭載された弾頭数、ならびに配備戦略爆撃機に搭載された核兵器の数に関して、申告されたデータの正確性の確認を目的として実施される。年10回を上限とし、1回の査察で1基のICBMまたはSLBM、あるいは3機の戦略爆撃機を相手国側がランダムに指定して査察を行う。査察の対象となる戦略運搬手段を相手国がランダムに選択することで、違反の誘因を低減し得る。タイプ2の現地査察では、非配備戦略攻撃兵器や、転換または廃棄された戦略攻撃兵器などが対象となる。年8回を上限とし、非配備あるいは転換された発射基・ミサイルのある施設において、非配備ICBM・SLBMの数および種類に関する申告された技術的特徴やデータが正確であることなどの確認が行われる。

4　さらなる削減の挫折

新START条約は、SORTとは異なり、検証措置の下での戦略核戦力の削減を定めており、戦略核抑止力に関する米露間の透明性や予見可能性を回復するものだとして、概して肯定的に評価された。他方で新START条約は、オバマ大統領が条約交渉に先立って目標に掲げた「十分に大胆な新しい合意」だとは言い難かった。戦略核弾頭数の条約上の削減規模はSORTの下限からは150発程にとどまり、戦略核弾頭の廃棄に関する措置が規定されているわけでもなかった。だからこそ、オバマ大統領は新START条約の署名に際して、この条約が核兵器のない世界に向けた「長い旅の一歩に過ぎ」ず、「非配備兵器を含む戦略・非戦略兵器の削減に関して、ロシアとの交渉の継続を望む」と述べ、一層の核兵器削減に改めて強い意欲を示した。しかしながら、オバマ政権はこれを実現できなかった。

オバマ大統領は2013年6月のベルリンでの演説で、米国は「配備戦略核兵器を最大でさらに3分の1削減しつつ、米国および同盟国の安全保障を確保し、強力かつ信頼性のある戦略核抑止を維持できると判断した」と述べ、ロシアとの戦略・非戦略核兵器の削減を追求するとの決意を表明した。しかしながら、ロシアの反応はきわめて消極的であった。ロシアには、自国が維持し得る規模への戦略核弾頭数への削減が新START条約で実現したこと、非戦略核兵器については米国の500発程度に対して2,000発程度を保有し、米国に対して優位にあったことにより、核兵器のさらなる削減の誘因がなかった。またロシアは、米国が核戦力の一層の削減を求める状況を米国に譲歩を迫る機会だと見て、BMDの制限や在欧非戦略核兵器の撤去を逆提案した。もちろん、これらは米国が容易に譲歩できる問題ではなかった。

5 新START条約延長問題

米露は、新START条約を概ね順調に履行してきた。削減期限の2018年2月5日になされた両国の申告では、配備戦略(核)運搬手段、配備・非配備戦略(核)運搬手段発射機、及び配備戦略(核)弾頭のいずれについても、条約で規定された数的上限を下回った。また両国は条約発効以来、規定された回数の現地査察を毎年実施してきた(2020年には、新型コロナウイルスの世界的感染拡大により、各2回の査察のみ実施。これ以降、2022年末時点で、現地査察は再開されていない)。この間、両国による条約への重大な違反は指摘されていない。

他方、2017年にトランプ米政権が発足すると、新START条約を巡る状況は流動化した。条約の期限は2021年2月5日で、米露が合意すれば最大5年間の延長が可能になる。しかしながら、トランプ大統領は就任前から新START条約を「悪いディール」だと主張し、条約の延長問題に当初は明確な姿勢を示さなかった。2018年7月にプーチン大統領が5年間延長を提案すると、米国は、NPT上の5核兵器国の中で唯一核兵器を削減していない中国が、今後10年間で核保有数を倍増させるとの見積もりを示しつつ、米露のみならず中国も核兵器削減プロセスに参加する「次世代の軍備管理」に移行すべきだと主張した。また米国は、**ロシアが新たに開発した核運搬手段**(極超音速ミサイル、無人核魚雷など)も軍備管理の対象に含むべきだと主張した。

新START条約延長問題に関する正式な協議は2020年6月に開催された。米国はこれに中国も参加するよう求めたが、中国は、まずは最大の核戦力を保有する米露の大幅削減が多国間交渉に参加する必要条件だと繰り返し主張した。中国との戦略関係を深めるロシアも、中国の参加が望ましいとしつつ、中国を説得することはしないとの立場を示した。ロシアはまた、中国の参加を求めるのであれば、残る核兵器国のフランスおよび英国も参加する必要があると主張した。

10月に入ると、米国は、中国の協議参加には言及せず、ロシアが核兵器の制限または凍結に合意するのであれば、新START条約を一定期間延長する用意があるとの方針を示した。これに対してロシアは、条約を無条件で少なくとも 1 年間延長することを提案した。これを受けて米国が、新 START 条約を 1 年間延長し、ロシアの核弾頭数に 1 年間の上限を設けるとの提案を示すと、ロシア、米国が追加の要求を出さないことを条件としつつ、1 年の延長期間中は「米国とともに保有する核弾頭の数を凍結する政治的義務を負う用意がある」と表明した。

しかしながら、米国務省はその直後に、「検証可能な合意の確定のために、直ちに会合を開く用意がある」との声明を発出し、検証措置の実施を条約延長の条件に含めていることを強く示唆した。ロシアはこれに反発し、検証措置に関する米国の要求を受諾する意図がないこと、条約延長問題での合意実現の可能性を疑問視していることを明言した。結局、2020 年 11 月の米大統領選挙までに米露は合意に至らず、条約延長問題は米次期政権に持ち越された。

2021 年 1 月に発足したバイデン米政権は、新 START 条約の延長に向けて直ちに動いた。発足翌日の大統領報道官記者会見で、新 START 条約の 5 年間延長の意向を明言し、条件には言及しなかった。ロシアにも異論はなく、米露は 1 月 26 日に条約の 5 年間無条件延長に関する文書を交換した。両国は 2 月 3 日に延長手続き完了の覚書を交換し、新 START 条約の 2026 年 2 月 5 日までの延長が確定した。

第 7 節　核兵器削減の展望

新 START 条約の延長は、米露間、そして世界に唯一残る核兵器削減条約が後継条約不在のまま失効するとの危機を脱して存続すること、これにより 2 国間の戦略核抑止関係に係る安定性が保たれること、そして新 START 条約に続く核軍備管理協定を検討する 5 年の猶予を得たことなどから、高く評価された。ブリンケン米国務長官は新 START 条約延長に際して、「5 年の延長期間を利用して、ロシアとの間でそのすべての核兵器に対処する軍備管理を追求する。また、中国の近代的で増大する核兵器の危険性を低減すべく軍備管理を追求する」とも述べた。

しかしながら、核兵器の削減を巡る状況が厳しさを増している。2010 年代半ば以降、力の移行に伴い米国、中国、ロシアの大国間競争、ならびにそれらの接点となる地域での地政学的競争が顕在化するなかで、大国間関係における核問題の重要性が再び国際安全保障の中心的な課題となっている。核抑止の国家安全保障の重要性が高まる状況では、もとより核兵器の削減を推進するのは容易ではない。現状では、中露に核兵器の（さらなる）削減を受諾する用意はない。ロシアにとって新START条約が定める1550発という戦略核弾頭数は、自国が維持でき、かつ米国と並び、他を凌駕する核超大国の地位を示し得る規模である。非戦略核兵器では米国の対して優位にあり、極超音速ミサイル、無人長距離核魚雷、原子力推進巡航ミサイルといった新型核運搬手段の開発で米国に先行している。ロシアとしては、新たな核軍備管理協定によってそうした優位性に楔が打たれるより、新START条約下での現状維持が望ましい。また、中国の320発程度の核戦力は米露に対して大きな数的劣勢にあり、これが核軍備管理条約などで固定化されること、他方で量的・質的に世界トップレベルの地上発射型中距離ミサイル戦力の削減を迫られること、あるいは積極的に推進する核戦力の近代化が阻害され得ることを容易に受け入れるとは考えにくい。

さらに、核兵器の削減を複雑化させているいくつかの要因がある。米露の核戦力の削減が進み、他方で両国を含む核保有国の核戦力が、特に質的観点から強化されつつあるなかで、米露以外の核保有国による核兵器削減プロセスへの参与が必要となってこよう。言うまでもなく、保有する核戦力の質的・量的側面で非対称なアクターが参加国に加われば、それだけ参加国間の核のバランスをいかに規定して削減を進めるかという問題の難易度が一気に高まる。また、運搬手段の多様化にも対応しなければならず、米露（ソ）間でなされた戦略・非戦略の区分の再考も必要である。核抑止態勢に大きな含意を持つ戦略的非核攻撃能力やミサイル防衛、あるいは宇宙空間やサイバー空間といった領域での活動を、核兵器削減の枠組みやプロセスにいかに位置づけるかという問題もある。さらに、核兵器の大幅削減の実現には、より信頼性・実効性の高い検証措置、あるいは条約違反への対抗措置の確立といった難題にも答えを見いださなければならない。

クローズアップ①：核軍縮検証

核兵器が確実に解体されていることを検証し、核軍縮が着実に進んでいることを国際社会に示していくことは非常に重要なことである。しかし、核兵器開発に関連する技術情報を拡散させずに検証することは容易ではない。かつて南アフリカは自ら核兵器の廃棄を行い、その後にIAEAとの保障措置協定を締結させて申告を行い、その申告内容が正しいことを確認することで、IAEAが間接的に核兵器の廃棄を検認する形を取ったことがある。ある国が開発した核兵器が全て廃棄されたことを第3者（ここではIAEA）が検認した実例はこの1件のみである。

米ロの核軍縮において相互に検証し合うことはなされた。また、米ロが廃棄すると申告した核物質をIAEAが指定した場所に保管し、それをIAEAが封じ込め監視により検証する枠組みなどの検討が行われ、実際に核物質保管庫において試験まで行われた。IAEAなどの第3者が検証を行えれば、透明性が増し国際社会も納得しやすい。しかし、この検証は実現しなかった。

核軍縮検証をどのように行うかは、その後もその検証方法を適用する具体的な条約を想定することなく、米・英、英・ノルウェー、米・英・ノルウェー・スウェーデンの枠組みで継続され、機微な情報には触れずに検証のためのアクセスをどのように実現するか、機微な情報にアクセスせずに検認（核物質の測定）を行う機微情報保護（information barrier: IB）技術開発、解体過程における認証情報の交換をどのように行うかなどが検討されてきた。

この流れは核軍縮検証のための国際パートナーシップ（IPNDV）につながっている。IPNDVは、核軍縮検証のための手法や技術を検討するため、米国の提唱により開始されたものであり、核兵器国である米・英・仏に日本を含む非核兵器国25カ国とEUが加わっている。2014年に設置され、現在も検討が進められているイニシアティブである。特に、機微な情報を保護しつつ検証を行うために、共同の測定や分析方法、解体過程における認証情報の交換、IB技術、認証技術の検討を行っており、日本原子力研究開発機構（JAEA）も核物質の検証技術の検討に貢献している。

核軍縮検証では、申告された核弾頭の解体の検証に加えて、秘匿された核弾頭がないかすべての核兵器製造プロセスの運転履歴や廃棄物の量、組成を調べて確認していくことが必要であり、その検証は技術が支えることになる。核兵器のない世界をめざす我が国は、核軍縮を推し進めるために技術で貢献できる。

（直井洋介）

第２章
NPT・IAEA体制

西田充・向和歌奈・樋川和子・宮本直樹

本章のねらい

本章では、まず、核兵器の軍縮・不拡散の意味するところと意義について概観する。ついで、核兵器の不拡散を担保するための国際的な体制について理解を深める。その中でも特に中核をなす核兵器不拡散条約（NPT）と国際原子力機関（IAEA）、および核セキュリティの取り組みについて詳細に論じる。

NPTは、国際的な核不拡散体制の礎石とされるが、いわゆる「NPTの三本柱」と言われる条約の義務・権利構造、条約の役割や主たる争点などを概観し、さらに条約の締約国が履行を促進するための運用検討会議の仕組みと議論や成果について論じる。また、核不拡散を担保し、原子力の平和的利用における国際協力を進める国際機関であるIAEAの仕組みについて理解し、特に核不拡散を担保するために原子力の平和的利用の活動に軍事転用がないかどうかを監視・検認するためのメカニズムである保障措置について掘り下げる。

さらに、非国家主体による核テロのリスクを防止するための取り組みである核セキュリティを強化、推進するための国際的なイニシアティブについて論じる。

第1節　核兵器の軍縮・不拡散の意義

1　核軍縮・核不拡散とは

核不拡散とは、核兵器を保有する国の増加を防止することである。本章第2節で詳述する核兵器不拡散条約（NPT）は、核不拡散を主眼とする代表的な国際枠組みである。NPTを中心として、核物質が平和的利用から軍事目的に転用されないことを目的とする国際原子力機関（IAEA）の保障措置、核兵器に転用され得る原子力関連資機材・技術の国際移転を規制する原子力供給国グループ（NSG）、核兵器を含む大量破壊兵器・運搬手段等の移転・輸送を阻止することを目的とする拡散に対する安全保障構想（PSI）等、様々な国際的取組みが行われている。

一般的に「核軍縮」と訳される"nuclear disarmament"には、①核兵器を放棄することあるいは廃絶すること（"disarm"の本来の意味である「武装解除」に由来）、②核兵器を削減すること、と主に2つの意味がある。①の意味では、2017年に国連で採択された核兵器の開発・保有等を禁止する核兵器禁止条約（TPNW）（第3章4節参照）や、1997年に公表された（2007年に改訂版公表）核兵器の段階的な廃絶や検証体制を包括的に定めたモデル核兵器禁止条約案（第3章4節参照）がある。②の意味では、一般的には、NPT第6条で定められた核軍縮交渉義務がある。

第3章で扱うような核実験や核兵器用核分裂性物質生産の禁止は、核軍縮と位置づけられることもあるが、既に行われた核実験や核分裂性物質の生産は不問とされ、核兵器の増加を防止することを目的としていることから、核不拡散と位置づけられることもある。また、広い意味で、必ずしも核兵器を削減することが主目的ではなく、核兵器国間の戦略的安定性（第1章1節参照）の確保を主目的とする「核軍備管理」も核軍縮として扱われることもある。

2　なぜ核軍縮と核不拡散が必要なのか

広島・長崎での原爆投下の後、米ソは本格的な冷戦に突入し、核軍備競争が熱を帯びた。1950年代には、巨大な爆発力を持つ水爆から、核地雷、核砲弾等の戦術核まで、多種多様な核兵器が開発・配備され、大気圏での核実験が繰り返し行われた。1962年、世界はキューバ危機を通じて人類滅亡の危機を体験した。翌年、ケネディ米大統領がこのままでは1975年頃までには15～25カ国が核を保有することになると警告した。

こうした時代背景と危機感の下、これ以上の核拡散を食い止めるべくNPTが交渉された。NPTは約4年間の交渉を経て、1968年に署名に至った。交渉に際して、「1967年1月1日前」に核実験を実施した5カ国（米国、ソ連、英国、フランス、中国）のみが「核兵器国」として核兵器の保有を認められることになったため、核兵器を持つことが認められない「非核兵器国」となる多くの国々から核兵器国の核軍縮義務を規定するよう要求がなされた。結果として、NPTは核兵器の拡散を防止することを目的とする核不拡散条約ではあるが、同時に核兵器国に対して核軍縮義務を課す核軍縮の側面を持つ条約としても機能することとなった。

核不拡散と核軍縮は、このようにしてNPTという国際的な枠組みの中で具現化した。NPTで核不拡散と核軍縮が規定された経緯から明らかなとおり、核不拡散については核拡散への危機感に基づいていたが、核軍縮は非核兵器国が核不拡散を受け入れることに対する政治的な代償としての性格がより強かった。こうした核軍縮の性格は現代にも引き継がれてはいるが、近年においては、核兵器の非人道的な側面（第3章4節参照）への認識が広まり、核兵器が文民や軍人の区別なく無差別かつ大量に殺戮する非人道的な兵器であるという認識に直接的に基づいて核軍縮を進めるべきとの声が強まっている。核不拡散を受け入れるために核軍縮を要求する、あるいは、核不拡散をより受け入れやすくするために核軍縮を進める、という条件的な議論は今でもなされるが、そのような取引的な核軍縮ではなく、核軍縮は無条件に進められるべきものであるとの議論である。こうした議論が、2010年頃から強まった核兵器の非人道性に関する一連の国際会議や、その後2017年に国連で採択された核兵器禁止条約をめぐる国際的なうねりへとつながった。

3　核軍縮と核不拡散の関係とNPTの構造

上記2のとおり、NPTは、核不拡散義務と、その代償としての核軍縮義務及び原子力の平和利用の「奪いえない権利」の保証との取引、いわゆる「グランド・バーゲン」で成り立っている。すなわち、非核兵器国の核兵器の保有が禁止される以上（核不拡散）、その代償として、また、核兵器国と非核兵器国の義務の不平等性を緩和するためにも、核兵器国は核軍縮の義務を負うべきとの考えである。この「グランド・バーゲン」の考え方に基づけば、特に多くの非同盟運動（NAM）諸国の間では、核不拡散は核軍縮の進展度を条件とするとの考えが根強い。核軍縮と核不拡散は、原子力の平和的利用とあわせて、NPT の 3 本柱と言われるようにそれぞれが同等の意義をもって NPT 体制を支えているということになる。

この「グランド・バーゲン」という主流の考え方に対して、NPT は核軍縮、核不拡散、原子力の平和的利用という 3 本柱という構成ではなく、あくまでも核不拡散が主眼であり、核不拡散という基盤の延長線上に核軍縮や原子力の平和的利用が位置づけられるとの考え方がある。これは、核軍縮を実現するためには、そもそも核兵器の拡散を効果的に防止することが必要との考えに基づいている。仮に核兵器を廃絶するような国際的な条約を作って一気に核軍縮を実現しようとしても、前段階としての核不拡散がおろそかでは、そうしてできた核兵器のない世界では、いつ・いかなる国が核兵器を秘密裏に開発・保有するかわからず、各国は疑心暗鬼となり非常に不安定な世界になる。そのため、既に核兵器を保有している国は、自らの核削減あるいは究極的な核放棄のためには、まずは核不拡散体制が強化されなければならないと主張する。すなわち、核不拡散は核軍縮に条件づけられるのではなく、逆に核軍縮こそが核不拡散に条件づけられるとする。こうした考えに基づけば、NPT は 3 本柱ではなく、あくまでも核不拡散という基盤があり、その上で、核軍縮と原子力の平和的利用が可能となるという構造になる。

4　核軍縮と核不拡散に対する懐疑論

そもそも核軍縮や核不拡散が必要というのは上記 2 の背景からしても特に NPT の文脈では自明の理に見えるが、実際にはいずれに対しても疑問視する見方がある。核廃絶に対しては、核兵器こそが第 3 次世界大戦を防いできたわけで、核兵器が廃絶されてしまえば、核兵器が維持してきた大国間の戦略的安定性が失われ、再び大国間の戦争が勃発しかねない、という根強い考えがある。核廃絶までは至らなくとも、その前段階としての核削減という意味での核軍縮に対しても、核抑止を重視する観点からの反対論がある。その際の反対論としては、核廃絶に向かうこと自体への懐疑論とは別に、敵対的な他の核兵器保有国が核戦力を増強している現実がある中で核軍縮は不可能といった議論や、核軍縮の条約に合意したところで他国が遵守せず秘密裏に違反行為をする可能性あること、また、そうした違反行為を探知できる効果的な検証技術や体制が整っていない、といったこともよく挙げられる。核兵器禁止条約に代表される規範形成を先行させる核軍縮に対しても同様の問題点が指摘されている。こうした懐疑論が提示している根本的な問いに答えていくことは、核軍縮を推進するためにも重要である。他方で、核抑止理論に対しては、ロシアによるウクライナ侵略でプーチン大統領が行った核の恫喝のように核抑止を超えて核兵器を用いた確信的な現状変更を行うリスク、誤解や誤認などに基づく核使用リスク等、核抑止が理論どおりに成立することは現実的に困難である、あるいは、核抑止は破綻するリスクを内在しており核抑止に依存した「平和」は少なくとも長期的には持続可能性がなく危険過ぎるといった問題点が指摘されている。核兵器の廃絶論はそうした批判を基礎としている。

核不拡散についても、核抑止力で国家間関係が安定するのであれば、核拡散はむしろ望ましいことであるとの見解があり、**拡散派のケネス・ウォルツと不拡散派のスコット・セーガンの間で学術的な論争**がなされたことがある。実際には、核不拡散の必要性そのものに対する懐疑論は極めて少数派であるが、上述のとおり、国際的な核不拡散体制の中核をなすNPTにおける議論が政治化され、核不拡散への取組みが核軍縮の進展度合いと紐づけられる傾向もあり、多くの非核兵器国の核不拡散へのコミットメントの度合いは必ずしも確固たるものではないのが現実である。すなわち、核軍縮への進展が遅々としている限りにおいて、深刻化する核不拡散の問題に対処するために必要となる輸出管理（第7章3節参照）の強化や追加議定書（第2章5節参照）の批准といった追加的な措置を積極的にとろうとする国は必ずしも国際社会の大多数を占めるほどにまでは至っていない。核不拡散の必要性そのものには幅広いコンセンサスが存在するにもかかわらず、核不拡散問題への国際的な対処がなかなか進まないということにはこのような背景がある。

（西田　充）

第2節　核兵器不拡散条約（NPT）

1　条約の概要と意義

核兵器不拡散条約（NPT）は、核兵器の拡散を防止するための国際的な取り組みの中心的な存在で、国際的な核不拡散体制の「礎石（コーナーストーン）」と言われている。NPTは全11条（および前文と末文）によって構成されており、1968年に署名のために開放され、1970年に発効した。NPTは、核兵器の拡散を防止することを主たる目的としているが、同時に、原子力の平和利用の「奪い得ない権利」と軍縮交渉を誠実に行う義務も規定している。

汎用性を持つ核物質や関連技術を、一方では、核兵器の不拡散のために規制し、もう一方では、これらの物資や技術の平和利用を促進するために国際協力を進めるという、2つの一見矛盾する目的の実現は、NPTでは国際原子力機関（IAEA）（第2章4節参照）の任務として規定されている。IAEAは、保障措置（第2章5節参照）を通して、非核兵器国内の核物質や原子力関連施設が軍事転用されることを防止するために、監視や査察を実施し、非核兵器国が条約に規定された核不拡散義務を履行していることを検認する。また、NPT締約国はIAEAを通じて、あるいは個別的に、平和利用の分野における国際協力を実施し、各国が平和利用の奪い得ない権利を享受するための取り組みを行うとされる。このように、NPTとIAEAは、国際的な核不拡散体制の中核を担っている。

NPTはさらに、締約国が誠実に核軍縮交渉を行う義務も規定している。これら2つの義務と1つの権利の間には、「グランド・バーゲン」と呼ばれる取引関係が存在しているとされる。2017年に成立した核兵器禁止条約（TPNW）とは異なり、核兵器を保有する米ロ英仏中の5カ国すべてがNPTに加入していることからも、核不拡散の観点のみならず、核軍縮の前進を促す点からも必要不可欠な条約である。

2023年現在、191カ国（**北朝鮮**を含む）が加入しているNPTは、もっとも普遍的な多国間条約の1つである。2023年現在、国連加盟国でありながらもNPTに未加入の国は、インド、パキスタン、イスラエル（いずれも核兵器を保有）、そして南スーダンの4カ国である。

2　条約成立の背景と交渉過程

米国によって1945年に広島と長崎に原爆が投下されて以来、核兵器が持つ軍事的および政治的な影響力への注目が国際的に高まっていった。米国に引き続き、1949年にはソ連が核実験に成功、その後、1952年にはイギリスも核実験に成功した。米ソの軍拡競争は激化し、西ドイツなど欧州への核兵器の配備も1950年代後半には開始された。

一方、兵器として実用化された核分裂の技術は、発電などの商業利用にも応用されるようになった。1953年にドワイト・アイゼンハワー（Dwight D. Eisenhower）米大統領による国連総会での**「平和のための原子力」演説**は、米国による核の独占時代が終わり、商業利用を通じて核関連物質や資機材、さらには知識の拡散の可能性が増していることと併せて、核軍拡競争が加速することによって世界が危険にさらされることへの懸念を強調した。その上で、核兵器の開発につながる核分裂性物質や関連資機材の拡散を防止するのと同時に、原子力が人類の平和の希求に資する目的で使われる方法を工夫すること、そしてそれらを国際協力の下で追求するという理念を示した。1957年に創設されたIAEAは、このアイゼンハワーの理念を反映したものであり、核兵器の不拡散と原子力の平和利用の促進を、その責務とした。

国際社会では、「平和のための原子力」演説が示した、原子力の平和利用の恩恵への期待が高まったが、同時に、米ソ英に続き1960年にはフランス、そして1964年には**中国が核実験**を相次いで成功させ、核兵器を保有する国の数の増加が核戦争勃発の危険性を高めるとの懸念も高まっていった。

このような懸念を背景に、1961年にアイルランドによって、4度目となる核兵器の拡散を禁止する条約に関する提案の決議案が国連総会に提出され、採択された。1965年に入ると、米ソはともに、新たな核保有国の出現を食い止めることが、国際的な平和と安定にとって重要なことであると主張するようになり、NPTの成立に向けた本格的な多国間交渉がジュネーブの18カ国軍縮委員会（ENDC）（序章2節参照）において開始された。1965年の段階では、米ソがそれぞれに個別の条約案を提示したものの、1966年になると両国は2国間での条件交渉を秘密裏に行い、同一の条約案を提出するに至った。その後、NPTの成立に向けた交渉は、米ソの協調によって一気に加速し、1968年には

ENDCで審議が続けられてきた条約案が国連総会へ回付され、条約を推奨する決議案が賛成多数で採択された。これを受けて、同年にNPTは署名のために開放され、1970年に発効した。

3 NPTの3本柱とグランド・バーゲン

NPTの基本構造は、核不拡散義務、核軍縮義務、そして原子力の平和利用の奪い得ない権利、という2つの義務と1つの権利によって構成される3本柱と、その間にあるグランド・バーゲンと、そして核兵器国と非核兵器国の間に存在する不平等性によって規定されている。NPTは、「1967年1月1日前に核兵器その他の核爆発装置を製造しかつ爆発させた国」を核兵器国と定め(第9条3項)、それ以外のすべての国を非核兵器国に区分する。この規定に該当して核兵器国となっているのは、米国、ロシア、英国、フランス、中国の5カ国のみである。本項の規定によって締約国は、**「持てる者」(核兵器国)**と**「持たざる者」(非核兵器国)**に振り分けられているが、このことは、本来国際社会においては平等の権利を有する立場にあるはずの主権国家の間で、条約を通してその法的地位をめぐる違いを固定化することになる。NPTのグランド・バーゲンの意義とそれらをめぐる対立の構図は、この締約国間の法的地位の違いに由来する。

締約国の核不拡散義務は次のとおりである。核兵器国である5カ国は、核兵器その他の核爆発装置又はその管理を他国やアクターに(条約上は「いかなる者にも」)移譲しないこと、および製造や取得の援助をしないことを約束し(第1条)、非核兵器国は、核兵器その他の核爆発装置又はその管理の受領、製造、取得をしないこと、そしてそれらの製造について援助を受けないことを約束する(第2条)。その上で非核兵器国は、条約の核不拡散義務の履行を確認するためにIAEAとの間で包括的保障措置協定(第2章5節参照)を結び、保障措置を受諾する(第3条)。なお、当該国の原子力活動がきわめて小規模な場合には、併せて**少量議定書**が締結され、保障措置の軽減が図られている。

また、1990年代に顕在化したイラクや北朝鮮による秘密裏の核開発活動が包括的保障措置協定に基づく保障措置で検知できなかったことから、より広範かつ短期間の通告によるアクセスを可能にするなど、未申告の原子力活動の検証を容易にすることを目的としたモデル追加議定書(第2章5節参照)が作られた。この強力な権限をIAEAに付与した追加議定書は、核不拡散の強化に資するものであり、この追加議定書をNPT第3条の義務としての保障措置の標準とすべきとの議論もある。他方で、一部の締約国は、この点は逆に主権の侵害につながりかねないとして、これを検証標準とすることに反対している。なお、核兵器国は、IAEAと自発的保障措置協定を結んでおり、NPT上は保障措置を受ける義務はない。

このように、核不拡散義務を履行することで、非核兵器国は核武装する選択肢を放棄することになるため、安全保障面においては核兵器国に対して不利な立場に置かれる。また、保障措置や輸出管理など核不拡散のための措置は、原子力の平和利用を進めようとすれば、そのために必要となる核物質や技術の利用に制約を課すことにもなりかねない。結果として非核兵器国は、安全保障面でも経済面でもきわめて大きな不平等性を負うことになる。そこで、この不平等性を受け入れる代わりに、締約国には原子力の平和利用の「奪い得ない権利」があることを確認し、また締約国がこの権利を享受し平和利用の発展の便益を得るための協力を謳い（第4条）、そして締約国が**全面的かつ完全な軍縮**に向けた誠実な交渉を遂行すること（第6条）を規定した。

第4条では、第1条および第2条の規定に従っている限り、平和目的の原子力の研究、生産、そして利用を発展させる締約国の奪い得ない権利に影響を及ぼさないと規定されている。この「奪い得ない権利」とは、主権国家であれば当然持っている自然権に近い概念であるとされるが、NPTは、第1条や第2条に違反した場合には、それが制限される可能性を示唆する。しかしながら、たとえばイランの核開発問題においてイランがIAEA保障措置協定に違反した場合、すなわちNPT第3条に違反した場合をめぐっては、その解釈は割れている。米国などはこの権利は制限されると主張しているが、イランは第3条違反の場合でも権利に制約は生じないと主張している。

イランの核開発疑惑が示すように、原子力の平和利用を隠れ蓑にした核兵器の開発やその能力の獲得は核不拡散を推進していく上で大きな懸念となっており、核物質や技術の輸出国は、輸出管理などの政策を通じて、資機材等の国際移転に対する規制を強化する方向にある。こうした規制の強化が、この「奪い得ない権利」の侵害につながりかねないという途上国からの懸念も依然として根強い。

また、米国がNPTの非締約国であるインドとの間に原子力協定を結んだことは、NPTの核不拡散義務を果たしてきた非核兵器国からすると、この核不拡散義務遵守に対する見返りとしての第4条の下での国際協力の価値を著しく低下させるものであるとの不満もある。

核兵器の保有をめぐる不平等性に関しては、第6条の核軍縮交渉の義務を履行することが、最終的には核兵器の廃絶を達成することにつながり、それが懸案となっている不平等性を解消すると想定されていると解釈できる。他方、条文では、「全面的かつ完全な軍備縮小に関する条約について、誠実に交渉する」約束が規定されているにとどまる。つまり、条約上の義務としては「交渉」であって、真の意味での軍縮ではないと読むこともできる。しかしながら、1996年に国際司法裁判所が出した**「核の威嚇又は使用の合法性」に関する勧告的意見**では、この条文は、全面的な核軍縮に向けた交渉を誠実に行い、その交渉を完結させる義務があると解釈されるべきであるとの判断が、判事全員の一致で示された。

なおこの第6条は、核兵器を全面的に禁止しておらず、その禁止と廃棄の完全な履行に向けた法的措置が規定されていないという「法的なギャップ」が存在する。そのギャップを埋める役割をTPNWが果たすとの議論が、TPNW推進派からは提示されている。

これら2つの義務(核不拡散と核軍縮)と1つの権利(原子力の平和利用)による3本柱の間にはグランド・バーゲンが成立しており、この3本柱をバランスよく実現していくことが、条約の健全な運営と締約国による協約の遵守のために必要であると、一般的には解されている。ただし、一部には、条約の主たる目的はあくまで核不拡散であり、核軍縮や原子力の平和利用については、核兵器国と非核兵器国がともにその義務や権利を有する一方で、核不拡散義務については、両者間には負荷の差異が存在するとの指摘もある。非核兵器国側からは、核兵器国が核軍縮義務を着実に実行していないとの不満が聞かれており、条約上の義務とその実行をめぐる不平等性は、NPTをめぐる継続的な課題となっている。

4　非核兵器国の安全保証

NPTをめぐっては、その交渉時や条約成立後も、非核兵器国は核兵器国に対して条約に核軍縮措置を規定することを求めてきた。ただし、NPTのもとでは、核廃絶が実現するまでの間、核兵器国は核兵器を保有することが可能となる。そのため、非核兵器国にとっては、核軍縮が停滞することによる安全保障環境の悪化への懸念と同時に、自ら核兵器を保有できない状況のなかで、自国の安全をどのように保障していくのかという点が課題となる。

このような非核兵器国への安全保証の方策として、**積極的安全保証(PSA)**と**消極的安全保証(NSA)**がある。もともと条約の交渉の中で、非同盟運動(NAM)諸国を中心とする非核兵器国側よりNPTにこれらの保証を文言として盛り込む要請があったものの、最終的には実現せず、代わりに1968年の国連安保理決議225においてPSAが表明された。

非核兵器国は核兵器国に対して、非核兵器国に核兵器を使用しないとするNSAも同時に強く求めてきたが、1978年の第1回国連軍縮特別総会において5核兵器国はそれぞれがNSAの一方的な宣言を行うに留まった。その後、NPTの無期限延長を決めた1995年の運用検討・延長会議に先立ち、核兵器国はNSAを改めて宣言し、国連安保理はそれらの宣言に留意することを含む、PSAおよびNSAに関する国連安保理決議984を採択した。

現在、米国と英国は、NPT締約国のうち、核不拡散義務を遵守する非核兵器国に対しては、条件によっては保証を再検討するとしつつも、NSAを宣言している。フランスは、NPT締約国のうち、大量破壊兵器不拡散に係る国際的な義務を尊重する非核兵器国に対して、核兵器を使用しないとする政策を採っている。ロシアは、核兵器国との同盟関係にある非核兵器国による攻撃を例外としつつも、NSAを約束している。中国は、無条件にNSAの供与を宣言しているとともに、核兵器国では唯一、核兵器の**先行不使用**を宣言している。

5　無期限延長、運用検討会議とNPT3本柱の重要性の再確認

NPTでは、締約国の条約履行状況を確認し、条約の目的を達成するための方策などについて検討するため、5年ごとに運用検討のための会議(第2章3節参照)の開催が規定されている(第8条)。また、条約の成立時、その内容の不平

等性に鑑みて、条約を無期限にするか、あるいは一定期間延長するのかについては、条約発効後25年目に検討するとされ（第10条2項）、これに従い、1995年にNPT再検討・延長会議（第2章3節参照）が開催された。

会議では、NPTの無期限延長が決定されたが、すべての締約国が無条件で賛成したわけではなかった。非核兵器国は、NPTの無期限延長によって締約国間の区分が永続化し、その結果として核兵器国による核軍縮義務が反故にされることへの懸念を示した。この懸念を解消する措置として、NPT再検討・延長会議では「NPTの無期限延長」とともに、**「条約の運用検討プロセスの強化」**と「核不拡散と核軍縮の原則と目標」（第2章3節参照）の3つの決定がパッケージとして採択された。これにより、核軍縮に関する継続的な議論を可能とするために、無期限延長後もNPT運用検討会議（第2章3節参照）を5年ごとに継続して開催することや、核兵器国による究極的廃絶を目標とした核軍縮努力を強調することで、核兵器国に義務の履行のための体系的かつ漸進的な努力を求めた。なお、これら3つの決定とは別に、地域的な拡散問題への懸念を表明していたアラブ諸国の主張を反映した「中東に関する決議」（第4章5節参照）も採択された。

5年ごとに開催されるNPT運用検討会議では、それまでの5年の取り組みの振り返りと今後の取り組みについて議論され、それらを盛り込んだ最終文書がコンセンサスで採択されることが期待されている。しかしながら、会議のたびに常に最終文書が採択されるわけではなく、また取り組みの振り返りと今後の取り組みの両方が合意されるわけでもない。核軍縮をめぐる対立や、核不拡散措置の強化による主権侵害の懸念など政治的な対立は深まっており、また国際的な安全保障環境が悪化すれば、イランのように、NPTに加入しているものの、核兵器の開発が疑われる非核兵器国が今後も出てこないとは限らない。場合によっては締約国の権利ではある条約からの脱退（10条1項）を選択するかもしれない。NPTを中心とした国際的な核不拡散への努力の継続は、国際的な平和と安定の維持には不可欠なものであり、NPT・IAEA体制のさらなる強化と維持は、今後も国際社会全体で取り組んでいくべき重要な課題なのである。

（向和歌奈）

第 3 節　NPT 再検討会議

1　NPT 再検討会議とは

NPT では、NPT が条約の趣旨・目的・規定にしたがって効果的に機能しているか、その運用状況を点検（レビュー）する締約国の会議が 5 年に 1 度開催されることになっている。この 5 年に 1 度開催される再検討会議と、同会議に至るまでの直前の 3 年間に開催される 3 回の準備委員会を合わせた全体のプロセスは、「再検討プロセス」と呼ばれている。

NPT 再検討会議では、一般的に、NPT のすべての条文の運用状況を点検するとともに（過去を振り返る）、そうした点検を踏まえた上で、次回再検討会議までの 5 年間にとるべき措置について議論する（将来を見据える）。その上で、「最終文書」と呼ばれる成果物にコンセンサスで合意することが目指される。NPT のすべての条文が点検の対象であるが、第 1 節で述べた NPT の基本構造、すなわち、3 本柱（核軍縮、核不拡散、原子力の平和的利用）に沿って会議は構成されている。具体的には、条約全体について議論する全体会合の下に、核軍縮を議論する主要委員会Ⅰ、核不拡散を議論する主要委員会Ⅱ、原子力の平和的利用を議論する主要委員会Ⅲが置かれている。運用検討会議にいたる 3 回の準備委員会でも、再検討会議と同様、条約の 3 本柱に沿って議論が行われる（準備委員会では、「主要委員会」の代わりに「クラスター」と呼ばれる。）。

再検討会議の制度が NPT に組み込まれたのは、NPT における締約国間、特に「核兵器国」と「非核兵器国」の間の条約上の権利義務関係に一定の不平等性があるとの認識に端を発している。NPT の交渉過程では、5 核兵器国のみに核兵器保有という特権的権利を認めるいわば代償として、それら 5 カ国には核軍縮を進める義務が課せられることとなった。しかし、その核軍縮義務というのは、具体的な措置が明記されている訳ではなく、条文上は単に「誠実な核軍縮交渉」義務が課せられているに過ぎない。そのため、5 核兵器国が核軍縮を実際に進めているのかを定期的に確認する必要があるとの考え方から、5 年に 1 度の再検討会議の制度が組み込まれたのである。

これは、非核兵器国が負う明確な核不拡散義務とは対照的である。非核兵器国については、第 2 条で核兵器の保有が明確に禁止された上で、原子力が平和的利用から核兵器に転用されていないかを検証するために第3条に基づいて国際原子力機関（IAEA）との間で包括的保障措置協定を締結することが求められる。それに基づき、IAEAによる厳格な監視が行われ、核不拡散義務のうち、保障措置協定の違反についてはIAEA理事会へ、場合によっては国連安全保障理事会に報告され、安保理で決議が採択されれば制裁が課され得るという非核兵器国の核不拡散義務の遵守を担保するメカニズムが制度化されている。

非核兵器国と違って、核兵器国については、5年に1度の再検討会議・プロセスが核兵器国による核軍縮義務の履行状況をチェックする唯一のメカニズムとなっている。したがって、再検討プロセスにおいては、上記のとおり、すべての条文、あるいは条約の3本柱すべてが議論の対象となっているが、その成り立ちの経緯や条約の構造からして、一般的には、核兵器国の核軍縮義務の履行状況が最も注目を浴びることとなる。

2　近年の再検討会議の主な成果

1970年の発効以来、再検討会議は、2015年までに9回開催されているが、すべての会議で締約国間の合意が得られてきた訳ではない。実質的な中身のある合意が得られたのは、9回のうち5回である。その中でも最も重要な節目となった成果は、1995年の「再検討・延長会議」における条約の無期限延長の決定を含む次の3つの決定と1つの決議である。なお、1995年の会議では、条約の規定に基づいて延長の是非が決定されることになっていたので、同会議のみ「再検討・延長会議」と呼ばれる。

第1の決定は、再検討プロセスの具体的な強化策に合意した「条約の再検討プロセスの強化」に関する決定である。再検討会議を引き続き5年に1回開催することに加え、再検討会議が開催される前の3年間にわたってそれぞれ10日間の準備委員会を3回開催することが合意された。必要に応じて、第4回の準備委員会を開催することもできる。準備委員会は、1995年の会議以前の準備委員会の主な目的であった再検討会議の手続き面のみならず、1995年以降は条約の運用を点検するという実質的な検討も行うこととされた。このように準備委員会を充実化させることで、再検討会議での実質的な議論を深めることが企図された。その再検討会議についても、各主要委員会の下に、特定の課題について更に議論を深めるために「補助機関」を設置することが合意された。

第2の決定は、締約国がとるべき様々な具体的な核軍縮不拡散措置を明記した「核不拡散と核軍縮の原則と目標」に関する決定である。包括的核実験禁止条約（CTBT）の交渉を1996年内に完了することや、核兵器用核分裂性物質生産禁止条約（FMCT）の交渉の即時開始と早期妥結などが盛り込まれた。第3の決定は、条約の第10条第2項に基づいて、NPTを無期限に延長するとの決定である。

これら3つの決定と合わせて、中東非大量破壊兵器地帯の設置を進めるための「中東に関する決議」（第4章5節参照）が採択された。これは、NPTの無期限延長を全会一致（コンセンサス）で決定するために必要であったと言われる決議である。

これらの決定・決議は、非核兵器国が条約の不平等性を内包するNPTの無期限延長を認める代わりの政治的な対価とみなされた。すなわち、条約の無期限延長は必ずしも容易に導き出された合意ではなく、それに付随する上記3つの決定・決議とのパッケージで可能となった。

近年では、2000年及び2010年の再検討会議で重要な成果が得られている。2000年の再検討会議では、新アジェンダ連合（NAC）が5核兵器国との交渉を主導し、最終文書では、具体的な核軍縮措置を列挙した「13のステップ」が盛り込まれた。「13のステップ」において、CTBTの早期発効、FMCTの5年以内の交渉開始・妥結などの他、とりわけ、核兵器の廃絶を達成するとの核兵器国による「明確な約束」を核兵器国から引き出したことは、核軍縮外交における「金字塔」とされている。また、2000年再検討会議では、再検討会議に対して（再検討会議で合意すべき実質的内容について）勧告する権限を第3回準備委員会に与えるなど、主に準備委員会の役割を強化する、更なる再検討プロセス強化についても合意された。

北朝鮮によるNPTの脱退表明やイランの核兵器開発疑惑といった核不拡散問題や米国の核軍縮を軽視する姿勢に揺れた2005年再検討会議では、締約国間の厳しい対立を乗り越えることができず、実質面での成果は得られなかった。

2010年再検討会議でも、引き続き締約国間の意見の対立は厳しいものがあったが、2009年4月のプラハ演説でオバマ米大統領が「核兵器のない世界」を目指す米国の決意を表明したことも功を奏して、64項目からなる「行動計画」に合意することができた。この行動計画は、核軍縮のみならず、核不拡散と原子力の平和的利用も含め、条約の3本柱すべてを網羅した。核軍縮面では、2000年の「明確な約束」の再確認、核兵器使用がもたらす悲惨な人道上の結末への深い懸念、すべての種類の核兵器の更なる削減と究極的な廃絶、新戦略攻撃兵器削減条約（新START）の早期発効と後継条約の検討、安全保障政策における核兵器の役割の更なる低減、核兵器の運用状態の低減、透明性向上、2014年に開催される2015年再検討会議第3回準備委員会への核兵器国による核軍縮措置の履行状況に関する報告、安全の保証、更なる非核兵器地帯の設置、CTBTの早期発効と核実験モラトリアムの維持、FMCTの早期交渉開始、余剰核分裂性物質の宣言とIAEA保障措置の適用、標準報告フォームの策定、軍縮・不拡散教育などが盛り込まれた。

核不拡散面では、包括的保障措置協定の早期締結、保障措置義務違反の解決、追加議定書の早期締結・発効、包括的保障措置協定と追加議定書の締結・発効に向けたIAEAの支援、核兵器国の民生原子力施設への保障措置の適用拡大、少量議定書の改正、輸出管理、最高レベルの核セキュリティ、核物質防護などが盛り込まれた。原子力の平和的利用面では、途上国への配慮、核不拡散・核セキュリティ・原子力安全（3S）の遵守、技術協力の強化、専門家の育成、**核燃料サイクルの多国間アプローチ**の議論、**高濃縮ウランの最小化**などが盛り込まれた。

更に、中東については、中東非大量破壊兵器地帯に関する国際会議を2012年に開催することやファシリテーターの指名など、同地帯設置に向けた一定の道筋と感じられる措置が合意された。その他、地域問題としては、北朝鮮に対して、すべての核兵器の完全かつ検証可能な放棄を求めるなどしたが、2006年と2009年に北朝鮮が実施した核実験に対しては言及しなかった。イランの核問題については、イランがNPT締約国として（最終文書を全会一致（コンセンサス）で採択することが慣習となっている）再検討会議に参加していることもあり、何ら言及されることはなかった。

その後、再検討会議は2度開催されたが、合意に至らなかった。まず、2015年再検討会議では、最終日前日までに、2010年の行動計画をアップデートする形で中東問題を除いて実質的に合意していたが、中東問題について最後まで妥協できなかったため、合意全体が成立しなかった。新型コロナウイルスのために延期を重ねて2022年に開催された第10回再検討会議では、様々な対立がありながらも概ね合意が得られるまでに至ったが、最終日にロシアがコンセンサスは存在しないと表明した結果、再び合意全体が成立しなかった。ウクライナのザポリージャ原発への攻撃などをめぐる文言が受け入れられなかったとみられている。しかし、スラウビネン議長の機転により、再検討プロセス強化のための作業部会の設置については合意された。NPTの歴史において、2度続けて、実質的な内容に合意が得られなかったことは初めてである。他方で、会期間プロセスにおいて、作業部会が設置されたことも初めてである。

3　今後の見通し

NPTが存続する限りは、再検討プロセスは続く。同時に、NPTが構造として抱えている不平等性が解消されない限り、再検討プロセスにおける核兵器国と非核兵器国（その中でも特に非同盟運動諸国）の緊張関係も続くであろう。特に、過去の合意の扱いや、今後取るべき核軍縮・不拡散措置の内容について、厳しい交渉が続くであろう。

その緊張関係は、NPT体制の維持そのもの、あるいは、NPT体制をいつまで維持することができるのかという根源的な問題にも影響を及ぼすことになろう。そのような緊張関係の下でNPT体制を維持するために、NPTの再検討プロセスのあり方は不断に見直し・強化がなされることになろう。特に、2015年再検討会議の最大の論点の1つであった核兵器禁止条約がその後2017年に成立したこともあり、今後、具体的な核軍縮や核不拡散の措置のみならず、「再検討プロセス強化」、すなわち、NPTの再検討プロセスのあり方そのものにも大きな焦点が置かれることになろう。実際、上述のとおり再検討プロセス強化のための作業部会が初めて設置された。今後もNPTはますます厳しい状況に置かれることになると見込まれるが、こうした新たな取り組みはかすかな希望を与えてくれる。

再検討プロセス強化のための具体的措置としては、上記1の経緯も踏まえると、特に核軍縮措置に関する核兵器国の履行状況を報告するメカニズムの構築が最大の論点の1つとなろう。中長期的には、報告の実施のみならず、報告に関する締約国間の評価や議論を集中的に行い、その後のアクションにつなげるというサイクルを制度化する試みがなされるものと考えられる。

（西田　充）

第4節　国際原子力機関（IAEA）

1　国際原子力機関（IAEA）の設立

国際原子力機関（IAEA: International Atomic Energy Agency）は、1957年に設立された**国連関係機関**である。IAEA設立の契機となったのは、1953年12月の国連総会において行われたドワイト・アイゼンハワー（Dwight Eisenhower）米大統領の「平和のための原子力（Atoms for Peace）」演説であった。この演説の中でアイゼンハワー大統領は、既に核物質を保有している国がその備蓄の中から可能な範囲内で核物質を国際機関に提供しその管理下に置くとともに、農業や医療やその他必要とされる平和的な活動のために原子力を利用することを提唱したのである。この演説を契機にアメリカが主導する形で、原子力の平和利用の促進と原子力の軍事転用防止するための国際機関設立に向けた交渉が行われ、1954年、国連において国際原子力機関（IAEA）憲章起草のための協議が開始された。そして2年後の1956年10月、IAEA憲章採択会議においてIAEA憲章草案が採択され、翌1957年7月、IAEAは正式に発足した。IAEAの本部は、オーストリアのウィーンに置かれている。2023年9月現在、IAEAの加盟国は178カ国である。事務局長は2019年12月よりアルゼンチン出身のラファエル・グロッシー（Rafael Mariano Grossi）氏が務めている。

2　IAEAの目的と活動

IAEAの目的は、上述のとおり、①原子力の平和利用の促進と、②原子力の軍事転用の防止である。そのことはIAEA憲章にも明記されている（IAEA憲章第2条）。この2つの目的の下にIAEAは大きく2つの分野において活動を行なっている。すなわち、①原子力発電、原子力応用（医療、農業などの非発電分野における原子力利用や、がんの放射線治療などはこの分野に該当する）、技術協力といった原子力の平和利用促進にあたる活動と、②原子力の軍事転用を防ぐための保障措置である。

IAEAは事務局長（任期4年）の下に6つの局（管理局、技術協力局、原子力エネルギー局、原子力安全・核セキュリティ局、原子力科学・応用局、保障措置局）がある。IAEAといえば、メディアの多くは「核の番人（nuclear watchdog）」と呼び、北朝鮮に対する核査察やイランとの核合意といった文脈で報じられることが多い。しかしながら、この組織構成が示す通り、それはIAEAの活動の一面を述べているに過ぎない。IAEAは147カ国・地域に対し技術協力支援を行ない、122の研究プロジェクトを有する機関である。例えば、放射線技術を使ったがん治療や、アフリカの農作に深刻な影響を与えるツェツェ蝿の不妊化、沿岸地帯の農作物保護のための海水の脱塩化といった、原子力の応用分野で途上国支援を行なっているし、先進国との関連でも、原子力発電や福島原発事故の際にもニュースで多く取り上げられていたように、IAEAが中心となった国際協力が行われている。IAEAの年間通常予算をみると、保障措置に充てられるのは全体の39%であり、同じく39%が原子力発電、原子力応用といった原子力の平和利用促進分野に充てられている（2020年IAEA通常予算）。

2009年9月から2019年7月までは、日本人の天野之弥氏が事務局長を務めていた（2019年7月任期途中にて死去）。天野事務局長は、それまでの「平和のための原子力」というIAEAのスローガンを「平和と開発のための原子力」と言い換え、原子力技術が途上国の発展に寄与するものだというコンセプトを提唱し、原子力の平和利用の促進というIAEAの機関としての目的の普及に尽力した。天野事務局長の死後、サイバースドルフ研究所内にある研究施設は天野事務局長の名前を冠した「天野之弥研究所（The Yukiya Amano Laboratories）」に改称されている。

また、IAEAの任務として忘れてはならないものに、核セキュリティがある。核セキュリティとは、端的にいうと、核物質や放射性物質が核テロといった犯罪行為に使われることを防止すること、またそうした犯罪行為が行われた際の対応をとることである。核テロの脅威が現代ほど認識されていなかったIAEA設立時やNPT起草時においては、核セキュリティという言葉はまだ使われていなかった。核セキュリティは、エルバラダイ事務局長の時代（1997年～2009年）からIAEAの重要な任務の1つとして位置づけられるようになったものである。NPTプロセスの中でも、それまで伝統的に取り上げられてきた「核物質防護」ではなく、「核セキュリティ」という言葉が本格的に取り上げられるようになったのは、2009年のオバマ米大統領によるプラハ演説（序章4節参照）、および核セキュリティをNPTの4本目の柱とすべきとした2009年の英国提案以降であった。

IAEAはNPTの3本柱、軍縮、不拡散、原子力の平和利用のうち、不拡散、原子力の平和利用の2つの柱を所管する機関である。そこに核セキュリティという任務も加わっていることになる。

3　IAEA総会とIAEA理事会

IAEAの組織は、全加盟国の代表により構成される総会と、35の理事国によって構成される理事会、そして、上記で述べた事務局とで構成される。

IAEA総会は毎年9月下旬、1週間の日程でIAEA全加盟国の代表が集まってウィーンにて開催される。総会の任務は、理事国の選出、加盟国の承認、加盟国の特権免除の停止、予算の承認、事務局長の承認などである。また、年に1度開催される総会は、決定を行うのみならず、原子力政策を担当する各国の閣僚級が一般討論演説を行う場ともなっている。各国が原子力政策についてどのような立場を有しているのかを知る上で、この総会における一般討論演説の内容を確認しておくことは有益である。そしてIAEA総会で採択される総会決議は、後述の理事会決議ほどではないものの、NPTプロセスを始めとする核軍縮・核不拡散を巡る国際的な議論に少なからぬ影響を与えるものとなっている。例えば「中東における保障措置の適用」決議や「イスラエルの核能力」決議は、NPTプロセスにおける中東非大量破壊兵器地帯の創設を巡る議論と密接に関連しており、長年IAEA総会における議論の争点となっている。

IAEA理事会はIAEAの任務を遂行する権限を有しており、IAEAの実質的な意思決定機関である。毎年選出される**35カ国の理事国**から構成される。総会が年1回のみ行われるのに対し、IAEA理事会は通常年4回（3月、6月、9月、12月）会合をもち、理事会決議という形でIAEAの様々な活動についての意思決定を行なっている。理事会決議の中で最も重要なものは、IAEA保障措置協定の不遵守に関するものである。IAEA理事会はこれまでに、北朝鮮、イラン、シリアなどについて保障措置協定への**不遵守**を認定し、国連安保理に報告する決議を採択してきている。保障措置協定の不遵守に関する IAEA 理事会決議が特に意味をもつのは、核不拡散を目的とする NPT がその条文の中に不遵守に関する規定を有していない中で、IAEA がある意味唯一 NPT 上の義務（すなわち IAEA 保障措置の義務受諾）の不遵守を認定する機能をもっていることにある。IAEA 理事会は国連安保理と違い、拒否権を有する国はなく、全ての理事国が同じ 1 票を有している。決議は通常 3 分の 2 の多数決で採択される。これはつまり、核兵器国にも（安全保障理事会のような）拒否権はないということである。例えば、シリアの核問題に関する決議は、ロシアが反対する中で IAEA 理事会の投票にて僅差で採択され、国連安保理に付託されている。近年、イランの核問題やシリアの核問題といった中東地域にとって重要な課題が理事会にかけられることが多くなったこともあってか、以前は予定調和的に決定されていた理事国選出も、IAEA の**地域グループ**内で折り合いがつかず、総会当日まで決着がつかないということが頻発している。

4　今後の展望

2005 年、IAEA とモハメド・エルバラダイ（Mohamed ElBaradei）IAEA 事務局長（当時）は、原子力の軍事転用防止を確保するために努力してきたことを主な理由にノーベル平和賞を受賞した。原子力の軍事転用防止という IAEA の活動に国際的な認知が与えられたわけであるが、それに少し先立つ 2002 年～ 2003 年にかけて登場したイランの核問題や北朝鮮の核問題は、15 年以上経った今も、解決にいたってない。

イランについては、2015 年にイランと EU3+3（米、英、フランス、ドイツ、ロシア、中国）との間で包括的共同作業計画（JCPOA）に合意し、同合意に基づいて IAEA が保障措置活動を実施していくことになったが、2018 年にアメリカが JCPOA からの離脱を宣言し、イランへの制裁を復活させ、2021 年にはイランが JCPOA の実施を停止することを決定したことで、JCPOA に基づく IAEA の保障措置活動は暗礁に乗り上げている。北朝鮮については、2009 年に IAEA 査察官が北朝鮮から引き上げて以降、北朝鮮における査察・検証活動は行えていない状況にあるが、引き続き衛星写真などを用いた外からのモニタリングは継続しており、仮に北朝鮮と関係国との間で何らかの合意ができて、IAEA が再び査察・検証活動に駆り出されることとなった場合には、主要な役割を担う用意があることを明確にしている。いずれの問題も核兵器国を巻き込んだ複雑な国際政治問題となっているため、IAEAのみで解決できるものではないが、同時にIAEA抜きでは解決の難しい問題でもある。

（樋川和子）

第5節　保障措置と査察

1　保障措置とは

「保障措置」とは一般に、ある状態が起こらないことを担保するための措置のことである。核不拡散の分野で保障措置といった場合、**ユーラトム（欧州原子力共同体）**による地域的な保障措置や、**ブラジル・アルゼンチン計量管理（ABACC）**による2国間の保障措置などもあるが、ここでは最も代表的な国際的保障措置としてIAEAによる保障措置について説明することとしたい。

IAEAの保障措置の目的は、原子力が平和的利用から軍事目的に転用されることを防ぐことにある。この目的を達成するために、IAEAは各国と保障措置協定を結び、その協定に基づく形で保障措置活動を行っている。IAEAの保障措置は、協定の種類ごとに次の3つに大別される。

①包括的保障措置

NPT第3条に基づき、NPT締約国である非核兵器国がIAEAとの間で結ぶ包括的保障措置協定に基づいて行われる保障措置。ウランやプルトニウムのような核物質が、核兵器その他の核爆発装置に転用されることを防止するための保障措置であり、保障措置の対象が、協定を結んだ国にある全ての核物質に及ぶことから「包括的保障措置」と呼ばれている。2023年時点、NPTに基づく包括的保障措置協定を締結している非核兵器国は182カ国である。

②部分的保障措置

部分的保障措置は、NPTができる以前から2国間の原子力協定などに基づいてIAEAが行ってきた保障措置である。個別の協定に基づいて保障措置の適用対象などが決まるため、個別的保障措置とも呼ばれる。保障措置の対象は、核物質には限らず、関連施設や原子力資機材におよぶこともある。NPTが採択される1968年までに32カ国がこのような個別の保障措置協定をIAEAとの間で締結していた。現在では、インドなどNPTに入っていない国との間で部分的保障措置協定に基づく保障措置が行われている。

③自発的保障措置

NPT上保障措置受け入れ義務を負わない核兵器国が、IAEA保障措置の適用を受けるためにIAEAとの間で自発的に結ぶ自発的協定に基づく保障措置である。包括的保障措置協定と違い、全ての核物質に保障措置が適用されるわけではなく、保障措置を受け入れる核兵器国側が選択した施設にある核物質のみが保障措置の対象となる。5核兵器国全てが自発的協定をIAEAとの間で結んでいる。

2　保障措置の具体的手段と査察

核兵器の不拡散という観点からIAEAが行う保障措置の中で主要な役割を果たしているのは、包括的保障措置協定に基づく保障措置である。北朝鮮の核問題やイランの核問題も、この包括的保障措置協定との関係で議論されてきている。包括的保障措置協定に基づく保障措置とは、保障措置受け入れ国による申告が「正確で完全か」(保障措置の対象となる核物質・核活動が全て正確に申告されているか)を、**「核物質計量管理」**、**「封じ込め・監視」**、そして「査察」によって検認することにより、申告済みの核物質に核兵器またはその他の核爆発装置への転用がないかを確認する作業である。

包括的保障措置の下では、まず、保障措置を受け入れる国が、保障措置の対象となる全ての核物質に関して「冒頭報告」という形で申告を行う。これに対し、IAEAは、この「冒頭報告」が正しいかどうかを確認するために「特定査察」とよばれる査察を実施する。その後は、保障措置協定に基づいて、保障措置を受け入れる国がIAEAに定期的に報告を提出し、IAEAはその報告を検認するための「通常査察」を行うこととなる。なお、特定査察または通常査察から得られた情報が、核物質の核兵器等へ転用されていないことを検認するのに十分でないとIAEAが判断した場合には、追加的な情報や場所へのアクセスを得るために、IAEAは「特別査察」の実施を求めることができる。しかし、この特別査察の受け入れには保障措置受け入れ国の同意が必要とされているため、前政権の核活動を検証しようとしたルーマニアの例をのぞき、これまで1度も実施されたことはない。IAEAは1993年に北朝鮮に対する特別査察の実施を決定したが、北朝鮮がその受け入れを拒否したため、実施には至らなかった。

IAEAはこうした保障措置活動を行うことで、核物質に転用はないか、すなわち、全ての核物質が平和目的に利用されているかどうかを判断し、その結果を毎年**保障措置実施報告書**の中で報告している。

3　追加議定書

NPT締約国である非核兵器国に対して実施される包括的保障措置は、申告済みの核物質が核兵器またはその他の核爆発装置に転用されていないことをIAEAが検認するというものであった。しかしながら、1990年代初頭、包括的保障措置の適用を受けていたイラクや北朝鮮において秘密裏の核活動が発覚したことから、1993年、IAEAは既存の保障措置の強化に乗り出した。その結果1997年に作成されたのが、「モデル追加議定書」である。

追加議定書の主な目的は、それまでIAEAが保障措置の対象としてきた申告済みの核物質だけではなく、未申告の核物質や原子力活動がないことをIAEAが確認できるようにすることにある。それを実現するため、モデル追加議定書では、包括的保障措置協定には盛り込まれていない追加的な法的権限をIAEAに付与することが定められている。すなわち、保障措置受け入れ国がIAEAとの間で「モデル追加議定書」に基づく追加議定書を締結した場合、IAEAは、それまでの保障措置よりもより広範な保障措置を行う権限を与えられることになる。例えば、包括的保障措置協定では申告する必要のなかった原子力活動に関しても申告を行う必要や、包括的保障措置協定においてはアクセスが認められていない場所などへの**補完的なアクセス**をIAEAに認めることなどを、法的義務として盛り込むことが可能となっている。

追加議定書の導入により、IAEAはそれまでの(帳簿管理が主な任務という意味において)「会計士」から、入手可能な多くの情報を用いて未申告の活動を探知するという「探偵」に役割を変えたといわれている。

一方で、追加議定書を締結した場合、包括的保障措置協定で求められていた以上の情報を申告しなければならず、またIAEAがアクセスできる場所の範囲も拡大されることから、核兵器国による核軍縮が進まない中で追加議定書は、NPT上の非核兵器国にのみ新たな義務を課すものであるといった批判もなされている。また、そもそも追加議定書は、NPT第3条が非核兵器国に求める保障措置の中には含まれていない、すなわち、非核兵器国に追加議定書を締結する義務はないとの考えから、追加議定書締結に否定的な国もある。

それでも、IAEAとの間で追加議定書を結ぶ国の数の順調に増えていき、2023年12月時点では包括的保障措置協定の追加議定書締結国数は136カ国となっている。なお、モデル追加議定書は部分的保障措置協定や自発協定の追加議定書としても使われているが、NPT非締約国や核兵器国が締結している追加議定書は、包括的保障措置協定の追加議定書に比べ、補完的アクセスが盛り込まれていないなど、内容面でそれぞれ違うものとなっている点に注意が必要である。

（樋川和子）

第6節　核セキュリティ

1　核セキュリティの概念

2001年の9・11テロは、自らの死を恐れず、訓練された組織力と情報収集力を有する非国家主体が行うテロ攻撃の脅威を見せつけた。そして、原子力施設もこうした非国家主体によるテロ攻撃の対象となりうるという危機感を、国際社会に強く意識づけた。

原子力の平和利用が開始された当初から、各国の核物質および原子力施設を物理的に防護し、非国家主体による核拡散につながる核物質の**不法移転**や施設への**妨害破壊行為**を未然に防止する**核物質防護**の概念は存在し、対策は年々強化されていた。しかし、9・11テロは、組織的かつ高度な攻撃能力を有する非国家主体によるテロ攻撃に対する対策が原子力施設では必ずしも十分にはとられておらず、現状の対策のままでは対応しきれないということを明らかにした。さらに、非国家主体が放射性物質を盗取してそれを放出させることにより環境や公衆に放射線影響を与えるという「**汚い爆弾（dirty bomb）**」も脅威と考えられるようになった。

こうした脅威の深刻化や拡大は、従来の核物質防護だけでは不十分であり、より広範で強固な対応が必要だということを国際社会に認識させた。このような国際環境下で登場したのが、核セキュリティという概念である。

国際原子力機関（IAEA）は、核セキュリティを「核物質、その他の放射性物質あるいはそれらの関連施設に関する盗取、妨害破壊行為、不法アクセス、不法移動またはその他の悪意を持った行為に対する防止、探知および対応」と定義づけている。

2　核不拡散体制と核セキュリティの関係

核不拡散という視点においては、核兵器や核爆発装置の非核兵器国への拡散（国への拡散）の防止と、核物質を含む放射性物質の原子力利用国から非国家主体等への拡散（国からの拡散）の防止という二面性があり、前者は主として保障措置で、後者は核物質防護で対応してきた。

IAEA保障措置の受入れを義務づける核不拡散条約（NPT）を中核とする核不拡散体制は、新たに核兵器や核爆発装置を保有する国家の出現を防止することにより、国家間の核戦争や国際安全保障環境の悪化を阻止する国際社会の体制である。

一方、核物質防護を中核とする核セキュリティは、非国家主体等による核物質を含む放射性物質を盗取しそれらを使用する行為や原子力施設に対する妨害破壊行為等を防止するための一連の活動であり、各国の責任において実施される国内の諸活動である。

しかし、非国家主体等によるこうしたテロ行為は、国境を越えて実行される可能性があり、また発生した場合の影響が周辺国にも及ぶことが予想され、国際安全保障上も深刻な脅威だと認識されたことから、核セキュリティは国際社会の関心事項となってきたのである。

3　核セキュリティの現状

核セキュリティの確保に関して、具体的な措置をどの程度またどのように講じるかは、その国の原子力活動が有するテロリストにとっての「魅力度」に加え、その国を取り巻く脅威環境や国内の治安状況に依存するので、各国が独自に判断する事項である。ただし、国際的に核セキュリティを強化するために、何を、どのように行うかという国際社会の総意は、核セキュリティに関する条約や、国際社会のニーズを踏まえてIAEAが作成した指針文書に表れている。

「何を」については、例えば、2007年7月に発効した**核テロ防止条約**は、死または身体の重大な障害を引き起こす意図等をもって行われる核物質を含む放射性物質や核爆発装置の使用、原子力施設の損壊等の行為を国内法上の犯罪とし処罰する義務などを規定している。また、2016年5月発効の**改正核物質防護条約**は、従来の核物質防護条約の適用範囲を国際輸送中の核物質の防護から国内における核物質および原子力施設の防護にまで拡大させ、自国の管轄下にある核物質および原子力施設について適用される適当な防護制度を確立する義務などを規定している。

「どのように」については、IAEAが9・11テロ以降加盟国支援を目的として整備している**核セキュリティ・シリーズ文書**の中で、①核物質や原子力施設の防護要件等を取りまとめた勧告文書、②放射性物質やその取扱施設を防護するための防護要件等を示した勧告文書、③核物質を含む放射性物質を用いた犯罪行為の未然防止、国境や税関での検知、**核鑑識**、治安当局の対処能力の強化等の国内体制整備に関する要件を列挙した勧告文書、などが作成され、国際標準の要件を明示している。特に、①の勧告文書はIAEAの文書番号から「**INFCIRC/225**」とも呼ばれ、2国間原子力協定において明示的に言及されるなど、各国が条約や協定上の核物質防護義務を履行する際の具体的な要件を提供している。

このように、国際条約やIAEAの指針文書は、①核物質を含む放射性物質に関する犯罪抑止のための処罰規定の整備、②核物質を含む放射性物質や原子力施設の防護措置、③国境や税関等の物流の移動地点での検知対策、④核物質を含む放射性物質に関する犯罪発生時の対処能力の向上、など、包括的な核セキュリティの強化を各国に求めている。

4　今後の展望

近年、核物質を含む放射性物質の盗取および原子力施設に対する妨害破壊行為といった物理的なテロ行為への対応に加え、原子力施設に対するサイバー攻撃への対応が核セキュリティ上の課題となってきている。加えて、これら物理的なテロ行為やサイバー攻撃への原子力施設職員による関与（内部脅威）にも懸念が高まっている。こうしたテロ行為やサイバー攻撃がある国で発生し、その影響が国境を越えて拡大する可能性を低下させるため、国際社会はこれまで以上に核セキュリティが脆弱な国を減らす努力を払うべきである。

2010年から2016年に米国主導で開催された核セキュリティサミットを引き継ぎ、IAEAは各国の閣僚級が参加する核セキュリティに関する国際会議を定期的に開催している。国際社会は、このような会合の場を活用して、核セキュリティ強化に向けた政治的協調や経験の共有を一層促進すべきである。さらには、要請国の核セキュリティの有効性を評価するサービスであるIAEAの**評価ミッション**などを活用して、各国の実情に即した具体的支援を提供していくことが求められる。

（宮本直樹）

第7節　核不拡散の今後の展望

これまで国際社会では核不拡散をめぐり、国際的な核軍縮・不拡散の礎石であるNPTを中心に、さまざまな努力がなされてきた。NPTでは、核不拡散と併せて、核軍縮および原子力の平和利用の促進という、NPT3本柱によるグランド・バーゲンのバランスの維持が重要視されてきた。

しかしながら、課題は依然として山積している。第1には、核兵器を保有する国による核軍拡の継続である。NPTで核兵器の保有を認められている米露英仏中の5カ国と、NPTの枠外で核兵器を保有するインド、パキスタン、イスラエル、そして北朝鮮の4カ国は、核兵器を力の象徴と考えており、その保有を継続している。冷戦期と比較すると格段に核兵器の数は減った一方で、中国、インド、そして北朝鮮は、それぞれ2024年の時点で前年より保有する核弾頭の数を増加させている。核兵器を保有するすべての国が核軍縮を実質的に前進させなければ、NPTのグランド・バーゲンの維持は難しくなる。

第2に、核兵器を保有する国のうち、NPTで核兵器の保有を認められていない国の扱いである。インド、パキスタン、イスラエルは、いずれもがNPTに未加入の状態で核兵器の保有に成功し、同条約に加入する可能性は低い。北朝鮮は、一旦は非核兵器国としてNPTに加入しながらも、秘密裏に核兵器の開発を進め、条約からの脱退を宣言して、実際に核兵器の保有に至った。

これらの国に対しては、NPTをもとにした政策や行動を促すことが難しい。それでも、これらの国にも、核不拡散に取り組んでもらう必要がある。そこで、2国間の原子力協定を通じた協力と引き換えに、核兵器を開発できる技術的な能力を有する国を、既存の核不拡散体制に組み込む政策が展開されてきた。IAEAとの保障措置協定を通じて、各国に核不拡散の自覚を促し推進していく方法もある。実際、インド、パキスタン、そしてイスラエルは、2国間原子力協定によって移転された核物質や資機材のみを対象とした保障措置協定（**個別の保障措置協定**）をIAEAとの間で締結している。

ただし、NPT非締約国との原子力協力を推進することは、核不拡散体制の強化と逆行しかねない動きであるとの批判もある。2005年の**米印原子力協力合意**や2017年に発効した**日印原子力協定**は、国際的な核不拡散のさらなる促進に配慮した条件を盛り込んでいる一方で、国際社会からは、インドを事実上の核保有国として容認することになるため、既存の核不拡散努力の強化に必ずしも寄与しないとの批判が聞かれた。また、中国は、インドと対立するパキスタンへの原子力協力を実施している。これらの国のNPTへの加入が見込めない以上、他の核不拡散の枠組みを通じた努力が引き続き求められる。しかしながら、原子力供給国グループ（NSG）（第7章3節参照）へのインドの加盟申請に対しては、パキスタンの意を受けた中国が反対し、そのパキスタンもA・Q・カーン（A. Q. Khan）が主導した核の闇市場問題（第7章1節参照）などもあって、同国のNSGへの加盟に反対する声も多いなど、課題は少なくない。

第3に、新たな核保有国の出現の可能性である。もとより、高度な原子力技術の国際的な拡散は、核兵器の開発を可能とする技術の拡散をも意味していた。たとえばイランでは、原子力技術への関心が高く、核燃料サイクルや高度な濃縮技術の開発が進められてきたが、これらの技術や施設が軍事転用されかねないとして、同国の核開発疑惑への強い懸念がたびたび示されてきた。

これに対して、国際社会では、イランの活動自粛を促す国連安保理決議や

IAEA理事会決議の採択、英仏独（EU3）による外交的解決の模索、あるいは国連安保理による経済制裁など、さまざまな対策が講じられてきた。EU3を含む米露英仏中独とイランの7カ国による2015年の包括的共同行動計画（JCPOA）（第4章5節参照）では、イランの原子力活動に一定の制約をかけながらも、その活動が平和的に行われていることと引き換えに、これまで課されてきた制裁を段階的に解除していくことが合意された。しかしながら、2018年に米国が一方的にJCPOAから脱退を表明したことで、イランは義務の履行を停止して、規定を超えてウラン濃縮を行うなど、情勢の先行きは現時点では不透明である。また、このイランの核問題を引き金に、サウジアラビアなどの中東地域の近隣諸国が、濃縮・再処理を含む高度な原子力技術の保有を望む可能性も否めない。

第4に、非国家主体への核拡散の可能性である。2001年の米国同時多発テロ以降、テロ活動の増加とテロリストが核兵器を入手する危険性への懸念から、核セキュリティへの関心が高まっている。核兵器そのものの盗取のみならず、盗取された核物質を使用してテロリストが核爆発装置や放射性物質を発散する装置を製造する危険性は、核拡散を行う対象がもはや国単位ではなく、非国家主体にまで広がっている現状を反映している。

2009年にはバラク・オバマ（Barak Obama）米大統領が、核テロが地球規模の安全保障に対する脅威であるとの認識に基づき、**核セキュリティ・サミット**を提唱し、2016年までに4回の会合が開催された。その後、IAEAがそのバトンを引き継ぎ、核セキュリティに関する国際会議が継続的に開催されている。核セキュリティに関する規定はNPTには存在しない一方で、IAEAが核セキュリティの強化を重要な任務の1つとして位置づけて活動を展開している点は、今後の核不拡散にとっては重要な点である。

そして最後に、原子力技術のさらなる普及とそれらの軍事転用の可能性の増大である。原子力の平和利用は、エネルギー需要の観点から、世界のエネルギーミックスの主要な一部を担っており、それと同時に、保健や医療、あるいは農業の分野で放射線利用、さらには環境や水資源管理分野での同位体分析など、特に途上国の社会的・経済的発展にとって必要不可欠な技術として期待されている。

2011年の東日本大震災の際の福島第1原子力発電所の事故を受けて、国際的に原子力の平和利用を敬遠する傾向が強まった。しかしながら、気候変動問題や脱炭素化社会への関心の高まりから、近年、国際社会では原子力エネルギーの活用への関心も再び高まりつつある。今後原子力の平和利用を活用していくのであれば、非核兵器国によって原子力の平和利用の過程で、軍事転用が行われない制度を構築し、核不拡散義務が遵守される必要がある。原子力エネルギーへの再注目は、途上国への核物質や関連資機材の拡散にもつながりうるため、核拡散リスクの低い技術の開発と合わせ、既存の国際条約、協定、枠組みを活用した核不拡散のさらなる強化と、それらの措置の普遍化が求められる。

高度な原子力技術の拡散は、軍事転用の可能性を増大させる。ただし、それらの技術を軍事転用するか否かは、政治的な動機の有無に依存する。核拡散のリスクを低下させるためには、地域およびグローバルな安全保障環境の安定は当然ながら、そのための国家間の信頼醸成への努力も必要となる。また近年、新興技術の発展が著しく、安全保障を考える際の対象領域も、陸海空に加え、宇宙やサイバーにまで広がりをみせている。このような技術革新が核拡散に及ぼしうる影響は、複雑性を増す一方である。

そのなかにあって、NPT締約国も非締約国も、国際的な核不拡散の推進が引き続き必要であるとの認識は共有している。今後、国際社会全体の協調のもとで、多様化する核拡散リスクに対応するための仕組みづくりや、核不拡散体制のさらなる強化が求められる。ただし、NPTのグランド・バーゲンが示すように、核不拡散の強化は核軍縮の促進とも密接に関係しており、核不拡散の強化「だけ」を進めることでは、非核兵器国からの十分な協力は望めない。他方で、核不拡散義務と核軍縮義務のバランスをどのように取りながら政策を進めていくのかという点については、核兵器禁止条約（TPNW）が2017年に成立したことで、各国の核兵器に対する考え方の違いがますます浮き彫りになってきている実情も無視できない。今後さらに核不拡散を進めていくためには、NPTに加え、既存の数多くの国際的な多国間での取り組みや努力を活用していくのみならず、2国間、あるいは各国が単独で推進できる政策も併せて、複合的に活用していくことがますます求められるだろう。

（向和歌奈）

クローズアップ②：なぜ国家は核を保有し、放棄するのか

国家が核を保有・放棄する背景として、安全保障上の脅威、軍備開発や産学連携等の国内要因、核兵器の象徴的意味や国家の威信向上等の規範的側面（Sagan, 1996/1997）、政治的リーダーシップ（Hymans, 2006）、国家による経済活動の優先（Solingen, 2007）が挙げられる。他方、何をもって国家の核兵器保有か、どこまで放棄・検証すれば放棄かの判断は、各国で異なり得るため、国家が核兵器の開発又は保有の可能性を追求したが、核兵器不拡散条約（NPT）加入によりその可能性を放棄したと国内外から認められた事例として、スウェーデン、南アフリカ及びウクライナを取り上げたい。

地政学上ソ連に近いスウェーデンは、1950年代、中立国として国防戦略を模索する中、産学連携の基で核兵器開発計画を進めた。しかしスウェーデンは、米国と有事の安全保障協力について合意し、核軍縮推進国としての名声や経済発展及びその他の国内争点を優先し、パルメ首相のリーダーシップの下、1968年NPTを批准、1972年に核兵器開発計画を放棄した。

南アフリカは、1970年代、アンゴラやモザンビーク独立と域内のナミビア独立の動き、ソ連やキューバの影響を受けた国内の左派勢力の活発化から、国内の原子力技術及び ウラン資源を活用して核兵器の開発に成功した。しかし、アパルトヘイト及び核兵器開発計画を理由とする経済制裁に苦しんだ南アフリカは、デ・クラーク大統領のリーダーシップの下、冷戦終結による米ソ対立の緩和を背景に国際社会復帰の象徴として、また国内政治の変化に鑑み、核兵器開発計画を放棄し、1991年NPTに加入した。

ウクライナは、ソ連解体後、安全保障上の脅威から自国領土に残った旧ソ連の核弾頭及び運搬手段を手放すことを国内の保守層を中心に拒んだ。しかし、非核兵器国に対して核攻撃・威嚇を行わないことを米英露が約束する消極的安全保証を含むブタペスト合意により、ウクライナは核弾頭及び運搬手段の放棄に合意し、1994年NPTに加入した。なお、2022年ロシアはブダペスト覚書に反し、ウクライナ侵略を行った。

上記3カ国の例から、国家が核兵器の保有を追求した背景には、安全保障上の脅威、産学連携や原子力技術等の自国内の素地があり、その上で核兵器を放棄した背景には、安全保障状況の改善、国内経済発展の優先、国内の政治争点や政治的リーダーシップ等の複雑な要素が混在したと見て取れる。

引用文献

Scott D. Sagan, "Why Do States Build Nuclear Weapons? Three Models in Search of a Bomb," *International Security*, vol.21, no.3 (Winter 1996/1997), pp.54-86

Jacques E.C. Hymans, *The Psychology of Nuclear Proliferation: Identity, Emotions and*

Foreign Policy, Cambridge University Press, 2006
Etel Solingen, *Nuclear Logics: Contrasting Paths in East Asia and the Middle East*, Princeton Studies in International History and Politics, 2007

（新宮清香）

第 3 章
核兵器の禁止

一政祐行・礒章子・川崎哲・岡田美保

本章のねらい

核兵器をめぐる問題は、安全保障と人道という、2つの対照的な立場から議論されている。前者は、国家安全保障に果たす核兵器の役割を所与として捉え、戦略的安定を維持しつつ実現可能な措置を積み重ねようとする立場である。後者は、核兵器を非人道的な兵器だと断じ、包括的な禁止と完全な廃絶を優先する立場である。両者は、核兵器の削減・禁止のタイムスパンや核抑止の有効性に関する評価などの根本的争点で対立しており、共通の基盤に立った議論を難しくしている。

本章では、第1節で核兵器禁止の意義を確認したうえで、第2節で核兵器の実験禁止に向けた既存の枠組みとして包括的核実験禁止条約（CTBT）を、第3節で交渉に向けた議論が続けられてきた兵器用核分裂性物質生産禁止条約（FMCT）に関するこれまでの取り組みと課題を扱う。第4節では、核兵器禁止条約（TPNW）が採択され発効するまでの経緯と条約をめぐる議論について述べ、第5節で核兵器禁止の将来について展望する。これらの議論を取り巻く現状は、核兵器禁止に向けた国際社会の動きが単線的には進みえないことを物語っている。

第1節　核兵器禁止の意義

1　「核兵器禁止」の二面性

核兵器の禁止をめぐる問題は、安全保障と人道性という2つの対照的な立場から議論されてきた。この2つの立場は、「国際の平和と安定における核兵器の役割をどう位置付けるのか」という根源的な問題についての異なる見解に立脚しており、「核兵器禁止」という言葉の意味するところや、これをどのように進めていくべきかについて、各々独自の論理と主張を展開している。

安全保障の論理では、核兵器の抑止機能が重視される。核抑止は、敵対国による核兵器の使用や、核兵器以外の大量破壊兵器ないし通常兵器の使用を抑止し、国家の安全保障と国際的な安定を維持するとともに、大国間（あるいは核保有国間）の大規模な戦争を防止することを主眼としている。相互抑止は、大国間関係を安定化させ、敵対国の軍事的な優勢を相殺するために不可欠な役割を果たしている、との立場である。したがって、安全保障の論理では、究極的な目標としての核廃絶は否定されないものの、核軍縮の進展は安定した国際安全保障環境の実現があって初めて可能になり、戦略的安定（第1章1節参照）を維持しながら実現可能な措置を積み重ねるべきだとの主張が導かれる。

人道性の論理では、核兵器の非人道性が重視される。核の「恐怖の均衡」によってもたらされうる安定は、非倫理的な安定に過ぎず、核兵器の存在自体が人類の生存への脅威である、との立場である。人類の生存のためには、核兵器がいかなる状況下でも決して使用されない保証が必要であり、すべての核兵器は可能な限り早期に廃絶されるべきである。核兵器保有国が、核抑止を有効と考え、核兵器から得られる大国としての地位と威信を重視しているからこそ、さらなる拡散への潜在的な誘因も生じる。人道性の論理では、核兵器の価値の否定から出発し、即時に包括的禁止に踏み切り、完全な廃絶を実現すべきだとの主張が導かれる。

このように両者は、核兵器の削減・禁止のタイムスパンや、核抑止の有効性に関する評価などの根本的争点で対立しており、共通の基盤に立った議論が困難な状況に陥っている。核兵器をめぐる考え方には当初からこのような相違や亀裂があった。両者の対立構図は、冷戦終結後の国際関係の大きなうねりの中で、より先鋭化してきている。

2　NPT再検討会議での議論からプラハ演説へ

核軍縮に関する効果的な措置について「誠実に交渉する」(核不拡散条約(NPT)第6条)という核兵器国による約束は、核兵器をめぐる不平等性を緩和するために取られた措置の一つであった。この約束が冷戦期を通じて十分に実行されなかったことは、NPTに加盟し、核兵器保有の放棄を受け容れた非核兵器国にとって大きな不満となっていた。だが、冷戦が終結する過程で中距離核戦力(INF)条約が成立し、第1次戦略兵器削減条約(START I)が署名されたことは、実質ある核軍縮進展への期待を高めた。1995年のNPT再検討・延長会議は、核兵器国に対し、核軍縮促進の前提となる核兵器廃絶への明確な約束を要求する格好の機会となった。NPTの無期限延長を確保するため、核兵器国は、第6条の履行をアピールし、核軍縮の将来に対する非核兵器国の不安の払拭に努めた。この結果、無期限延長の決定とともに採択された「核不拡散及び核軍縮のための原則と目標」に関する決定には、核兵器国が「核兵器の廃絶を究極的な目標として」核兵器を削減する体系的な努力を追求することが盛り込まれた。これに先立ち、1993年に第2次戦略兵器削減条約(START II)が署名され、1994年にはジュネーブ軍縮会議(CD)(序章2節参照)においてCTBT交渉が開始されており、核軍縮には、明るい道筋があるかに見えた。

この後、米国の弾道ミサイル防衛構想に対するロシアの反発によって核軍縮が停滞し、さらにインド、パキスタンが核実験を実施して核兵器保有を明言する中で、核兵器廃絶に関する核兵器国のより強いコミットメントを求める声が改めて高まった。2000年の再検討会議では、最終文書に核軍縮実施のための制度的・漸進的努力に係る13項目の実際的措置の1つとして「核兵器の全面的廃絶に対する核兵器国の明確な約束」が盛り込まれた。しかしながら、2001年の9・11テロを受け、米国の優先課題は核不拡散、そして核テロ防止へと移行した。核軍縮に関する米国の関心は薄れ、前述の13項目については、そのすべてを支持しているわけではないという立場に後退した。2005年の再検討会議は、核軍縮問題をめぐるNAM(非同盟運動)と米国との厳しい対立により、会議は空転し、最終文書も採択できなかった。この過程は、核兵器国が、核兵器の機能や役割を前提として国家安全保障政策を立案し実行し続ける限り、核軍縮や核廃絶への約束は政治的モメンタム以上のものにはなり難く、安全保障環境の変化や兵器体系の開発動向によって容易に覆されうることを示唆していた。

だからこそ、2009年1月に就任したオバマ（Barack H. Obama）米国大統領が、同年4月のプラハでの演説で、「核兵器を使用した唯一の核兵器国として行動する道義的責任」に触れ、「核兵器のない世界での平和と安全保障を追求するという米国の約束を、明確にかつ確信をもって表明」したことは、国際社会に強いインパクトを与えた。2010年の再検討会議では、最終文書に掲げられた64項目の行動計画の第1で、すべての当事国が「核兵器のない世界を達成するという目的に完全に一致した政策を追求することにコミットする」ことが明記され、具体的措置として、核兵器の削減、核兵器の役割低減、CTBTの早期発効、FMCTの即時交渉開始、透明性の向上などが列挙された。さらに同年、ロシアとの間で新STARTが署名された。削減幅は大きくはなかったが、核軍縮の具体的成果が示されたのである。

3　大国間競争下の核兵器禁止

2010年代半ば以降、核軍縮をめぐる状況は一段と悪化した。その背景には、米ロの戦略的関係のあり方が変化するとともに、中国の台頭により、米ロ中の間で新たな戦略的競争が激化した国際政治状況があった。米ロの戦略的関係は、米国が2002年に弾道弾迎撃ミサイル制限条約（ABM条約）から脱退したことにより、すでに安定した制度的基盤を喪失しつつあった。プーチン大統領は、2014年のクリミア併合の過程で核戦力を警戒態勢に置いていたことを2015年3月になって明らかにし、ロシアが死活的利益を有すると判断する地域での紛争においては、核の使用も辞さないという決意を示唆した。さらに、中国の台頭は核の秩序の管理を複雑にしている。大陸間弾道ミサイル（ICBM）や潜水艦発射弾道ミサイル（SLBM）をはじめとして核戦力を質的にも量的にも急速に近代化する一方、中国は、実質的な核軍縮プロセスへの参加には消極的な姿勢を続けている。中国を取り込む上での課題の1つは、中国との間には、米ロ間にあるような核戦力の一応の均衡状態が成立しておらず、削減を求められることへの反発があることである。仮に、中国を米ロと同等に扱うとしても、3国間の安定的な均衡を見出すことは容易ではない。

この間、2015年のNPT再検討会議は、最終文書を採択できないまま閉幕した。最終的には中東の非核兵器地帯問題をめぐって交渉が決裂したためであったが、核軍縮をめぐっても核兵器国と非核兵器国の間で激しい議論が展開された。核軍縮が停滞を続ける状況に不満を強め、「核兵器の非人道性」を重視するオーストリアやメキシコなどは非政府組織(NGO)とも連携して、核兵器の法的禁止に向けた動きを加速化させた。2016年の国連総会決議を受けて2017年に2回の交渉会議が開催され、核兵器禁止条約(TPNW)は賛成122、反対1、棄権1で採択された。他方、核保有国・同盟国は、条約に強く反対し、これへの参加を一貫して拒否している。

従来、核兵器の禁止は、NPT(核兵器国による移譲および非核兵器国による受領、製造、その他の取得の禁止)、各非核兵器地帯条約とその議定書(締約国への配備、使用または使用の威嚇の禁止)、CTBT(核爆発実験の禁止)という形で個別的・段階的に進められてきた。これに対してTPNWは、核兵器の保有、使用又は使用の威嚇、そしてこれに連なる行為を包括的に禁止している。人道性の論理から見れば、核兵器禁止の大幅な前進である。だが、安全保障の論理に立てば、TPNWは、核抑止という安全保障の手段の否定の上に成立する枠組みであり、核兵器禁止の過程から、核兵器国やその同盟諸国を締め出す危険性を孕むものでもある。安全保障と人道的側面を核兵器禁止に向けていかに収斂させていくかが、改めて重要な課題となっている。

(岡田美保)

第2節　包括的核実験禁止条約(CTBT)

1　背景と経緯

1954年、インドのネルー首相が核兵器開発競争の終了と核拡散防止のために**核実験**の禁止を提案したのを皮切りに、1950年代後半から多国間の核実験禁止条約について協議が開始された。キューバ危機の勃発や、相次ぐ大気圏内核実験で生じた放射性降下物問題も後押しし、1963年8月5日に**部分的核実験禁止条約(PTBT)**が米ソ英3カ国によって署名された。1970年代に入ると、

表 3-1　核実験の回数（2024 年 6 月現在、括弧内は地下核実験）

	米国	ソ連／ロシア	英国	フランス	中国	インド	パキスタン	北朝鮮	イスラエル／南アフリカ	備考
1945-1950	8	1	–	–	–	–	–	–	–	
1951-1960	166〔22〕	82	21	3	–	–	–	–	–	
1961-1970	43〔424〕	136〔112〕	〔5〕	23〔13〕	10〔1〕	–	–	–	1?a	PTBT発効（1963年）
1971-1980	〔207〕	〔228〕	〔8〕	24〔49〕	13〔3〕	〔1〕b		–	–	
1981-1990	〔149〕	〔149〕	〔10〕	〔86〕	〔9〕	–	–	–	–	TTBT発効（1990年）
1991-2000	〔13〕	–	〔1〕	〔12〕	〔9〕	〔2〕c	〔2〕d	–	–	CTBT採択（1996年）
2001-2010	–	–	–	–	–	–	–	2	–	
2011-2020	–	–	–	–	–	–	–	4	–	
2021-2024	–	–	–	–	–	–	–	–	–	TPNW発効
合計数	1032	715	45	210	45	3	2	6	1?	

出典：以下の資料をもとに筆者作表・加筆。"SIPRI Nuclear Testing Tally Table," CTBTO website, https://www.ctbto.org/fileadmin/user_upload/pdf/Sipri_table12b.pdf.

参考：a 1979年のヴェラ衛星事件として知られるが、今日まで正式な発表はない。b 平和目的核爆発に位置付けられる。c 5月11日（3基同時）と13日（2基同時）に行われた実験をそれぞれ1日あたり1回と数えている。d パキスタンは6基の核爆発装置を用いて全2回の実験を実施した旨声明を発表している。

米ソ間で地下核実験による高核出力の核兵器開発に制限を課すべく交渉が行われ、1974 年 7 月 3 日に**地下核実験制限条約（TTBT）**が署名された。また、1976 年 5 月 28 日には TTBT の対象外であった非軍事目的での核爆発利用（**平和目的核爆発**）に規制を設ける**平和目的核爆発条約（PNET）**が署名された。

1982 年にジュネーブ軍縮会議（CD）（序章 2 節参照）にて核実験禁止のための作業部会が設置されて検討が重ねられ、1988 年には PTBT 原加盟国に対して包括的核実験条約（CTBT）交渉に向けた条約改正会議の開催が要請された。1991 年から 1992 年にかけて、米ソがそれぞれ核実験モラトリアムを宣言するなか、1993 年には PTBT 締約国特別会議が開催され、CTBT 交渉について一致した。同年から CD での交渉が本格化し、法・組織・検証関連事項が検討された。しかし、主に発効要件を巡ってインドとパキスタンが不満を表明し、**CD のコンセンサス・ルール**に阻まれて条約の採択に失敗した。そのため、CTBT は 1996 年 9 月 10 日に国連総会の場にて採択され、同年署名開放された。

核兵器開発における核実験の必要性は、CTBT では禁止対象外の未臨界実験も含めて、今日まで相応に高いと考えられる。しかし CTBT の署名開放以前とそれ以降とを比べると、核実験実施数は目立って減少している。CTBT の署名開放以後、インド（1998 年）、パキスタン（1998 年）、**北朝鮮（2006 年、2009 年、2013 年、2016 年および 2017 年）**によって核実験が実施されているが、これらはいずれも CTBT には未署名・未批准の国々である。核実験の必要性や意味合いが国によって異なる可能性はあるものの、核実験実施数に鑑みれば、核実験禁止の国際規範の形成は着実に進んできたことになる。

2　条約の特徴

CTBTの基本的義務として、締約国は核兵器の実験的爆発または他の核爆発を実施せず、並びに自国の管轄下にあるいかなる場所でも、核兵器の実験的爆発及び、他の核爆発を禁止・防止するよう求められる。さらに、締約国には核兵器の実験的爆発または他の核爆発の実施や奨励、そしてそれらへの参加を差し控えるよう約束することが要求される（第1条第1項及び同第2項）。多国間の核軍備管理・軍縮・不拡散条約として、CTBTは2024年6月現在署名国数187、批准国数178（このうち44の発効要件国に占める批准国数35）を数える。しかし、発効には条約の附属書2に掲げられたCDの構成国であって、かつ国際原子力機関（IAEA）「世界の動力用原子炉」の表に掲げられた特定の44カ国（発効要件国）全ての国々の批准が必要とされるため、同条約は今も未発効状態にある。

CTBT機関（CTBTO）は意思決定機関であるところの締約国会議、検証制度の運用と条約の遵守にかかる決定を行う51カ国の理事国からなる執行理事会、そして条約の実施にかかる業務に加えて、締約国支援や検証・査察活動を支える事務局（国際データセンター（IDC）など検証インフラが附属する）によって構成される。条約の遵守を検証するために、CTBT第4条第1項で**国際監視制度（IMS）**、協議と説明、信頼醸成措置、**現地査察（OSI）**が規定され、同条約が効力を生ずる時にこれらの検証制度に定める要件が満たされるよう求められている。

なお、条約違反の疑いがあった場合、締約国からOSI発動要請をうける執行理事会は、30カ国以上の賛成による**グリーンライト方式**で査察の実施を決定する。検証・査察活動の結果は技術事務局長によって報告書に取りまとめられ、執行理事会が最終的な判断を行うことになる。

条約発効前の段階では、技術事務局は暫定技術事務局（PTS）として活動するほか、CTBTO準備委員会（Prepcom）のもとに、発効までの間の行財政事項を扱う作業部会A、検証を扱う作業部会B、そして各国の行財政専門家によって構成されPrepcomや作業部会にアドバイスを行う諮問委員会が設置されている。

3　「ゼロイールド」概念と未臨界実験

CTBTの禁止対象を巡る政治的合意として、条約交渉時、核爆発の定義が

CDで議論されたものの、合意に達しなかった。こうしたなか、最終的にいかなる核出力も許容されるべきではないとして、「持続する超臨界の連鎖反応を伴う爆発を禁止する」と定めたのが「ゼロイールド」概念である。未臨界実験やコンピュータシミュレーションは核爆発を伴わないため、CTBTの禁止対象外と解される。この関係で、2019年に**ロシアの「ゼロイールド」概念に対する解釈疑惑**（ロシアによる低核出力での核実験疑惑）が米国国防情報局ロバート・アシュリー長官によって提起され、メディアが騒然となったのは記憶に新しい。CTBT署名開放以後も行われている未臨界実験の目的の1つは、核兵器の性能を巡る不確実性の低減にあり、これは核兵器備蓄の信頼性を維持・評価するうえで重要な事項である。未臨界実験は臨界に達しない分量の核分裂性物質や代替物質を用い、爆薬で核爆発をシミュレートする。未臨界実験の実施を公表してきた米国をはじめ、多くの核兵器国では同様の手法によって核兵器の信頼性維持を行っていると考えられてきた。このほか、「ゼロイールド」概念に合致するものとして、流体核実験や核兵器の非核部品にかかる実験などが挙げられる。

こうした一方で、CTBT署名開放後も続く未臨界実験が新たな核兵器の開発につながるのではないか、との懸念を示す見方もある。なお、2021年発効の核兵器禁止条約（TPNW）は未臨界実験も禁止すると解釈できる可能性が指摘されるが、「ゼロイールド」概念のもとで行われる実験に対して、遠隔探知や検証を行うのは技術的に困難である。

4　発効促進の取り組み

隔年開催される条約第14条会議（CTBT発効促進会議）は、2024年6月現在、通算13回を数える。他方、2002年以来、日本、オーストラリア及びオランダのイニシアチブで立ち上げられたフレンズ外相会合も回数を重ねている。これらのいずれも、CTBT発効促進に向けた重要なアウトリーチ活動であり、発効要件国の署名・批准の後押しにも一定の効果があったと評価されてきた。

2016年には米国の働きかけで、CTBT発効促進に関する決議案が国連安全保障理事会に初めて提出された。同決議案を巡る交渉では、中国とロシアがその内容を弱めるよう要求したとも報じられたが、安全保障理事会はCTBT未批准国である米国と中国も含めて全会一致でこれを支持・採択した（国連安保理決議

2310)。何ら法的義務を伴わない同決議だが、全ての国連加盟国に核実験モラトリアムの維持を求め、かつ CTBTO の検証体制による核実験の監視と分析が核不拡散と核軍縮体制を強化する旨言明した。

5　条約発効の見通しと今後の展望

CTBT 署名開放当時から、条約発効には時間がかかるとの予測もあった。しかし、未発効期間が4半世紀に及ぶとまでは想定されていなかった。CTBT 交渉を主導し、発効の鍵を握ると目される米国では、核兵器備蓄の信頼性や安全性の担保を理由にクリントン政権期の議会上院が批准を拒否した。CTBT 批准を追求したオバマ政権も当時の「ねじれ議会」によって批准を達成できなかった。他方、近年の米国での核実験再開に向けた動きは、国際社会の深い懸念を招いてきた。2017 年、トランプ政権は**核実験再開に向けた待機態勢(「セーフガード」)**を修正し、6-10 カ月の期間で「シンプルな核実験」の再開を可能にした。2021 年以来、バイデン政権は CTBT を支持し、発効に向けた努力を明言している。こうしたなか、ウクライナ侵攻の最中の 2023 年、ロシアのプーチン大統領が CTBT 批准撤回に承認の意を示し、米国に揺さぶりをかけた。同年には中露の核実験場でトンネル掘削と思しき形跡など、核実験再開を予想させるような活動の活発化を捉えた衛星画像がメディアを賑わせた。かかる状況のもとで、今後米国が条約の批准に向けてどこまで踏み込めるのかが焦点となる。

米国以外の残された発効要件国である中国、北朝鮮、インド、パキスタン、イスラエル、イラン、エジプトも、各々の安全保障政策・戦略上、核実験禁止に踏み切るには容易ならざる事情があると目される。最多の核実験実施経験を有し、先進的な核兵器備蓄管理技術を導入する米国でさえ核実験再開が論じられてきたことを踏まえると、これらの発効要件国が CTBT を批准するには、核兵器の役割の再考や核軍縮にかかる国際規範の形成など、1 つ上の次元での政治的な地殻変動が必要だと考えられる。それまでの間、CTBT は経年劣化する観測機器や施設の修繕に対処する一方で、日進月歩で進展する**検証関連分野での技術刷新**にキャッチアップし、核実験の監視・検証能力の向上に努めるとともに、条約発効のモメンタムを維持せねばならない。

未発効期間が長期化し、未だ先の見えない取り組みに締約国側の息切れも懸念されるなか、近年ではCTBT関係者が朝鮮半島の非核化（第4章3節参照）を具体的に取り上げて同条約の新たな役割を提案する動きもあり、今後の展開が注目される。

（一政祐行）

第3節　FMCT

1　はじめに

核軍縮及び核不拡散を進めるための一手段として、核兵器の製造に必須な核分裂性物質の生産そのものを禁止する必要があるとの考えは、1950年代の米国ですでにあったが、冷戦期の米ソ対立と核軍拡競争の中で実現に至らなかった。しかしながら、その冷戦が終結すると、1993年9月の国連総会において米国クリントン大統領が兵器用核分裂性物質の生産を止める国際条約の交渉を呼びかけ、同年12月の国連総会において「兵器用核分裂性物質生産禁止条約（Treaty banning the production of fissile material for nuclear weapons or other nuclear explosive devices）」の交渉を勧告する総会決議が採択されたことにより、国際社会において当該条約交渉の開始に向けた機運が高まった。

なお、一般的に当該条約の略称としてFMCT（Fissile Material Cut-off Treaty）が使われている。この条約の対象について、生産の停止（cut-off）のみでなく既存の貯蔵分（stockpile）の削減をも含めるべきという考えもあるが、ここではFMCTの略称を用いる。

2　条約交渉開始の背景

上述の国連総会決議を受けて、ジュネーブの軍縮会議（CD）は条約交渉の開始に向けた検討を進め、1995年に交渉のための基本方針（CD/1299、いわゆる「**シャノン・マンデート**」）が合意され、1998年には交渉のための特別委員会が設置された。しかし、その後のCDにおいては、交渉開始に向けた手続き的な議論は毎年継続されるものの、1国でも反対すると合意が成立しないというコンセンサス方式による決定方法の下で、新規生産のみを禁止の対象とすべきだと主張する5核兵器国やインドに対して、パキスタンが既存の在庫も対象に含めるべきだと強く反対しており、実質的な条約交渉の開始には至っていない。このような状況を打破するために、毎年の国連総会や5年毎の核兵器不拡散条約（NPT）運用検討会議ではFMCT交渉の即時開始が提起されてきた。加えて、2013年の国連総会において、この条約の諸側面を検討すべく25カ国の専門家からなる**政府専門家グループ（GGE）**の設置が合意され、2年間の協議の結果を報告書にとりまとめ、国連事務総長に2018年7月13日、提出した。

日本は、FMCTが核軍縮・不拡散をさらに進展させるために包括的核実験禁止条約（CTBT）に続くべき最も重要かつ不可欠な多数国間条約であるとして、早期交渉開始を一貫して強く求めており、様々な場での条約内容の検討にも積極的に参加している。

3　主要な条約構成要素についての議論

FMCTに関する長年にわたる政府レベルでの様々な場での非公式な検討、あるいは研究者・NGOによる議論の中で主要な論点となってきたのは、①条約の目的、②条約の規制範囲、③条約の用語の定義、④条約義務の履行に関する検証、および⑤条約の組織的および法的問題である。2017～2018年の**ハイレベル専門家準備会合**におけるこれらの主な議論を以下に説明する。

①条約の目的

世界には、NPT上の5核兵器国と、NPTに加入せず核兵器を保有している国々（その他の核兵器保有国）が存在している。こうした現状において、FMCTに期待される中核的目的は、兵器用核分裂性物質の新たな生産の禁止とすべきであるというのが主要な考え方である。条約が当該締約国において効力を生じた後は兵器用核分裂性物質の総量を増加させないようにするためには、新規生産以外の方法による増加の抜け道も排除する必要があり、核兵器国及びその他の核兵器保有国（核保有国）内の原子力の平和利用下にある核分裂性物質を転用して兵器用核分裂性物質とすること、ならびに既に国家安全保障戦略の目的から外され、核保有国が自主的に余剰分と宣言した核分裂性物質を再度核兵器用に戻すこともFMCTの中核的義務として禁止すべきだと論じられている。

他方で、過去に生産され、在庫として現存する兵器用核分裂性物質を条約の対象に含めるべきであるとの議論もある。

②条約の規制範囲

条約の目的を「兵器用核分裂性物質の新たな生産の禁止」と設定する場合、条約の規制範囲は以下のとおりとすべきとの議論が行われた。

- 新たな「核兵器あるいはその他の核爆発装置のための核分裂性物質の生産」を行わない（新たな生産の禁止）
- 原子力艦艇用あるいは民生利用下にある核分裂性物質で核兵器あるいは核爆発装置のために使用できるものを、核兵器等に転用しない（転用の禁止）
- 核保有国が自主的に余剰分と宣言した核分裂性物質で保管中のストックを、核兵器あるいはその他の核爆発装置のための核分裂性物質として再利用しない（再利用の禁止）
- 兵器用核分裂性物質を他国に移譲せず、及び他国から受領しない（移転の禁止）

核不拡散義務を遵守する非核兵器国の民生利用下の核分裂性物質は、実質的には条約の対象外となる。なぜなら、そうした核分裂性物質は、そもそも核兵器あるいはその他の核爆発装置のために生産されたものではなく、それらへの転用の検知を目的とした国際原子力機関（IAEA）の保障措置が適用されているためであり、とりわけIAEA保障措置協定追加議定書（第2章5節参照）の締約国についてはFMCTの下で追加的な検証の義務を負う必要は原則としてないと論じられている。また、検証措置との関係で、核分裂性物質に加えてそれらを生産する施設や機器、技術なども本条約の対象とすべきであるとの意見もある。

③条約の用語の定義

条約を策定する上で重要な上記の適用範囲と同様、FMCTで生産を禁止すべき「核分裂性物質」、対象となり得る「施設・工程」の定義について議論が行われてきた。

核不拡散に関連する条約では、IAEA憲章第20条に「特殊核分裂性物質（special fissionable material）」、NPT第3条では「特殊核分裂性物質」および「原料物質（source material）」という言葉が使用されており、「核分裂性物質（fissile material）」の明確な定義はない。

FMCTの禁止対象とする「核分裂性物質」について、指定された物質の範囲を広くとると、禁止する生産活動を隙間なく規制することができるが、検証範囲も広がるため効率的でないとの指摘もあり、核兵器に容易に用いることが可能な核分裂性物質（具体的にはウラン233、ウラン235およびプルトニウム239）、すなわち「特殊核分裂性物質」を禁止対象物として規定して検証作業に集中すべきであるとの考え方もある。NPT第3条との整合性を取る意味からも、IAEA憲章で規定されている特殊核分裂性物質をFMCT上の生産禁止物質とするのが妥当であるとも論じられている。

上記の核分裂性物質の生産に関する施設には、民生用にも利用されている施設（例えば、ウラン精錬施設、ウラン濃縮施設、および原子炉）、あるいは核兵器その他の核爆発装置製造のためにウラン等を金属形態に加工する転換施設が含まれる。そうしたFMCTの対象となり得る施設・工程に対して、効果的及び効率的な検証を核兵器関連技術の拡散を防止しながら行うという観点から、検証対象はさらに検討が必要である。FMCTで生産を禁止すべき「核分裂性物質」やこれらの生産に関連する「施設・工程」の定義は検証活動などと密接にリンクしていることから、条約の規制範囲や検証活動などが決まった後に、定義についても改めて検討したほうがよいとの議論もある。

④条約義務の履行に関する検証

条約の義務履行に関連して行われる検証活動においては、上記③において定義されるFMCTの対象となる施設のうち、民生利用の施設に対してはIAEA保障措置（NPTの非核兵器国が受諾している包括的保障措置協定及び追加議定書に基づく保障措置、ならびにこれらと同様の機能を果たす保障措置）の検証下に置かれることを前提として議論が行われた。現状では、そうした保障措置と、核保有国に対して適用されているIAEA保障措置は異なっているため、FMCTの中核的目的をより高い信頼性をもって達成するためには、FMCTの締約国となる核保有国に対しては、民生目的の原子力（平和利用の場合は原子力活動と言う方がよい）活動に対する検証活動は非核兵器国並みのIAEA保障措置の実施が必須となろう。

他方、新規生産の禁止と転用禁止という観点からの検証活動はFMCTにおいて規定されなければならない。また、新規生産の禁止と余剰分として宣言されたストックに関する検証活動は、検証対象となる施設や核分裂性物質に軍事機密が含まれることが予想される。このため、検証活動に関連する者（核兵器国か非核兵器国か）やどの段階から検証活動が可能かなど、核兵器に関連する機微な技術の拡散防止に関連する手法についても議論がなされた。

検証措置の策定においては、どのような申告を行うかといった点も含め検証活動の具体的な手順についても議論する必要がある。そうした詳細な検証手順については、条約本体で規定すべきか、それともNPTのように各締約国がIAEAと新たに検証のための協定を締結するような形で行うべきかといったことも議論になった。

⑤条約の組織的および法的問題

一般的に条約では、発効、有効期間、脱退、留保、寄託者などの、いわゆる法的事項に関する規定が盛り込まれる。特にFMCTは検証活動を備えることから、検証制度の実施・監視主体を決める必要がある。この点について、IAEAのような既存の国際機関を活用すべきか、CTBTのように新たな国際機関を設立すべきかといった議論がなされている。また、他の条約との関係性を持つ場合や他の条約に対する影響などについても検討する必要がある。

4 今後の展望

FMCTの策定にあたっては、国際社会を取り巻く状況、FMCTの趣旨・目的、実行可能性（人的・財政的要素を含む）など様々な要素を考慮したうえで、各国が受入可能な解を模索していく必要がある。2017～2018年に行われたFMCTハイレベル専門家準備会合の議論をとりまとめた報告書が2018年の国連総会に提出されたが、既存のストックについても条約対象としない限りは条約交渉に反対するとしているパキスタン、あるいは交渉開始に必ずしも積極的であるようにはみえない中国やイスラエルといった国々の対応が影響し、CDでの交渉開始に向けた具体的な進展は見られず、条約成立には今しばらく時間を要すると思われる。

核軍縮の実現のためには、核兵器製造に必須な核分裂性物質の生産禁止が重要な要素の1つであり、FMCTの成立に向けて引き続き努力する必要がある。特に日本は、核軍縮と核不拡散の着実な前進を重視しており、そのための現実的かつ実践的な取組を粘り強く進めていくとの方針を表明している。FMCTについても、その交渉開始と早期妥結に向けて、日本が積極的に貢献することが期待される。

（礒　章子）

第４節　核兵器の非人道性と核兵器禁止条約

1　原爆被害と核兵器の非人道性

核兵器は、化学兵器・生物兵器と並んで「大量破壊兵器」と称されるが、その中でも最も破壊力が大きく残虐性の強い兵器だと考えられる。1945年8月6日に広島に投下された原子爆弾（原爆）により当時の広島市の人口約35万人のうち14万人が、8月9日に長崎に投下された原爆では長崎市の人口約27万人のうち7万4,000人が、同年末までに死亡したと推計されている。

原爆は、核爆発に伴う熱線、爆風、放射線により甚大な被害をもたらした。爆心地近くの人々は黒こげになり、また重度の火傷を負った。高熱火災と爆風は家屋を倒壊、焼失させた。

爆発直後の初期放射線を大量に浴びた人たちの多くは数日内に死亡した。後に捜索や救護のために入市した人たちは、残留放射線の影響を受けた。放射線の急性障害としては発熱、吐き気、下痢、脱毛などの症状、その後にはケロイド症状が現れた。胎内被爆児は出生後の死亡率が高く、死を免れても小頭症などの症状に苦しめられた。

被爆の5、6年後頃から白血病患者が増加し、その後甲状腺がん、乳がん、肺がんなど悪性腫瘍の発生率が高まった。多重がん発症の例も高い。被爆2世への遺伝的影響は公式には確認されていないが、被爆2世の多くは健康不安を抱えている。

こうした健康上の被害に加え、**被爆者**は、家族を奪われ、社会生活を破壊され、結婚や出産、仕事をめぐる差別を受けるなど社会的な被害を受け、また、鬱病や心的外傷後ストレス障害（PTSD）などの精神的被害にも苦しんだ。

一方、世界でこれまで2,000回以上の核実験が、大気圏内、地下、水中で行われてきた。その多くは先住民族や少数民族の土地また旧植民地で行われてきた。**実験に関わる人員や風下・下流域の住民**が放射線の影響を人体および環境に受けてきた。核兵器の原料となるウランの採掘や核兵器製造工場またその周辺でも環境汚染や健康被害が発生している。

1945年8月の原爆投下直後、当時の日本帝国政府は米国に対して、無差別性・残虐性を有する兵器の使用であるとして抗議した。しかし原爆投下は、いまだに国際法によって裁かれていない。原爆投下が国際人道法(第8章2節参照)に反するという法的判断が示された例としては、1963年の「**原爆裁判(下田事件)**」の判決が挙げられる。

2 国際司法裁判所(ICJ)の勧告的意見

1990年代前半の「**世界法廷運動**」という市民運動の働きかけにより、1994年、国連総会は国際司法裁判所(ICJ)に対して、核兵器の使用・威嚇が国際法の下で許されるかどうかについて判断を下すよう要請した。これを受けICJは審理を行った。各国が意見陳述するなか、日本からは広島・長崎の両市長が証人として出廷し、原爆被害の惨状と核兵器使用の違法性を訴えた。

1996年7月8日、ICJは、核兵器の使用・威嚇の合法性に関する**勧告的意見**を出した。そこには、2つの重要な結論が含まれていた。1つは、核兵器の使用または威嚇は国際法とりわけ国際人道法の原則に「一般的に違反する」ということである。ただし「国家の存亡に関わる自衛の極限的状況」においては合法か違法か「判断できない」とし(E項)、極限的状況では合法とも違法とも解釈しうる曖昧さを残すものとなった。この結論はICJの裁判官の間で意見が7対7に割れ、裁判長の投票により決定された。

もう1つの重要な結論は「厳格かつ効果的な国際管理の下において、全面的な核軍備撤廃に向けた交渉を誠実に行い、かつ完結させる義務がある」というものである(F項)。この結論は、裁判官の全会一致で下された。核兵器不拡散条約(NPT)第6条は締約国が核軍縮について「誠実に交渉を行うことを約束」すると定めているだけであるのに対して、ICJの勧告的意見は交渉を「完結させる義務」について明示したことが画期的であった。

この勧告的意見が、核兵器禁止条約を作るという構想の出発点となった。国際反核法律家協会などの非政府組織(NGO)は「**モデル核兵器禁止条約**」を起草し、1997年にこれをコスタリカ政府が国連文書として提出した。国連総会第

1委員会ではマレーシアが1996年以降、核兵器禁止条約の交渉開始を求める決議案を「ICJ勧告的意見のフォローアップ」と題して毎年提出するようになった。核兵器国の多くやその同盟国はこの決議案に反対しているが、**非同盟運動(NAM)諸国**などの賛成多数で採択されて続けている。

このとき提案されたモデル核兵器禁止条約は、生物兵器禁止条約(1972年)や化学兵器禁止条約(1993年)をならい、それをさらに発展させ、核兵器を全面的に禁止しその廃絶への過程やその検証制度を包括的に盛り込んだものであった。核兵器の警戒態勢を解除し、配備を解き、弾頭を運搬手段から外して無能力化し、核分裂性物質を国際管理下に置くという段階が想定され、査察、監視、検証措置と条約履行のための国際機関を置くと定めている。2007年にはモデル条約の改訂版が作られ、NPT準備委員会に提出された。

2008年には、潘基文(Ban Ki-moon)国連事務総長が核軍縮に関する「5項目提案」を発表し、その第1項目で、核兵器禁止条約の交渉を呼びかけ、このモデル核兵器禁止条約を「議論の出発点」とした。

3　人道イニシアティブと核兵器禁止条約交渉

2010年4月に赤十字国際委員会(ICRC)は核兵器は非人道兵器であり禁止・廃絶すべきだとの総裁声明を発表した。5月にはNPT再検討会議が最終文書で「核兵器使用がもたらす破滅的な人道上の結末に深い憂慮」を表明し、潘基文事務総長による核兵器禁止条約の提案に「留意」した。

2012年5月、NPT準備委員会において16カ国が「**核軍縮の人道的側面に関する共同声明(核兵器の非人道性に関する共同声明)**」を初めて提出した。その推進諸国は自らを「人道イニシアティブ」と呼び、関連する国際会議のたびに同種の声明を発表し、賛同国を増やしていった。

2013から14年にかけて、ノルウェー、メキシコ、オーストリアで計3回「核兵器の人道上の影響に関する国際会議(核兵器の非人道性に関する国際会議)」が開かれた。第1回オスロ会議には128カ国、第2回ナジャリット会議には146カ国、第3回ウィーン会議には158カ国が参加した。一連の会議には広島・長崎の被爆者や被爆者医療の専門家、また、マーシャル諸島や米ネバダ州、カザフスタンでの核実験の被害者らが参加し発言した。専門家らは、核戦争が引き起こす

「**核の飢饉**」や偶発的な核使用のリスクについて警告した。人道機関は、今日核兵器が使われたら人道救援すら不可能であることを強調した。

ウィーン会議の終了時、オーストリア政府は、このような非人道的な核兵器を禁止するための行動を誓約する文書を発表した。多くの国々がこの「**人道の誓約**」に加わった。

2015年4〜5月のNPT再検討会議では、第6条の定める核軍縮の「**効果的措置**」が議題の1つとされ、その中で核兵器禁止条約の可能性が議論された。さらに2016年には「多国間核軍縮交渉の前進のための国連オープンエンド作業部会」が設置され、核兵器禁止条約を作るならどのようなものになるかという議論がなされた。

この一連の過程で重要な役割を果たしたのが、**核兵器廃絶国際キャンペーン(ICAN)**に代表されるNGOである。NGOは、人道イニシアティブ諸国の政府と協力し、共同声明や国際会議に多くの政府が加わるよう働きかけたり、非政府の立場から意見表明や専門的な提言を行った。

こうした中、めざすべき核兵器禁止条約について変化が現れた。かつて提唱されていたモデル核兵器禁止条約は、核兵器の廃棄や検証、そのための国際機関まで詳細に定められていた。しかし、人道イニシアティブ発足以降は、核兵器をまず禁止することに重点を置き廃棄や検証については追って定めるという「禁止先行」型の条約(ban treaty)を作るという考え方が広がった。これは、対人地雷禁止条約(1997年)やクラスター弾禁止条約(2008年)がこれらの兵器に対する強い禁止規範を作ることに成功したことを参考にしたものだった。2016年の国連オープンエンド作業部会では、核兵器についても禁止先行型の条約をめざすべきとの意見が多く出された。

そして、2017年には**核兵器禁止条約交渉会議**がコスタリカのエレイン・ホワイト・ゴメス(Elayne Whyte Gómez)大使を議長として行われた。オーストリア、メキシコ、南アフリカ、ニュージーランドなど人道イニシアティブ諸国が議論を牽引し、被爆者や核実験被害者らが証言を行い、赤十字やNGOが活発に意見表明した。核保有国は参加しなかった。日本を含めた核保有国の同盟国も、ほとんど参加しなかった。こうした中で条約交渉は進められ、同年7月7日、核兵器禁止条約は122カ国の賛成によって採択された。

4　核兵器禁止条約の内容

核兵器禁止条約（TPNW: Treaty on the Prohibition of Nuclear Weapons）は、核兵器を非人道兵器として全面的に禁止し、核兵器廃絶の道筋を定めた史上初の条約である。そして、核兵器の被害者への援助を定めた**人道的軍縮**の条約でもある。

前文は、核兵器がもたらす破滅的な人道上の結末とそのリスクに言及し、ヒバクシャ（hibakusha）と核実験被害者が被ってきた「受けいれがたい苦痛」を心に留めるとしている。さらに、核実験等の被害を受けてきた先住民族や、放射線の被害を受けやすい女性たちへの影響にも言及している。これらを踏まえて「いかなる核兵器の使用も国際人道法に違反し、人道の諸原則・公共の良心に反する」とし、核軍縮の遅さと核兵器に依存した軍事政策に「憂慮」を表明している。そして平和軍縮教育の重要性と、赤十字やNGO、宗教者、議員、ヒバクシャらの役割を強調している。

第1条では、締約国は「いかなる場合も」次のことを行わないとして、(a)核兵器の開発、実験、生産、製造、取得、保有、貯蔵、(b、c)核兵器やその管理の移譲、(d)核兵器の使用、使用の威嚇、(e、f)これらの行為の援助、奨励、勧誘、(g)自国内への配置、設置、配備を禁止している。「いかなる場合も」と定めているので、1996年のICJ勧告的意見で曖昧だった「自衛の極限的な状況」においても禁止されると解される。

「援助、奨励、勧誘」の禁止は、自らが核兵器を保有していなくても、他国による核兵器の使用・保有に協力することが禁止されるという趣旨である。対人地雷やクラスター弾の禁止条約にも同様の規定がある。この条約はさらに、核兵器の使用のみならず「使用の威嚇」も禁止している。これらのことから、この条約は、核抑止力に頼ることそのものを否定しているといえる。

「実験」の禁止は、包括的核実験禁止条約（CTBT）のように「核爆発を伴う実験」に限定していないので、未臨界実験（第3章2節参照）やコンピュータ・シミュレーションも禁止対象となる。一方、禁止される「開発」や「核兵器」そのものの定義は条文上にないので、何をもって核兵器開発とするかは今後議論の余地がある。

条約に加わった国は、まず申告を行う（第2条）。ほとんどの場合は核兵器を保有していないことを申告することになる。そして、各国は国際原子力機関(IAEA)と締結している保障措置協定上の義務を最低限のものとして維持し、未締結の場合には包括的保障措置協定を締結する(第3条)。

核保有国がこの条約に加わるには、自ら核を廃棄した上で条約に加わる(第4条1項)または条約に加わってから廃棄する(第4条2項)という2つの道筋がある。後者の場合は、核兵器を即時に運用から外した上で可能な限り早期に廃棄し、さらに関連施設を含むすべての核兵器計画を、一定期間内に、国際的な検証のもと、不可逆的な形で廃棄する。核廃棄の検証は今後指定される国際機関が担当し(第4条6項)、締約国は定期報告義務を負う(第4条5項)。

なお、自国内に他国の核兵器を置いている国が条約に加わる場合は、加入後にそのことを申告し、可能な限り早く撤去する(第4条4項)こととされている。

第6条は、核兵器の使用・実験で被害を受けた人々に医療的・社会的・経済的援助を行う義務や、核実験等で汚染された環境を回復する義務を締約国に課している。

なおこの条約は、前文で**原子力平和利用の「奪いえない権利」**を是認している。また、**留保**は認められない(第16条)が脱退は可能である(第17条)。

5　核兵器禁止条約をめぐる各国の動き

核兵器禁止条約は、2017年9月20日に署名のために開放され(第13条)、2020年10月24日に50カ国の批准を達成し、2021年1月22日に発効した。発効にあたりアントニオ・グテーレス(António Guterres)国連事務総長は「核兵器のない世界という目標の実現に向けた重要な一歩」と称賛した(序章4節参照)。

しかし核保有国は、いずれもこの条約を拒絶している。NPT上の5核兵器国は、人道イニシアティブを当初から「NPTからの逸脱」だと批判してきた。核兵器の非人道性に関する国際会議には、第3回のウィーン会議(2014年12月)のみ米国と英国が参加し、核兵器禁止に反対すると強く表明した。2017年3月に条約交渉会議が始まったときには、米国の国連大使が会議場前で会見を開き条約交渉を批判した。

核兵器国の主張は、概ね次のようなものである──核兵器禁止条約は、現実の国際安全保障を考慮していない。そして、NPT体制を傷つけるものだ。この条約は核兵器削減に貢献せず、国際社会を分断するものである。核兵器国としてはこの条約を支持しないし、この条約には縛られない。国際社会は、NPT の下での核軍縮にコミットすべきである——。

核兵器国は、このような主張をしながら、他国に対して核兵器禁止条約に署名・批准しないようくり返し求めている。

これに対し条約推進国側の主張は、概ね次のようなものである——核兵器禁止条約は、核兵器の非人道的な影響とリスクを憂慮して作られた。核兵器は地球全体の人間の安全保障への脅威である。核兵器禁止条約は NPT と矛盾するのではなくこれを補完するものだ。NPT 第 6 条を完全履行するには核兵器の法的禁止が不可欠である——。

このように両者の主張は真っ向から対立している。いずれにせよ核兵器国は、核兵器禁止条約を拒否して NPT の重要性を強調している以上、今後 NPT 再検討会議などにおいて自らの核軍縮履行について明確な説明が求められるだろう。

なお核兵器国は、一連のプロセスに反発しながらも、ときに人道性に配慮する言動もみせている。2016 年 5 月に米国のバラク・オバマ（Barack Obama）氏が現職の大統領として初めて広島を訪問したことはその象徴的な行動といえる。また同政権は、2013 年 6 月に核兵器運用の新戦略を発表する際、これは「戦時国際法に違反しない」と表明している。

米国と同盟関係にある北大西洋条約機構（NATO）の非核兵器国や、日本、韓国は、核兵器禁止条約に関して基本的には米国と同じ姿勢を取っている。日本政府は「核兵器廃絶という目標は共有するが、アプローチが異なる。核兵器の非人道性と厳しい安全保障の現実の双方を考慮しなければいけない」として、同条約に署名・批准しない考えを表明している。そして、核兵器国と非核兵器国の「橋渡し」を担うと主張している。

核兵器禁止条約の採択時、スウェーデンとスイスは賛成票を投じたが、その後両国では国内議論を経て、政府は当面署名・批准しない姿勢だ。NATO 加盟国としては、ノルウェー、オランダ、アイスランド、ベルギー、スペインなどで同条約を一定評価するような動きが議会や政府にあるが、条約の署名・批准に舵を切るには至っていない。

6　今後の課題

核兵器禁止条約は、核兵器を非正当化し、これを忌避する規範を強めるという政治的・社会的な運動の中で作られた。核保有国が当面加わる見通しがないことから、その実効性については懐疑的な見方もある。それでも、核兵器が違法化されたことで使用に対するハードルが上がり保有に対する抵抗も強まることを、推進側は期待する。

その1例が、銀行や金融機関による投資の引きあげ（divestment）である。対人地雷やクラスター弾が条約で禁止された後、これらの兵器の製造企業に投資しないことが金融界の主流となった。その結果、多くの企業がそれらの兵器製造から撤退した。核兵器についても同じような効果が期待される。しかし、核兵器は地雷やクラスター弾とは戦略的重要性が大きく異なるので単純比較はできないとの見方もある。

核兵器禁止条約の成立はまた、核兵器に人道的見地から反対する世界的世論を活性化させた。2017年12月のICANのノーベル平和賞受賞や、2019年11月のローマ教皇フランシスコの長崎・広島訪問は、それを象徴する動きである。こうした動きが、今後各国の政府や企業の行動に影響を与えうる。

核兵器禁止条約の**締約国会議**は、第1回が2022年6月にウィーンで開かれた。オーストリアのアレクサンダー・クメント（Alexander Kmentt）大使が議長をつとめた。締約国会議は、この条約の寄託者である国連事務総長が招集し、国連軍縮部がその実施をサポートする。

締約国会議の主要な議題としては、まず条約の普遍化が挙げられる。第12条は、締約国は未締約国に署名・批准を促していくものと定めている。締約国が増えれば増えるほど、国際規範として強くなる。第2回締約国会議のとき69カ国だったこの条約の締約国数が、今後どのように増えるかが注目される。

締約国会議はまた、第4条の定める「検証の下で期限のついた不可逆的な核兵器計画の廃棄のための措置」について議論するものとされ、それを具体化する追加的な議定書を採択することができる（第8条1項）。核兵器廃棄の期限は、条約加入後「10年以内」と定められた。今後の課題は、検証を担当する国際機関をどうするかである。1990年代初頭に南アフリカは、自らが製造した原爆を廃棄した上で国際的な検証を受けた。この経験を参考にしつつ、今日の複雑な状況に対応した制度作りが求められる。

さらに、第6条が定める核兵器の被害者に対する援助および環境回復も、主要な議題の1つである。広島・長崎の被爆者は日本の**被爆者援護法**の下で一定の援助を受けているが、世界の核実験被害者の多くは放置されてきており、援助実施に向けた課題は多い。なおこの条項は、加害国による損害賠償の規定ではなく、現に存在する被害者に対して人道・人権の観点から援助を行い、そのための国際協力を行う（第7条）というものである。したがって、過去の核兵器の使用・実験による被害者も援助対象となる。

第1回締約国会議では、上記の諸課題に関する会期間ワーキンググループが設置され、科学的諮問グループの設置や、ジェンダーと核軍縮に関する議論を進めることも決まった。

第2回締約国会議は、2023年11～12月にニューヨークで開かれた（議長はメキシコ）。同会議は「核兵器が正当な安全保障政策であるとの主張」を強く批判するとともに、第3回締約国会議（2025年3月、ニューヨーク、議長はカザフスタン）に向けて、核被害者援助と環境回復のための国際信託基金の設立に向けた議論をしていくことを決めた。

核兵器禁止条約の締約国会議には、非締約国も、関連国際機関、赤十字、NGOと並んでオブザーバーとして出席できる（第8条5項）。第1回および第2回締約国会議には、米国の「核の傘」の下にある国としてドイツ、ノルウェー、オーストラリアなどがオブザーバー参加した。

核保有国と同盟関係にある国でも、核兵器禁止条約を締結することは法的には可能である。第18条は、締約国が結んでいる他の国際条約上の義務について「本条約と矛盾しない限りにおいて害しない」としている。たとえば締約国であるニュージーランドは、米国と安全保障協力を維持しつつも徹底した非核政策をとってきた。今後、NATOや日本から同様の立場でこの条約に加わろうという動きが出てきた場合に、核兵器の「援助、奨励、勧誘」禁止の定義が問題となる。同盟国との共同訓練、作戦協議、核と通常兵器の両用性をもつ兵器の運用などがこの条約に抵触するのか、締約国会議での議論が求められる。さらに「核なき同盟関係」を現実的にどう運用し担保するかというのも難問である。

核兵器禁止条約のもっとも重要な意義は、核兵器に依拠した安全保障政策を根本的に否定する国際法が誕生したことである。これを受け、核保有国や同盟国の中から核抑止力に頼らない安全保障を追求する動きが出てくるかどうかが、次の大きな問いである。

（川崎　哲）

第5節　核兵器禁止の展望

1　分断から対話へ

核軍縮をめぐる議論の行き詰まりは、二者択一で解決できる問題ではない。核軍縮の停滞という事態が望ましくないとしても、世界的な核秩序の基盤を崩すような形で核軍縮だけを急ぐならば、それは、地域によってはかえって軍事的な緊張を高め、武力紛争のリスクにつながる恐れもある。他方で、安全保障を理由に核軍縮が軽視され続ける事態は健全ではなく、核兵器の非人道的側面にも相応の注意を払う必要がある。だからこそ、安全保障の議論と人道性の議論の論者がともに見解の相違を認識し、懸隔を埋めるための建設的な対話に取り組む必要がある。そして、今後の方向性、特に国家安全保障政策や国家間の戦略的関係における核兵器の役割をどのように低減していくかをめぐる議論は、非生産的な責任追及ではなく、合理的な論証と体系的な交渉を通じて進められなければならない。

2　取り組むべき難問

外務省が主催した「**核軍縮の実質的な進展のための賢人会議**」の議長レポート（2019年）では、国際安全保障を損なわずに核軍縮の道程を管理し、安全保障の論理と人道性の論理の間の橋渡しを進めるために取り組むべき、容易に答えの出せない難問（hard questions）として、以下の諸点が挙げられた。

(1)自衛権行使の手段として核兵器の威嚇・使用は容認されるか――安全保障の論理からは、切迫性、必要性、均衡性といった自衛権行使の諸条件を満たすならば（たとえば、軍事目標に対して、民間人のほとんどいない場所で、低出力の兵器が使用される場合など）、容認されうるという見解が導かれうる。他方、人道性の論理からは、核兵器の使用または使用の威嚇そのものが非人道的であり、たとえ自衛の極限状況においてであっても容認できないということになる。

⑵核兵器の役割は核兵器による攻撃の抑止に限られるべきか否か――核兵器以外の手段によって抑止あるいは撃退できない非核の脅威が、現在あるいは近い将来において存在するか否か。存在するならば、かかる脅威に核兵器で対処することは容認されるか。一部の核保有国やその同盟国は、生物・化学兵器などの使用の抑止や撃退に核兵器の威嚇や使用が必要な場合があると主張している。人道性の論理では、そもそも核抑止の役割は実証されておらず、非核の脅威に関しても核抑止は考慮されるべきではないということになる。

⑶核兵器使用は国際人道法と整合性を持ちうるか――国家の存亡や自衛の極限状況における核兵器の威嚇及び使用が正当であると仮定した場合、いかなる核兵器の使用であれば国際人道法に適合しうるのか。第1に核兵器の使用が正当とみなされるような軍事目標があるか否か、第2に低出力の核兵器が明確な軍事目標に対して均衡原則に合致して使用されるという場合があり得るか否か、第3にそうした標的設定政策や核ドクトリンが国際人道法に合致し得るか否か、といった問題が提起されている。

⑷核兵器のリスク、リスク緩和及び説明責任――いかなる行動規範が遵守されていれば、核保有国が、その核兵器に関して「責任あるアクター」であると言いうるのかについて、明確なコンセンサスは存在していない。核抑止の信頼性を確保するには、核兵器の使用計画が必要だとされる一方、核兵器に伴うリスクがどのように管理され、最小限化され得るかについて、十分な議論がなされているとは言い難い。

⑸安全保障環境を損なうことなく、核軍縮プロセスを管理する方法――核軍縮に至る道のりを管理し、その進展を確保するために、核兵器ゼロの手前の目標値を設定することは効果的か。これは、核軍縮に関する既存の報告書では、十分議論されてこなかった点である。さらに、核兵器の数の削減は、核兵器が果たす役割や目的の低減（質的最小化）より重要であるのか、また、核兵器の「最小化された役割」を構成するものは具体的には何か、といった問題に答えることが、設定された目標値への到達に

不可欠である。

(6)核兵器のない世界の達成後にその状態をどうやって維持していくのか——仮に核兵器のない世界を実現し得たとして、その不可逆性を確保するという新たな課題が浮上する。どのような国際安全保障システムが、核兵器のない世界を維持するために最も適しているのか。核兵器が解体された後も、核兵器製造のノウハウや再現能力は残る。核兵器のない世界において、いかなる種類の能力及び活動なら許容されるのか、それをどのような監視及び検証メカニズムによって実現していくのか。安全保障の論理も人道性の論理も、有効な回答を提示できていない。

核問題をめぐる国際社会の懸隔をどこまで狭めることができるかは分からないが、まずは議論の場を設け、関係諸国が話し合いの席に着くことが重要である。

3　当面の課題

上記のような核軍縮にかかる中長期的な議論と並行して、核兵器使用のリスクを低減すべく、次のような短期的かつ具体的措置に関する検討を継続し、少しずつ前進していくことが当面の課題となるであろう。

(1)消極的安全保証——消極的安全保証は、核兵器国が、非核兵器国に対して核兵器を使用または使用の威嚇をしないと約束することである。非核兵器国は、NPT 交渉時から、核兵器の取得を放棄する対価として、法的拘束力ある形での消極的安全保証を求めてきた。しかしながら核兵器国は、非核兵器地帯条約の議定書で規定されたもの以外については、法的拘束力のある形ではなく、一方的宣言の形でこれを提供するにとどまっている。また、各国の宣言の内容には差異があり、中国は無条件の消極的安全保証を宣言してきた一方、他の核兵器国は、核兵器国と同盟・連携関係にある非核兵器国を消極的安全保証の対象とはしない等の条件を付している。

(2)核兵器の先行不使用——核兵器の先行不使用とは、武力紛争中、核兵器を相手より先に使用しないとする政策のことである。仮に、すべての核兵器国が先行不使用を宣言ないし約束するに至り、その遵守に高い信頼性があるならば、危機における安定性が強化されるだけでなく、安全保障における核兵器の役割は低下し、核軍縮につなげていくことも可能になる。しかしながら、現実にこの政策を採用しようとする場合、何をもってそのような宣言の信頼性を判断すべきかという問題に突き当たることになる。

⑶警戒態勢の緩和・解除――米国とロシアの戦略核兵器、特にICBM（大陸間弾道ミサイル）とSLBM（潜水艦発射弾道ミサイル）に関しては、敵対国の先制核攻撃に迅速に対応できるよう、即時発射を想定した高度な警戒態勢が維持されている。このような運用政策は、事故や誤認による核兵器使用の可能性を高めるとともに、核軍縮の阻害要因となっていると指摘され、警戒態勢の緩和・解除が提案されてきた。

以上の措置の合意や実施は、検証が困難であるという事情もあり、漸進的にしか進めることのできないものであることは、繰り返し指摘されてきた点である。

さらに、ロシアによるウクライナ侵攻（2022年2月）は、核不拡散体制ないし、グローバル及び地域レベルの安全保障秩序の根幹を動揺させている。侵攻後にプーチン大統領が、戦略核を運用する部隊を特別警戒態勢に置くよう、国防相及び参謀総長に指示したことは、NPT上の核兵器国による露骨な核兵器使用の脅しだからである。

今後、国際社会は、核兵器国による安全の保証の信頼性低下が避けられない状況の中で、核拡散をいかに食い止め、核兵器使用のリスクを回避し低減してくのか、という難題に取り組んでいかねばならないだろう。

（岡田美保）

クローズアップ③：核と非核の絡み合いがもたらしうるリスク

近年、先進的な技術に裏打ちされた通常戦力の台頭が、抑止力の文脈で核兵器が果たしてきた役割と密接に絡み合う状況が生じつつある。2014年前後に米国で論じられた「第3の相殺（Third Offset）」戦略のような、技術的優位により敵の利点を相殺し戦いに勝つとの考え方は、こうした傾向を象徴するものである。具体例として、各国が開発に鎬を削る極超音速滑空体（HGV）は、搭載するのが核弾頭であれ通常弾頭であれ、大気圏突入後の滑空時の操作によってミサイル防衛網を突破し、目標に打撃を加えうると考えられている。極超音速巡航ミサイル（HCM）も含め、こうした新兵器の登場が核抑止力にそれまでにない不確実性をもたらすだけでなく、一部でその効果を代替する可能性すら議論されている一方で、早期探知の困難に加え、探知できた場合でも搭載されるのが核弾頭か否か、難しい判断を迫られると考えられる。

他方、作戦空間の拡大と、その脆弱性の認識に伴う戦略的課題の再検討も進んでいる。具体的には陸・海・空に加え、宇宙・サイバー・電磁波を組み合わせた領域横断作戦の重要性が高まるなか、核兵器システムの脆弱性やリスクが指摘されている。例えば冷戦期以来、早期警戒・監視ネットワークは核の報復能力を担保する重要な要素と見なされてきたが、衛星攻撃兵器の拡散や、衛星と管制部との通信に割込むべく、電磁スペクトル攻撃とサイバー攻撃を組み合わせ、秘密裡に宇宙アセットへコードを送信する措置が今や現実の脅威となっている。

さらに、社会の至る所で活用が進む人工知能（AI）も、核兵器システムにとり諸刃の剣となりつつある。AIは人為的ミスを低減させ、核兵器の使用が問われる局面で、より適切な判断を促す可能性が論じられている。しかし、核兵器システムへのAI導入はブラックボックス化された領域を増やしかねない。また、仮にサイバー攻撃によって早期警戒・監視ネットワークに敵対国の核攻撃を告げる情報が入力された場合、AIは速やかな核の報復第2撃の必要性を提示するかもしれない。このとき、画面上の核攻撃を示すシグナルが真正なものか、偽情報なのかを短時間で人は見分けることができるだろうか。

これらの想定は核と非核の絡み合うリスクの1例に過ぎない。拡散する先進技術が刻々と核兵器システムの安定性を蝕みつつある可能性は否定できず、それらも勘案した核リスク低減のための新たな取り組みが求められる。

（一政祐行）

第4章
地域の核軍縮・不拡散

友次晋介・中村桂子・倉田秀也・
栗田真広・堀部純子

本章のねらい

本章では北東アジア、南アジア、中東における核軍縮、核不拡散のための取り組みとその課題を明らかにする。北東アジアでは中国が核戦力を充実させつつあり、北朝鮮は自らを核保有国と称して核実験を繰り返し、ミサイル開発も継続している。中東においては、イランがウラン濃縮活動を進め、これが同国の核兵器開発につながることが懸念されている。南アジアではインドとパキスタンが核兵器を保有している。

本章はまた、ある地域の諸国が国際条約によって核兵器の不存在の状態を作り出すという非核兵器地帯について取り上げる。この取り組みは、ラテンアメリカ、南太平洋、東南アジア、中央アジア、アフリカで実現している。中東でも非核兵器地帯構想は提案されているが、実現はしていない。本章は、これら非核兵器地帯の背景と内容、課題について検討する。

本章はさらに、地域の安全保障が米ロの戦略関係に影響し、グローバルな規模で企図される核軍縮、核不拡散、あるいは非核化のための努力とも不可分に連関していることについても明らかにする。

第1節　地域の核軍縮・不拡散の意義

冷戦後の国際政治が潜在的覇権国としての中国の台頭や多極化によって複雑化するなか、地域の核軍縮・不拡散への取り組みの重要性は増している。地球上のほとんどの国家の加入する核兵器不拡散条約（NPT）の存在にもかかわらず、ある地域では核拡散、核軍拡の懸念は増大している。イランのようなNPT加盟国であっても、核保有への模索が疑われ、またNPTに加盟していない、あるいは加盟しないと公言する少数の国（2011年に独立した南スーダンを除く、インド、パキスタン、イスラエル、北朝鮮）についても核兵器保有に踏み切り、かつ、近代化を進めている実情がある。

地域の核拡散上の焦点は、台湾問題や朝鮮半島で緊張が残る北東アジア、インドとパキスタンが長らく対立する南アジアと、イスラエル、サウジアラビア、イラン等の間で錯そうする競合関係のある中東に絞られてきている。これらの地域では、幾つかの国が軍事的能力を大きく向上させている。米ロが中距離核戦力条約（INF条約）（第1章3節参照）に拘束されていた間に、同条約に縛られない中国は核弾頭も搭載可能な地上発射型中距離ミサイルを大幅に拡充している。北朝鮮は2006年以降核実験を繰り返す一方、地上発射型の準中距離、中距離の弾道ミサイルの開発を進めている。2020年10月の軍事パレードでは開発中の大陸間弾道ミサイル（ICBM）も公開した。パキスタン、インド、イラン、イスラエルも、地上発射型の準中距離、中距離の弾道ミサイルの開発を進めている。

しかし、今日の地域は、かつての冷戦のように、より制度化された大きなグローバルな対抗関係の中に組み込まれてはおらず、米ロ間の戦略核レベルでの抑止が、地域において一定程度機能することは、かつてほど期待できなくなった。こうした中、エスカレーションの、いわゆる梯子の低い位置にある地域の不安定化の蓋然性は高まった。冷戦期に比べれば全面核戦争のリスクは減少したが、逆説的に地域紛争のリスクは相対的に高まった。地域の安全保障環境を安定化させるための、核軍縮と不拡散のための取り組みは一層重要となっている。

地域では、これまで固有に存在する歴史的な背景と対立構造ゆえに、時としてグローバルな核不拡散体制の構築・強化とは矛盾する措置が講じられてきた。

米国はイスラエルの核開発が進展していることをつかみながら、事実上、黙認してきた。また、本章第5節に示されている通り、これまで中東非核兵器地帯、あるいは中東非大量破壊兵器地帯を話し合う国際会議が公式、非公式に累次開催されてきているが、米国はイスラエルとともに、これら会合への参加の判断も含め、慎重な立場を貫いている。

米国はまた、ソ連がアフガニスタンに侵攻し撤退するまでの間、地政学的な考慮から、隣国のパキスタンを経済的、軍事的に支援し、結果的に同国の核開発の進展を許した。米国は、アフガニスタン国内の反政府組織の訓練や武器供給を、パキスタンを通して行っていたため、同国の核兵器開発については、核爆発実験をしない限りは、あえて事を荒立てないよう努めていたからである。中国も朝鮮半島の非核化を支持すると言いつつ、1961年以来、**中朝友好協力相互援助条約**という軍事同盟も維持する北朝鮮への制裁には躊躇することが多い。また、ロシアは、核開発をめぐり米国と対立してきたイランの肩を持つ傾向にある。

非核兵器国が核保有に踏み切れば、対立関係が錯綜する地域では、核拡散が連鎖する懸念もある。とくに中東では、イスラエルとその周辺国のみならず、イラン、サウジアラビア、トルコといった主要国の間に緊張がある。サウジアラビアはイランの核開発に神経を尖らせている。そのサウジアラビアは、中国の支援により、ウラン精鉱施設を建設した。イランが核開発を進めれば、サウジアラビアはこれに続くかもしれない。NATO加盟国でもあるトルコでは、エルドアン大統領が自前の核武装の可能性を公然と語ったことがある。

他方、米中ロの間で復活した大国間の対立が、地域における新たな脅威への対応、あるいは地域における地政学的な観点からの対応によって強まることもある。米国は2002年に弾道弾迎撃ミサイル制限条約(ABM条約)から脱退し、北朝鮮やイランの脅威を理由に迎撃ミサイルシステムを展開しようとしたが、中ロは反発した。ブッシュ(子)政権がポーランド、チェコに展開しようとした弾道弾迎撃ミサイル(GBI)システムにロシアは反発、2007年7月に**欧州通常戦力条約(CFE条約)**の履行を停止した。反対に、バルト3国やウクライナなど勢力圏の回復を企図していると懸念されていたロシアは、巡航ミサイル9M729を開発、配備し、米国はこれをINF条約違反と非難した。また、2022年2月

24日に始ったロシアのウクライナへの軍事侵攻においてロシアのプーチン大統領は米国の介入を牽制するように、核兵器の使用の可能性を示唆するかのような発言も行った。

このように地域は、グローバルな核軍縮・核不拡散の不備や不完全性をときに露わにさせる。だが地域は、グローバルな取り組みを常に阻害しているわけでもない。後節に述べる通り、地域内の核兵器の生産と取得、他国による地域内の核兵器の配備も禁止する非核兵器地帯、あるいは非核地帯の設置は、グローバルな核軍縮・核不拡散の取り組みを補完しうるであろう。要するに、グローバルな核軍縮・核不拡散の帰趨は、地域が核軍縮・核不拡散を実現できるかということにもかかっている。地域の核軍縮・不拡散に注目し、その実現のための課題を検討することは、それゆえに意義があるのである。

(友次晋介)

第2節　非核兵器地帯

1　非核兵器地帯とは何か

非核兵器地帯とは、一定の地理的範囲における複数の国家が条約を締結し、核兵器の開発、取得、保有、配備等を禁止することによって形成される「核兵器の存在しない」地帯である。加えて、現存する非核兵器地帯は、地帯内国家に対する核兵器の使用あるいは使用の威嚇の禁止を条約議定書で求めている。1975年12月11日の国連総会決議3472(XXX)Bはこれを次のように定義している。

「…国連総会によって認められた地帯であり、任意の国家の集団が自らの主権を行使する形で、条約によって設置される。そうした地帯においては、

(a)地帯の境界を画定する手続きを含め、その地域における核兵器の完全な不存在に関する規定が設けられる。

(b)その規定から生じる義務の遵守を確保するために、検証および管理の国際システムが確立される。」

現存する非核兵器地帯は、いずれもこの国連決議の定義に沿って創られてい

る。その意義は次のようなところにある。

第 1 に、非核兵器地帯は、核兵器不拡散条約（NPT）を補完・補強し、世界的な核不拡散体制の強化に資する。非核兵器地帯においては、NPT では規定されない同盟国による核兵器の配備も禁止される。また、検証措置の面でも、一部の非核兵器地帯条約は、国際原子力機関（IAEA）包括的保障措置協定追加議定書（第 2 章 5 節参照）の締結を義務付けている。

第 2 に、非核兵器地帯は、地帯内国家の安全保障を強化する。非核兵器地帯においては、核兵器国が核兵器の使用あるいは使用の威嚇を行わないと約束する消極的安全保証（NSA）（第 2 章 2 節参照）の供与が重要となる。現存する非核兵器地帯条約は、いずれも条約議定書で NSA を定め、核兵器国に署名、批准を求めている。こうして地帯内国家は、法的拘束力のある形で、核の脅威から自国を守る手段を強化することができる。また、核兵器の不存在は、地域が大国間の核軍拡競争や核戦争に巻き込まれる可能性を下げることに繋がる。さらに、遵守制度が設定されることで、地域国家間、また、地域国家と関係国との信頼醸成に寄与すると考えられる。

第 3 に、非核兵器地帯は、グローバルな核軍縮の前進に寄与する。非核兵器国が主導し、地域に核兵器に頼らない安全保障体制を構築することで、核兵器依存の非正当化と、グローバルな禁止と廃絶に向けた規範強化に繋がると期待されている。

2　非核兵器地帯の発展

1950 年代後半以降、さまざまな非核兵器地帯構想が生み出されてきた。事実上の初の非核兵器地帯は南極であったが、1967 年には人間の居住地域として初の非核兵器地帯がラテンアメリカ（「トラテロルコ条約」、1967 年）に誕生し、南太平洋（「ラロトンガ条約」、1985 年）、東南アジア（「バンコク条約」、1995 年）、アフリカ（「ペリンダバ条約」、1996 年）、中央アジア（「中央アジア非核兵器地帯条約」、2006 年）と続いた。これらの条約はすべて発効している。地帯に含まれる国々は 110 カ国を超え、南極大陸をあわせると、南半球の陸地のほぼすべてが非核兵器地帯に覆われていることになる（実際には核兵器は配備されていないが、仏領ギアナや英国のフォークランド諸島など、南半球の核保有国の海外領土は除く）。

人間の居住地域以外では、前述の南極（「**南極条約**」、1959年）のほかに、宇宙（「月その他の天体を含む宇宙空間の探査および理由における国家活動を律する原則に関する条約」、1967年）（第9章6節参照）や海底（「**核兵器および他の大量破壊兵器の改定における設置の禁止に関する条約**」、1971年）の非核化が実現している。

また、複数国間で結ばれた非核兵器地帯条約に基づくものではないが、モンゴルは1国で非核兵器地帯の地位を宣言し、国連決議を通じて国際的な認知を獲得している。

以下に現存する5つの非核兵器地帯について説明する。

①トラテロルコ条約（ラテンアメリカおよびカリブ地域核兵器禁止条約）

非核兵器地帯の創設に向けて地域国家を動かしたのは1962年のキューバ危機であった。翌63年、ブラジルら5カ国が非核化に向けた共同宣言を発表し、同年の国連総会は条約実現に向けた決議案を採択した。64年から条約の起草作業が進み、1967年2月14日に条約が署名開放された。現在までに条約対象国の中南米33カ国のすべてが批准している。条約遵守のための地域機構として**ラテンアメリカ核兵器禁止機構（OPANAL）**が設置されている。

条約の特徴の1つは、特殊な発効要件である。地域には核兵器開発疑惑を相互に抱くブラジルとアルゼンチンが存在し、条約をより実効的にするうえでは、両国ができるだけ困難を感じないで参加できるようにするための工夫が必要であった。そのため、発効要件のすべてまたは一部分を除外して条約に批准する権利を認め、除外して批准した場合は、その時からその締約国に対して条約は発効する、という形をとった。このような複雑な発効要件は他の条約にはないが、国家間の信頼醸成が不十分な地域においても非核兵器地帯が創設できることを示した重要な先例となっている。

②ラロトンガ条約（南太平洋非核地帯条約）

第2次世界大戦後直後に始まった米国、英国による大気圏核実験を受け、1962年にオーストラリア及びニュージーランドの労働党が南半球非核地帯を提唱した。1963年の部分的核実験禁止条約（PTBT）（第3章2節参照）締結でこの地域における米英の実験は中止されたものの、1966年にはフランスが仏領ポリネシア・ムルロア環礁で核実験を開始した。核実験反対の運動が広がり、1975年にはニュージーランドが地帯設置を求める決議案を国連総会に提出した。

その後地帯設立に向けた動きは一旦停滞したが、1983年にオーストラリアで労働党政権が誕生すると再び活性化した。1985年8月6日、南太平洋フォーラム（SPF）（現「太平洋諸島フォーラム（PIF）」）総会において条約が採択、署名開放され、翌年12月11日に発効した。条約はSPF加盟の16カ国・地域を対象としたものであり、ミクロネシア連邦、マーシャル諸島、パラオを除く13カ国・地域が署名、批准している。

条約には地帯内の海洋（公海を含む）における放射性廃棄物等の投棄の禁止が盛り込まれた。この背景には、日本が計画していた原発から低レベル放射性廃棄物の南太平洋への投棄に対する地域国家の強い反発があった。南太平洋のみが名称を「非核兵器地帯」とはせず単に「非核地帯」条約としていることは、こうした放射性廃棄物等の投棄問題も包含されていることに由来している。また、ラロトンガ条約においては、トラテロルコ条約では触れられなかった外国の船舶や航空機の通過通航の問題に初めて言及し、その可否の決定権をそれぞれの締約国に委ねるとした点も注目される。

③バンコク条約（東南アジア非核兵器地帯条約）

1971年、東南アジア諸国連合（ASEAN）は、「平和・自由・中立地帯の宣言」（ZOPFAN）を表明し、外部の大国からのいかなる干渉からも自由な地帯として東南アジアを認知、尊重させるという構想を掲げた。非核兵器地帯はこの構想の一環として位置づけられた。

東西の冷戦構造の中で構想は具体化を見なかったが、冷戦終結によって条約起草作業が進み、1995年12月15日のバンコク首脳会議でASEAN加盟の全10カ国が署名した。すべてが批准を完了し、条約は1997年3月27日に発効した。

条約の最大の特徴は、その適用範囲に、締約国の領域に加えて、大陸棚及び排他的経済水域（EEZ）が含まれることである。後述するように、この点は核兵器国との関係で困難をもたらす要因となっているが、それでもASEAN諸国がこのような内容を盛り込んだ意図には、中国による南シナ海における核兵器の配備、使用、威嚇に抵抗するとの意向があったと考えられる。

④ペリンダバ条約（アフリカ非核兵器地帯条約）

フランスが仏領アルジェリアのサハラ砂漠で行った核実験への反発と抵抗

が原点にある。1961年、アフリカ諸国は国連総会に核兵器の実験等の禁止とあわせ、アフリカ大陸を非核化された地帯と見なし、尊重することを求める決議案を提出した。1964年には、アフリカ統一機構（OAU）の首脳会議が「**アフリカ非核化宣言**」（カイロ宣言）を採択した。

南アフリカのアパルトヘイト政策と核開発疑惑を背景に構想は具体化しなかったが、冷戦後の1991年に南アフリカがNPTに加入、1993年に当時のデクラーク大統領が核兵器保有とその廃棄を公けにしたことが契機となり、地帯設立に向けた条約交渉が前進した。条約は1996年4月11日に署名開放され、2009年7月15日に発効した。対象54カ国のうち、2022年7月31日現在までに51カ国・地域が署名、43カ国が批准している。

南アフリカの核解体の経験を基に条約発効以前に製造した核爆発装置等に関する申告と解体・破壊、その製造施設の破壊あるいは平和利用への転換の義務を定めていることが特徴である。また、手段の如何にかかわらず、地帯内の核施設にする武力攻撃を禁止し、そうした行動への援助や奨励も禁じている点も特記したい。

⑤中央アジア非核兵器地帯条約

地帯全体が北半球に位置する初の非核兵器地帯であり、旧ソ連邦から独立した5カ国で構成される。構想は1993年の国連総会でのウズベキスタンの演説で初めて提案された。その後、1997年の**アルマトイ宣言**を通じて5カ国の足並みが揃い、地帯設立に向けた国連の専門家会合が設置された。条約成立までの過程に国連の関与が大きかったことが中央アジア非核兵器地帯の特色である。

条約交渉における争点の1つは、トルクメニスタン以外の4カ国が参加する1992年のタシケント条約（CIS集団安全保障条約）と非核兵器地帯との関係であった。タシケント条約はその加盟国が侵略を受けた場合、ロシアが核兵器の持ち込みや配備をすることを可能にしている。ロシアとの関係において5カ国間には温度差が存在するものの、最終的に条約草案に「条約の発効日に先立って締結された他の国際条約に基づく権利及び義務に影響を与えない」（第12条）と盛り込むことで合意が図られた。2006年9月8日、セミパラチンスクにて5カ国が条約に署名し、2009年3月21日に発効した。

条約には、域内に旧ソ連最大のセミパラチンスク核実験場を抱えていることなどを背景に、汚染地域の環境修復における支援を謳っているなどの特徴がある。また、他の非核兵器地帯条約と異なり、IAEA追加議定書の締結を義務付けている。

3　核兵器国との関係

現存する非核兵器地帯条約は、いずれも議定書の中でNSAを規定している。非核兵器国は、これまで一貫して法的拘束力のあるNSAを核兵器国に求めてきたが、現在、非核兵器地帯の議定書を通じたものが核兵器国による唯一の法的拘束力のある約束である。

しかし現時点において、NSAを定めた議定書に5つの非核兵器国すべてが署名・批准しているのはラテンアメリカのみである。南太平洋、アフリカ、中央アジアについては、米国が未批准である。また、東南アジアに関しては5つの核兵器国のいずれもが議定書に署名・批准しておらず、地帯内国家と核兵器国の間での交渉が継続されている。

加えて、中国を除く核兵器国が、議定書への署名・批准の際に、留保や解釈宣言の形で、核兵器不使用の約束に条件を付している。

4　新たな非核兵器地帯構想

①中東非核・非大量破壊兵器地帯

さらなる地域に非核兵器地帯を拡大することの意義は、さまざまな国連合意等で繰り返し勧告、奨励されてきた。中でも、その意義が強調されてきたのが、地域国家間の歴史的な対立と根深い相互不信が継続する中東地域である。

この地域における地帯設立の提案は1974年の国連総会でエジプトにより提案され採択された、中東非核兵器地帯を歓迎する決議を嚆矢とするが、大きな転機は95年であった。NPT再検討・延長会議において、条約の無期限延長の決定と引き換えに「中東に関する決議」が合意されたのである。決議は、すべての中東諸国のNPT早期加入とともに、核兵器のみならず化学兵器、生物兵器を含む大量破壊兵器及びそれらの運搬システムの存在しない地帯の設立に向けた具体的な措置を求めるものであった。

しかしイスラエルとアラブ諸国の対立を背景に、中東非核・非大量破壊兵器地帯の実現に向けた目途は立っていない。2010 年 NPT 再検討会議の最終文書には、すべての中東諸国が参加する地帯設立に向けた会議の 2012 年開催が盛り込まれたが実現には至らなかった。2015 年 NPT 再検討会議も中東問題の扱いをめぐって紛糾し、合意文書を作成できず決裂を迎えた。厳しい状況が続く中、国連総会にエジプトが提出した決議に基づき、2019 年 11 月には地帯設立に関する初めての国際会議がニューヨーク国連本部で開催された。イスラエルと米国は欠席であったものの、決議の履行に向けた一歩前進との見方もされている。2021 年 11 月から 12 月にかけては 2 回目の会議がニューヨーク国連本部で開催された。

②北東アジア非核兵器地帯

国家間の不信と対立が続く北東アジアに関しても、非核兵器地帯の有用性は研究者や市民運動の中で長らく議論されてきた。日本、韓国、北朝鮮の 3 カ国が非核兵器地帯を形成し、米国、中国、ロシアの 3 つの核兵器国が、非核兵器国に対して核兵器を使用しないと保証するいわゆる消極的安全保障（NSA）の供与の義務を負うという「スリー・プラス・スリー（3 + 3）」は、そうした構想の 1 つである。この構想を支持する研究者からは、近年、朝鮮半島の平和と安全に影響を与える懸案事項の同時並行的な解決を目指し、その中で北東アジア非核兵器地帯を実現していく「包括的アプローチ」という考え方も提案されている。

しかし現状では、いずれの地域国家からも正式な提案が出される見通しは低いと言わざるを得ない。日本政府は、一般論としての非核兵器地帯の有用性は認めつつも、地域の不安定な安全保障環境などを理由に、北東アジア非核兵器地帯に向かうことは現実的でなく、北朝鮮非核化に向けた努力を優先すべき、という姿勢をとってきた。とりわけ、核兵器国であるロシアが非核兵器国であるウクライナに侵攻した 2022 年 2 月以降、日本政府として非核兵器地帯の構想を現実の選択肢として推進するための敷居は高くなったと考えられる。

（中村桂子）

第3節　北東アジアの軍縮問題

1　軍備管理・核不拡散と中国・北朝鮮

中国は核兵器不拡散条約（NPT）で核兵器国としてそれを主導する立場にあるが、米露両国とは異なり核軍備管理交渉に参加していない。冷戦終結と前後して、米露両国が軍事管理交渉で戦力を後退させたのとは対照的に、中国は軍備を拡張し、いまや北東アジアで圧倒的優位を誇っている。

他方、北朝鮮は冷戦終結直後の1992年、韓国と**「朝鮮半島の非核化に関する共同宣言」（「南北非核化共同宣言」）**を交わし、国際原子力機関（IAEA）との包括的保障措置協定を締結するなど、核不拡散取決めに関与した。しかし、NPT脱退宣言以降、北朝鮮はこれらの取り決めから離脱を始め、すでに6回の核実験を行い、弾道ミサイルを増強している。

以下、中国と北朝鮮の軍備管理、核不拡散取決めとの関係を念頭に述べつつ、北東アジアにおける軍縮の問題点を摘出してみたい。

2　米国の核戦力後退と中国

冷戦終結直前の1987年末、レーガン米大統領とゴルバチョフ・ソ連共産党書記長が中距離核戦力（INF）全廃条約を交し、米ソ両国は「中距離」と定義される射程500kmから5,500kmの地上発射型の弾道ミサイルと巡航ミサイル――通常弾頭搭載のものを含めて――廃棄した。さらに、冷戦終結後の1991年9月には、ブッシュ（父）米政権は、「大統領核イニシアティブ」（第1章3節参照）で、在外米軍から地上発射式、水上艦、攻撃型潜水艦、地上配備の海軍航空機の戦術核を撤去することを宣言した。これ以来、「非核3原則」を掲げる日本と同様、韓国にも核兵器は存在しないことになった。オバマ政権に至ると、対地攻撃用トマホーク巡航ミサイル核攻撃型（TLAM-N）の退役が「核態勢見直し（NPR）」報告に明記された。この結果、米軍が東アジアに展開する核戦力は、グアムのアンダーセン空軍基地にローテーション配備されたB-52、B-2戦略爆撃機に限られることになった。

確かに、米国の核戦力はトランプ政権が2019年2月にINF全廃条約から離脱することで、米国の核戦力はオバマ政権までの後退を再検討するかたちとなったが、その間、中国人民解放軍第2砲兵部隊（現ロケット軍）は、最大射程約1,000kmの「東風‐16」などの弾道ミサイル、最大射程約650km「紅鳥‐1」巡航ミサイルはじめ、INFにあたる軍備2,000基以上を開発・配備していた。トランプ政権がINF全廃条約から離脱したのは、ロシアがINFの最低射程距離500kmを上回る能力をもつとされる9M729（「イスカンデル」弾道ミサイル）を配備したことによるが、米国はINF全廃条約からの離脱以降、ロシアとの新たな軍備管理交渉を模索するとともに、その間拡充した中国のINFに相当する軍備を抑制する課題に直面している。

3　中国との軍備管理交渉の条件

中国がこれまで北東アジアに配備した戦力は、その数量に限っては米国に比較優位を誇れる領域となっている。この比較優位は、台湾解放を強行するとき、この地域に展開する米軍の介入を阻止する上で不可欠とされており、**「接近阻止・領域拒否（A2/AD）」**にも重要な軍備と考えられている。米国がINF全廃条約から離脱に対して「深い遺憾と断固とした反対」を表明したのも、その比較優位が揺らぎかねない懸念からと考えてよい。また、米国がこの地域にINFを再配備しても、もはや米国のINFが中国のそれと均衡をとれるとは考えにくい。米国ではこの地域でINF全廃条約に代わるロシアとの軍備管理の枠組みをつくりつつ、そこに中国を参加させる多国間の軍備管理の必要が提起されているが、中国は繰り返し反対の意思を表明している。

習近平国家主席が一時期唱えていた「新型大国関係」にみられるように、中国は対米関係を安定させることを主張しているが、北東アジアでの中国の戦力の優位を考えると、それは「安定・不安定逆説」をもたらすかもしれない。「安定・不安定逆説」とは、核保有国間の関係が「安定」して大規模戦争が抑制されれば、核保有国が地域レベル、あるいは低強度の紛争に介入しにくくなり、むしろ現状変更を試みる側が限定戦争を行う可能性が高まることで「不安定」をもたらすことをいう。中国が対米関係を安定させることで、米国が地域レベルでの既存の秩序を覆す行動を阻止しにくくなると考えれば、米中関係が「安定」することで米国の同盟国などが中国の行動によって脅かされたとき、その安全が米国から分断（「デカップリング」）される懸念が生まれる。

この「デカップリング」の懸念は、1970年代に旧ソ連があえて米本土には届かないSS-20を配備することで米ソ間の戦略関係から西ヨーロッパ諸国が抱いた懸念とも類似している。これに対して北大西洋条約機構（NATO）は1979年12月に「二重決定」（第1章3節参照）を採択して、旧ソ連にSS-20の撤去を求める一方で、撤去されない場合にはSS-20と対称的に、モスクワには届かないが、それより東側の旧ソ連の都市、東ヨーロッパ全域に到達するINFを配備することを決定した。「軍拡を通じての軍縮」が中国を軍備管理交渉に誘導するひとつの可能性として考えられるが、そのためにはこの地域の米国の同盟国は、INF交渉のときの西ヨーロッパ諸国と同様に、将来の軍縮のための軍拡という負担を覚悟しなければならない。しかし、韓国は中国の協力を平和体制樹立の不可欠とみなしており、韓国にその装備の配備は難しい。核弾頭を搭載したミサイルは、韓国が「南北非核化共同宣言」を有効と判断する限りその配備は不可能である。これは「非核3原則」を掲げる日本も同様であろう。

トランプ政権は2018年2月のNPRで、トマホークの退役を明記したオバマ政権のNPRとは逆行するかたちで、「長期的には現代的に核装備した海洋発射型核巡航ミサイル（SLCM）を追求する」と記していたが、バイデン政権で開発中止が決定した。米国はトランプ政権のNPRに記され、2020年2月にSLBMに搭載された低出力核弾頭がその役割を代替できるとしている。しかし、中国の戦力の大半が地上発射型であるのに対して、米国が海洋発射型の装備を拡充していければ、米中間で地上発射型と海洋発射型の戦力不均衡はさらに深まる。中国がINF条約のように地上発射型のミサイルのみを対象とする協議に応じるとは考えにくく、迎撃ミサイルを含む交渉も必要となる。そこでは、何よりも中国が同盟国などに現状打破の行動をとれば、米国は同盟国などの安全のために行動を起こす――「安定・不安定逆説」が生じないための取り組みが必要であろう。

4　北朝鮮の非核化取決めからの離脱

朝鮮半島では冷戦終結直後、上述の「大統領核イニシアティブ」をうけ1992年1月、「南北非核化共同宣言」が採択された。ここで南北双方は「核兵器の実験・製造・生産・接受・保有・貯蔵・配備・使用を行わない」とした上で、核エネルギーを平和利用に限り、ウラン濃縮、プルトニウム再処理施設をもたないとする厳格な非核化原則に合意した。またここでは、「相手側が選定して双方が合意する対象」に相互査察を実施することにも合意した。北朝鮮は1985年12月にNPTに加盟しながら、加盟18カ月以内に義務づけられるIAEAとの包括的保障措置協定の締結に抵抗していたが、「南北非核化共同宣言」を受け、1992年1月に締結に応じた。

しかし、南北相互査察は1度も実現しなかった。また、包括的保障措置協定に従ってIAEAが実施した通常査察はむしろ、北朝鮮が未申告の施設で再処理を行っているとの疑惑を深める結果となり、1993年2月、IAEA理事会は寧辺（ヨンビョン）の施設に特別査察を求めた。これに対して北朝鮮が同年3月12日、NPTからの脱退宣言を行い、クリントン政権は米朝高官協議に応じることになる。北朝鮮はNPT脱退宣言を「一方的に留保」して対米協議をすすめつつも、1994年6月にはIAEAからも脱退した。1994年10月21日、**米朝枠組み合意**が交わされたが、それは北朝鮮を再びNPT/ IAEAに復帰させる取り組みは米国に委ねられることになった。

その取り組みも2002年10月に北朝鮮の高濃縮ウランによる核兵器開発の疑惑により実を結ぶことはなかった。米朝枠組み合意から離脱しようとした米国に対し、北朝鮮は2003年1月、NPT脱退宣言の「一方的留保」を解除して脱退を表明したからである。これに対してブッシュ（子）米政権は、中国と協調して米国、中国、北朝鮮に加え、日本、韓国、ロシアによる**6者会合**を構成した。ブッシュ政権は「完全で検証可能で不可逆的な解体（CVID）」を掲げる一方で、北朝鮮の安全保障上の懸念を緩和する地域的措置をとることで、核放棄を促すことを考えた。6者会談は2005年9月19日に共同声明を発表し、北朝鮮が「すべての核兵器と既存の核計画を放棄する」と誓約したのに対して、米国が「核兵器または通常兵器による攻撃または侵略を行う意図をもたない」と確認し、米朝国交正常化、日朝国交正常化に取り組むことも明記された。

ところが、北朝鮮は米国が発動した**金融制裁**に反発したことで6者会談は空転し、2006年10月には北朝鮮が第1回核実験を強行すると、国連安保理は経済制裁を課すほかなかった。それ以降、北朝鮮は核実験を繰り返し、2017年9月の第6回核実験の爆発出力は約160ktと推測され、第1回核実験の100倍以上の規模に達している。また、北朝鮮は日本を射程に置く「中距離弾道弾」、グアムを射程に置く「中長距離弾道弾」だけではなく、2017年11月にICBM「火星‐15」2022年11月には、射程約1万5,000kmのICBM「火星-17」の発射に成功した。また、北朝鮮は「北極星」系列と呼ばれるSLBMの開発を進めている。

5　通常兵力相互引き離しと核軍備管理

核不拡散体制から離脱する北朝鮮に対して国際社会は、米朝2国間協議、6者会談を通じて核不拡散体制に復帰させようとしたが、いずれも失敗したことになる。これに対してトランプ政権は、国連安保理制裁を強化するともに、日本海で3空母打撃群による訓練を実施した。トランプ政権の「最大限の圧力」から脱しようとする北朝鮮に機会を与えたのは、韓国の文在寅政権であった。平昌オリンピックを機会に韓国は金正恩国務委員長と南北首脳会談だけではなく、2018年3月にはトランプ大統領から米朝首脳会談の合意を得た。

2018年4月27日、文在寅と金正恩が発表した「**板門店宣言**」は、「地上と海上、空中をはじめとするあらゆる空間で、軍事的緊張と衝突の根源となる相手に対する一切の敵対行為を全面的に中止すること」を宣言した。さらに同年9月、文在寅が平壌（ピョンヤン）を訪問し、金正恩と交わした**「9月平壌共同宣言」**では、「軍事分野合意書」を採択し、陸海空に「敵対行為中断区域」を設ける兵力引き離しを行い、偶発的な武力衝突を避ける措置がとられた。

他方、米朝首脳は2018年6月12日に第1回会談をシンガポールで行い、共同声明では「完全な非核化」が米朝関係を主軸として議論されることが確認されたが、「完全な非核化」の定義とそこに至るプロセスは示されなかった。なお、ここでトランプは北朝鮮に「安全の保証（セキュリティ・ギャランティーズ）」を与えることを確約したが、北朝鮮は従前の文書上の確約以上のものを求め、米韓同盟をはじめとする朝鮮半島の冷戦構造を解体に導くことを考えていた。実際、この共同声明を受け、米韓両国は米韓合同軍事演習「**乙支フリーダム・ガーディアン**」を中止した。

「完全な非核化」の定義とプロセスこそ、2019年2月末にハノイでもたれた第2回米朝首脳会談の主要議題であった。金正恩は寧辺の核施設を解体する用意は示していたが、北朝鮮の核施設は寧辺以外にも多数あり、北朝鮮がそれらすべてを申告した上で、最終的に解体することが求められた。もとより、トランプも北朝鮮がそれに同意するとは考えておらず、寧辺以外にも降仙（カンソン）など核兵器開発に直結する施設があり、それらを優先的に申告、解体することに合意を得ようとしていた。トランプは金正恩に「5つ」の核施設の申告を求めたというが、そこには降仙の施設も含まれていたであろう。これに対して金正恩は、「1つか2つ」を申告することには同意したものの、それ以外の施設の申告を拒絶する一方で、国連安保理制裁の緩和を求めた。第2回米朝首脳会談は文書不採択に終わり、トランプは金正恩と「完全な非核化」に合意しながら、北朝鮮の核開発、弾道ミサイル開発を制御できなかった。

これまで米国が「完全な非核化」を求めても、北朝鮮がその措置を拒む間にその核戦力は増強されてきた。米国の一部には、「完全な非核化」よりも、北朝鮮の核戦力に上限を設けるなどの軍備管理のアプローチを求める主張もあるが、米露間の核軍備管理交渉がNPTの核兵器国間の交渉であり、管理対象となる核保有を正当として互いに認めているのに対して、北朝鮮に求められるのは「完全な非核化」である。北朝鮮の核戦力を管理することが、その保有の既成事実化をもたらしてはならない。

(倉田秀也)

第4節　南アジア

1　印パ核開発の経緯と現状

南アジアは、核軍縮・不拡散にとって常に課題の多い地域であってきた。インドは歴史的に、核兵器不拡散条約(NPT)の不平等性を批判して参加を拒み、1974年には、**カナダ型重水炉**のCIRUS研究炉の使用済核燃料を再処理して得たプルトニウムを用いて、「平和目的核爆発」(第3章2節参照)と称した核実験を実施し、国際的な非難を浴びた。この実験は、原子力供給国グループ(NSG)の形成をはじめ、グローバルな核不拡散施策の強化の契機となったものの、領土問題でインドと軍事的に激しく対立するパキスタンが、そうした国際社会の不拡散努力をかいくぐり、核兵器開発に邁進するのを止めることはできなかった。

インドは1974年の実験以降しばらく、軍事的に使用可能な核兵器の保有には踏み出さなかった。しかし、1970年代末頃にはパキスタン側の核開発の進展にインド側が逆に触発され、結果印パともに、1980年代末までには、公式に認めはしないものの核兵器を保有した。パキスタンは、中国から核開発の技術支援も得ていた。その後、1998年5月、まずインドが、さらにパキスタンが続く形で核実験を実施し、印パは公に核兵器の保有を宣言した。以降今日まで、両国はNPTへの加盟を拒みつつ核戦力とその運搬手段のミサイルの増強を着実に進めており、印パ間の核軍備管理や軍縮は道筋が見えない。

なぜ印パの核戦力増強は止まらないのか。1つの要因は、両国の核兵器が持つ、安全保障上の役割の複雑さである。インドの核兵器は、**カシミール地方の領有権問題**をめぐって対立するパキスタンだけを意識したものではない。インドは、総合的な国力や軍事力のいずれの面でも自身より優位にある中国との間でも、領土問題を抱えている。そのため、インドの核兵器には対中抑止力という役割もある。だが、その中国は、そもそもインドより早い段階で核兵器を保有し、かつ今日まで、世界で質・量ともに最も高水準の核戦力を持つ米国を念頭に核戦力の増強を続けている。インドは核戦力の規模で中国に追いつこうとしているわけではないが、米国を追う形で中国の戦力が伸長していることは意識せざるを得ない。

他方、パキスタンの核兵器は、インドの抑止だけを目的としているが、敵対国の核攻撃（厳密には生物・化学兵器使用も）の抑止のみを念頭に置くインドとは異なり、核攻撃の抑止だけでなく、通常戦争で追い詰められた場合には核で報復するとの威嚇を通じ、インドの通常戦力での攻撃を抑止することが重視されている。これは通常戦力で優勢なインドに、かつて通常戦争で大敗した経験に由来する。ただパキスタンは同時に、そうした形でインドが通常戦争に訴えられないようにしつつ、インドのカシミール実効支配を揺るがすため、同地域やインド本土で反乱やテロを支援してきた。対するインドは、パキスタンの核報復威嚇があれども、同国の反乱・テロ支援に通常戦力で反撃することを可能にする術を模索し、それがパキスタンをしてさらなる核抑止力強化へと向かわせてきた。

冷戦期の米ソと比べると緩やかながら、印パ両国の核戦力増強のペースは無視できるものではない。Bulletin of the Atomic Scientistsは、2023年時点で、インドは160個、パキスタンは170個程度の核弾頭を保有していると見積もり、パキスタンに関しては、同国が2020年までに60～80個の核弾頭を持つとしていた1990年時点での米政府の予測よりも、ずっと速いペースであると指摘している。印パいずれも、公式には最小限の核兵器のみを保有するとの方針を掲げてきたが、「最小限」は固定的な数値を定められるものではなく、戦略環境に応じてその水準が変化するとしている。

特に懸念されるのは、近年、印パどちらの側にも、核使用オプションの幅を広げるような兵器の開発が見られる点である。核兵器を先行使用しないという先行不使用（NFU）（第2章2節参照）を掲げるインドも、通常戦力での攻撃を抑止するために核の先行使用を排除しないとするパキスタンも、かつては、先に核攻撃を受けた後でも反撃で相手国の都市などに「耐えがたい」損害を与えられる、いわゆる残存性の高い第2撃能力の確保に注力していた。しかし2010年代に入ると、パキスタンはインドの通常戦力行使への抑止を強化するため、より「使いやすい」核兵器として、通常戦争の戦場でインド軍部隊を標的に用いる、低出力・短射程の戦術核兵器を導入した。インドについては、2010年代後半から、パキスタンの戦術核兵器導入に対抗するため、冷戦期の米国で持ち上がった**損害限定**のような戦略に傾きつつある可能性が指摘される。これは、先制核攻撃で相手国の核戦力の一部または全部を無力化しようとするアプローチである。インド政府はそうした戦略の採用を否定するが、以前から開発されていたミサイル防衛システムに加え、既に一部導入が進んでいる、核弾頭も搭載可能で軍事目標を攻撃できるだけの命中精度を持った巡航ミサイルの存在や、複数個別誘導弾頭（MIRV）の開発が、パキスタンの疑念を呼んでいる。

2　印パ間の軍備管理・信頼醸成

こうした状況にある印パ間で、核戦争のリスクを低減し、双方の核軍拡を抑えるような、軍縮・軍備管理や信頼醸成を進めていくことは、容易ではない。インドは時折、パキスタンに核の先行不使用を取り入れるよう呼び掛けてきたが、通常戦力で劣るパキスタンの主張は、核だけでなく両国が軍事力の不使用にコミットすべきというものであった。一見これは正当な主張にも見えるが、この文脈でパキスタンがいう軍事力の不使用には、同国が公式には否定する、インド国内の反乱・テロ勢力への支援を停止することは含まれていないため、インドには受け入れがたい。そして、仮にインドが対パキスタンの文脈で核兵器の制限・削減が可能だと考えたとしても、中国の存在がある限り、インドには核戦力増強の誘因が生じ、それに駆られたインドの戦力拡張を、パキスタンは自身に無関係とは見ない。

とはいえ、信頼醸成措置（CBM）の面では、印パ間でもいくつか重要な合意が結ばれ、かつ機能してきた。1988 年に、互いの核関連施設への攻撃を禁じる合意が署名され、これに基づいて 1992 年から始まった、それぞれの核関連施設のリストを年 1 回交換する手続きは、軍事危機などで緊張が高まっていた時も含め、今日まで約 30 年間継続している。1991 年には、軍事演習や部隊移動の事前通知についての合意と、領空侵犯の防止等に関する合意が署名されている。さらに 2005 年になると、それ以前から非公式な形で行われていた、弾道ミサイル実験の事前通知について、正式な合意が署名されたほか、2007 年には、核兵器関連の事故が生じた際に、ただちに相手方への通知を義務付ける合意が成立した。

こうした CBM は、印パの軍事的な対立関係の安定化に寄与してきた。だが、少なくともこれまでのところ、両国間の相互信頼を醸成し、より国防政策を縛る程度の強い、軍備管理や軍縮措置への道筋を付けるという面では、成果に乏しかったと言わざるを得ない。両国の核戦力態勢の在り方に制限をかけるような合意が成立していないのは勿論、双方が核戦力の拡充を着実に進めているのは既に触れたとおりである。印パ間の政治的関係は、2010 年代に入ってから、相互信頼の醸成どころかほとんど悪化の一途を辿り、係争地カシミールの境界付近では日常的に両軍間の砲撃の応酬が飛び交ってきた。

3　南アジアと核不拡散

印パ両国の核開発が招いてきた懸念は、両国間の紛争が核兵器の実使用に繋がるリスクに関するものだけではない。核不拡散の観点からは、パキスタンの核兵器が、政府・軍のコントロールから漏れ、テロ組織の手に渡ったり、関連技術が同国からいわゆる「ならず者国家」（第 1 章 5 節参照）へと流出したりといったリスクが常に意識されてきた。

この危険が最初にハイライトされたのは、9・11の直後だった。タリバン政権の打倒とアルカイダの掃討を目的としてアフガニスタンに侵攻する際、米国は、アフガンに隣接し国内に多数のイスラム過激派を抱え、それにも関わらず米国のタリバン打倒に協力することを選んだパキスタンで、国内政治が不安定化し核兵器が過激派の手に渡ることを恐れた。ただ、2004年に明るみに出た、**カーン・ネットワーク**によるパキスタン国外への核関連技術・資機材の流出が、国際社会により強くパキスタンの核管理への疑念を抱かせた。事件発覚後、パキスタン政府は国家としての関与を否定し、不法取引ネットワーク摘発と再発防止に関して米国などと協力したものの、首謀者とされたカーン（A.Q. Khan）博士への外部の取り調べを拒否したことで、疑惑は残り、その後もこの事件は核不拡散の面での悪評としてパキスタンにつきまとうことになった。

他方、パキスタンを自身と対比し、「責任ある核保有国」としての振る舞いを強調することで、NPTの枠外に留まり核保有を続けながらも、国際的な核不拡散体制への受け入れを実現させてきたのがインドである。同国は2000年代に、インドとの関係強化を目指す米国と対話を進め、原子力施設を民生用・軍事用に分離して前者のみIAEA保障措置下に置くこと、核実験を再開しないこと、核・ミサイル関連技術・資機材の輸出管理を国際レジームに適合させることなどと引き換えに、米国と民生面での原子力協力に合意した。2008年には、NSGが例外措置としてインドとの原子力協力を加盟国に認め、続いて米印原子力協定が正式署名された。これによって、本来ならば5核兵器国以外の国は、非兵器国としてIAEAの包括的保障措置を受け入れなければ原子力平和利用の権利を享受できないはずの、NPTを中核とした核不拡散体制の中で、インドは特別の地位を認められた。

こうした特別扱いに、NPT体制を弱めるとの批判も上がる中、パキスタンが強く反発した。パキスタンは、同様の原子力協力を米国などに求めたものの、カーン事件の過去からそれが困難なのは明白だった。しかしパキスタンは、再発防止策を取ったにも関わらず、インドに与えられるものを自身が与えられないのは差別だと批判し、また米国などとの原子力協力が、インドの核弾頭製造能力を増幅させるとの主張を展開した。

同時に、パキスタンは、民生原子力分野での協力を提供してくれる唯一の存在である、中国への依存を深めてきた。前述のNPT体制の原則ゆえに、NPTの枠外で核保有を続け、非核兵器国としてIAEAの包括的保障措置を受け入れてはいないパキスタンとの間で、NSG加盟国の中国が原子力協力を行うことは、インド同様の例外化措置がない限りは許されない。ただ、中国は、近年パキスタンとの間で行っている原子力協力は、2004年の中国のNSG加盟前にパキスタンと結んだ合意に基づくものであるため、問題ないと主張してきた。加盟国がNSGに加わる前に他国と結んだ契約は同レジームのルールの適用外とされることを踏まえたもので、中パ間には1986年に結ばれた原子力協力合意がある。しかし、中国が2010年代以降にパキスタンで建設に着手した複数の原子力発電所に関してまで、この論理に則って問題なしとすることには、NSGでも異議が上がっており、国際的な核不拡散体制にとってグレーな状況を増大させている。

おわりに

中国の存在もあり、それが全ての問題解決に繋がるわけではないにせよ、印パ間の対立の緩和・解消が、南アジアでの核軍縮・不拡散努力の進展に大きく寄与するであろうことは間違いない。印パそれぞれが進める、核使用オプションの幅を広げるような動きの一因は、今日でも両国間で通常戦争が起こり得るとの認識であり、そうした通常戦争のトリガーとなる可能性が最も高いのは、パキスタン系組織によるインド国内でのテロ攻撃である。それゆえ、パキスタンがそれらテロ組織への支援を停止し、これを真剣に取り締まるならば、両国が核オプションの洗練に向かう誘因が低下しよう。加えて、パキスタンが中国との不透明な民生原子力協力を追求する背景には、少なからず、この領域でインドが米国をはじめ国際社会から「特別扱い」されている構図そのものへの反発がある。その根底にあるのは、幅広い意味でのインドへの対抗意識であり、これもまた、印パ関係の改善によって緩和される。

しかし、近年の印パ間の現実は、そうした対立の緩和・解消とは逆行してきた。印パ間の懸案を解決する和平努力は、2004年から2008年にかけて、カシミール紛争の解決にかなり近いところまでこぎ着けたものが挫折して以降、目立った進展はない。直近では2021年2月以来、緊張緩和が試みられ、カシミールの境界線付近での砲撃が沈静化するなど一定の成果をあげているものの、印パ対立そのものの打開の可能性については悲観的な見方が多い。このような状況は、南アジアにおいて、核軍縮・不拡散を前進させていく上での、地域安全保障環境の改善というアプローチの重要性を際立たせるものになっている。

（栗田真広）

第5節　中　東

1　中東の核拡散問題

中東は、核を含む大量破壊兵器の取得に対する禁忌の規範が高いとは言えない地域であると見られる。冷戦期からイラクやリビアなど複数の国が核兵器取得に強い関心を持ち秘密裡にその実現を試みてきたほか、化学兵器も拡散し、イラン・イラク戦争（1980-1988）や、近年では2017年及び2018年にシリアの内戦でも実際に使用された。また、地域にはアラブ対イスラエルやイスラム諸国間の対立を始めとして複雑な紛争構造が存在することから、1つの国での核拡散がさらなる拡散を呼ぶことが懸念されている。さらに、サウジアラビアやトルコなどで原子力計画が進むなど、地域で原子力への関心も高まっていることから、核拡散のリスクに注意が必要となっている。こうしたなか中東地域において、核不拡散上主要な問題となっているのはイスラエルとイランの核問題である。

①イスラエルの核問題

イスラエルは2023年時点で約90発の核兵器を保有すると見られるが、冷戦期からその保有について否定も肯定もしない「曖昧政策」を一貫して採用している。国家の生存を最終的に保証する手段として核兵器を保有したとされ、中東地域で唯一核兵器不拡散条約（NPT）に加入していない。その核保有の疑いは、イラクやリビアといったイスラエルに敵意を抱く国による核兵器開発の誘因のひとつとなってきた。今日ではイランが核兵器を欲する理由にもなりかねないとの指摘もある。イスラエルはそうした地域の懸念国による核開発を容認しない姿勢を取り、軍事手段を用いて強硬に阻止してきた。イスラエルのこうした行動に加え、欧米諸国がイランの核問題（後述）に厳格な対応を取る一方で、イスラエルの核保有についてはいわば黙認していることに中東のイスラム諸国は批判の目を向けてきた。

こうしたなか、2023年10月にイスラエルに対するイスラム組織ハマスによる大規模な奇襲攻撃が発生し、イスラエル社会に大きな衝撃を与えた。続いてイランが支援するレバノンのヒズボラ及びイエメンのフーシ派による攻撃も発生し、翌年4月にイスラエルがシリアにあるイラン領事館関連施設を攻撃すると、その報復としてイランがイスラエルを弾道ミサイル等で攻撃したことで緊張が高まった。イランがイスラエルを攻撃したのは初めてのことであり、イスラエルは核兵器の必要性を一層強めたと考えられる。

②イランの核問題

イランの核問題の発端は、イランが国際原子力機関（IAEA）に未申告で建設中のウラン濃縮関連施設等の存在が2002年に発覚したことであり、後に他の未申告の活動も明らかになった。ウラン濃縮という核兵器製造に転用可能な活動を極秘に行っていたことで、核兵器開発の疑惑が生じた。これに対しイランは疑惑を一貫して否定し、濃縮・再処理はNPT第4条の権利であり決して放棄しないと主張したうえでウラン濃縮活動を継続したため、国際的な緊張が高まった。

そこで2003年10月に英仏独（EU3）がイランと交渉を開始し、2006年6月には、EU3、EU、米ロ中の3カ国（EU3/EU+3）が濃縮活動停止と経済支援を含む包括提案を行ったが、イランはこれを拒否した。そのため、国連安保理は翌月に国連安保理決議1696を採択するに至り、イランに対しすべての濃縮・再処理活動の完全かつ継続的な停止を求めた。イランは引き続きNPT上の権利を主張し、その後も短期間での核兵器製造が容易になる濃縮度の目安である20パーセントに近い濃縮度のウランを生産するなど濃縮活動を推進した。こうしたイランの行動は2006年12月、安保理による制裁措置を含む国連安保理決議1737の採択へとつながり、さらに2010年2月までに3つの制裁決議が採択された。加えて、米国及びEUも独自に制裁を課しイランに対し強い圧力をかけたが、イランは核活動を継続した。イランの一連の濃縮活動への執着ゆえに、その核開発は、核兵器取得、あるいは核兵器を短期間で製造可能とするための能力の取得を意図したものではないかとの疑念が生じた。こうしたなか2011年11月には、IAEAがイランの過去の活動で核爆発装置の開発との関連が疑われた問題に関し具体的な証拠を示して報告し、イランの核計画の**「軍事的側面の可能性」**を改めて指摘した。これによってイランの核兵器開発の疑惑は一層深まった。

2013年8月、イランで保守強硬派のアフマディネジャド大統領に代わり穏

表 4-1　ＪＣＰＯＡ下のイランの核活動の主な制限

ウラン濃縮関連　（　　）は制限の期間	合意前
ウラン濃縮の上限：3.67 パーセント（15 年間） 貯蔵濃縮ウラン：300 キログラム以下（15 年間） ウラン濃縮用遠心分離機台数：5,060 台（10 年間）	20 パーセント 約 10 トン 19,000 台
重水炉・再処理関連　（　　）は制限の期間	
使用済核燃料の国外搬出（25 年以上） 新たな重水炉を建設しない（10 年間） 研究開発を含め、再処理はしない（25 年以上）	

健派のロウハニ大統領が就任したことを契機に核問題に関する交渉が進展した。その結果、2015 年 7 月にイランと EU3/EU+3 との間で**「包括的共同行動計画(JCPOA)」**の最終的な合意に至った。JCPOA は、イランが厳格な査察・監視の下で核活動が大幅に制限されること（**表 4-1** を参照）を受入れたうえで合意の義務を履行し、それが確認されると同時にイランに科された核関連の制裁が解除されるという内容である。制限は 15 年間にわたって継続されることになっており、その間はイランによる核兵器取得の可能性を封じることができる。また、核合意においてイランは、疑惑が生じていた過去の核兵器関連の活動の解明に取り組むことや IAEA 包括的保障措置協定追加議定書の暫定適用にも同意し、同議定書に基づく強化された監視措置も受け入れた。2016 年 1 月 16 日、IAEA によるイランの義務履行の確認をもって、関連の制裁は解除された。

その後もイランは核合意を忠実に履行していたが、2017 年 1 月に発足した米国のトランプ政権は JCPOA に当初から批判的であり、翌年 5 月に JCPOA からの離脱を一方的に宣言した。米国は離脱の主な理由として、JCPOA には期限がある、弾道ミサイル開発に関する制限がない、イランによるテロ支援を止められないことを挙げ、包括的な新たな合意が必要だと主張した。アラブ首長国連邦、イスラエル及びサウジアラビアも同様の立場であり、米国の離脱を歓迎した。米国以外の JCPOA 関係国は一致して反対したが、トランプ政権はその後経済制裁を再開し、圧力による政策を実施した。なお、JCPOA は万能ではないが、期限までの間に核以外の懸念される問題についても解決を模索する基盤となりうる点で評価されていた。

イランは米国を批判しつつも、米国以外の JCPOA 関係国と合意維持のための協議を続けていたが、2019年5月に合意の一部の停止を発表した。以降、イランはウラン濃縮度、濃縮ウラン保有量、遠心分離機の数などについて、JCPOA上の義務の履行を段階的に停止していった。

イランが核合意の履行停止措置を重ねていくなかで、2021年1月に誕生した米国のバイデン政権はJCPOAに復帰する考えを表明しつつも、イランによる合意の完全な遵守を復帰の条件とする立場をとった。他方でイランは、米国による制裁解除が先だと主張し、両者の主張は平行線を辿った。バイデン政権は、トランプ政権が指摘したイランの弾道ミサイルや地域のテロ支援などの問題をJCPOAに加える形で交渉することを望んでいると見られる。米国による制裁が続くなか、イランは2月に追加議定書の暫定適用も停止し、IAEAとの包括的保障措置協定上の義務を超えるIAEAによる検証・監視活動の受入れを停止した。こうした事態を受け、イランはその後、60パーセント濃縮の高濃縮ウランを製造し、2023年10月時点で128.3キログラムを保有するに至った。これは兵器級ウランの濃縮度である90パーセントに近づく値である。米国のJCPOA離脱は、合意前よりもイランによる核兵器製造が容易な状態に至らしめており、核不拡散上深刻な状況をもたらしている。

③その他の国の核拡散問題

イラクでは、湾岸戦争後の国連安保理決議687に基づく査察の結果、ウラン濃縮やプルトニウム分離関連の活動を含む核兵器開発計画の存在が明らかになった。これらの秘密裡の活動は、イラクがNPTの下でIAEAと締結した包括的保障措置協定に基づく査察では探知できなかったため、NPTの不備が露呈されることとなり、その信頼性が大きく損なわれた。その後、WMD計画の存在（実際にはなかった）を理由として米国が2003年に開戦したイラク戦争によってサダム・フセイン体制が崩壊した。

リビアは1975年にNPTを批准したが、1970年代初めから核兵器開発を推進したとみられ、1990年代半ばには核の闇市場からウラン濃縮のための大量の遠心分離機を入手していた。しかし、米英による極秘交渉の結果、リビアは2003年12月に核兵器を含むWMDの放棄を突如発表した。この放棄は、米国などでは「**リビアモデル**」と呼ばれ、非核化の一つのモデルとされている。ただし、2011年初めに反政府デモを発端とした内戦状態に陥り、カダフィ政権は欧米諸国の支援を受けた反体制派に追い込まれ失脚した。

またシリアも、2007年にイスラエルが空爆により破壊した建物が、IAEAに未申告で北朝鮮の支援を得て建設中の原子炉であった可能性が高いことが判明している。

2　中東核拡散問題の解決に向けた取組——地域的アプローチ

1974年、イスラエルの核問題を念頭に、エジプトとイランが国連総会で中東非核兵器地帯設置を提案した。また1990年にはエジプトが、禁止の対象となる兵器を核以外の大量破壊兵器すべてに拡大した中東非大量破壊兵器地帯を提案した。これは、イラン・イラク戦争で化学兵器が使用されたことなどを受けたものであった。こうした地帯の設置は核不拡散上も重要な取組であり、地帯設置についてはイスラエルを含むすべての中東諸国が地帯の設置に反対していない。しかしながら、地帯設置の進め方を巡って、中東イスラム諸国は地帯設置よりも先にイスラエルのNPT加入が必要だと主張する一方で、イスラエルは地域諸国との直接対話や信頼醸成が先だと主張し、両者の主張は大きく異なっている。いずれの側にも一切妥協が見られず、地帯設置の目途は立っていない。

また、中東の核問題はNPT再検討プロセスでも対応が試みられている。NPTの期限延長を決定する1995年のNPT再検討・延長会議に際して、エジプトを中心とする中東アラブ諸国は、イスラエルの核問題への対応がないままでのNPTの無期限延長に強い不満を抱いていた。そのため会議では、中東に核兵器あるいは大量破壊兵器のない地帯を設置する努力を奨励した**「中東に関する決議」**が無期限延長を含む3つの決定に加えて採択された。以降、中東問題はNPT再検討プロセスでの主要点の1つとなり、会議の成否に常に影響を与えている。2005年再検討会議ではエジプトが合意を拒否したため最終文書が採択されず、直後の2010年会議では中東問題が重視された。その結果、2012年中に中東非大量破壊兵器地帯に関する国際会議（以下、中東会議）を開催し、イスラエルを含むすべての中東諸国に参加を要請する内容の最終文書が採択された。しかしながら、会議開催は実現されなかった。こうしたなか開催された2015年再検討会議では、最終文書案の中東会議開催部分について再び議論が紛糾し合意に至らず、最終文書は採択されなかった。このことは、NPT運用検討プロセスにおける中東問題の重要性を改めて示した。

3　課題と展望

2023年10月のハマスによるイスラエル攻撃、またその後発生したイランによる初のイスラエル攻撃など、中東地域における安全保障環境は悪化の一途を辿っており、地域における核問題の解決は以前にも増して困難な状況となっている。まずは、域内諸国の核兵器の保有や取得が不可欠だと感じないような地域安全保障環境や国家間関係の構築に取り組む必要がある。つまり核兵器取得の需要を減らしていくことが重要である。中東の核拡散の事例は、核兵器取得を決意した国を止めることは容易ではないことを物語っており、このような取組はイランの核問題の対応において特に重要である。

また、NPT再検討プロセスでも重要になっている中東非大量破壊兵器地帯の設置について、イスラエルと中東イスラム諸国間の立場の違いを如何に収斂させていくかも重要である。2018年に国連総会で同地帯設置に関する会議のプロセスが始まったが、2019年に開催された初回の会議にイスラエルと米国は不参加であった。前途多難ではあるが、このプロセスを新たな機会として活用し、まずはすべての国が参加できるよう粘り強く取組みを進めることが不可欠である。

さらに、核セキュリティの強化も課題である。今後、域内のより多くの国で原子力の導入が進めば核物質や原子力施設が増えることとなり、テロリストなどによる物質の盗取や施設の妨害破壊行為のリスクが高まることが懸念される。地域では、イランやエジプトが核物質防護条約に加入しておらず、地域における条約の普遍化の取組が求められる。

（堀部純子）

第6節　展望（地域とグローバルな核軍縮・不拡散の連関）

核兵器不拡散条約（NPT）は1970年の発効後、締約国を徐々に増やし、冷戦後の1992年にはフランス、中国の批准を見た。1995年の運用検討会議では、同条約の無期限延長が決定され、今日では地球上のほとんどの国家が加入するに至っている。だがNPT体制は発効当初から完成されたものだったわけではなく、地域の核拡散の懸念の増大ゆえに年を追って強化されてきた側面がある。

例えばNPTで非核兵器国は、国際原子力機関(IAEA)との間に包括的保障措置協定を締結し、同機関の保障措置を受けることとされているが、1990年代初頭の北朝鮮やイラクの核開発疑惑を踏まえ、1997年に未申告の原子力活動と核物質を探知する検認活動を定めるモデル追加議定書が採択された。インドが核爆発実験を行った1974年にNPTを補完する輸出管理の枠組みとして発足した原子力供給グループ(NSG)においては、1978年からガイドラインが累次整備されてきた。1992年には核物質に関する包括的保障措置を受領国が受け入れることが、そして2013年6月にはIAEAとの間に受領国が追加議定書を発効させることが、ガイドラインの原子力資機材の移転要件に追加された。

このように強化されてきたNPT体制であるが、冷戦後においてより顕著な問題は、米中露の核兵器国を含むNPT締約国が、地政学的考慮、あるいは商業的考慮を働かせる結果、地域の核兵器保有国や懸念国への政策が、時にグローバルな核不拡散の体制と完全には整合しないことがあり得る点である。例えば1998年にも核実験を行ったインドに対し、ロシアはNSGが包括的保障措置協定を要件化する前の契約だとして、クダンクラム原発の輸出を継続した。

米国も2007年7月に米印原子力協定(第2章7節参照)を署名し(発効は2008年10月)、原子力分野でのインドとの商業関係の構築に舵を切った。同協定に際し米国は、インドをNSGの例外扱いとすること、及びNSGの加盟国とすることへの支援を表明し(後者は実現せず)、他方で先進的原子力資機材、技術の導入を望むインドは、民生と軍事の施設を分離し、民生施設についてはIAEAの保障措置下に置き、追加議定書を履行して、兵器用核分裂性物質生産禁止条約(FMCT)(第3章3節参照)に関する協議推進への協力を約した。米国の試みは、NPTの非締約国でインドを例外扱いする代わり、同国を米国が望むグローバルな核不拡散の試みに、少しでも協力させようとするものであった。しかし、こうした試みには、普遍的なNPTの体制を毀損しかねないとの批判が、国際的にも、米国内においても提起された。

核拡散が懸念されるイランと、核保有に至った北朝鮮に対し、米国では対話と関与を重視する路線と、積極的に対抗していく路線との間に振幅が見られる。米国は2015年、英仏中露独とともにイランとの間に、包括的共同行動計画(JCPOA)に合意した。だが、トランプ政権がこの合意を反故にし、対するイランはウランの濃縮度を引き上げ、追加議定書の執行も停止した。次のバイデン政権はJCPOAの復元を目標に掲げるが、イランは米国の制裁解除が先決だと反発し、片やバイデン政権の側でも米国の制裁解除が確実にイランの約束履行につながるか確信が持てず、両者の対話は膠着した。

北朝鮮の非核化についてはさらに難しい。ブッシュ（子）政権はかつてクリントン政権が成立させた米朝枠組み合意を葬り去ったが、結局は6者会合に基づく対話を進めた。トランプ大統領は国連演説で北朝鮮の破壊もあり得ると示唆するなど強硬姿勢を見せたが、のちに金正恩朝鮮労働党委員長(のち総書記)との対話に舵を切った。このような振幅は北朝鮮の取り扱いが一筋縄ではないことの証左でもある。北朝鮮が「最大敵」と名指しする米国との戦争があるとすれば、北朝鮮にとってそれは国家の存亡をかけたものとなる。他方、米国にとり北朝鮮との戦争は遠隔地の紛争である。このような利益の非対称性ゆえに、米国による核の報復の警告は口先のものとして無視されかねない。たとえ少数の核兵器でも米国の本土に何かしら打撃を与えることのできる可能性はゼロではなく、その結果米国は報復を思いとどまるのではないか、といった確信が北朝鮮にあるならば、同国は核兵器を手放そうとはしまい。さりとて安全保障環境の改善のための当面の目標として北朝鮮の核兵器の存在を前提とする、軍備管理のようなアプローチが採られるならば、ルールを無視してでも「核兵器を持ったもの勝ち」とのメッセージを潜在的核拡散懸念国に与えかねない。

日本や米国をはじめとして、NPT体制のなかで核兵器の拡散をこれ以上望まない国々にとっては、このようなジレンマの中で最適解を探っていくほかない。つまり、地域における安全保障を少しでも安定的なものへとしつつ、そのことがグローバル核不拡散の普遍性を決定的に損なうことのないような政策が何であるか、議論されつづけなければならないのである。

（友次晋介）

クローズアップ④：ロシアのウクライナ侵攻とNATO

冷戦後、NATOは創設以来の集団防衛に加え、危機管理や協調的安全保障を中核的任務に据えた。そしてアフガニスタンなど域外での活動に傾注するなか、ロシアとは様々な問題を抱えながらも、対立が決定的にならぬよう関係を管理してきた。

しかし、2014年のロシアによるクリミア占領とウクライナ東部への軍事介入により状況は一変した。米欧はこれが国際法に違反し、ロシア・ウクライナ間の諸協定で確認された主権・領土の一体性を侵害する行為だと強く非難し、対ロ制裁を発動した。そしてその際、ウクライナが旧ソ連の核兵器を放棄してNPTに加盟することと引き換えに、米英露3カ国が同国に安全の保証を約束したブダペスト覚書違反も指摘されたが、これは核不拡散の観点からも問題となった。つまり、事実上の核保有国など他の国に対して、安全が保証されても核を簡単に手放すべきでないとの「教訓」を与えかねないという議論がすでにこの時点で浮上していたのである。

このような含意を持つウクライナ危機を受けて、NATOはロシアを念頭に集団防衛の強化に舵を切った。まず2014年には、各国の国防費を対GDP比2%まで引き上げるという目標が合意された。またNATO諸国は、対ロ脅威を抱く同盟国への安心供与とともに、対ロ抑止・防衛態勢の強化を図ってきた。

さらに、ロシアが核兵器の増強や核使用の可能性を示唆するなど核威嚇を含む挑発的な言動をとり、INF条約といった既存の軍備管理・軍縮協定に違反してきたことも、米欧の警戒を高めてきた。またNATO・米国が削減を進めてきた非戦略核分野でロシアが優位にあることも、より深刻な問題として捉えられるようになった。

2014年以降もNATOは、抑止・防衛と対話という2つの路線を堅持し、また軍備管理・軍縮を追求する意思を示してきた。他方、核態勢には大きな変更は加えられてこなかったものの、首脳声明などでは、抑止力全体のなかでの核の役割がより強調されており、軍備管理・軍縮についてもロシアと相互主義に基づいていて進めることができるような環境にないと遺憾の意が繰り返し表明されてきた。こうしたなか2022年2月、ロシアは「核の脅し」を繰り返してウクライナに全面侵攻した。これを受けてNATOは同年6月、12年ぶりに改訂した「戦略概念」のなかで、ロシアを「最も深刻で直接的な脅威」だと位置づけ、抑止・防衛態勢を大幅に強化する方針を打ち出した。

（合六　強）

第 5 章
化学兵器の禁止

浅田正彦

本章のねらい

化学兵器は「貧者の核兵器」ともいわれ、比較的安価かつ容易に生産でき、軍事的な効果も大きいことから、古くより戦争で使用されてきた。第 1 次世界大戦における化学兵器の大量使用はよく知られているが、第 2 次世界大戦後においても、イラン・イラク戦争のほか、最近ではシリア内戦における使用が国際社会の注目を集めている。

化学兵器はまず、その「使用」の側面から規制され、1925 年のジュネーブ議定書で化学兵器の戦争における使用の禁止が定められた。他方、化学兵器の「軍縮」は遅々として進まず、交渉開始から四半世紀を経た 1993 年にようやく化学兵器禁止条約（CWC）が署名された。

冷戦の終結直後の時期に成立した CWC は、画期的な内容を含む条約として高く評価されてきたが、その真価はいまシリアにおいて試されている。条約に基づいて設置された化学兵器禁止機関（OPCW）は、シリアにおける化学兵器問題の解決への期待も込めて、2013 年にノーベル平和賞を授与されたが、シリア問題の解決はなお道半ばである。

本章では、CWC を中心に化学兵器の規制について検討する。

第1節　化学兵器禁止の意義

化学兵器は一般に「毒ガス」と呼ばれ、今日ではサリンやVX、**マスタード・ガス**などがその代表的な例として知られているが、近代戦において化学兵器が大規模に使用されたのは、第1次大戦におけるドイツ軍による塩素ガスの使用が最初である。1915年4月22日、ベルギーのイープルで、ドイツ軍がボンベ5,730本を並べ、対峙するフランス軍に対して1斉に塩素ガスを放出した。この有名な「イープルの黄色い霧」によって、1万人以上の兵士が死傷し、そのうち5,000人が死亡したといわれる。

これに対して連合国側は、ただちに塩素ガスの大量生産を開始し、同年9月にはイギリス軍が塩素ガスによる報復攻撃を行った。ドイツ軍は、この間に新種の窒息剤ホスゲンを開発し、同年12月には砲弾を利用してこれを大量に使用した。しかし、窒息性のガスに対しては、訓練された兵士がガス・マスクを使用することによって比較的容易に防護することが可能となったため、ドイツが新たに開発したのが、マスクのみでは防護できない糜爛（びらん）剤のマスタード・ガスである。マスタード・ガスは、1917年7月に、またしてもイープル（Ypres）

表5-1　主な化学兵器（化学剤）の種類と効果

	化学剤	作用	残留時間	半致死量[1]	表[2]
窒息剤	塩素	肺の損傷	数　分	3,200	―
	ホスゲン	同　上	数　分	3,200	3
血液剤	青酸	細胞の呼吸阻害	数　分	5,000	3
	塩化シアン		数　分	11,000	3
糜爛剤	マスタード	水疱、糜爛	数日～1週間	1,500	1
	ルイサイト	同　上	数日	1,200 ～ 1,500	1
神経剤	サリン	呼吸停止	～数時間	100	1
	VX	同　上	数時間～数日	10	1

注）1　防護されていない人の半数が死亡する化学剤の量（単位は $mg.min/m^3$）。数値は資料によって若干異なる。
2　CWCの化学物質に関する附属書のいずれの表に含まれるかを示す。
出典）外務省国際連合局（訳）『化学・細菌（生物）兵器とその使用の影響』134頁などから筆者作成。

において初めて実戦使用された（それゆえ、マスタード・ガスを別名「イペリット（Yperite）」という）。

このように、まさに鼬ごっこのような形で新しい毒ガスが次々と開発され、第1次大戦で実戦使用された毒ガスの種類は約30種類、量にして12万トン以上にのぼるといわれる。そして、第1次大戦中の毒ガスによる死傷者は100万に達し、そのうち10万人が死亡したとされる。また、実戦使用はされなかったが、大戦中により強力な糜爛剤である**ルイサイト**が開発されており、さらに戦間期には、戦後化学兵器の中心的な存在となった神経剤のサリンやタブンの開発・生産もなされた。

このように歴史的に大量の実戦使用の経験を持つ兵器だけに、化学兵器を禁止することには大きな意義があるが、その禁止への道は紆余曲折を辿った。

第2節　化学兵器禁止条約（CWC）

1　条約成立の経緯

化学兵器の「使用」については、戦間期において禁止条約（ジュネーブ議定書）が一応の成立を見たが、同議定書には、禁止される兵器の解釈をめぐる争いや留保の問題があった。すなわち、議定書の禁止に、催涙ガスのような非致死性で国内の治安維持のために広範に使用されている暴動鎮圧剤や、植物に作用する除草剤（枯葉剤）などが含まれるかについて、主張の対立があった。また、議定書への加盟に当たって、多くの国が、非締約国との関係および議定書の禁止に違反した国等との関係で使用の権利を留保していた。ただ、第2次大戦においては、第1次大戦時のような広範な化学兵器の使用は行われなかった。しかし、使用禁止の次の段階である化学兵器の「軍縮」のための交渉は容易には妥結しなかった。

第2次大戦後の多数国間軍縮交渉では、何よりもまず核兵器が最優先とされ、ジュネーブ軍縮委員会における交渉を経て1968年に核兵器不拡散条約（NPT）が署名された。その後を受けて、同年から生物・化学兵器（BC兵器）の軍縮交渉が開始され、翌1969年には、軍縮委員会の勧告を受けた国連総会決議に従って、「化学・細菌（生物）兵器とその使用の影響」（BC兵器白書）と題する国連事務総長報告も刊行されて、生物・化学軍縮への機運が高まった。

しかし、第1次大戦をはじめとしてこれまで広範に使用された経験を持つ化学兵器と、第2次大戦後まで実用化されず実戦における広範な使用経験もない生物兵器を同時に扱うことに困難がある点は当初から認識されており、イギリスの提案に基づいて両者を切り離し、まず合意が比較的容易な生物兵器の軍縮を先行させることになった。こうして1972年に成立した生物兵器禁止条約(BWC)は、生物・化学軍縮の第一歩として作成されたものであり、その第9条には、化学兵器の生産禁止と廃棄の措置(=化学兵器禁止条約)につき「早期に合意に達するため、誠実に交渉を継続することを約束する」旨が定められた。

しかし、化学軍縮交渉は遅々として進まず、CWCは、軍縮委員会での交渉が始まってから4半世紀を経た1992年になってようやく、軍縮委員会の後身である軍縮会議において完成をみることになる。交渉が進展しなかった原因の1つは、米ソが多数国間の軍縮委員会から2国間に移して開始した化学軍縮交渉が、1980年代の米ソ対立の結果として中断したことに求められるであろう。

その後、**イラン・イラク戦争**(1980年〜1988年)における化学兵器の使用(6万人が死傷し、うち1万人が死亡したとされる)や、それを契機とした**オーストラリア・グループ**の結成(1985年)などに象徴される化学兵器拡散の危険を背景に、軍縮会議は化学軍縮に本格的に取り組むことになった。1987年にはゴルバチョフのソ連が、義務的現地査察の考えを原則的に受け入れ、さらに**湾岸戦争**が改めて示した化学兵器拡散のもたらしうる危険を背景に、アメリカも1991年に安全保障のための若干の化学兵器の貯蔵権を放棄し、こうして厳格な検証措置を伴う化学兵器の全面禁止・全面廃棄条約が可能となった。

軍縮会議における交渉は、1991年5月に出されたアメリカのブッシュ大統領の声明(上記の安全保障のための貯蔵権の放棄のほか、化学兵器使用の犠牲になった場合の報復使用の権利の放棄、CWC非締約国との化学兵器関連資材の貿易禁止措置の導入、CWC違反(特に使用禁止違反)への制裁、強力な検証措置(特に申立査察)の導入を主張)などを受けて加速され、1992年9月に軍縮会議において妥結した。翌1993年1月13日にはパリで署名式が開かれ、化学兵器禁止条約(CWC)として署名に開放された。CWCは、1997年4月29日に発効し、発効と同時に、オランダのハーグに本部を置き、締約国会議(全締約国で構成)、執行理事会(41の締約国で構成）および技術事務局からなる化学兵器禁止機関（OPCW）が発足した。

CWC は、正式名称を「化学兵器の開発、生産、貯蔵及び使用の禁止並びに廃棄に関する条約」といい、化学兵器に関連するさまざまな事項が規律の対象となっている。以下では、「化学兵器」の定義に触れた後、「軍事活動」に関わるものとして、①化学兵器の使用禁止と②化学兵器の廃棄の問題を取り上げ、「産業活動」を規制するものとして、①化学兵器の生産禁止と②貿易制限の問題を取り上げる。

2　化学兵器の定義

化学兵器をいかに定義するかという問題は、決して容易な問題ではない。1つには、**ジュネーブ議定書の解釈をめぐる争い**にもみられるように、暴動鎮圧剤や除草剤をいかに扱うかという問題があったし、今1つには、化学の発展により新たに開発されることのある化学兵器をいかに効果的にカバーしつつ、化学物質の平和利用を過度に阻害することとなる規制をいかに回避するかという問題があったからである。

CWC は、化学兵器を次のように定義する。すなわち、①毒性化学物質およびその前駆物質（ただし、いずれについても、後述の「条約によって禁止されていない目的」のためのものであり、種類・量が当該目的に適合する場合を除く）、②毒性化学物質の放出のために特別に設計された弾薬類・装置、③②の弾薬類・装置の使用のために特別に設計された装置を、合わせてまたは個別にいうものとされる（CWC 第2条。以下 CWC については条約名省略）。

化学兵器の中心をなす「毒性化学物質」は、「生命活動に対する化学作用により、人又は動物に対し、死、一時的に機能を著しく害する状態又は恒久的な害を引き起こし得る化学物質」と定義された（第2条2項）。こうして、植物に害を及ぼす除草剤は、禁止対象である化学兵器の定義から除外されることになったが、条約前文が「戦争の方法としての除草剤の使用の禁止」に関する協定等の存在に言及し、CWC の外においてその使用が禁止されていることに留意している。これは、1977年の環境改変技術禁止条約などに言及したものである。

他方、暴動鎮圧剤は、除草剤とは異なり、人に害を及ぼすものであるが、化学兵器や毒性化学物質とは別個に定義されて（第2条7項で「短時間で消失するような人間の感覚に対する刺激又は行動を困難にする身体への効果を速やかに引き起こす」化学物質と定義される）、「戦争の方法」としてのその使用の禁止が条約本文に明記されるとともに（第1条5項）、当該化学物質の名称・構造式等の申告が義務づけられた（第3条1項(e)）。ただし、それ自体としては、化学兵器の場合とは異なり、廃棄の対象とはなっていない。

CWCでは、「毒性化学物質」に加えて、「前駆物質」（第2条3項で「毒性化学物質の生産のいずれかの段階で関与する化学反応体」と定義される）も化学兵器の定義に含まれており、これによって、いわゆる**バイナリー兵器**も発射前の段階から禁止の対象とされることになった。前駆物質を含む広い化学兵器の定義は、将来における化学の発展にも十分に対応できるよう意図されたものである。しかし他方で、これによって広範囲の化学物質が化学兵器の範疇に入りうることとなり、平和利用を阻害することにならないかとの懸念が生ずる。

そこで、条約目的に反しない活動を保護すべく、「この条約によって禁止されていない目的」（第2条9項で、①工業、農業、研究、医療、製薬、その他の平和目的、②対化学兵器防護の目的、③化学物質の毒性を利用するものではない軍事目的、④国内暴動鎮圧を含む法執行目的、が列挙される）のためのものであって、その種類と量が当該目的に適合する場合には、毒性化学物質やその前駆物質であっても化学兵器とはみなされない旨の除外規定が置かれた（第2条1項(a)ただし書）。しかし、それぞれの目的につき、いかなる種類の化学物質であればいかなる量まで化学兵器とはみなされないかが明らかではなく、定義の中に大きな不確定要素が残されている。

3　軍事活動の規制

①化学兵器の使用禁止

化学兵器の戦争における使用を禁止するジュネーブ議定書に関しては、前述のように、暴動鎮圧剤や除草剤も禁止対象に含まれるかについて解釈の対立があったし、締約国の中には、非締約国や違反等の事態に対して使用権を留保する国も少なくなかった。そこでCWCでは、これらの点について解決が図られた。

第1に、すでに化学兵器の定義との関係で述べたように、暴動鎮圧剤と除草剤については、化学兵器の定義からは除外しつつも、前者については一定の規制を及ぼし、後者については前文で言及するとの形で解決が図られ、これによってジュネーブ議定書の解釈をめぐる争いは、CWCとの関係では一応解決することとなった。

第2に、ジュネーブ議定書への留保との関連では、条約第1条1項が「いかなる場合にも」化学兵器の使用を禁止する旨を規定し、さらに同条を含む条約本文に対する留保が禁止された（第22条）。

こうして、CWCにおいては、少なくとも国家対国家の国際的武力紛争における化学兵器の使用は完全に禁止されることになったといえよう（内戦における使用については後述）。なお、いくつかの国は、CWCの署名後にジュネーブ議定書に対する留保を撤回している。

②化学兵器の廃棄

CWCは、化学兵器の定義の場合と同様、その廃棄に関しても徹底した規定を置いている。条約上、廃棄の対象となるのは、締約国が「所有」または「占有」する化学兵器、および、締約国の「管轄」または「管理」の下にある場所に存在する化学兵器である（第1条2項）。このようにCWCでは、化学兵器の法的な帰属関係と、物理的な所在の双方に網をかけることによって、可能な限り広範に化学兵器の廃棄を確保しようとしている。

廃棄の手順は次の通りである。まず締約国は、廃棄の対象となる化学兵器を有しているか否か、有している場合にはその詳細を申し出る（冒頭申告）。その申告内容は、OPCW技術事務局の査察員によって検証される（冒頭査察）。締約国は、こうして確認された化学兵器の廃棄を、条約が自国について発効してから2年以内に開始し、条約自体の発効から10年以内に完了するよう義務づけられている（第4条6項）。もっとも、この廃棄期限は必ずしも絶対的なものではなく、当該締約国が期限内に廃棄を確保できないと考える場合には、執行理事会に要請し、理事会の勧告で締約国会議が決定すれば、最長5年間の期限延期が認められることになっている（CWC検証附属書第4部A第24項〜第26項）。

化学兵器が予定通り廃棄されているかどうかは、技術事務局による検証措置の対象となる。この廃棄検証は、現地査察と現地に設置する機器による監視を通じて体系的に実施される。廃棄と廃棄検証の費用は、原則として廃棄義務を負う締約国が負担するものとされる（第 4 条 16 項）。

CWC は、老朽化した化学兵器（老朽化化学兵器）と他の国に遺棄された化学兵器（遺棄化学兵器）について、通常の化学兵器とは別個の廃棄制度を設けた。老朽化化学兵器とは、① 1925 年より前に生産された化学兵器、および② 1925 年から 1946 年までの間に生産された化学兵器であって化学兵器として使用することができなくなるまでに劣化したもの、をいう（第 2 条 6 項）。②の老朽化化学兵器は、原則として通常の化学兵器と同様に扱われるが、執行理事会が認める場合には、廃棄期限や廃棄手順の変更がありうる（検証附属書第 4 部 B 第 7 項）。他方、①の老朽化化学兵器は、毒性廃棄物として処分の対象となるにすぎない（同第 6 項）。

遺棄化学兵器とは、1925 年以降にその同意を得ることなく他国の領域に遺棄された化学兵器をいう（第 2 条 6 項）。このように定義される遺棄化学兵器の廃棄について、CWC はその本文において、当該化学兵器を遺棄した「遺棄締約国」と遺棄化学兵器が所在する「領域締約国」の双方に廃棄義務を課している（第 1 条 2 項および 3 項）。しかし、廃棄手順の詳細を定める検証附属書において、この原則は実質的に修正され、遺棄化学兵器廃棄のための「すべての必要な資金、技術、専門家、施設その他の資源」は**遺棄締約国**が提供するものとされる（検証附属書第 4 部 B 第 15 項）。これに対して領域締約国は、「適切な協力を行う」とされているにすぎない（同項）。もっとも、遺棄国は、非締約国に遺棄した化学兵器の廃棄まで義務づけられるわけではなく、廃棄義務は遺棄化学兵器の所在国が CWC の締約国となってはじめて生ずる。この点は、日本の遺棄化学兵器が大量に存在する中国に CWC 批准のインセンティブを与えることになったと評価されることがある。

なお、1977 年より前に自国領域内に土中埋設され、そのまま埋設されている化学兵器と、1985 年より前に海洋投棄された化学兵器は、申告義務も廃棄義務も免除される（第 3 条 2 項、第 4 条 17 項）。これは、特に第 2 次大戦中および第 2 次大戦後に、大量の化学兵器が土中に埋設されたり、バルト海等に海洋投棄されたりしたが、その具体的な場所は必ずしも明確でないため、それらを特別扱いにしない限り、締約国にはそれらの申告や廃棄が義務づけられるし、そもそもそれらを掘りかえしたり引きあげたりすれば却って危険であるといった考慮から、規定されるに至ったものである。

このほか、CWCは、化学兵器生産施設の廃棄も義務づけている（第1条4項）。これは、現存の兵器だけでなく、その生産手段も廃棄して将来における化学兵器の生産禁止を徹底しようとするもので、この種の条約としては前例のないものである。なお、例外的な場合には、化学兵器生産施設を条約によって禁止されていない目的のための使用に転換（民生転換）することができる（第5条13項）。この転換の完了の期限は条約自体の発効から6年以内とされていた（検証附属書第5部第72項）が、条約発効から6年以上経過して加入したリビアなどの要請を受けて2005年に検証附属書が修正され、そうした国は条約が自国について発効してから6年以内に転換を完了するものとされた（同第72項の2）。

4　産業活動の規制

①化学兵器の生産禁止

化学兵器は、民間の化学産業施設においても比較的容易に生産可能であることから、CWCにおける化学兵器の生産禁止は、主として化学産業部門からの申告に基づく査察（産業検証）によって確保するとのアプローチがとられた。産業界が化学兵器に関心を持つようには思えないが、化学兵器の開発・生産を考える国が産業施設を隠れ蓑にして化学兵器を開発・生産する可能性もあることから、産業検証にはそれなりの意味があるといえよう。

CWCにおいては、化学産業はその扱う化学物質により大きく4つに分けられ、条約の「化学物質に関する附属書」に掲げられた3つの表（いずれも毒性化学物質と前駆物質の双方を掲げる）に従って、表1剤、表2剤、表3剤（これらを合わせて「表剤」という）、および、その他の有機化学物質、という4種類の化学物質群につき、その生産（表2剤は生産、加工、消費）施設ごとに異なった基準で検証措置が適用される。

たとえば、表剤の中では最も汎用性の高い表3剤の生産施設の場合は次のようである。まず申告については、年間の生産量が30トンを超える工場を持つ事業所が対象となり、毎年、前年の生産量と翌年の予想される生産量などについて年次申告が行われる。これらの事業所のうち、前年または翌年の生産量が200トンを超える事業所に対しては、申告内容の正確さを検証し、表1剤（サリ

表 5-2　主な表剤（毒性化学物質・前駆物質）の民生用途と化学兵器用途

	化学剤	民生用途例	化学兵器用途例
表1・毒性	マスタード・ガス		毒性化学物質そのもの
	サリン		〃
	VX		〃
表1・前駆	クロロサリン		サリンの前駆物質
	クロロソマン		ソマンの前駆物質
表2・毒性	アミトン	農薬	毒性化学物質そのもの
	PFIB		〃
	BZ		〃
表2・前駆	三塩化砒素	半導体製造	ルイサイトの前駆物質
	ベンジル酸	医薬品原料	BZ の前駆物質
	チオジグリコール	染料溶解助剤、塗料原料	マスタードのガスの前駆物質
表3・毒性	ホスゲン	ウレタン等樹脂原料、農薬原料	毒性化学物質そのもの
	塩化シアン	ゴム薬原料、樹脂原料	〃
	青酸（シアン化水素）	樹脂原料、ゴム薬原料、アミノ酸製品原料、農薬原料	〃
表3・前駆	塩化チオニル	医薬品原料、染料原料、農薬原料	多くの毒性化学物質の前駆物質
	三塩化リン	医薬品原料、安定化原料、農薬原料	〃
	トリエタノールアミン	洗浄剤原料、不凍液原料、セメント混和剤原料	窒素マスタードの前駆物質

ンなど）が存在しないことを検証することを目的として、無作為選定によって年 2 回以下の査察が実施される。

このように、民生用の化学物質については、申告と査察受入れの義務があるだけで、生産量の制限といった活動そのものに対する規制は原則として行われない。ただし、化学兵器以外の用途がほとんどない表 1 剤については、限定された目的（研究、医療、製薬、防護）のための生産等であること、年間総取得量およびいかなる時であれ保有する総量がいずれも 1 トン以下であること、その生産施設は原則として国の承認を得ることといった規制が課せられ（検証附属書第6部第2項、第8項）、さらに表1剤生産施設には化学兵器の廃棄検証に類似した厳格な検証が実施される。

②化学兵器の拡散防止

化学産業は、国内における生産活動などを通じて化学兵器を生産する能力を有しているだけでなく、化学物質の輸出などによって、他国における化学兵器の生産に寄与する可能性も有している。こういった化学兵器の拡散の問題は、CWC締結への大きな動因ともなったものであり、CWCでは、「化学物質に関する附属書」に掲げられた表剤に関して貿易制限を行うことによってこの問題に対処している。

すなわち、表1剤 に関しては、非締約国への移譲（輸出）は禁止され、締約国に対する場合であっても、許容された目的（研究、医療、製薬、防護）のためである場合に限って移譲が認められる（検証附属書第6部第3項）。表2剤に関しては、条約発効後3年間の猶予をおいて、非締約国への移譲（輸出）と非締約国からの受領（輸入）の双方が禁止される（検証附属書第7部第31項）。非締約国からの受領の禁止は、化学兵器の不拡散には必ずしも直結しないが、非締約国に条約加盟の誘因を与える（加盟すれば輸出先を確保できる）ことで、条約の普遍性確保に貢献することとなり、結果として化学兵器の不拡散に資することになる。表3剤については、非締約国に対する移譲（輸出）に**最終用途証明書**を要請することが求められる（検証附属書第8部第26項）ほか、条約発効5年後の締約国会議で、非締約国に対する表3剤の貿易制限措置の導入の必要性について検討するものとされているが（同第27項）、これまでに特段の決定は行われていない。

以上と類似した輸出管理の措置は、化学兵器関連の輸出管理レジームであるオーストラリア・グループ（AG）によっても実施されている。両者は、化学兵器の拡散防止という目的においては共通しているが、いくつかの相違点もある。第1に、CWCにおける貿易制限の対象は化学剤に限定されているが、AGの措置では化学剤に加えて関連機材も輸出管理の対象とされている。第2に、化学剤についても、CWCでは毒性化学物質と前駆物質の双方が対象となっているのに対して、AGでは前駆物質のみが対象とされているという違いがある。第3に、CWCでは表1剤、表2剤、表3剤のそれぞれについて異なった制度が適用され、基本的に非締約国への移転との関係で適用されるに留まるのに対して、AG ではすべての対象品目に対して一律の措置が、しかも建前上はすべての国との関係で適用されることになっている。

こうした違いは、両者の制度目的にかかる微妙な違いに由来するものと思われる。CWC は化学兵器の開発・生産・貯蔵等の全面的な禁止を目的としたものであるので、輸出管理の対象に毒性化学物質は当然含まれるし、化学剤の条約に与える危険度に応じて扱いも段階的に異なることになる。これに対して AG は、かつて欧州諸国から中東に輸出された民生用の化学剤や化学剤生産施設が化学兵器の生産に利用されたことに鑑みて結成されたものであることから、前駆物質のみを対象とし、他方で関連機材を含み、また、新たに生じうる具体的な懸念に対応して随時迅速に資機材の追加指定ができるように、細かな扱いの区分はなされていないのである。

5 申立査察

以上にみてきたように、締約国は CWC 上、申告や廃棄を含めさまざまな義務を負うことになるが、それらの義務が実際に遵守されているか否かを確認するのが査察を中核とする検証措置であり、化学兵器や化学兵器生産施設の廃棄に関しては廃棄検証が、産業施設の活動に関しては産業検証が設けられている。しかし、それらの検証措置は、基本的に申告された化学兵器や施設に対して行われるのであって、申告義務に違反して申告されなかったものに対しては無力である。そして、とりわけ開発や生産の禁止に対する違反は、核兵器分野における前例(イラクにおける核開発など)からも、未申告の施設で行われるのが通常であろう。そこで、条約違反の懸念を解決することを目的として、拒否権のない**「申立てによる査察」**(申立査察)の制度が、この種の多数国間軍縮条約としては初めて設けられることになった(第 9 条 8 項以下)。

申立査察の手続は、条約違反の懸念を持った 1 締約国の要請によって開始されるが、常に自動的に実施されるわけではなく、執行理事会は全理事国の 4 分の 3 の多数決で査察の中止を決定することができる(第 9 条 17 項)。これは、査察要請権の濫用を防止するための一種のフィルター機能である。しかし、理事会が中止を決定しない限り、申立査察は自動的に実施され、被査察国はこれを

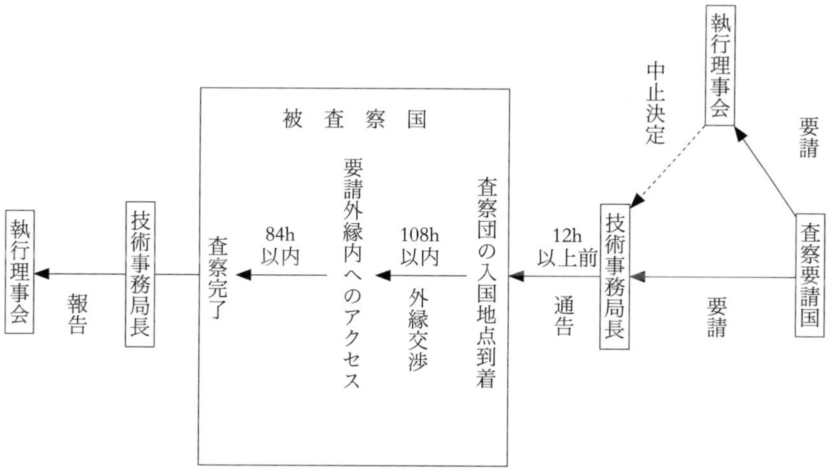

図 5-1　申立査察手続きの概要

拒否することができない。

被査察国に対しては、査察団の入国地点到着の 12 時間以上前に査察の通告が行われる。査察員は、入国後ただちに査察施設へ移動して査察を実施するわけではない。申立査察は条約違反の懸念を解決する目的でのみ行われるのであるから、無関係な設備・情報等の保護のため、被査察国は、査察対象区域（範囲を外縁で示す）を最終的に確定すべく査察団と交渉を行うことができる（外縁交渉）。しかし、いずれにせよ被査察国は、査察団の入国地点到着後 108 時間（4 日半）以内に、査察要請国が要請した外縁（要請外縁）内でアクセスを提供するよう義務づけられている（検証附属書第 10 部第 19 項〜第 21 項、第 39 項）。

要請外縁内でのアクセスも無制限ではなく、いわゆる「管理されたアクセス（managed access）」の手法が適用される。すなわち、化学兵器とは無関係な設備や情報の保護のため、被査察国は査察団との交渉により、設備への覆い、サンプル分析の制限、無作為選定によるアクセスなどの措置をとることが認められる。他方、このような措置がとられた場合には、被査察国は、それらの物件等が違反の懸念とは無関係であることを証明するため「あらゆる合理的な努力」を払うものとされる（同第 48 項、第 49 項）。

査察の結果は、OPCW の事務局長を通じて執行理事会に報告され、理事会は、違反の有無、査察要請権の濫用の有無などを「検討（address）」するが（第9条22項）、違反の有無について理事会が判定する権限を有している旨は明記されていない。これは、違反がない旨の判定がなされた場合には単独で制裁を実施する正当性が失われることともなりかねない点を懸念したためであるといわれる。

ただし、違反の有無に関連して執行理事会は、適当な場合には、当該締約国に対し一定の期間内に是正措置をとるよう要請するものとされ、是正措置がとられない等の場合には、締約国会議に対して具体的な勧告を行い、締約国会議は、当該締約国の条約上の権利・特権の制限や停止を含む措置を決定できるものとされる（第8条36項、第12条2項）。また、執行理事会も締約国会議も、特に問題が重大な場合には、国連総会と安保理の注意を喚起するものとされる（第12条4項）。後述のシリアの権利・特権の停止は、上記を実施したものである。

以上のように申立査察の制度は、制度そのものとしては実効性の高いものと考えられるが、実践としては、これまでに実施されたことはなく、それどころか実施が要請されたこともない。現実に違反の懸念がないのであれば、申立査察の要請がなされないとしても何ら問題ないが、実際には他の締約国によるCWC違反の疑惑が公然と指摘されることがある（たとえばアメリカによるイランやスーダンに対する批判など）。このように違反の可能性が公然と語られながら、申立査察の要請がまったくなされないとすれば、申立査察という制度の存在意義さえ疑問視されるということにもなりかねない。

申立査察が要請されない理由として最も大きいのは、査察結果にかかる不確実性であろう。湾岸戦争後のイラクにおける国連特別委員会（UNSCOM）（第7章4節参照）の強制的な査察の経験からも明らかなように、化学兵器に関する検証は容易ではない。ましてや条約ベースの（拒否権はないにしても）比較的緩やかな査察である。申立査察の結果、「違反の証拠なし」との「結論」が出る可能性も十分ある。申立査察の結果がそのような結論に至るとすれば、それはOPCWによる権威ある「結論」として、その後は各国が疑惑国に対して単独で行うことのある「制裁」が極めて困難なものとなるであろう。申立査察の要請にはこうした「リスク」がある。加えて、そのような「結論」は、申立査察のターゲットとなった国に対し、報復的な申立査察の要請に恰好の口実を与えることにもなろう。そもそも違反を前提とした査察要請には政治的なハードルが高いことに加えて、こうした要素が申立査察の要請が行われない原因となっているように思われる。

とはいえ、申立査察が実施される「可能性」が常に存在することは、条約違反の抑止にとって極めて重要である。それゆえOPCWでは、要請があればいつでも申立査察が実施できるような態勢にあることを示すため、申立査察の訓練を実施している。

第3節　化学兵器禁止条約の実施状況

1　条約への参加状況

1997年4月29日に発効したCWCは、現在、193の締約国を擁する（2022年6月現在）。軍備管理・軍縮条約の代表的存在であるNPTの締約国が191カ国であることを考えると、いかにCWCの普遍性が高いかが分かる。CWCがこれだけ多数の国の参加を得ることができたのは、その非差別的性格、加盟の誘因ともなる貿易制限措置などによるものと思われる。CWCの締約国は、その数だけでなくその質の点でもNPTを凌ぐ。193の国の中には、米ロ両国をはじめとするすべての安保理常任理事国のほか、主要先進国、地域大国などが含まれているのみならず、これまで化学兵器の保有を疑われてきた多数の国が含まれており、最近では2004年1月のリビアによる加入、2009年1月のイラクによる加入、2013年9月のシリアによる加入が注目される。現在の未加入国は、エジプト、イスラエル、北朝鮮などごく少数をかぞえるにすぎない。

2　化学兵器の廃棄

条約の発効と同時に、その実施を確保するための機関としてOPCWが発足し、条約に基づく各種申告の受領と、申告内容を確認するための査察を実施している。化学兵器および化学兵器生産施設の保有国は、まず冒頭申告でその事実を申告することになるが、化学兵器については、その保有が公知であった米ロ両国に加えて、インド、韓国がその保有を申告し、その後アルバニアが化学兵器を「発見」したとして、さらには最近加入したリビア、イラクおよびシリアが申告しているので、CWC締約国である化学兵器「保有」国は8カ国（総計約

7万トン）ということになる。このように、CWCの第1の存在意義は、これまで化学兵器の保有を疑われてきた国が現に化学兵器を保有しているか否かが明らかとなり、また、これまで保有を疑われてこなかった国による化学兵器の保有が明らかとなり、さらには、それらの保有国による化学兵器の廃棄が（検証付きで）確保されることによって、安全保障上の懸念の源泉の1つである不確実さからくる不安の解消へとつながることになった、というところに見出すことができる。化学兵器生産施設については、アメリカ、ロシア、イギリス、フランス、中国、日本（オウム真理教関連＝本章クローズアップ参照）、インド、イランなど14カ国がその（現在または過去の）保有を申告している。

これらの申告された化学兵器および化学兵器生産施設は、条約規定に従って廃棄されることになるが、化学兵器の廃棄状況は必ずしも芳しくない。全体としては、申告された化学兵器の99%が廃棄されており（2022年6月現在）、アルバニア、インド、韓国、ロシア、リビアはすでに廃棄を完了している。イラクについても、2017年に廃棄を開始し、生産施設も含めて2018年には廃棄完了が確認されたとされる。申告された化学兵器の廃棄がなお継続中であるのはアメリカのみであるが、シリアにおいては未申告の化学兵器の存在が疑われている（後述）。

以上の諸国の中で、条約上の廃棄義務との関係が問題となったのは、アメリカ、ロシア、リビアの3カ国である。イラクおよびシリアは、いずれもCWCの発効から10年（2007年4月）以上が経過してCWCに加入したため、条約発効から10年以内の廃棄完了というルールが適用されず、それぞれに別途廃棄手順や検証手続が執行理事会によって決定される制度になっているからである（第4条8項）。

CWCに定める化学兵器の最終的な廃棄期限は、2012年4月29日であった（条約発効から10年+5年）。しかし、2011年段階での上記3カ国による廃棄の状況は、最終廃棄期限内に廃棄を完了できるようなものではなかった（それぞれ90%、60%、40〜50%を廃棄）。そこで、OPCWは、2011年11月の第16回締約国会議において「最終延期期限（Final Extended Deadline）2012年4月29日に関する決定」を採択し、上記3カ国は、①可能な限り短期間のうちに廃棄を完了すること、②執行理事会に詳細な廃棄計画（廃棄完了予定日を含む）を提出すること、③執行理事会、締約国会議および再検討会議に廃棄の進捗状況を提出すること、などを決定した。これによって上記3カ国がCWCの廃棄義務に違反した事実が消えるわけではないが、締約国会議の圧倒的多数（101対1（イラン）で採択）が、通常の条約違反とは異なる微温的な対応で対処することに理解を示した結果である。

アメリカ、ロシア、リビアは、それぞれ2023年9月、2015年12月、2016年12月を廃棄完了予定日とする廃棄計画を提出した。ロシアはその後、2020年12月を廃棄完了予定日とする修正を行ったが、2017年9月に廃棄を完了した。リビアでは、内戦状態において廃棄未了の化学兵器が非国家主体の手に渡ることが懸念され、執行理事会の決定を受けた2016年7月の国連安保理決議2298に基づき、その廃棄のために他の締約国から支援を受けることとなった。リビアは、同年8月に残存化学兵器の国外搬出（ドイツ）を完了させ、ドイツでの廃棄も2017年11月に完了した。

なお、化学兵器生産施設については、申告された14カ国の全97施設が廃棄されたか（74施設）、民生転換（23施設）を完了している。

3　遺棄化学兵器と老朽化化学兵器の廃棄

廃棄期限の問題は遺棄化学兵器との関係でも存在する。遺棄化学兵器の廃棄も、原則として通常の貯蔵化学兵器の廃棄と同様の制度に従うものとされている（検証附属書第4部B第17項）が、後述のような特例が認められているため、やや微妙な解釈問題もある。

これまでに自国領域に遺棄化学兵器が存在するとして申告を行ったのは、中国、イタリア、パナマ、シリアの4カ国であるが、遺棄国としての申告を行ったのは日本のみである。前述のように、遺棄国が特定される場合の遺棄化学兵器の廃棄義務が実質的には遺棄国にのみかかってくること、そして中国に遺棄された化学兵器の量を想起すれば、遺棄化学兵器の廃棄問題は、とりわけ日本問題であった。

日本は、1997年5月に、中国のハルバ嶺に「推定約67万発」の遺棄化学兵器がある旨の申告を行った（その後2005年12月に「暫定的な推定で30～40万発」に修正申告）が、中国もCWCの締約国となったことから、その廃棄のためのすべての資源は、先に述べたように、遺棄締約国である日本が提供することになった。

その後1999年7月に、日中間で廃棄に関する基本的な枠組みを定めた「日本国政府及び中華人民共和国政府による中国における日本の遺棄化学兵器の廃棄に関する覚書」が署名され、中国各地で発掘・回収の作業が行われることになった。本格的な廃棄作業は2010年10月に南京において開始されたが、最大の埋設地であるハルバ嶺では、その時期には発掘・回収作業すら開始されておらず、設定されていた2012年4月29日廃棄期限が守られる見込みはなかった。しかし、にもかかわらず、アメリカ・ロシア・リビアの残存化学兵器に関する決定が行われた2011年11月の第16回締約国会議では、遺棄化学兵器問題については何らの決定も採択されなかった。これは1つには、遺棄化学兵器の問題は締約国会議ではなく、基本的に執行理事会において扱うこととされていたためである（検証附属書第4部Bの各規定）。

実際この問題は、2012年2月の執行理事会において取り上げられ、中国の遺棄化学兵器について、①廃棄は日中両国が理事会に報告した廃棄計画に基づいて継続すること、②日中両国は執行理事会に廃棄の進捗状況を報告すること、などが決定された。①の廃棄計画によれば、ハルバ嶺の遺棄化学兵器については、2022年中の廃棄完了を目指して「最善の努力を払う」とされ、その新たな「期限」は必ずしも厳格なものとはなっていない。その他の申告遺棄化学兵器についても、できる限り2016年中の廃棄完了を目指して「最善の努力を払う」ものとされた。このように、同じ廃棄期限問題であるにもかかわらず、遺棄化学兵器の扱いは貯蔵化学兵器とは異なるものとなったが、それは遺棄化学兵器の廃棄には複数の国（領域国と遺棄国）が関係すること、遺棄化学兵器は新たに発見される可能性があることなど、貯蔵化学兵器にはない困難がある点を反映したものと思われる。

法的な観点から注目すべきは、中国遺棄化学兵器の廃棄は2012年4月29日までに完了しなかったけれども、だからといって日本がCWCに違反したとはいえないという点である。CWC検証附属書第4部B第18項によれば、締約国は相互に遺棄化学兵器の廃棄に関する協定／取決めを締結することができ、それが遺棄化学兵器の廃棄を確保するものであると認める場合には、執行理事会は、当該協定／取決めがCWCに定める廃棄に関する規定に「優先する」ことを決定できるとされる。日中両国が執行理事会に報告した廃棄計画は、そのような「取決め」であり、2012年2月の執行理事会の決定は、上記第18項に従った、日中間の取決めの優先を認める決定であると考えることができる。そうであれば、そしてこの決定が2012年4月29日の廃棄期限の2カ月前に採択されたことを想起すれば、新たな廃棄計画が2012年4月29日の廃棄期限の到来前に同期限に取って代わったのであり、中国遺棄化学兵器の廃棄期限に関しては、CWC違反の問題は生じなかったということができる。

なお、2012年の執行理事会で決定された廃棄計画において、ハルバ嶺以外の遺棄化学兵器については、2016年中の廃棄完了を目指して最善の努力を払うものとされていたが、2017年3月の執行理事会において、それらの遺棄化学兵器についても、ハルバ嶺の遺棄化学兵器の場合と同様、できる限り2022年中の廃棄完了を目指して最善の努力を払う、とする新たな廃棄計画が承認された。

遺棄化学兵器と一部重複することのある老朽化化学兵器については、約20カ国が申告を行っており、多くの国では廃棄が進められているが、申告した場合の廃棄の負担から、申告しない例もあるといわれる。また、海洋投棄された化学兵器（その多くは老朽化化学兵器に該当する）は1,600万トンにものぼるといわれるにも拘らず、そのままにしておくのが安全との判断で、特段の危険等がない限り本格的な回収活動は行われないのが通常である。バルト海では、漁船の網にかかる化学兵器も少なくないが、自国が生産したものでもないのに廃棄義務が生ずるのは困るとして申告がなされていないようである。

4　シリアの化学兵器

シリアの内戦において2012年頃から化学兵器の使用疑惑が生じ、欧米諸国はシリア政府による使用として非難し、ロシアは反政府勢力による使用として非難するという構図が続いたが、2013年7月になって、国連とシリアが調査実施で合意し、8月に**国連調査団**がシリアに入国した。ところが、その調査が実施されている最中の8月21日にダマスカスのグータ（Ghouta）地区で比較的大規模な化学兵器（サリン）の使用があり、調査団の報告書にもその事実が記載された。

この国連調査は、国連総会決議（国連事務総長調査手続）に基づくものであるが、その制度上、化学兵器の「使用者」を特定する権限までは与えられておらず、使用の事実のみが報告書に記載されるにとどまった。その後2014年に設置されたOPCWの事実調査団（FFM）による調査も同様であった。そこで安保理は、2015年8月に国連安保理決議2235を採択し、使用者を特定するための「OPCW・国連共同調査メカニズム（Joint Investigative Mechanism: JIM）」を設置した。JIMは2016年～17年に提出した報告書において、シリア政府軍が2014年と15年に塩素ガス等を、17年にサリンを使用したこと、イスラム国が2015年と16年にマスタードを使用したことなどを認定している。

JIMがシリア政府軍による使用を認定したことなどを受けて、JIMの任期延長決議案がロシアの拒否権によって阻まれ、2017年11月にはJIMはその任務を終了することとなった。そこで、西側諸国が中心となって問題を安保理からOPCWに移し、2018年6月にはOPCW特別締約国会議を開催して、FFMが化学兵器の使用を認定した／する事案でJIMが使用者を報告するに至っていなかったものにつき、使用者を特定するための決定を採択した。この決定を受けて設置された「調査・特定チーム（Investigation and Identification Team: IIT）」は、2019年6月に活動を開始し、2020年4月には2017年3月のケースにつきシリア空軍によるサリン等の化学兵器の使用を認定する報告書を公表したが、ロシアはこうした動きをOPCWの越権行為であるとして批判している。

シリアの化学兵器の廃棄に関しても、OPCWと国連は協働して対処した。2013年9月27日、OPCWの執行理事会は、シリアがすべての化学兵器の廃棄を2014年6月末までに完了すること、OPCWの要員に対してシリアのすべての場所への「即時で無条件の査察権」を付与することなどを決定したが、安保理も同日、国連安保理決議2118を全会一致で採択し、シリアはOPCW執行理事会の決定のすべての側面を遵守することを決定するとして、OPCWの決定に法的拘束力を付与した。

その後2013年11月に採択された別のOPCW執行理事会決定に定める詳細な廃棄手続に従い、シリアの大部分の化学兵器は、国外に搬出して廃棄されることになった。実際には、自国領域内での廃棄を引き受ける国が現れなかったため、大部分の廃棄は洋上のアメリカ船（Cape Ray号）上で行われるという経緯を辿ったが、その作業は2014年8月に完了し、シリアの申告した化学兵器の全体としての廃棄も2015年末に完了した。この作業の過程でOPCWと国連は、「OPCW・国連共同ミッション」という組織を立ち上げ（特別調整官シグリッド・カーグ（Sigrid Kaag））、OPCWは廃棄検証を担当し、国連はシリア政府や反政府勢力との調整や安全確保、交渉支援などを担当するという形で、2つの国際機関が緊密な関係を保ちながら協働するという重要な先例を作り出した。

しかし、シリアの申告の正確さと完全さについては、繰り返される化学兵器の使用もあって、早くから疑念がもたれてきた。OPCWは2014年に「申告評価チーム（Declaration Assessment Team: DAT）」を発足させ、同チームをシリアに派遣して、申告「ギャップ」を解決するためシリア当局と協議するなどの活動を続けているが、なお解決には至っていない。こうしたことから締約国会議は、2021年4月、CWC第12条2項に基づいてシリアの権利・特権を停止する決定を採択した。

シリアにおける化学兵器の使用は、内戦における化学兵器の使用をめぐる国際法の発展にも大きな影響を与えることとなった。シリアの化学兵器廃棄に関する上記の国連安保理決議2118が、その本文において、「国際法に違反するシリアにおける化学兵器のあらゆる使用、とりわけ2013年8月21日の攻撃を最も強い言葉で非難する」と述べたからである。この国際法に違反するという評価は、とりわけ2013年8月の化学兵器使用に関するものであるが、その当時シリアは、内戦における化学兵器の使用を禁止してはいないと考えられるジュネーブ議定書には加入していたが、「いかなる場合にも」化学兵器の使用を禁止する（したがって内戦における使用も禁止していると解釈する可能性も排除されない）CWCには加入していなかった。しかもこの時点では、まだ「使用者」が不明な段階であったことから、決議の「国際法に違反する」という評価は、慣習法上、内戦において政府のみならず叛徒も化学兵器の使用を禁止されるという評価であったことになる。

第4節　化学兵器禁止の展望

以上、化学兵器の軍備管理・軍縮の歴史と現状を概観してきたが、最後に化学兵器の軍備管理・軍縮をめぐる今後の課題について述べておきたい。課題の第1は、いうまでもなくその廃棄の完了である。この点で、最大の化学兵器大国であるアメリカが廃棄を完了できていない事実は重大である。とはいえ、同国は廃棄義務へのコミットを繰り返しており、廃棄完了の遅延問題は早晩解決することが期待される。同様のことは、(より長期を要するかもしれないが)遺棄化学兵器についてもいえよう。したがって、より長期的な観点からの課題は、化学兵器全廃後にCWCとOPCWが果たすべき役割は何かということになる。この点については、OPCW事務局長の任命した「OPCWの将来計画に関する諮問委員会」(ロルフ・エケウス(Rolf Ekeus)委員長)が、2011年7月の報告書において、「現存する貯蔵化学兵器および老朽化・遺棄化学兵器の廃棄の終了と共に、注意は化学兵器能力の政府および非政府実体への潜在的な拡散に向けられなければならない」と指摘していた点が注目される。

化学兵器の廃棄が「軍縮」であるとすれば、OPCWの任務の重点は今後、軍縮から「不拡散」へと移行することになろう。CWCに従えば、不拡散確保におけるOPCWの主要な任務は産業検証ということになろうが、すでに述べたように、民間の産業界が化学兵器に関心を持つことは考えがたく、化学兵器開発が行われるとすれば、それは政府の管理下にある未申告の施設において、ということになる可能性が高い。そうであれば、CWCにおける申立査察の役割が重要となってくるが、これもすでに述べたように、申立査察が発動される可能性は高くない。申立査察要請の政治的な敷居の高さを考えると、その活性化も容易ではない。したがって、拡散の危険が真に高まってくれば、国際原子力機関(IAEA)が1997年5月に採択したモデル追加議定書(申告ベースの包括的保障措置協定では実効性に欠けるとして、政治的な敷居が低い形で未申告施設へのアクセスを可能にする議定書)のような文書の作成など、何らかの新たな対応が必要となるかも知れない。

第3に、CWC第7条に基づく国内実施義務(国内私人による化学兵器の生産・使用等を禁止し、違反者に罰則を科する法令の制定などを義務づける)の履行状況がなお芳しくない現状からは、国内実施の強化に重点を置いた取組みも求められる。国内実施の促進は、単に条約実施の1側面というだけでなく、私人たるテロリストの取締り(化学テロの防止)という観点からも、是非とも取り組むべき課題である。この点については国際刑事裁判所（ICC）の文脈において、一定の発展（内戦における化学兵器使用の犯罪化）が見られるが、国内における化学兵器の使用との関係におけるICCの利用にはいくつかのハードルがあることを考えると、CWCの国内実施の促進は、なお重点的に取り組むべき重要課題であるといえよう。なお、2017年2月のマレーシアにおける金正男殺害事件や、2018年3月のイギリスにおけるスクリパリ殺害未遂事件など、化学テロは必ずしも私人によるものには限られない点にも注意しなければならない。

最後に、193もの国が加入するCWCにも未加入の国がある。それら諸国の加入を確保して、CWCを真に普遍的な条約とすることも、以上の諸点に劣らず重要な課題である。

（追記）

本稿再校後の2023年7月7日、OPCWはアメリカによる化学兵器の廃棄完了を発表した。これによって、CWC締約国が保有を申告した7万2304トンに上る化学兵器の廃棄がすべて完了したことになる。

また、ロシアがウクライナ戦争においてCWCに違反しているとの疑惑が高まっており、2024年5月にはアメリカ国務省が、ロシアはウクライナ戦争においてCWCに違反して化学兵器クロロピクリンを使用し、暴動鎮圧剤を戦争の方法として使用したとして非難する声明を発表している。

クローズアップ⑤：オウム事件と化学兵器禁止条約

松本サリン事件（1994年）と地下鉄サリン事件（1995年）を引き起こしたオウム真理教関係者の当時係属中であった裁判は、2011年12月にすべての判決が確定したが、その直後の2011年12月末に長期間逃亡していた平田信が出頭して裁判となり、その判決も2016年1月に確定した。こうしてオウム真理教が実際に両事件を引き起こし、また70トンともいわれるサリン製造のためのプラントを建設したことは、司法の場においても確認されたが、それらの事実は、化学兵器禁止条約との関係でいかなる意味を持つのか。

第1に、両サリン事件の関係者は、殺人罪などによる処罰の対象とはなるが、サリンを製造すること自体は、化学兵器禁止条約以前にはまったく規制されていなかったため、サリン製造の事実だけをもって処罰されることはなかった。しかし、化学兵器禁止条約では、表1剤たるサリンは、その生産施設や生産量に関して厳格な規制を受けることになっただけでなく、条約における規制を締約国の国内においても実施すべく、締約国に国内実施法の制定を義務づけている。わが国の国内実施法である1995年の「化学兵器の禁止及び特定物質の規制等に関する法律」（化学兵器禁止法）では、表1剤の製造は許可制とされ、無許可製造には3年以下の懲役もしくは100万円以下の罰金（または併科）が科される。また、化学兵器を使用して、充填された毒性化学物質を発散させた場合には、無期もしくは2年以上の懲役または1000万円以下の罰金が科される。

なお、同時期に「サリン等による人身被害の防止に関する法律」（サリン法）も制定され、サリン等（サリン以上またはサリンに準ずる毒性物質）を発散させて公共の危険を生じさせた場合には無期または2年以上の懲役、無許可のサリン等の製造・所持には7年以下の懲役が規定されている。同法は、化学兵器禁止法では無許可の「所持」に対する罰則が緊急逮捕（令状不要）の要件を満たしていないことなどを受けて制定されたものである。

第2に、オウムのサリン製造プラントについては、化学兵器禁止条約発効以前の建設ではあるが、化学兵器禁止条約上、化学兵器生産施設として廃棄の対象となる。1946年以降に建造された、表1剤を生産する生産能力1トン以上の設備と建物、という化学兵器生産施設の定義の1つに該当するからである（第2条8項）。わが国は、オウム真理教の第7サティアンを化学兵器生産施設として申告し、化学兵器禁止機関の査察を受けた後、1998年に廃棄し、1999年にはその廃棄が認証されている。

（浅田正彦）

第６章
生物兵器の禁止

阿部達也・天野修司・田中極子

本章のねらい

生物兵器は、人や動植物に対して感染症の人為的な流行を引き起こすことを目的とする。生命科学分野の技術発展と普及は、感染症の脅威から人類を解放する上で大きな貢献を果たしてきた。その一方で、感染の仕組みに関する知識や技術、予防や治療手段の進歩は同時に、生物兵器の研究開発にも用いられることとなった。こうした科学の二面性を効果的に管理する方法を、われわれ人類はまだ見いだせず、生物兵器の脅威を警告する声は収まらない。本章では、第１にこうした生物兵器の歴史的背景と現在における課題を概略する。第２に、生物兵器禁止条約を取り上げ、国際社会がどのように生物兵器の禁止を規範化し実現しようとしてきたか論じる。第３に生命科学分野の技術発展に伴い、新たな生物兵器の出現に対する懸念が高まる中で、科学者を中心とした取組みと課題を検討する。第４に、軍縮・不拡散分野におけるジェンダー主流化の問題を、生物兵器の禁止の文脈でどのように取り上げられているかを概略する。

第1節　生物兵器禁止の意義

1　生物兵器の特徴

1969年、ウ・タント（U Thant）国連事務総長は、『化学・細菌（生物）兵器とその使用の影響に関する報告書』において、戦争用の細菌（生物）剤とは、「性質は何であれ、生きた微生物またはそれに由来する感染性物質」であり、「人、動物または植物に病気を起こしたり、これを殺したりすることを目的とするものであり、これが効果を及ぼすには攻撃の的になった人体、動物、植物のなかで増殖することが必要」と定義した。同報告書では、生物剤の特徴として、「生き物であるため、日光、湿度やその他の環境要因の影響を受けやすく、安定性が乏しい欠点があるが、潜伏期があるために数日から数週間にわたり発症する可能性があり、伝染性の病原菌の中には人や家畜から広まって流行したり、渡り鳥や旅行者とともに移動することにより遠隔地に運ばれる場合もあり、拡散の規模は大きい」と指摘している。

古くは12世紀から13世紀ごろに、交戦国が敵を弱らせる目的で、ペストに冒された患者の死骸を城壁越しに投げ込んだり、18世紀のアメリカで天然痘に汚染された毛布やハンカチを先住民に贈る等の方法で生物剤が使用された例が戦史に残されている。1925年には国際連盟が主催した武器取引取締会議で、戦争において毒性ガスの使用を禁止するとともに、細菌学的手段の使用を禁止する**ジュネーブ議定書**が採択された。ジュネーブ議定書は生物兵器の保有を禁止しておらず、第2次世界大戦においては、米、英、旧ソ連、仏、独、カナダおよび日本が生物兵器の研究開発をおこなったことが明らかになっている。他方で、近代戦において生物剤が兵器として効果的に軍事使用された例は存在していない。特に第2次世界大戦以降、核兵器が国際政治の中心として存在するようになると、軍事的な生物兵器の重要性はさらに軽減している。

その反面、生物兵器は、細菌や微生物により、ヒトへの感染を通して作用するため、少量の培養で製造可能である。そのため、容易に隠滅することができ、また自然発生的か人為的な製造かの特定が難しく、生物兵器の開発や製造の疑いを検証することが難しいことも生物兵器の特徴である。さらに、潜伏期間があり原因の追求が容易でないことから、テロリスト等により社会的パニックを呼ぶ目的で使用される可能性もある。昨今では生命科学分野における急速な科学技術発展により、社会に恩恵をもたらす技術が、次世代の生物兵器を生み出すために使用される危険性も指摘されている。

2　生物兵器禁止の課題

第 2 次世界大戦後には、それまで生物兵器の研究開発を行っていた国々が順次プログラムの放棄を決定し、生物兵器の開発、製造、貯蔵を禁止する動きが活発になった。英国は 1950 年代初頭には、米国やカナダと共同で大規模な生物兵器の研究、開発および試験プログラムを有していたが、1957 年になると生物兵器による攻撃の選択肢を自ら放棄し、専ら生物兵器が使用された場合の対応に特化した防衛用の計画に限定することを決定した。米国も、1969 年にニクソン（Richard Nixon）大統領が生物兵器プログラムの中止を決定した。カナダも 1970 年に、軍縮委員会会議（CCD）にて、生物兵器を保有する意図はない旨の声明を発表した。米国や英国によるこうした動きを受けて、1972 年 4 月 10 日に生物兵器禁止条約（BWC）が成立し、1975 年に発効した。なお、ソ連は BWC 発効後も生物兵器の開発を継続し、ソ連崩壊まで大規模な生物兵器計画の疑惑が持たれてきたが、1992 年 4 月、エリツィン（Boris Yeltsin）大統領はロシア国内において BWC 違反となる活動をすべて停止することを決定した。

こうして大国による生物兵器開発の時代は過去のものとなったが、近年では途上国やテロリスト等の非国家主体への生物兵器の拡散が国際的に懸念されている。たとえばイラクのフセイン（Saddam Hussein）政権は 1960 年代に生物・化学兵器計画を立ち上げ、国外の様々な供給源から病原微生物株を取り寄せて研究していたことや、大学での研究用として米国の基準菌株を用いて炭疽菌などの病原菌を入手していたことが明らかになっている。また、北朝鮮による生物兵器の開発疑惑も継続している。非国家主体が用いた例としては、1995 年に日本においてオウム真理教（第 7 章 2 節参照）がボツリヌス菌等の生物兵器開発を行っていたことがあげられる。また 2001 年には米国で炭疽菌の乾燥微粒子を郵送して無差別殺傷を行った**炭疽菌郵送事件**が発生し、バイオテロに対する脅威認識が高まった。これらは、合法的に存在した病原菌が、悪意ある主体の手によって生物兵器に転用された例でもある。

上述のとおり、生物兵器の開発計画や製造は探知することが困難であるため、生物兵器計画を未然に防ぐ予防措置に重点が置かれるようになっている。予防措置には、研究室の**バイオセキュリティ**や、研究者に対する意識向上のための行動規範の策定が含まれる。特に2014年に西アフリカ諸国で大量の死者を出した**エボラ出血熱**の流行や、2020年に世界的流行を招いた**新型コロナウイルス(COVID-19)**を契機として、公衆衛生や健康の安全保障と関連付けて、生物兵器の不拡散やバイオセキュリティの重要性が再確認された。生物兵器の禁止及び不拡散の問題は、安全保障、法執行、公衆衛生、学術界を含む分野横断的な視点が求められ、経済政策や財政政策上の制約、科学技術政策のあらゆる側面からなる公共政策課題として捉えるべき問題となっている。

(田中極子)

第2節　生物兵器禁止条約

1　条約成立の背景

生物兵器禁止条約(正式名称は「細菌兵器(生物兵器)及び毒素兵器の開発、生産及び貯蔵の禁止並びに廃棄に関する条約」:以下、「BWC」とする)は生物兵器を禁止する多数国間軍縮条約であり、1つのカテゴリーの兵器を全面的に禁止する第2次世界大戦後初めての条約として意義を持つ。ジュネーブの軍縮条約交渉枠組である軍縮委員会会議(現在の軍縮会議)は、1968年に核兵器不拡散条約が成立したことを踏まえて、次の課題として生物兵器と化学兵器に関する条約の交渉に着手した。当初は両兵器を対象とする交渉が行われていたものの、実戦における使用実績の有無、軍事的な有用性、実際の保有状況などに差がみられることから、英国の提案により生物兵器を先行させることになった。とくに、1969年11月の米国ニクソン大統領による生物兵器開発計画廃棄宣言は交渉を促進させる大きな契機となった。BWCは最終的に1971年に国連総会で採択され、1972年4月10日に署名開放された。

2　条約の内容

①条約の構成

BWC は前文全10項と本文全15条によって構成される。前文には条約作成の背景や条約の理念・目的が定められている。本文には生物兵器の禁止と廃棄の義務に係る実体的規定、条約上の問題および条約の違反に対処するための手続的な規定、その他の規定が盛り込まれている。ただし、条約の作成時点で生物兵器を保有している国は存在しないと考えられていたこともあり、条約の履行を確保するための検証制度は備えていない。

②前　文

前文は、とくに、生物兵器が使用される可能性の除去と生物兵器を含む大量破壊兵器軍縮の必要性を強調する。前者については、1925年のジュネーブ議定書に3項にわたり言及し、さらに「全人類のため、兵器としての細菌剤（生物剤）及び毒素の使用の可能性を完全に無くすことを決意し」、「このような使用が人類の良心に反するものであること及びこのような使用のおそれを最小にするためにあらゆる努力を払わなければならないことを確信し」ている。後者に関しては、核兵器不拡散条約（NPT）の前文の文言——「厳重かつ効果的な国際管理の下における全面的かつ完全な軍備縮小」、「効果的な措置」、「諸国民間の信頼の強化」——を用い、先送りされた化学兵器軍縮にも触れることによって、生物兵器軍縮の大量破壊兵器軍縮の1つとしての位置づけを明確にしている。

③実体的な義務

第1条から第4条は締約国に実体的な義務を課す。条約の中で最も重要な規定であり、原材料に汎用性のある兵器の全面禁止を実現するアプローチの特徴がよく現れている。第1条は生物兵器に係る活動の禁止義務である。生物兵器の原材料には汎用性があることから、これを考慮していわゆる一般目的基準を採用し、「微生物剤その他の生物剤」と「毒素」が目的に応じて禁止されている。すなわち、「微生物剤その他の生物剤」と「毒素」は、種類と量が「防疫の目的、身体防護の目的その他の平和的目的による正当化」のできない場合に禁止される。また、「微生物剤その他の生物剤」と「毒素」を「敵対的目的のために又は武力紛争において使用するために設計された兵器、装置又は運搬手段」は禁止される。ただし、「微生物剤その他の生物剤」と「毒素」については、「原料と製法のいかんを問わない」と規定されるのみで、詳細な定義はなされていない。この基準の採用により、条約作成時には存在しなかった「微生物剤その他の生物剤」または「毒素」であっても、これを新たに兵器として開発・生産・貯蔵・取得・保有することの禁止が確保されることになった。

第2条は生物兵器の軍縮義務である。第1条によって禁止の対象となる「すべての微生物剤その他の生物剤、毒素、兵器、装置及び運搬手段」を保有しまたはこれらが自国の管理・管轄下にある場合、条約それ自体の発効後9カ月以内にこれらを廃棄しまたは平和的目的のために転用しなければならない。廃棄または転用は全面禁止から導かれる論理的な帰結である。期限の設定によって全面禁止の実効性はより高められたといえる。なお、廃棄または転用の際は、「住民及び環境の保護に必要なすべての安全上の予防措置」をとることが求められる。

第3条はNPT第1条をモデルにした不拡散義務である。第1条によって禁止の対象となる「すべての微生物剤その他の生物剤、毒素、兵器、装置又は運搬手段」の他者への移譲とこれらの製造・取得についての国・国の集団・国際機関への援助・奨励・勧誘は禁止される。

第4条は国内実施義務である。第1条の禁止事項が自国の領域および自国の管轄・管理下において確保されるために、「自国の憲法上の手続に従い」、必要な措置をとらなければならない。ここにいう「必要な措置」は要するに国内法令の制定である。この義務によって、生物兵器の禁止は、国際平面における締約国の関係にとどまらず、国内法令を通じて締約国の領域および管轄または管理下の自然人および法人も対象に含むことになった。

以上の実体的義務に着目すれば、条約の作成時点で生物兵器を保有している国は存在しないと考えられていたとはいえ、BWCには原材料に汎用性のある兵器の全面禁止を実現するアプローチの特徴がよく現れており、締約国がこれらの義務を完全に履行する限りにおいてその目的は実現されうるものだったと評価できるだろう。これらの特徴は1993年に成立した化学兵器禁止条約にもさらに詳細な形で反映されている。

④手続的な規定

第5条から第7条は条約上の問題および条約の違反に対処するための手続的

な規定を置く。第5条は一般的な協議・協力について定める。締約国は、「この条約の目的に関連して生ずる問題」または「この条約の適用に際して生ずる問題」の解決に当たり相互に協議し協力することを約束する。協議・協力は、国際連合の枠内で国連憲章に従い、適当な国際的手続により行うことができる。

第6条は義務違反の申立手続である。締約国は、他の締約国による条約上の義務違反を国連安全保障理事会に申し立てることができる。2022年10月にロシアはウクライナが米国の支援を受けて生物兵器計画を有しているとして申立を行った。これは第6条が援用された初めての例となる。もっとも、ロシアの提出した調査委員会の設置に係る安保理決議案には必要な賛成票が集まらず否決された。

第7条は援助である。締約国から援助の要請があり、当該締約国が条約の違反によって危険にさらされていると国連安全保障理事会が決定する場合、締約国は国連憲章に従って援助を行うことを義務づけられる。

⑤その他の規定

第8条と第9条は他の条約との関係を整理する。すなわち、第8条はBWCのいかなる規定も、1925年のジュネーブ議定書に基づく各国の義務を「限定し又は軽減するものと解してはならない」とする。第9条は先送りされた化学兵器軍縮への早期の合意を求めたものであり、BWCの締約国には「誠実に交渉を継続すること」が義務づけられている。

第10条は平和利用のための取り組みについて定める。生物兵器の原材料となる「細菌剤（生物剤）及び毒素」には汎用性があり、軍事目的と平和目的のいずれにも利用可能である。平和利用は阻害されるべきでなくむしろ促進されるべきであるとの考えに立ち、また、生物兵器を保有する意思のない国の条約への参加を慫慂する狙いもあって、この条文が含められた。

第11条は改正規定である。改正はいずれの締約国も提案できること、改正には締約国の過半数の受諾が必要であること、改正の効力は締約国の過半数の受諾があった時点であること、改正に拘束されるのは改正を受諾した締約国に限られること、などが定められている。

第12条は運用検討会議（第2章3節参照）に関する規定であり、NPT第8条3項がモデルとなっている。「前文の目的の実現及びこの条約の規定（化学兵器についての交渉に関する規定を含む。）の遵守を確保するようにこの条約の運用を検討するため」の会議が原則として条約発効の5年後に開催される。この検討にあたり、「この条約に関連するすべての科学及び技術の進歩」が考慮される。

第14条は署名・批准・加入・効力発生・寄託者・登録に関する規定である。署名にはさらに批准が必要であること、条約の効力は22カ国の批准で発生すること、批准書または加入書の寄託先として英国・ソ連・米国が寄託者として指定されること、などが定められている。

3　発効後の展開

①効力発生と締約国数

BWCは1975年3月26日に効力を発生した。締約国は2024年10月までに187カ国となっている（非締約国は10カ国。署名しているが批准していない非締約国はエジプト、ハイチ、ソマリア、シリア。署名も加入もしていない非締約国はチャド、コモロ、ジブチ、エリトリア、イスラエル、キリバス。）

②運用検討会議

発効後は原則として5年ごとに開催される運用検討会議（第1回（1980年）、第2回（1986年）、第3回（1991年）、第4回（1996年）、第5回（2001-02年）、第6回（2006年）、第7回（2011年）、第8回（2016年）、第9回（2022年））を通じて、条約の規定がどのように実施されてきたかについて検討がなされ、また条約それ自体の強化が図られてきた。第12条は2回目以降の開催について言及していないものの、運用検討会議の最終文書において次回の開催に合意することにより、2回目以降の開催が実現している。

③条約の実施状況の検討

運用検討会議は条約の規定の実施状況を検討することを1つの重要な役割としている。

運用検討会議は一方で、締約国が条約に基づく義務の自国の遵守状況を明らかにする場として利用されてきた。すなわち、締約国は、運用検討会議に先立って開催される準備委員会からの要請に基づいて、義務の遵守に関する情報を任意に提供する。これらの情報は運用検討会議の公式文書としてすべての締約国に配布されている。たとえば、フランス、英国および米国は第2条に基づく生物兵器の廃棄または転用義務に関連して、過去に開発または保有していた生物兵器をすでに廃棄した旨を明らかにした。もっとも、このような情報を提供する締約国は毎回20ないし30カ国程度にとどまっている。

運用検討会議は他方で、締約国が条約に基づく義務の他国の不遵守を主張する場としても利用されてきた。たとえば、1980年の第1回運用検討会議において米国は、**1979年にソ連のスベルドロフスクで発生した炭疽菌事件**を念頭に、ソ連が条約の規定に合致しない量の致死性生物剤を保有しているか否かついて同国と協議していることを明らかにした。ソ連は、汚染された食肉を原因とする伝染病が発生したと説明し、条約の遵守に影響するものでないと反論した。米ソの応酬は1986年の第2回運用検討会議でも繰り返されている。また、1996年の第4回検討会議においてオーストラリアは、旧ソ連とイラクの攻撃用兵器計画が明るみになったとの指摘を行った。さらに2001年の第5回運用検討会議において米国は、イラク、北朝鮮、イラン、リビアを名指しして生物兵器の開発生産または研究開発の疑いがあると非難した。もっとも、以上の主張に対して運用検討会議が具体的な措置をとることはなかった。

④条約の強化のための措置

運用検討会議はまた、条約の強化を図ることをいま1つの重要な役割としている。とくに、その最終文書には条文の解釈や具体的な措置に関する決定・勧告などが盛り込んでおり、これらが条約の強化の原動力となっている。

第1に、締約国は、これまでの運用検討会議の最終報告書の中で条文の解釈に合意してきた。すなわち、運用検討会議の実行によれば、各条の規定に対する「追加的な理解または合意」であって、これらは「条約の規定の意味または範囲を解釈し、定義しまたは説明するもの」および「規定が実施されるべき方法に関する指示、指針または勧告を示すもの」と性格付けられている。たとえば、第1条の「微生物剤その他の生物剤または毒素」には動植物にとって有害なものと人工的に作成・改変されたものが含まれること、ヒト、動物および植物に対して有害な病原体または毒素の大気中への放出を含む実験であって条約で認められた目的により正当化できないものが第1条に合致しないこと、条約の効力発生後に条約に参加する国の場合は第2条の廃棄または転換が条約参加時に完了されるであろうこと、などが確認されている。

第 2 に、**信頼醸成措置**（Confidence-Building Measures: CBMs）が 1986 年の第 2 回運用検討会議で導入された。これは任意の情報・データ交換の制度であり、条約の第 5 条および第 10 条を強化するものとして位置づけられる。締約国は特定された事項に関する情報を毎年 4 月 15 日までに国連軍縮局（現在は国連軍縮部）に提供するよう求められ、提供された情報は国連軍縮局からすべての締約国に送付される。一部は国連のホームページ上に公開されている。情報提供対象事項は、これまでの運用検討会議における再編を経て、今日では 6 項目（A 第 1 部「研究所および実験施設に関するデータの交換」、A 第 2 部「国内の生物防護研究開発計画に関する情報の交換」、B「感染症の発生および毒素によりもたらされる同種の発生に関する情報の交換」、C「結果公表の奨励および知識利用の促進」、E「法令、規則その他の措置の申告」、F「攻撃用・防護用生物研究開発計画に関する過去の活動の申告」、G「ワクチン生産施設の申告」）となっている。このようにして導入されさらに発展を遂げてきた信頼醸成措置は、締約国間の透明性の向上および信頼の醸成に貢献してきたとして評価されている。ただし、従来からその提出状況の改善が課題となっている。信頼醸成措置の提出は条約で義務づけられているわけではなく、あくまでも運用検討会議の合意に基づく任意のものであるためか、提出国の割合は 3 割から 4 割程度にとどまっていた。このような状況を踏まえ、国内連絡先の設定、電子メール添付による提出、後述の実施支援ユニットの設置などの措置が取られた結果、状況は少しずつ改善されてきた。2003 年に 35 カ国にまで落ち込んだ提出国数は、2000 年代には概ね 60 カ国を超え、さらに 2010 年代の後半からは 80 カ国以上の水準を維持している。

第 3 に、協議会合（consultative meeting）の制度が 1986 年の第 2 回運用検討会議で設定された。これは第 5 条の協議・協力の手続を具体化・制度化したものである。第 6 条は条約違反の申立手続を定めているものの、利用される場は国連安全保障理事会であって、安全保障理事会の常任理事国を相手とする申立は事実上不可能であった。そこで、第 5 条の協議・協力を発展させて、申立の場を別途設定することにしたのである。この制度は 1997 年と 2022 年に援用された。まず、1997 年にキューバは、自国の農作物に被害を与えるために米国が航空機を使用してミナミキイロアザミウマを空中から散布したと主張して協議会合の開催を要請した。協議会合には 74 締約国と 3 署名国が参加して議論が行われたものの、問題の技術的な複雑性と時間の経過を理由に、「確定的な結論を出すのは不可能である」との結論にとどまった。次に、2022年にロシアは、ウクライナが米国の支援を受けて生物兵器計画を保有しているとして協議会合の開催を要請した。89締約国と1署名国が参加し、本件について活発な意見交換が行われたものの、協議会合の結果についてコンセンサスは得られなかった。

第4に、運用検討会議が条約改正の提案および検討の場として利用されることもあった。すなわち、イランは、1996年の第4回運用検討会議において、条約のタイトルに「使用」を加え、生物兵器の禁止事項を定めた第1条に「使用すること」を加えるという条約の改正を提案したのである。第4回運用検討会議は、生物兵器の使用が実効的に禁止されることを明文で明確にするために条約を改正する必要性について自らの見解を寄託国に伝達するようすべての締約国に対して慫慂した。他方で、これと同時に、締約国による生物剤または毒素の条約で認められた目的に合致しない使用が第1条の「実効的な」違反であることと、あらゆる状況における細菌兵器（生物兵器）および毒素兵器の使用が条約によって「実効的に」禁止されることを確認している。2016年の第8回運用検討会議は、イランの改正提案に対して52カ国が共同寄託国である米国と英国に見解を提出したこと、不支持が49カ国、支持が3カ国であったことを最終文書に明記した。

⑤議定書交渉

運用検討会議のプロセスから派生する形で、検証制度の導入を目的とする**議定書交渉**が1996年2001年まで行われた。

1991年の第3回運用検討会議は、政府専門家アドホック・グループの設置を決定し、BWCに関する検証措置の可能性について議論をまとめて報告書を作成することを求めた。同グループは1993年にすべての締約国に送付された報告書において、21の検証措置を検討した結果、これらのいくつかを組み合わせることがBWCの主目的のために有用であろうとの立場から、適当かつ実効的な検証が条約を補強しうるであろうと結論づけた。

これを受けて1994年に開催された締約国特別会議は、アドホック・グループの設置を決定し、「検証措置を含む適当な措置を検討し、条約を強化するための提案を起草して、適当な場合には法的拘束力のある文書に盛り込み、締約に対してその検討のために提出する」任務を与えた。より具体的には、用語の定義および客観的基準、信頼醸成および透明性措置の制度化、政府専門家アドホック・グループ報告書において特定、検討、評価された措置を含む条約の遵守を促進するための措置体系、第10条の実効的かつ完全な実施のための特別な措置の4項目について検討すると同時に、商業上の知的財産に関する機微な情報を保護し正当な国家安全保障の必要性を保障し、科学研究・国際協力・産業開発に対する悪影響を回避することを求めている。

議定書交渉は1995年1月から始まり、2001年11月に開催される第5回検討会議までの完了を目指して精力的に行われた。そして、2001年4月までに本文30カ条と3つの附属書によって構成される議定書案の内容が固まりつつあった。ところが、米国は、同年7月に開催された会合において、議定書案が条約の遵守を検証するものとして適当でないこと、生物兵器の開発を探知することにつながらず国家安全保障および企業秘密の保護を阻害するものであることを理由に、議定書アプローチの受け入れが困難であると表明し、さらに同年11月に開催された第5回運用検討会議の最終日にはアドホック・グループとその任務の終了を提案した。ここに議定書交渉は完全に行き詰まり、事実上の放棄を余儀なくされてしまった。米国の賛成を得られない議定書は実効性を欠いてしまうからである。

その後は、議定書交渉の再開を強く主張するロシア・中国・非同盟諸国と、BWCに検証制度を導入することはそもそも不可能であるという立場を維持する米国との間で根本的な対立が続いてきた。この対立を踏まえて、既存の規定を強化するための措置を積み上げてゆくという中間的なアプローチが提案され、締約国の間で議論が続けられてきた。もっとも、2022年の第9回運用検討会議において、米国を含む締約国は、法的拘束力のある措置を含む特定かつ実効的な措置を特定して検討し、すべての側面における条約の強化および制度化のために勧告することを目的とする作業部会を新たに立ち上げることに合意した。この合意に基づく協議が2023年から行われている。

⑥会期間活動

議定書交渉が頓挫した2002年以降は次回の運用検討会議までに専門家会合と締約国会合を毎年開催する会期間の活動が行われている。これは議定書交渉に代わるものとして米国が提案した代替アプローチを基礎とするものであり、第12条の強化と位置付けることができよう。

第6回運用検討会議までの2003-05年と第7回運用検討会議まで2007-10年は各年に特定の課題を設定する方式だったのに対して、第8回運用検討会議までの2012-15年は毎年の常設課題（国際協力・支援、科学技術の進展のレビュー、国内実施強化）と各年の課題（信頼醸成措置提出促進（2012-13年）、第7条（生物兵器使用疑惑の際の防護支援）実施強化（2014-15年））を組み合わせる方式に移行し、さらに、第9回運用検討会議までの2017-20年と第10回運用検討会議までの2023-26年は毎年の常設課題に一本化された。

以上の新たな展開に関連して、2006年の第6回運用検討会議において事務局的機能をもつ実施支援ユニット（Implementation Support Unit）の設置が決まり、その後の運用検討会議によって任期が継続して更新されている。主たる任務は、会議・会合・議定書交渉の運営支援、普遍化促進支援、締約国間の援助に関するデータベース管理、締約国による国内実施措置・信頼醸成措置・運用検討会議で決定されたその他の措置に係る支援などである。

（阿部達也）

第3節　生命科学の発展とバイオセキュリティ

1　バイオテロの脅威とバイオセキュリティ

2001年9・11同時多発テロから数日後、米国の報道機関や上院議員のオフィスに炭疽菌芽胞の入った封筒が送付された。わずか1、2グラムの炭疽菌芽胞の入った数枚の封筒で、22人が感染し、うち5人が死亡した。封筒には、9・11同時多発テロとの関連性を疑わせる手紙が入っていた。その後、米・連邦捜査局（FBI）の調査によって、犯人は、米国陸軍感染症研究所の科学者であると特定されたが、事件をきっかけにバイオテロの脅威が現実的なものとして認識されるようになった。

炭疽菌芽胞は、熱や乾燥に強く、大量生産が、比較的容易である。しかも、わずかな量でも発症するので、炭疽菌郵送事件が起きる前から、生物兵器として使用される可能性が高いと考えられていた。1993年の米・連邦議会技術評価局のレポートでは、1台の小型飛行機で100キログラムの炭疽菌芽胞を都市部に散布すれば、天候によって、300万人の死者が出るという試算が示されている。そのような攻撃が、同時多発的に行われた場合の被害の大きさは計り知れない。

炭疽菌郵送事件のあと、**米国のバイオセキュリティ規制**が強化された。バイオセキュリティとは、病原体の意図的な悪用を防ぐための原則、技術、および実践である。規制の強化によって、病原体を管理する研究施設では、盗難や不適切なアクセスを防ぐための措置を取ることが義務づけられた。また、病原体を取り扱う科学者にも、犯罪歴、違法ドラッグの使用、精神衛生の遍歴、滞在資格や出生国などの情報の提出が求められるようになった。

米国でのバイオセキュリティ強化の動きは、すぐに国際的な広がりをみせた。2004年4月には、米国からの強い支持を得て、国連安保理決議1540が採択され、生物兵器を含む大量破壊兵器（WMD）の拡散を防ぐための効果的な措置を実施することが、各国に義務づけられた。その後、シンガポール（2005年）、日本（2006年）、オーストラリア（2007年）、デンマーク（2008年）、カナダ（2009年）をはじめとする多くの国で、バイオセキュリティ規制が整備されている。

2　生命科学の悪用に関する懸念

バイオセキュリティの基本となるのは、病原体を管理する研究施設の物理的防護である。それによって、感染性および病原性の高い病原体が、悪意ある個人や組織の手に渡ることを防ぐことができる。しかし、生命科学の急速な進展に伴って、病原体そのものに加えて、生命科学の知識、情報、技術、および生成物が悪用されることにも懸念が高まった。そのきっかけとなったのが、オーストラリアの研究グループによるネズミの避妊ワクチンの研究である。オーストラリアの研究グループは、農作物に被害を与えるネズミを駆除するための避妊ワクチンの開発を行っていた。ネズミの卵子を覆っている透明帯には、ZP-3という蛋白質が含まれている。ZP-3は、卵子が、受精するときに必要となる物質として知られている。研究グループは、ワクチンを接種することで、メスのネズミが、ZP-3に対して免疫反応を起こすようになれば、妊娠しなくなるであろうと考えていた。ワクチンを接種するといっても、野生のネズミ1匹ずつに注射をするわけにはいかない。そこで、研究グループは、**ウイルスをベクター（運び屋）として使用する戦略**を取った。その戦略に用いられたのが、マウスポックスウイルス（エクトロメリアウイルス）である。研究グループは、マウスポックスウイルスの遺伝子に、ZP-3の遺伝子、そして免疫調整物質であるIL-4の遺伝子を組み込んだ。ネズミは、合成されたウイルスに感染することで、ZP-3に対して抗体を持つようになると思われた。しかし、ウイルスは、研究グループの意図とはかけ離れて、異常に強い毒性を示した。実験で使われたネズミは、通常のマウスポックスウイルスに対して抵抗性のあるものであったが、感染したあと、すべて死んでしまったのである。また、その抵抗性のあるネズミに事前にマウスポックスのワクチンを接種しても、60%が死ぬという結果になった。その研究結果をまとめた論文は、2001年2月、Journal of Virology誌に掲載された。その後、多くのメディアで、論文が悪用される危険性を訴える記事が掲載された。マウスポックスウイルスは、痘瘡ウイルスと近縁である。痘瘡ウイルスは、人に感染して、天然痘を引き起こす。論文に書かれている遺伝子操作を痘瘡ウイルスに行えば、既存のワクチンが効かない、最強の生物兵器ができるかも知れないという懸念があった。

生命科学が悪用される懸念が提示された事例として、もうひとつ有名なのが、ポリオウイルスの人工合成である。米国の研究グループは、ネット上で公開されている遺伝子配列の情報をもとに、ウイルスを合成することに成功した。使用されたDNA断片のほとんどは、業者に発注して、つくらせたものである。研究グループは、それらのDNA断片を繋げて、市販の酵素を使ってRNAに変換した。そのRNAを人間の細胞のなかに入れたところ、ウイルスが自らを増殖させるのと同じメカニズムで、ウイルスが複製されたのである。ポリオウイルスの人工合成の論文は、2002年7月、Science誌に掲載された。その論文をめぐって、再び、メディアで大きな論争が巻き起こった。ポリオウイルス自体は、生物兵器として使用されるリスクは低いと考えられていたが、同じような方法で、出血熱ウイルスや痘瘡ウイルスなど致死性の高い病原体が合成されることが危惧された。病原性のあるウイルスが人工合成されたという事実は、病原体の管理を基本とするバイオセキュリティの考え方を根本から揺るがしかねないものであったといえる。

3　米国および国際社会における脅威削減のための取り組み

正当な目的で行われた研究であっても、そこから得られる知識、情報、技術および生成物が、危害を加える目的で使用される恐れがある。そのようなデュアル・ユース性が懸念される研究に対する脅威認識の高まりを受けて、全米研究評議会（NRC）は、「テロリズムの時代における生命工学研究」と題する報告書を公開した。報告書は、それをまとめた委員会の委員長であるジェラルド・フィンク（Gerald Fink）の名前にちなんで、通称「フィンク・レポート」と呼ばれている。フィンク・レポートでは、①科学コミュニティの教育、②実験計画の審査、③出版段階における審査、④バイオディフェンス科学諮問委員会の創設、⑤悪用を防ぐための追加的措置、⑥バイオテロおよび生物戦を防ぐための取り組みにおける生命科学の役割、⑦調和のとれた国際的な監視、という7つの取り組みについて勧告が行われている。それらの勧告は、既存の規制の枠組みの強化に加えて、科学コミュニティによる自発的な行動を促している。勧告に基づいて、2005年、米国ではバイオセキュリティ科学諮問委員会（NSABB）が設立された（フィンク・レポートでは、「バイオディフェンス科学諮問委員会」となっていたが、実際に設立された委員会の名称は、「バイオセキュリティ科学諮問委員会」となっている）。NSABBは、バイオセキュリティに関連する教育プログラムの開発、ガイドラインの策定、助言および勧告などの役割を担っている。

国際社会全体の動きとしては、2005年、各国の学術組織の連合体であるインターアカデミーパネル（IAP）が、「バイオセキュリティについての声明」を発表している。IAPの声明は、日本学術会議を含む68カ国の学術組織によって承認された。声明には、生命科学に従事する科学者が直面する、①自覚、②**バイオセーフティ**とバイオセキュリティ、③教育と情報、④責任、⑤監視、という5つの問題に対処するための原則が示されている。これらの原則は、科学者の行動規範を策定する際に考慮されるべきものとなっている。デュアル・ユースの脅威を削減するためには、科学者ひとりひとりが、悪用される可能性を常に意識しながら行動しなければならない。行動規範の策定は、そのような科学者の意識の向上につながると考えられている。IAPの声明を踏まえて、オランダをはじめとする諸外国の学術組織で、生命科学の悪用を防ぐための行動規範の策定が行われた。日本学術会議は、2013年1月、既存の「科学者の行動規範」の改定を行っている。

4　研究によって得られる利益とリスクのバランス

デュアル・ユースの問題の重要性を再び浮彫にしたのは、H5N1インフルエンザウイルスの感染性を高める2つの研究である。H5N1インフルエンザの保有宿主は、鳥類である。人に感染するのは稀であるが、感染したときの致死率は約60%と非常に高い。そのため、多くの科学者や公衆衛生の専門家が、突然変異によって、人のあいだで容易に伝播するH5N1ウイルスが誕生することを懸念していた。2011年、米・国立衛生研究所(NIH)の委託研究で、オランダの研究グループは、人工的な遺伝子の改変によって、空気伝播するH5N1ウイルスを作成することに成功した。また、同じくNIHの委託研究で、米国の研究グループ(ウィスコンシン大学の河岡義裕教授らの研究グループ)は、H5N1ウイルスと2009年に流行したH1N1ウイルスの遺伝子を用いて感染性の高いウイルスを合成することに成功した。それぞれの研究についてまとめた論文は、Science誌とNature誌に投稿された。

どちらの論文も、自然界で起こりうるウイルスの変化を示したものであり、今後のパンデミック対策に役立つものである。どの遺伝子が変異すると、感染性が高まるのかが予め分かっていれば、野鳥のなかでウイルスが変異する状況をモニタリングすることで、パンデミックが起きる時期を予測することができる。また、事前にウイルスが手に入るので、パンデミックが起きる前にワクチンの製造を開始することも可能になる。しかし、同時に、研究の成果が、敵意ある個人、テロ組織あるいは国家に悪用される危険性を伴う。加えて、パンデミックに備えるための研究を推進することで、ウイルスが偶発的に研究施設から漏洩するリスクが高まることも懸念されていた。2011年12月、NSABBは、バイオセキュリティおよびバイオセーフティのリスクを考慮して、実験のデータ、手法、および結果についての詳細を研究誌に掲載しないよう、それぞれの論文の著者らと編集部に求めた。その後、この問題は、各国のメディアでも大きく取り上げられ、幅広い議論が行われた。2012年2月WHOの専門家会合では、どちらの論文もパンデミック対策に有益であり、全文を掲載すべきであるという結論が出された。その結論を踏まえて、2012年3月、NSABBは、改めて、詳細についての掲載を認める決定を下した。国際的なコンセンサスとして、研究によって得られる利益が、リスクを上回ると判断されたということである。

その後も、米国では、**パンデミックになる潜在性のある病原体**（Potential Pandemic Pathogens: PPPs）を用いた機能獲得研究の是非についての論争が続いた。機能獲得研究とは、ウイルスの病原性や感染性を高める、あるいは宿主域を変異させるなど病原体に新たな能力を付与する研究である。2017年12月には、「改変されたPPPsを用いる研究提案への資金提供の指針となる枠組み」が打ち出され、機能獲得研究に資金を提供するための基準が示される形となった。

2019年12月からはじまった新型コロナウイルスのパンデミックによって、科学コミュニティでは、再び、機能獲得研究をめぐって、賛否両論が巻き起こっている。賛成派の意見は、今回のようなパンデミックに備えるためにも、ウイルスの特徴を知るために機能獲得研究を行う必要があるというものである。反対派の意見は、新型コロナウイルスによって、国際社会がパンデミックに対して、あまりに脆弱であることが証明されたので、そのような危険な研究は行うべきではないというものである。近年の機能獲得研究をめぐる議論では、悪用されるリスクよりも、偶発的に漏洩するリスクの方が取り上げられることが多い。その理由として、機能獲得研究の対象となっているのが、兵器化されやすい病原体ではなく、PPPsであるということが挙げられる。しかし、PPPsを用いた研究にも悪用のリスクがまったくないというわけではない。ポスト・コロナの世界では、パンデミックに備えるための研究から得られる利益と、偶発的な事故および意図的な悪用の両方を合わせたリスクのバランスを、どのように取っていくのかが鍵になるであろう。

（天野修司）

第4節　生物兵器とジェンダー

2000年に国連安全保障理事会が「女性、平和、安全保障」に関する決議1325（第10章2節参照）を採択して以降、軍縮分野においてもジェンダー主流化（第10章

2節参照）に向けた動きが加速した。2001年には国連軍縮部が「大量破壊兵器におけるジェンダーの視点」と題するブリーフィングノートを作成し、大量破壊兵器による影響の男女差や、政策決定に女性の代表が少ないことを指摘し、改善のための提案を示した。2015年以降は、国連総会第1委員会や、ジュネーブ軍縮会議、またNPT運用検討会議において、ジェンダーと軍縮やジェンダーと核兵器をテーマとしたサイドイベントが開催されている。2018年には、グテーレス国連事務総長が軍縮アジェンダ（序章4節参照）を発表し、軍縮不拡散の政策決定過程に、平等、完全かつ効果的な女性の参加を確保すること、また、軍縮や軍備管理に関する国内法や政策を立案する際にはジェンダーの視点を含めること提言した。

こうした動きに合わせ、生物兵器の分野においても少しずつジェンダーの視点が取り入れられるようになってきた。特に2014年に西アフリカで流行したエボラ出血熱の対応時において、病院や家庭内で罹患者の世話をしたり、罹患者の遺体洗浄などの役割を女性が担うことが多く、家族や社会における女性の役割により女性がより深刻な影響を受けるケースが報告された。こうした報告を受けて、生物兵器が使用された際の対応時においても同様の懸念が生じることが認識されるようになった。世界全体で看護・介護従事者の7割が女性であり、病人の看護や介護における女性の役割が大きいことが世界保健機関（WHO）により発表されている。多くの女性が前線労働者として活動する一方で、政策決定の場に参加する女性の割合は圧倒的に少ないことが報告されている。たとえば2020年に新型コロナ感染症対策のために国内にタスクフォースを設置した87カ国のうち、74カ国は主に男性で構成され、男女比が均衡であったのは3カ国に過ぎないことも報告されている。

感染症流行時の対応の教訓から、BWCの運用においてもジェンダーの視点を取り入れることの必要性が認識され、締約国会議等の機会を利用してサイドイベントが開催されるなどして、議論が開始されている。BWCでは、生物兵器事態への対応能力の構築や支援提供が規定されており、その履行においてジェンダーの視点への配慮が求められる。その一方で、たとえば2018年のBWC締約国会議への参加者を見ると、女性の参加者の割合が33%となっており女性の割合が依然として低い。生物兵器事態への予防や対応策は、伝統的に安全保障分野で主要な役割を果たしてきた軍隊や警察等の治安部門に加えて、公衆衛生部門、生物剤を扱う企業や研究機関などを含めた多様なステークホルダーがともに考えるべき問題である。さまざまな分野の関係者が議論して対策を講じる中で、ジェンダーの視点を取り入れていくために、より多くの女性の参加が期待されている。

(田中極子)

第5節　生物兵器禁止の展望

生物兵器に関する国際規範は、BWCが成立した1972年当時は、生物兵器の軍事利用を禁止するための軍縮、また軍事目的に転用されることを防ぐ不拡散が主目的であった。しかし急速なバイオ技術の発展に伴い、医療技術の進歩や産業発展に寄与する同じ技術が意図的に悪用される懸念が指摘されている。安全性が一歩損なわれれば、経済社会活動や生態系に意図せず破壊的な影響を及ぼす病原体や生命科学研究のデュアル・ユース性への対応が現代の課題となっている。本節では、生物兵器禁止の展望として、病原体や生命科学研究のデュアル・ユース性に伴う悪用や誤用の防止を進めるために、安全保障分野、保健衛生分野、科学者コミュニティが相互作用しながら取り組む構図を述べる。

生命科学研究のデュアル・ユース性の問題に安全保障分野から取り組む多国間枠組みとして、BWCと国連安保理決議1540があり、さらに輸出管理を通した枠組みとしてオーストラリア・グループがある。

BWCでは、2001年以降、締約国間での情報交換を目的とした専門家会合と締約国会合を開催し、生命科学分野での技術発展をフォローする試みを続けている。そこでは病原体や研究施設の安全管理体制、科学者のための行動規範の促進等、科学者や実務者の責任ある行動が議論され、締約国間で生命科学分野の技術発展およびそのデュアル・ユース性への対応についての理解を深めるフォーラムを提供している。BWCが締約国間で情報交換をとおして共通理解を深めるのに対して、国連安保理決議1540は、非国家主体を対象とした拡散防止の枠組みであり、すべての国連加盟国に対して、生物剤を含む大量破壊兵器関連物質の安全確保のための効果的な措置を執ることを義務付けている。これらに加えて、オーストラリア・グループは化学物質の輸出管理グループとして1985年に結成され、1992年に生物剤及び生物兵器関連資機材・技術を規制対象に含めている。オーストラリア・グループは利害関心を共有する42カ国による任意のグループであり、生命科学分野の発展を参加国間で共有するとともに、参加国が責任をもって輸出管理することを要求している。いずれの枠組みにおいても、特に生命科学分野の多くの先端研究は、国際的かつ学際的になっており資金源や投資元が広範になる中で、技術や情報の非物理的な移転管理の重要性が認識されている。

保健衛生の分野からも生命科学研究のデュアル・ユース性に対する取り組みが発展している。**世界保健機関（WHO）**は、2005年に、すべての加盟国を法的に拘束する**国際保健規則（IHR）**を改訂し、原因を問わず国際的な公衆の保健上の緊急事態となりうるすべての事象をWHOに報告することを義務付けた。その後2015年に、WHOはIHRの履行状況を評価する合同外部評価（JEE）を導入した。生命科学研究のデュアル・ユース性への対応として、JEEには、法整備の有無の他、デュアル・ユース研究に対するバイオセキュリティの監視方法、第3者による評価体制の有無、科学者に対する行動規範の有無が質問項目に含められている。さらに、「公衆衛生と治安当局の連携」が評価項目に加えられ、公衆衛生当局と法執行当局の連携や訓練の有無が評価対象となっている。これらの取組みをとおして、WHOは公衆衛生の分野から生命科学技術のデュアル・ユース研究に対応しており、公衆衛生部門と治安部門が連携することの重要性を明確に認識している。

安全保障分野と保健衛生分野の取組みの橋渡しとして重要な役割を担うのが科学者コミュニティである。科学者コミュニティでは、早い時期からバイオ技術のもつデュアル・ユース性の問題を認識し、様々な提言を政府機関に対して発出してきた。たとえば米国では、科学者コミュニティによる提言を受けて、バイオセキュリティに関する国家科学諮問委員会が設立された。委員会では、保健福祉省の管轄の下で、国土安全保障省や国防省を含む関連する連邦機関および科学者コミュニティから任命された専門家が、デュアル・ユース判定基準の指針や研究成果の発表のあり方に関する指針、科学者の行動規範の作成を行っている。このほか、国境を越えた科学者の取組みのひとつとして、国際的な合成生物学の大会に、デュアル・ユース懸念に対するバイオセキュリティの視点を審査基準に取り入れるなどの取組みもある。

科学者コミュニティはこれらの活動から得た知見をBWCやWHOの場で共有している。BWCでは、専門家会合の主要メンバーの一員として、締約国政府に対して定期的な情報共有を行っている。WHOでは、上述のJEEを実施する外部評価者の多くは専門的知見を有する科学者や医療関係者から構成されている。生命科学研究のデュアル・ユース性に取組むためには、共通の課題に取り組む異なる専門領域が連携することが重要である。領域間をつなぐ共通項が科学技術発展であり、科学者コミュニティはその橋渡しの役割を担いつつ、規範の形成や促進に貢献している。生物兵器の禁止および不拡散においては、生命科学研究のデュアル・ユース性という現代の課題に対して、今後こうした異なる専門領域の活動が、どのようにガバナンスを構築し発展していくかが重要な要素となっている。

（田中極子）

クローズアップ⑥：安全保障と公衆衛生のシナジー

感染症対策は、世界人口の増加とそれに伴う急速な都市化や、科学技術発展およびグローバリゼーションに伴う地球規模課題となっている。人口増加と都市化は、資源、食糧、水の供給不足をもたらし、都市部における貧困層の拡大に直結する。結果的に保健・衛生へのアクセスを含む公共サービスの欠如をもたらすだけでなく、ガバナンスの空洞化によりテロリストを育む土壌を作り出す。さらに、人口増加と都市化は、地球環境や気候に深刻な帰結をもたらし、新興感染症や再興感染症の発生、病原体の変異などを伴う感染症自体の多様化を生み出す。感染症の流行は、人々の経済基盤を破壊し、コミュニティの疲弊をもたらし、政府予算が圧迫されることにより、市民の政府に対する不満の高まりや信頼の低下を招き社会不安の増大につながる。

2020 年、新型コロナウイルスの世界的流行に直面し、グテーレス国連事務総長はオンラインで開催された国連安保理において、「パンデミックは国際の平和と安定の維持に対する深刻な脅威である」と発言した。安保理は、2014 年に西アフリカ諸国においてエボラ出血熱が流行した際にも、感染症の流行が国際の平和と安全に対する脅威であるとして、国連加盟国に対して迅速な支援を要請する国連安保理決議 2177 を採択している。

これらの経緯もあり、感染症対策は、非伝統的安全保障課題と位置づけられ、公衆衛生および安全保障の両側面から対策が取られてきた。世界保健機関は、自然発生的な感染症対策だけでは不十分との認識から、2005 年に改訂された国際保健規則（IHR）により、自然発生か人為的かを問わず感染症発生地での日常的な監視体制の構築や能力強化を重視している。安全保障の側面からは、生物テロ対策として生物兵器の開発及び生産を取り締まるだけでは限界があるとの認識により、細菌やウイルスを起因とする事態を幅広くバイオ脅威と捉え、その対応能力を高めるアプローチへと発展している。

新型コロナウイルスの流行を受けて、感染症対策を公衆衛生上の脅威としてだけではなく、経済、社会、政治的安定に影響を及ぼす国際安全保障課題として対応する必要性が一層高まっている。その一方で、新型コロナウイルスへの対応においては、マスクやワクチンの供給を巡る各国間での対立や保健衛生分野での国際協力の断絶などの課題が浮き彫りとなっている。

（田中極子）

第 7 章
大量破壊兵器の不拡散

田中極子・宮坂直史・小野純子・小田川肇

本章のねらい

冷戦後、大量破壊兵器が国家だけでなくテロ組織を含む非国家主体へと拡散する懸念が高まり、大量破壊兵器の不拡散は国際社会が対応すべき差し迫った課題の1つに位置付けられた。本章では、大量破壊兵器の拡散問題に対して、第1に、大量破壊兵器とテロリズムの関係について取り上げる。第2に、大量破壊兵器の開発や製造につながる物質や技術の供給国側からの取組みとして、輸出管理についてその歴史的発展及び昨今の課題について概略する。第3に、大量破壊兵器の拡散問題に対する国連の取組みについて、特に安全保障理事会で採択された決議に基づき、その意義が論じられる。第4に、大量破壊兵器やミサイル、関連資機材の不法な移転を阻止する取組みである拡散防止構想（PSI）を取り上げる。これらの取組みを概略したのち、最後に大量破壊兵器の不拡散の展望として、様々な枠組みや取組みが有機的に連携して実効性を高める必要性が議論される。また、クローズアップでは北朝鮮の核開発に対する経済制裁において、制裁逃れの常套手段となりつつある「瀬取り」を取り上げる。

第1節　大量破壊兵器不拡散の意義

1947年に国連通常軍備委員会は「原子爆発兵器、放射性物質兵器、致死的化学・生物兵器および破壊効果において原子爆弾や前述のその他の兵器に匹敵する性質を持ち将来的に開発される兵器」を大量破壊兵器と定義した。1968年には核兵器不拡散条約（NPT）が成立し、1967年1月1日前に核兵器の開発に成功した5カ国（米露英仏中）を除く他国への核兵器の拡散防止の仕組みを制度化した。その後1972年に生物兵器禁止条約（BWC）が、そして1993年には化学兵器禁止条約（CWC）が成立し、大量破壊兵器不拡散のための法的枠組みが整備されている。

その一方で、核兵器については、1995年にNPTの無期限延長が決定したが、NPTに未加入のインド、パキスタン、イスラエルが事実上の核兵器保有国として存在する他、北朝鮮の核およびミサイル開発問題、イランの核開発問題がある。化学兵器は、日本でオウム真理教が松本サリン事件（1994年）や地下鉄サリン事件（1995年）で使用したり、2013年以降のシリア内戦で実際に使用されている。生物兵器は、国家による軍事使用の可能性は低いとされるが、2001年に米国で起きた炭疽菌郵送事件によりバイオテロに対する脅威への認識が高まった。また、生命科学分野における急速な科学技術発展に伴い、次世代の生物兵器を生み出す危険性が注目されている。

大量破壊兵器の開発疑惑が消滅しない背景には、大量破壊兵器に関連する技術の多くが兵器技術と民生技術との両側面をもつ**デュアル・ユース技術**であることがある。上述のいずれの条約も、兵器の基盤となる技術の軍事利用を禁じているが、民生技術の利用は公共の福利に資することから促進しており、またそのための国際協力を奨励している。つまりいずれも民生技術の利用の名のもとで大量破壊兵器が開発、製造されるリスクを内包しているのであり、このことが不拡散体制の脆弱性をもたらしている。加えて、NPT、BWCおよびCWCを中心として形成された不拡散体制は、国家による大量破壊兵器の開発を防ぐことを念頭に作られており、テロリストを含む非国家主体による大量破壊兵器の開発、製造や使用はほとんど想定されてこなかった。

その一方で、冷戦後、とりわけ2001年9月11日の米国同時多発テロを契機として、テロを実行した**アルカイダ**が大量破壊兵器の開発や使用に関心を持っていたことが疑われたり、テロ組織を国家が支援する可能性を指摘されたことがあり、非国家主体に対する大量破壊兵器の拡散が深刻なリスクとして認識されるようになった。テロリストは完成品の大量破壊兵器を入手して使用するだけでなく、不法又は合法的に入手した関連物質から大量破壊兵器を製造したり、原子力発電所や高リスク病原体を扱う研究機関を攻撃することなども考えられる。関連物質の不法移転や盗取の防止、関連施設に対する妨害破壊行為の防止を含む「セキュリティ」措置が大量破壊兵器の不拡散における重要な課題のひとつとなっている。

また、2004年にはパキスタンの核科学者A・Q・カーン（Abdul Khan）が中心となって構築した**核の闇市場**の存在が明らかになった。核関連技術、機材、部品を世界で売買する取引ネットワークであり、このネットワークを通じてイラン、リビア、北朝鮮などに核技術が供給されていたことが判明している。こうした非国家主体による不法な取引は、従来の不拡散体制では適切に対処できていなかった関連物質の輸出管理体制の構築への動きを加速した。

核兵器については原子力供給グループ（NSG）が、核兵器の運搬手段としてのミサイル技術についてはミサイル技術管理レジーム（MTCR）が、生物・化学兵器についてはオーストラリア・グループ（AG）が形成され、その他これらの兵器の運搬手段を含めた通常兵器全般についてはワッセナーアレンジメント（WA）がつくられた。いずれも利害関心を共有する国による多国間の国際ネットワークであり、これらの輸出管理レジームに参加していない国に対しては、輸出管理体制の構築を促す国際的な規範は存在していなかった。これに対して、法的拘束力のある措置として、国連安保理による経済制裁決議や非国家主体に対するWMD不拡散に関する決議があり、国連加盟国はこれらの決議に基づき、国内の輸出管理体制を構築することが義務付けられている。

以上のように、さまざまな手段を用いて大量破壊兵器不拡散の試みは行われているが、民生技術が兵器技術を凌駕して急速に発展している現在の技術環境下において、大量破壊兵器の拡散をどのように防ぐことができるのか、ますます難しい課題となっている。

（田中極子）

第2節　大量破壊兵器とテロリズム

本節では大量破壊兵器がテロ行為で使用される事象とその対策について取り上げる。始めに若干の但し書きをすると、兵器とは一般的には軍隊が保有し戦争や内戦に使用する武器を指す。だがテロリズムでは、兵器未満の、自家製の散布装置や既成品を利用した運搬手段などが使われることが多い。常に大量破壊、大量殺傷を起こすのが目的とも限らない。テロリズムを議論する場では「大量破壊兵器テロ」という用語も使われてはいるが、今日では使用回数の多い順に頭文字を並べた「CBRN（Chemical, Biological, Radiological and Nuclear）テロ」のほうが国内外で定着しているので、本文でもそれを用いることにする。

1　CBRNテロの概観

まずCBRNテロが過去にどの程度発生しているのか押さえておきたい。テロのデータベースの中で最も閲覧されているのは米メリーランド大学が運営するGlobal Terrorism Database（以下GTDと略記。https://start.umd.edu/gtd）になるだろう。ここには1970年以降半世紀にわたって世界中のテロ約20万件がコード化されている。そのうち化学テロは425件、バイオテロは38件、放射性物質テロは13件、核テロ（核爆発に限定）は0件である（2020年12月末日まで）。GTDには多数ある未遂事件や実行したものの失敗に終わったケースが含まれていないとはいえ、10万件を超える爆発物や7万件以上の銃器の使用に比べればCBRNテロは流石に少ない。その少ない中では化学テロが最も多い。

化学テロの中では、**オウム真理教**による1994年の松本サリン事件や翌年の地下鉄サリン事件が一般市民の大量殺傷であり死傷者数でも際立っている。だが世界で起きている化学テロは必ずしも市民に対する無差別大量殺傷ばかりではない。化学テロ全体の約4割は、警察、軍施設、政府機関などが標的になっている。また、7割以上の事件で死者までは出ていない。それは致死性の高い神経剤よりも、低濃度か少量の糜爛剤や血液剤、あるいは非致死性の催涙スプレーなども使用されるからである（化学兵器の種類については第5章を参照）。近年、アフガニスタンで女子教育を認めないイスラム過激派が女子校を襲撃する化学テロが頻発した。そこでは多数の負傷者こそ出ているものの死者が確認されていないのは、少なくとも大量の神経剤が1度に使われたわけではないことが推察される。

次に多いのはバイオテロだがGTDによると38件にすぎない。ここには未遂事件や実行したけれど失敗した事案は含まれていない。また、発病者が出ても自然発症だと思われたり、他の症例と区別がつかず、事件性が見逃されたりするケースもあるだろう。GTDはメディア報道を主なソースにしている。全部で38件の中で米国でのバイオテロが24件と目立つ。実際に米国ではさまざまな極右テロリストがバイオテロに着手してきた（植物毒素の**リシン**がよく使われる）が、同時にGTDの管理者にとっては自国の報道ゆえ目にとまりやすく比較的漏れなくデータ化される面もあると思われる。

過去のバイオテロの中で最も深刻で、世界的に対策を促進させる契機になったのが2001年の炭疽菌郵送事件（第6章1節参照）である。実行犯は**米陸軍感染症医学研究所（USAMRIID）**というこの分野では著名な研究機関で働く炭疽菌の専門家であった。この事件の副産物になるが、日本を含む世界各国で多くの模倣犯が、炭疽菌に見せかけた〝白い粉〟（実際には塩とか片栗粉など）を集客施設に山盛り状態で置いたり、官公庁に郵送したりして無数の業務妨害を引き起こした。

次に放射性物質テロについてだが13件とさらに少ない。その1つの方法として、容器にセシウムなどの放射性物質を詰めてそれを爆破し散布する「ダーティーボム」と言われるものがある。この原理は単純で物質の入手を含めて作製も容易なので世界的に使用が懸念されてきた。だが被害を広範囲に出したという事件は記録されていない。実際に起きていても線量モニタリングをしていなければ放射性物質の散布を確認できないし、内戦下や政情不安定な国では住民に健康被害が生じてもテロ事件としての解明は進まないであろう。

ちなみにGTDの放射性物質テロ13件のうち10件は2000年に日本で起きた**モナザイト郵送事件**である。これがテロなのかはGTDサイトに説明されているテロの定義にこの事件を照らして読者に考えていただければと思う。

さて、これらCBRNテロを手法で見ると3つに分けられる。第1に、最も多いのが軍用兵器ではなく手製の運搬・散布手段を使う場合である。携帯可能な小容器に入れて飲食物に混入したり、標的とする人物に注入したり、その人物が触るモノに付着したりする。あるいは噴霧装置でエアロゾル化(大気中に微粒子を浮遊)して吸入させたり、郵送物に仕掛けたりなどの方法がある。

第2は、少ないながらも軍用兵器を盗難、購入、戦場で鹵獲(ろかく)したりしてテロリストが使用することもある。シリア内戦(2011年〜)では政府軍による化学兵器使用がたびたび問題になったが、政府軍以外の勢力が砲弾などに装填して発射する例もある。内戦下や治安悪化の国では起こり得る。

第3は、CBRN関連施設を襲撃する。つまり原発や核燃料工場、核燃料輸送車(又は船)、化学工場などを標的にする。また、核物質や病原微生物が盗難されれば、それがテロ行為に使われる懸念もある。

2 CBRN使用の利便性

CBRNテロはそれを実行する側に利便性がある。生物剤、放射性物質が散布されて、それに曝露してもすぐに症状が現れるわけではない。化学剤ならば比較的早く症状が現れ異常事態が起きたということだけは現場で認識されるであろうが、それがテロや犯罪であると断定されるにはやはり時間がかかる。多くのケースでは犯行予告や犯行声明は出ない。テロを実行した時間とそれが認識されるまでの「時差」は実行犯の逃亡を助ける。しかもその間、一部の物質は大気中を拡散したり、テロ現場に居た者が無症状のまま移動したり、被害者に無防備で接触し2次被害が起きたりと被害者が地理的に分散し、そもそもどこでテロが行われたのかを後から突きとめるのにも時間がかかる。

また、遺体は不審死とみなされて解剖されない限りその死因が明らかにならず、誤診されたまま処置されるということも多い。この点こそがCBRNが暗殺にも使われる理由であろう。しかもCBRNによる暗殺は、銃殺や爆弾テロと違い、長期かつ広範囲に市民生活に大きな影響をもたらす。

2006年、英国ロンドン市内で、元ロシア連邦保安庁のリトビネンコがロシアからの刺客に**ポロニウム210**を服毒させられて死亡した。入院してから死亡するまで3週間あったが、その間に医療スタッフは病状の原因を突きとめられなかった。2018年にはロシア連邦軍の情報機関で働いていたスクリーパリとその娘が、同じく英国のソールズベリーにある自宅玄関のドアノブに付着した猛毒の神経剤**ノビチョク**によって意識不明の重体となった。前者の事件は核テロ、後者は化学テロとも言われるが、いずれも普通のテロリストには入手も扱いも難しいものを使っている。どちらの事件も英国の捜査機関によってロシア人実行犯の氏名と足取りが公表された。プーチン政権の悪事を暴いた者や、スパイ行為で国家の裏切り者とみなされ亡命していた者が暗殺の標的であった。

これらの事件では、被害者と加害者が事件前後に立ち寄った場所――自宅、レストラン、スーパーマーケット、公園、ホテル、犯人が搭乗した飛行機など――からポロニウムやノビチョクが検出された。それによって多数の付近住民や施設利用者に不安をもたらし、実際、ポロニウムの事件では137人が被曝していた。ノビチョクの事件では被害者宅を捜索した警官が曝露して重篤に陥った。さらには、実行犯が帰国前に街中のゴミ箱に捨てたブランド物の香水スプレーを偶然見つけたイギリス人が家に持ち帰り、手首に噴霧してみたところ苦しみ出して間もなく死亡した。拾った香水瓶はノビチョク入りだった。

毒性物質の除染は長期間に及ぶ。ノビチョクの事件では特に事件関連12カ所の除染を軍と契約業者が行い完了まで1年を要した。施設や一定地域の除染はそこを封鎖して行うために、住民の日常生活にも支障や不便が生じる。

これら事件はイギリスに高レベルの軍事医療と捜査能力があるからこそ発覚した。被害者が政治的理由で出身国から狙われた類似の事件として、2017年、マレーシアのクアラルンプール国際空港で北朝鮮の指導者・金正恩の実兄・金（キム）正男（ジョンナム）が神経剤のVXによって殺害された化学テロがある。正男が所有していた旅券に英語でDemocratic People's Republic of Koreaと記載されていたにもかかわらず、現場で捜査にあたった警察がKoreaから韓国人だと間違って韓国大使館に通報した。そこから被害者の正体（旅券は違う名義だった）と北朝鮮による国家ぐるみの犯行が明らかになっていった。警察が凡ミスをせずに、最初から北朝鮮大使館に連絡していれば、遺体は解剖されずに引き取られ、その死因も、犠牲者が金正男であることも闇に葬られ、全世界に報道されなかった可能性がある。

3　CBRNテロ対策

CBRNテロ対策も通常のテロ対策と同様にまずは**未然防止**が求められ、そのためには関係機関による情報収集分析がなければならない。国内の事案であればCBRNに関係する事業者からの情報が不可欠になる。例えば、工場や研究所、保管施設などから危険な物質が盗難、紛失していれば法令に則った通報が求められる。国際的な事案であれば、各国の警察や入国管理や税関などの法執行機関と外交当局同士の情報協力がなされなければならない。

この未然防止が容易でないのは、CBRNが一般市民にとって別世界の無縁なものとは限らないからである。軍事利用と民生用途の両方を兼ね備えることを「デュアルユース」というが、まさにCBRNにも民生利用が多い。例えば、化学兵器の窒息剤として分類されるホスゲンは合成樹脂の原料でもあるし、同じく窒息剤の塩素に至っては水道水の消毒のほか幅広い用途がある。放射線もレントゲンの医療機器から、食品の殺菌や発芽防止に照射したり、建造物の内部診断(非破壊検査)に使用したりと多様である。病原微生物は自然界に生息しつつも研究や製薬に使われるため多くの研究所に保管されている。テロにも使われる猛毒のボツリヌス菌などはその成分が美容整形にも欠かせない。つまりCBRNを扱う業者はそれこそ無数にある。政治的なテロ以外にも私怨による犯罪が世界で、そして日本でも次々に起きるのは、それら物質が身近にあるので入手し易いという環境的な要因があるからだ。各事業者が悪用防止の措置をとってはいるが、事が起きたときの被害管理の準備が欠かせない。

被害管理(consequence management)とはテロなどが起きてしまった後に、その現場で初動対処機関(警察、消防、軍、医療機関、自治体など)が迅速に連携しながら被害を局限化する活動である。日本の場合は、**国民保護法**が制定以来、全国で国民保護訓練が行われる中で被害管理の術に取り組んできた。

初動対処機関の要員が学ぶテキストには核や化学剤や生物剤がその種類ごとに特性が書かれてあり、現場での**ゾーニング**や除染方法、搬送、医療対処、連携の要領などが記載されている。化学剤や生物剤といっても多くの種類があり、現場での被害状況だけでは何が使用されたのか確定できない。そこで初動対処機関の部隊は**検知器**を装備している。

さらには、政府と専門家と国民の間のいわゆるクライシス・コミュニケーションも事態の展開に重要な影響を及ぼす。記者会見での説明や態度、適時の情報発信が国民の心理やニーズに対応したものでなければならない。健康被害のリスクがわかりにくく、不安に乗じて不確かな情報が拡散するからである。

平時から多機関合同での訓練の積み重ねやその改善なくしては、CBRN テロが本当に起きた時にうまく対処できずに混乱に陥るであろう。

(宮坂直史)

第3節　大量破壊兵器の輸出管理

1　輸出管理とは

輸出管理とは、企業や大学、個人が行う商取引や共同研究等の様々な局面で、モノ(貨物)を輸出したり、技術を提供したりする際、これらの貨物や技術が「国際的な平和と安全の維持を妨げるおそれがある(外国為替及び外国貿易法第25条及び48条)」と認められる場合には、輸出管理当局の許可を取得しなければならないという政策である。この場合の「国際的な平和と安全の維持を妨げるおそれがある」とは、特に、貨物や技術が大量破壊兵器や通常兵器の開発や製造に利用されることを指している。つまり、輸出管理とは、重要な貨物や技術が「懸念国」やテロリストに渡り、大量破壊兵器の開発に利用されることを未然に防ぐというのが第一義的な目的となる。輸出管理は、一国で行っても効果は薄いため、後述する通り「輸出管理レジーム(以下、レジーム)」と呼ばれる多国間による枠組みの下、参加国が協調しながら実施をしている。どのような貨物や技術を管理すべきかといったテクニカルな部分についても、レジームにおいて各国の合意がなされ、また、レジームで決定された合意事項は、参加国の国内法に反映される形でそれぞれの国において法的拘束力を持つことになる。日本では、外国為替及び外国貿易法(以下、外為法)の下、輸出管理が厳格に実施されている。

輸出管理は一見すると自由貿易を阻害する政策であるようにも思える。しかし、日本では、外為法第47条に「貨物の輸出は、この法律の目的に合致する限り、最少限度の制限の下に、許容されるものとする」と規定されている。ここでいう「最少限度の制限」というのが、続く第48条で定められている「国際的な平和及び安全の維持を妨げることとなると認められる」輸出に関しては、経済産業大臣の許可を受けなければならないという条文のことを指している。よって、確かに輸出管理は一面において自由貿易における制限となっているものの、それは、大量破壊兵器等の不拡散と通常兵器の過剰蓄積の防止という国際的な目的を達成するための最少限度の制限として法が定めているものなのである。

2　輸出管理の歴史と大量破壊兵器

第2次世界大戦後、トルーマン（Harry S. Truman）大統領は、「東西貿易における輸出管理は、増大しつつある東側諸国の“戦争へのポテンシャル”をそぐために実施されなければならない」と述べ、1949年には、共産圏に対する輸出管理のための国際組織、**対共産圏輸出規制委員会（ココム）**（Coordinating Committee for Multilateral Export Controls: COCOM）を設立した。米国はそれまで、国内法を通して単独で輸出管理を行ってきたが、ソ連という強大な敵を前に、米国だけで実施するのではその政策効果が薄いことを認識し、戦後復興における経済援助、いわゆるマーシャルプランと引き換えに、NATO諸国にココムへの参加を呼びかけた。NATOが欧州諸国と米国の軍事的同盟であるとするならば、ココムはまさに経済的な同盟であった。さらに、朝鮮戦争勃発以降、東アジアにおける反共の防波堤としての役割を期待されていた日本も、1952年にココムに正式に参加することになり、国際的な輸出管理網の一角を担うことになった。ココムに参加していたのは、アイスランドを除くNATO諸国、オーストラリア、日本の17カ国である。当時NIESと呼ばれたアジアの新興工業国は「協力国」という位置付けで、最後までココム加盟国として招かれることはなかった。しかし現在の情勢とは異なり、当時はハイテク製品を持っている国が圧倒的に少なかったため、17カ国による東側への統制であっても、その効果は十分にあったとされる。むしろ、新興国を「協力国」という格下の扱いであっても自陣営に巻き込んでおくことで、これらの国々から共産圏への物品流出を制限できたため、理にかなうものだったと言われている。

またこうした東側諸国への輸出管理と並行して、1970年代以降、大量破壊兵器に関する輸出管理の枠組み、いわゆる輸出管理レジームが次々と設立された。まず1974年のインド核実験を契機として、**原子力供給国グループ**（Nuclear Suppliers Group: NSG）が設立され、次に84年のイラン・イラク戦争においてイラクによる化学兵器の使用が明るみになったことを受け、85年には化学剤を管理していくためにオーストラリア・グループ（Australia Group: AG）（第5章2節参照）が設立され（1992年以降は生物剤も規制対象に加えられた）、さらに87年にはミサイル関連資機材の輸出管理を行っていくためのミサイル技術管理レジーム（Missile Technology Control Regime: MTCR）（第9章5節参照）が設立された。

そして冷戦が終結すると、輸出管理をめぐる国際情勢はさらに激しい変化を見せた。91年の湾岸戦争の勃発後、イラクが膨大な量の兵器を蓄積し、マスタード・ガスや神経ガス、サリン等を含む大量の化学兵器を保有し、さらには湾岸戦争以前にも炭疽菌やボツリヌス毒素等の生物剤系の兵器も大量に保有していたこと、核兵器開発が進められていたこと等が国連の査察で明らかになり、国際社会に衝撃を与えた。核兵器を含む大量破壊兵器の拡散が「東西間の問題から南北間の問題にシフト」したと言われるのもこの一件からである。その後、NSGでは、原子力関連の汎用品の国際的な規制ガイドラインが合意され、核関連のデュアル・ユース品及び技術についても規制されることとなった。

こうして1990年代以降、輸出管理における国際社会の関心は、東西間における輸出統制から、大量破壊兵器及び通常兵器の開発・拡散防止へと移行したのであるが、政策上の課題は山積していた。冷戦期における輸出管理とは、冷戦構造を背景にした「西側」の「東側」に対する封じ込めであり、そこには明確なルールが存在していた。規制緩和も輸出許可もココムメンバーの全会一致で決められており、各国の持つ裁量は非常に小さかった。しかしながら、冷戦後の輸出管理はそうではなくなった。ココム規制が東側に対する「相対的」な優位性を保つことが目的であったのに対し、冷戦後は「絶対的」に大量破壊兵器や兵器に転用可能なデュアル・ユース品を拡散しないという、敵を限定しない枠組みが必要であり、そこには単なるシステムだけでなく、各国間の外交努力や信頼醸成も必要であった。91年の国連総会では、国連軍備登録制度（第8章4節参照）が設立され、同年7月のロンドンサミットに先駆けてパリで行われた国連安保理常任理事国である米英ロ中仏の5カ国の会合では、ジョージ・W・Hブッシュ（George W.H. Bush）大統領が「中東武器輸出戦略」の促進を宣言し、輸出制限や武器移転における事前通知等の合意に向けて作業が進められることで一致した。続くロンドンサミットでも、G7のメンバーが「通常兵器の移転並びに核兵器、生物兵器及び化学兵器の不拡散に関する宣言」を行い、不拡散という理念のための構想は着実に進められた。

また、各輸出管理レジームで規制されていない、いわゆる「低スペック」の貨物や技術であっても、その需要者や用途に着目して輸出の可否を判断する「キャッチオール規制」という新たな規制枠組みも欧州や米国で導入された。このキャッチオール規制は、国際レジームで合意されているハイスペックな品目以外であっても、輸出しようとする貨物や提供しようとする技術が、大量破壊兵器や通常兵器の開発や使用等に用いられる恐れがあることを輸出者が知った、もしくは当局から通知があった場合には、許可申請を要することになる。「全てをキャッチする」ので「キャッチオール規制」と呼ばれる。

こうした国際環境の中、もはや敵を限定したココムの存在意義はなくなり、1994年にはココムは解散し、様々な議論を経て2年後の1996年7月、**ワッセナー・アレンジメント**という通常兵器に関するデュアル・ユース品目と技術を国際的に規制していく枠組みが設立された。ワッセナー・アレンジメントは、ココムで行われていたような拒否権のシステムはなくなり、また特定の国や地域を対象とした輸出制限も存在しない。会合では規制品目と規制スペックを決定するにとどまり、それらの輸出許可に関しては各国の裁量に委ねられている。

また、2001年に米国で発生した同時多発テロ、2003年の「カーン・ネットワーク」(第4章4節参照)の露見等、テロや大量破壊兵器による脅威は2000年以降さらに加速しており、2004年4月に国連では、国連安保理決議1540が採択され、全ての国連加盟国に対して輸出管理制度を整備することが義務化された。

3　デュアル・ユースと輸出管理

輸出管理における「大量破壊兵器」とは、一度に大量の人間を殺傷できる兵器、すなわち、核兵器、生物・化学兵器、そしてミサイル等の大量破壊兵器の運搬手段を指す(逆に、大量破壊兵器に該当しない兵器は全て「通常兵器」に分類される)。核兵器、生物・化学兵器に関しては、**表7-1**の通り保有すること自体を禁止する条約があるが、ミサイルは各国が保有することそのものは禁じられておらず、禁止条約も存在しない。またミサイル以外にもロケットや無人航空機

表 7–1

	大量破壊兵器関連				通常兵器関連
	核兵器	生物・化学兵器		ミサイル	通常兵器
国際条約 核兵器、生物・化学兵器そのものを規制	核兵器不拡散条約（NPT）	生物兵器禁止条約（BWC）	化学兵器禁止条約（CWC）		
	1970 年発効 191 カ国締約	1975 年発効 185 カ国・地域締約	1997 年発効 193 カ国締約		
輸出管理レジーム 通常兵器や大量破壊兵器の開発に用いられる汎用品等を規制	原子力供給国グループ（NSG）	オーストラリア・グループ（AG）		ミサイル関連技術輸出規則（MTCR）	ワッセナー・アレンジメント（WA）
	1947 年発足 48 カ国参加	1985 年発足 42 カ国参加		1987 年発足 35 カ国参加	1996 年発足 42 カ国参加

（ドローン）も、核兵器や生物・化学兵器の運搬手段たり得るので、輸出管理にはこうした品目も含まれている。

表の下段は、前節で説明した多国間の輸出管理レジームと品目の関係を示しているが、注意を要するのは、各輸出管理レジームは条約に基づくものではないため、参加国の行動を法的に拘束するものではないということである。大量破壊兵器に関しては国連安保理決議 1540（第 7 章 4 節参照）が国連加盟国に輸出管理の履行を義務化しているものの、通常兵器関連物資に関してはそのような拘束力を持つ枠組みが特に存在しないため、各国の管理と協力体制が非常に重要な意味を持つと言える。

また、輸出管理において大前提として意識しなくてはいけないことは、レジームで合意され各国の国内法令に「落とし込まれている」数百の規制品目は、そのほとんどが「大量破壊兵器や通常兵器に転用されるおそれのある民生品（技術）」ということだろう。例えば自動車の製造や切削で使われる工作機械は、ウラン濃縮用の遠心分離機を製造するときに欠かせないし、金属メッキ工程で使用されるシアン化ナトリウムは、化学兵器の原材料となりうる。軽くて丈夫な炭素繊維は民間機の機体にも使われているが、翻ってミサイルの構造材料にもなり得る。これらは一部の例であるが、規制品目はこのようにほとんどの品目が、民生用に作られていながらも、軍事用途に転用することが可能なものばかりなのである。だからこそ、ハイスペック品に関しては、用途ではなくスペックによって許可申請の要否を判断しなければならないのである。

4 輸出管理と国際協力

4つの輸出管理レジームや国連安保理決議1540は、大量破壊兵器と通常兵器の拡散防止に関する重要な取組であることは間違いない。しかしながらそこには課題も残る。市場経済のもとで需要者は、自由に購入先を選ぶことができるため、ある国のある企業から（輸出管理が問題となって）購入できない場合は、他の国の別の企業から調達すればよい、ということにもなる。またフロントカンパニーやペーパーカンパニーを巧みに使い、第三国を迂回することで真の購入者（最終需要者）を隠して目当ての物品を調達する「迂回輸出」という方法も珍しいことではない。そうなるとレジーム参加国がいくら真摯に輸出管理を行なっていても、参加していない国や参加していても管理の甘い国が抜け穴となって輸出管理の実効性を低下せしめることにもなる。こうした抜け穴を小さくするためには、より多くの国々で調和した輸出管理を実施していくことが不可欠なのである。

無論、そのような国際協調によって完全に懸念国やテロリスト等の調達網をカットできるかといえば、そうではない。しかしながら、輸出管理の本質は、彼らが調達したいモノや技術に調達コストをかけていくというところにもある。つまり、欲しいものがなかなか手に入らない状況を国際社会で作り上げていくということなのである。そうした意味においては、先にも述べた「カーン・ネットワーク」のような闇の調達網は国際的な輸出管理の取り組みを水泡に帰すものであり、断じて許すことはできないと言える。

5 輸出管理の課題

昨今、輸出管理のあり方には大きな変化が訪れている。激しい技術革新もさる事ながら、**「新興技術（エマージングテクノロジー）」**と呼ばれる技術の萌芽にまで目がむけられ、その獲得と流出防止が重要アジェンダとなっている。また、究極的に言えば人の頭の中にまでも存在する「技術」をいかに管理していくかという**無形技術移転**（Intangible Technology Transfer:ITT）の問題は、古くて新しい課題でもあるし、これに関連して、2009年頃からは、重要技術の宝庫である大学における輸出管理も大きな政策課題となっている。実際にアメリカでは、ある大学の物理学の教授が、政府の許可を受けることなく武器に関する技術を中国人留学生に提供したため輸出管理法違反の罪に問われ、実刑判決（執行猶予無し）を受けた例もある。

このように一口に輸出管理と言っても検討課題は多岐に渡り、それは今後も長く続くことが予想され、時代に適合した輸出管理のベストプラクティスを常に求め、進化し続けなければならないと言えるだろう。

（小野純子）

第4節　国連安全保障理事会の取組み

1　国連と大量破壊兵器の不拡散

大量破壊兵器の不拡散は、核・生物・化学のそれぞれについて個別に条約に基づく法的枠組みが整備されている。それらの枠組みを補完する形で、国際社会において最も強力且つ普遍的な法的拘束力をもつ措置として、**国連安全保障理事会（安保理）**によって採択される決議がある。安保理は**国連憲章第7章**の下で、平和に対する脅威、平和の破壊、侵略行為の発生を認定した場合には、非軍事的または軍事的強制措置を決定することができる。

1992年1月には、初めての安保理サミットが開催され、その議長声明において「あらゆる大量破壊兵器の拡散は国際の平和及び安全に対する脅威を構成する。[安全保障] 理事会の構成員は、それらの兵器の研究や生産に関連する技術の拡散を防止し、およびその目的のために適当な行動を執るべく努力することを誓約する」ことを宣言した。これを機に安保理では大量破壊兵器の問題に対して、個別事案への対応と一般的な規範形成の双方で重要な役割を果たしてきた。個別事案としては、イラクに対する査察執行、リビアへの多国籍軍による軍事行動の承認、北朝鮮およびイランに対する経済制裁の発動がある。一般的な規範形成としては、非国家主体に対する大量破壊兵器の不拡散措置をすべての国連加盟国に義務付けた国連安保理決議1540がある。

しかし、こうした安保理による具体的活動の実効性は疑問視されることもある。その背景には、大量破壊兵器の問題は、**安保理常任理事国**内での不和や一貫性の欠如という問題が生じやすく、また、決議の履行違反に対する罰則が不明瞭なことなどがある。以下では、上述の安保理の活動の背景とその効果について個別に検討する。

2　イラク、リビア、シリアの大量破壊兵器開発への安保理の対応

イラクの大量破壊兵器の開発問題に対して、安保理は中心的な役割を担ってきた。1990年にイラクがクウェートに侵攻すると、安保理は国連憲章第7章の下で**国連安保理決議687**（1991年）を採択し、イラクの大量破壊兵器の廃棄を義務付け、核兵器については国際原子力機関（IAEA）による検証体制に加えて、主に生物・化学兵器の検証を行うために**国連イラク特別委員会（UNSCOM）**を設置した。1997年までに、UNSCOMとIAEAは、イラクの大量破壊兵器計画は放棄されたと結論付けたが、その結論に安保理常任理事国の意見は分かれた。

米国と英国は査察の継続を主張し、1999年に安保理は国連安保理決議1284を採択し、UNSCOMの活動を引き継ぐ体制として**国連監視検証査察委員会（UNMOVIC）**が設置された。しかしこの決議は、UNSCOMによる査察の結論を支持するロシア、中国、フランスが決議採択時の投票を棄権しており、常任理事国の意見が一致していたわけではない。こうした政治背景もあり、イラク政府はUNMOVICのイラク国内での活動を拒否した。2003年にようやくUNMOVICはイラクでの活動を開始したが、その直後に米英を中心とした**多国籍軍によるイラク攻撃**が開始し、UNMOVICはその活動を中断することとなった。イラクのケースは、常任理事国内の立場の不一致があり、また、米英が主導した決議にも関わらず、決議履行と並行して米英が国連の枠組み外で軍事行動を行った政策の一貫性の欠如により、安保理決議の正統性や信頼性の低下という問題を浮き彫りにした。

リビアでは、カダフィ（Muammar Gaddafi）が最高指導者に就任した1970年代から大量破壊兵器の取得に向けた疑惑があったが、安保理はこの問題を取り上げてこなかった。その一方、2003年10月にリビア向けの貨物から核兵器製造に転用可能な遠心分離機が発見されると、米英との秘密交渉を経て同年12月

にカダフィは大量破壊兵器計画の放棄を宣言した。安保理はこれを歓迎する議長声明を発出したが、イラクの場合と異なりリビアによる廃棄を検証する枠組みを設けず、その廃棄に直接的な役割を果たしてはいない。しかしその後、2011年に発生したリビア内戦に対して、安保理は**国連安保理決議1973**を採択し多国籍軍による軍事行動を承認した。その結果、NATO軍の援護を受けた反体制派によりカダフィは殺害された。安保理の承認を得た軍事行動による体制転覆は、為政者に対して、大量破壊兵器計画を放棄しても自身の生命を脅かされるとの誤った印象を与えた可能性があるとして、批判を招くこととなった。

シリアでは、アサド(Bashar Assad)政権が大量破壊兵器計画を維持してきたが、安保理はリビア同様に、直接シリアの核兵器開発問題を取り扱ってこなかった。2013年にアサド政権が自国民に対して化学兵器を使用した疑いが大々的に報じられると、米ロの交渉により、シリアの化学兵器の完全廃棄が合意された。これを受け安保理は**国連安保理決議2118**を採択し、国連の政治的支援の下で化学兵器禁止機関(OPCW)にシリアの化学兵器を廃棄する権限を付与した。シリアは、直ちに化学兵器禁止条約の締約国となり、1,300トンの化学兵器の保有を申告し、OPCW執行理事会が定めた廃棄期限を超えたものの、多国間の協力により廃棄された。これは、米ロの2国間交渉により安保理決議の迅速な採択及び履行へと結びついた例であるが、シリアの化学兵器が全て申告されたか否かは疑わしく、その後もアサド政権および反政府勢力の双方による化学兵器の使用が報じられており、未だに解決とは程遠い問題となっている。

3　北朝鮮とイランに対する制裁

2006年4月に北朝鮮が一連のミサイル発射実験を行い、それ以降安保理は北朝鮮の核開発問題を取り上げている。2006年、安保理は国連安保理決議1695を採択し、弾道ミサイル計画に関するすべての活動の停止を要求した。しかしながら北朝鮮は2006年10月9日に最初の核実験を実施した。安保理は直ちに全会一致で国連憲章第7章の下で国連安保理決議1718を採択し、北朝鮮に対して、いかなる核実験又は弾道ミサイルの発射も行わないこと、IAEA保障措置への復帰、核兵器及び既存の核計画の完全廃棄等を要請すると同時に、北朝鮮に対して**「スマート・サンクション」**と呼ばれる経済制裁を課した。制裁の内容は、大量破壊兵器計画に必要な物資及び技術、主要武器の北朝鮮による輸出入の禁止、奢侈品の輸出禁止、関連する個人や団体の資産凍結、個人の渡航禁止からなる。一方で、北朝鮮はその後もミサイル発射実験や核実験を継続し、その都度安保理は決議を採択して制裁を強化してきた（国連安保理決議 1874、2087、2094）。これらの制裁決議に関わらず、2016 年に北朝鮮は 4 度目の核実験を実施し、弾道ミサイル技術を用いた発射実験を行った。これを受け、安保理はそれまでの制裁決議と比べ格段に範囲を広げた**国連安保理決議 2270** を採択した。たとえば兵器の禁輸に関連しては小型武器及びその関連物質も規制対象となり、北朝鮮国民に対する核及びミサイルに関連する分野での専門教育及び訓練が禁止された。金融分野では、各国における北朝鮮の銀行の新たな支店等の開設や運営の禁止、北朝鮮の銀行との取引などが禁止された。北朝鮮の主要な外貨収入源である天然資源の輸出についても制限が加えられた。しかし北朝鮮はその後も核実験や弾道ミサイル発射実験を繰り返し、この間、安保理は、決議 2321、2356、2371、2375、2397 と立て続けに制裁を強化する決議を採択している。これらの制裁決議により、北朝鮮の経済に少なからず打撃を与えている可能性はあるが、それにより核兵器開発計画の放棄につながるかは不明である。

イランについては、IAEA 保障措置協定違反を理由とし、2006 年 2 月に国連安保理決議 1737 が採択された。イランに対するスマート・サンクションの対象を「研究開発を含むすべての濃縮関連と再処理活動」と「重水を使用する研究炉の建設を含むすべての重水炉計画」とし、核供給国グループ（NSG）が規定する輸出管理対象品目のリストに掲載される品目の取引を禁じた。継続決議 1747、1803、1835、1929 により制裁の範囲が拡大、強化された。同時に米国や EU は単独での対イラン経済制裁を行い、安保理制裁の効力を高めた。こうした経済制裁と並行して、安保理常任理事国とドイツの 6 カ国（P5+1）は、イランとの核合意に向けた外交交渉を継続し、2015 年に包括的共同行動計画（JCPOA）（第 4 章 5 節参照）が合意された。合意を受け、それまでの安保理制裁は解除され、JCPOA を支持する**国連安保理決議 2231** が採択された。イランのケースは、安保理決議により経済制裁に対する国際的な正統性を担保する中で、米国や EU が独自制裁を課しつつ外交交渉を通して道筋を作った好例であったと言える。しかし、2018 年 5 月、IAEA の定期査察によりイランの合意遵守が確認されていたにもかかわらず、米トランプ大統領が合意からの一方的な離脱を発表し、バイデン政権もそれを継承しており、イランの核開発問題は先行きは不透明になっている。

4　非国家主体への不拡散

2001 年 9 月 11 日の米国同時多発テロの発生や、2004 年に A・Q・カーン（Abdul Kahn）による核の闇市場が発覚したことなどを受けて、安保理は 2004 年 4 月に、非国家主体に対する大量破壊兵器不拡散に関する**国連安保理決議 1540**（以下、決議 1540）を国連憲章第 7 章の下、全会一致で採択した。決議 1540 は、すべての国連加盟国に対して、第 1 に、大量破壊兵器やその運搬手段の製造、取得、所持、開発、輸送、移転、使用を企てる非国家主体へのいかなる形態の支援も差し控えること、第 2 に、非国家主体が特にテロ目的のために大量破壊兵器やその運搬手段の製造、取得、所持、開発、輸送、移転、使用を企てることなどを禁止する適切且つ効果的な法律を採択し執行すること、第 3 に、大量破壊兵器やその運搬手段の拡散防止のために国内管理措置（防護措置、国境管理、輸出管理を含む）を採用し執行することを義務付けている。

決議 1540 は、安保理 15 カ国のみによる「国際立法」措置であるとして懸念もあったが、既存の条約に基づく法的枠組みを補完することからおおむね広く受け入れられている。決議 1540 により、大量破壊兵器の非国家主体への不拡散のための法的措置や国内管理措置の必要性に対する認識は高まったと言える。その一方で、大量破壊兵器の関連物質に関する輸出管理や防護措置をどのように実施するかのガイドラインがあるわけではなく、多くの国が独自の解釈で国内履行をしているか、または履行能力が不足しており、決議採択後 20 年を経た 2024 年現在もその履行状況は芳しくない。なお、国内履行を促進するために、決議 1540 の履行状況を評価するために設立された 1540 委員会が、履行支援を必要とする加盟国があれば、他の加盟国や関連する国際機関に対して、国内履行支援へとつなげる橋渡しを行っている。

（田中極子）

第5節　拡散に対する安全保障構想（PSI）

1　発足の背景

2001年の米国同時多発テロは、テロリストへの大量破壊兵器拡散防止の重要性を浮き彫りにした。また、2002年12月にはイエメン沖でスペイン軍が貨物船ソサン号を捜索し、北朝鮮がイエメンに輸出したスカッドミサイルなどを発見したものの、国際法上、押収する権限はなく釈放するという事態が起きた。こうした中で米国は同年12月、**大量破壊兵器と闘う国家戦略**を発表し、敵対国家やテロ組織への大量破壊兵器関連物資・技術の移転を阻止するための能力向上の必要性を指摘した。

これらを背景として2003年5月、ブッシュ米大統領はポーランドのクラコフでの演説で**拡散に対する安全保障構想（PSI）**を発表し、同年9月、その活動の指針となる**阻止原則宣言**がオーストラリア、フランス、ドイツ、イタリア、日本、オランダ、ポーランド、ポルトガル、スペイン、英国、米国の11カ国によって採択された。これによってPSIは、輸出管理では防ぎきれなかった大量破壊兵器等の移転を輸送段階で阻止するため、参加国が各国国内法と国際法の範囲内で共同してとりうる措置を検討・実践する取り組みとして本格的に始動した。

2　阻止原則宣言

阻止原則宣言は、PSI参加国がコミットする以下の原則を定めている。

①**拡散懸念国及び非国家主体との間の大量破壊兵器、その運搬手段、関連物資（以下、「大量破壊兵器等」）の移転及び輸送（以下、「当該輸送」）**を阻止するために効果的な措置をとる。

②拡散活動に関連する情報の迅速な交換のため合理化された手続きをとり、阻止活動・能力に適切な資源と努力を注ぎ、阻止活動における参加国間の調整を最大化する。

③必要に応じて、関連する国内法の見直し、強化や国際法の強化のために努力する。

④各国国内法と国際法の範囲内で、以下を含む具体的な行動をとる。
- 当該輸送や輸送協力を行わず、自国管轄権に服する者にこれを許可しない。
- 当該輸送が疑われる自国籍船舶を内水、領海、及び他国の領海を越えた海域で乗船・立入検査し、関連貨物を押収する。
- 他国による自国籍船舶への乗船・立入検査と関連貨物の押収に同意を与えるよう真剣に考慮する。
- 当該輸送が疑われる船舶を内水、領海、接続水域で停船させ、立入検査し、関連貨物を押収する。自国の港、内水、領海を出入りしようとするそのような船舶に対し、乗船・立入検査を求め、関連物資の押収を行う等の条件を付ける。
- 当該輸送が疑われる航空機が自国領空を通航している場合、検査のため着陸を求め、関連貨物を押収する。または、そのような航空機に対し、事前に自国領空の通航権を拒否する。
- 自国の港湾や空港等が当該輸送の中継地点として使用される場合には、当該輸送が疑われる船舶や航空機等を検査し、関連貨物を押収する。

3　活動と成果

阻止原則宣言を支持しPSI参加国となった国は、2024年10月現在、114カ国に上っている。このうち日本を含む20カ国が参加する**オペレーション専門家グループ会合**において、PSIの活動の調整や法的問題の検討、各国の実践例の共有などを行っている。また、アジア太平洋や地中海など各地域で**阻止訓練**がこれまでに計60回以上行われ、参加国・機関の能力向上や連携強化が図られてきた。日本は2018年までに計4回の阻止訓練を主催したほか、参加国拡大のためのアウトリーチ活動にも力を入れている。

PSIの成果はほとんど公表されず必ずしも明らかではないが、米国は2006年7月、イランの核・ミサイル計画向けの輸出をはじめ、30件以上の輸送の阻止においてPSIが重要な役割を果たしたと述べている。

4　課題と展望

PSIにとっての大きな課題の1つが、国際法や国内法の強化を通じた実効性の向上である。国際法上、公海における船舶の捜索は原則として船籍国の同意がなければ行えない。この点に対処するため米国が2004年以降、**便宜置籍国**などとの間で締結している**2国間乗船協定**は、PSIの実効性を高めるための取り組みの一例と言える。多国間の取り組みとしては大量破壊兵器等の不法な輸送を犯罪化する**海洋航行不法行為防止条約（SUA条約）2005年議定書**と**国際民間航空についての不法な行為の防止に関する条約（北京条約）**が採択されているが、締約国のさらなる拡大が期待される。

さらに、国連安保理決議1540（第7章4節参照）は非国家主体による大量破壊兵器等の輸送等を禁止する法律の制定を国連加盟国に義務付けているほか、一連の対北朝鮮安保理決議は、国連加盟国に北朝鮮向けの大量破壊兵器関連貨物の検査を要請し、押収を義務付けている。2018年の**PSI有志国共同声明**も、対北朝鮮国連安保理決議2375が阻止原則宣言を補完すると述べ、両者が密接に関係することを示している。これらの安保理決議の履行のための各国国内法の整備や強化が、PSIの強化にとっても重要な課題と言えるだろう。

阻止原則宣言を支持・実践する国が増えることも、PSIの活動をより円滑に行うためには欠かせない。大量破壊兵器の効果的な拡散阻止のため、PSIのさらなる参加国の拡大と協力の深化、関連国際法・国内法の強化に向けて、不断の検討と行動が求められている。

（小田川肇）

第6節　大量破壊兵器不拡散の展望

大量破壊兵器の不拡散措置には、大きく分けて関連物質や技術の輸出管理と、関連物質や技術が犯罪等の目的に悪用されないための安全確保（セキュリティ）がある。大量破壊兵器の不拡散を目的とした輸出管理や安全確保を促進する枠組みには、多国間条約、国連安保理決議、多国間グループによる任意の取組み、国家による取組みなど数多く存在する。国家に対する不拡散であれ、テロリスト等の非国家主体に対する不拡散であれ、大量破壊兵器不拡散の最大の課題は、これらの多くの枠組みのそれぞれの実効性を高め、枠組み間での連携を深めることであろう。

まず輸出管理について、大量破壊兵器の関連物質に対する輸出管理を包括的に扱う法的強制力のある多国間枠組みは存在せず、利害関心を有する多国間グループによる輸出管理レジームが存在するにすぎない。輸出管理レジームによる不拡散への効果は大きいが、限られた国家間での枠組みであり普遍性を持っていない。それに対して、国連安保理決議1540は非国家主体に対する大量破壊兵器不拡散を目的として、すべての国連加盟国に輸出管理体制の構築を義務付けている。しかし国連安保理決議1540は、普遍性はある一方で、どのように実施するかのガイドラインはなく、加盟国における履行方法は標準化されていない問題点もある。この他、大量破壊兵器の開発疑惑のある特定の国家に対しては、安保理決議による制裁措置や、国家または地域機関による制裁措置を通して、輸出管理の実施が義務付けられている。さらに踏み込んだ措置として、米国が中心となって構築された「拡散に対する安全保障構想（PSI）」があり、大量破壊兵器の関連物質の輸送が疑われる船舶への立入検査を行う仕組みを構築している。

これらの枠組みはいずれも単独で存在するわけではない。例えば北朝鮮に対する安保理制裁決議は輸出管理レジームが制定する管理リストに準拠している。国連安保理決議1540は独自の管理リストを制定していないが、輸出管理レジームのリストを用いたり、EUが策定するリストを併用し、国連加盟国に対して独自の管理リストを作成することを求めている。また、国連安保理決議1540が義務付ける輸出管理体制があって初めてPSIの取組みは実現可能となる。

次に関連物質の安全確保措置についてみてみたい。核関連資機材は、国際原子力機関（IAEA）が中心となり核セキュリティを含めた加盟国の安全確保体制の強化を図っている。これに対して、化学兵器禁止条約は、締約国に対して化学セキュリティの措置を執ることを明示的には義務付けておらず、化学セキュリティの概念や措置に対する共通基準があるわけではない（なお、化学兵器禁止機関（OPCW）は化学セキュリティのガイドラインの作成を進めている）。代わりに、国際化学工業協会協議会（ICCA）が、化学物質の取り扱いに関する**「レスポンシブル・ケア」**という取組みの中で、企業に対する保安防災を含む体制づくりを促進しており、多くの国の化学工業協会がこの取組みに参加している。同様に、生物兵器禁止条約にも明示的なバイオセキュリティの規定はないが、世界保健機関（WHO）のガイドラインに準じて、公衆衛生や感染症対策の観点から独自のバイオセキュリティ体制を整えている国が多い。

しかし、ICCAやWHOのガイドラインに沿って作られる化学・バイオセキュリティのための措置は、必ずしも大量破壊兵器の不拡散を十分に考慮したものではない。これらの既存の枠組みを活かしながら、大量破壊兵器の不拡散のための安全確保措置を構築することが求められる。そのためには、専門分野ごとの取組みだけではなく、安全保障、公衆衛生、環境、法執行を含めた分野横断的なガバナンスの構築が必要である。

さらに、こうした関連物質の安全確保をとおした未然防止策を強化するとともに、事態が発生した際の対応能力の強化を含めた**被害管理**も重要な要素である。IAEAやOPCWにはそれぞれ核関連事態、化学関連事態が生じた際の国際的な援助の枠組みがあり、生物兵器禁止条約においても各国の対応能力強化のための支援枠組みがある。また、その他の国連機関では国連薬物犯罪事務所（UNODC）や国連テロ対策オフィスがテロリストを含む組織犯罪に対して、情報共有や対応能力強化の取組みを行っており、CBRN事態への対応を行っている。また、国際刑事警察機構（INTERPOL）にも援助の枠組みがある。これらの異なる組織間での連携や情報共有が効果的に行われる体制構築が求められている。

（田中極子）

クローズアップ⑦：北朝鮮の核兵器開発と「瀬取り」

現在、国際社会は、核兵器開発に直接寄与する物資や技術以外の輸出入等も対北朝鮮制裁の対象としている。その直接的契機は、2016年から17年にかけて北朝鮮が実施した核・ミサイルの実験等にある。これらにより、国際連合安全保障理事会（安保理）は、石炭、鉄、鉄鉱石の全面禁輸（国連安保理決議2371）、北朝鮮による石油精製品輸入量の制限（年間50万バレル、国連安保理決議2397）等の厳しい措置をとった。物資等の北朝鮮船舶との船舶間での積替え（瀬取り）も禁止した（国連安保理決議2375）。北朝鮮船舶との瀬取りを禁止した主たる目的は、北朝鮮の核開発等に繋がりうる資金源や燃料を遮断することにあった。

しかし、北朝鮮はこれらの制裁措置に違反する活動を継続している。特に船舶自動識別装置（AIS）の無効化、国際海事機関（IMO）番号の不正操作、船籍の偽証等の制裁回避手段を駆使して瀬取りを継続している。特に注目すべきが、北朝鮮による瀬取りを用いた石炭輸出と石油精製品輸入である。北朝鮮の石油精製品輸入量は国連制裁の上限を超過したとの見方もあり、安保理北朝鮮制裁員会の専門家パネル報告書は瀬取りが国連制裁の効果を損ねていると指摘する。

国連制裁の実効性を高めるために、2017年に日本とアメリカが瀬取りの監視を開始した。18年からはオーストラリア、カナダ、ニュージーランド、イギリス（これにアメリカを加えた5カ国で諜報活動に関する協定を結んでおりファイブ・アイズ諸国と呼ばれる）、20年にフランスが、21年にドイツが、24年にはオランダがそれぞれこれに参加した。韓国も自国沿岸付近で監視を行っている。監視活動を通して得られた瀬取りに関する画像等は国連安保理北朝鮮制裁委員会に通報され、それらを基に船舶名等の公表や制裁指定等が行われている。

もっとも、全ての国連加盟国が北朝鮮の瀬取りに厳しい態度で臨んでいるわけではない。例えば、中国政府は安保理の北朝鮮制裁委員会による瀬取りに関連した船舶等の国連制裁対象者への指定に異議を唱え、指定を遅らせる等した。また、瀬取りの監視活動を行っていたカナダの偵察機が中国軍機から飛行妨害を受けたとの証言もある。さらにロシア船舶による石炭の瀬取り計画も報道された。そのうえ、上述の専門家パネルは24年4月末をもって廃止された。同パネルの任期を延長する決議案にロシアが拒否権を行使したためである。

北朝鮮による核開発等への国際社会の対応は、決して一枚岩ではない。しかし国連制裁の実効性は、各国の共同歩調がどの程度実現するかにかかっている。各国の北朝鮮による瀬取りへの対応は、国連制裁の実効性をうらなう試金石でもある。

（髙山嘉顕）

第8章
通常兵器規制

榎本珠良・福田毅・小山淑子

本章のねらい

この章では、通常兵器の軍縮・軍備管理を扱う。戦争や犯罪などにおいて毎日のように使用されている通常兵器は、毎年40万人から50万人の死者をもたらしているともいわれる。通常兵器には、小銃や軽機関銃などの比較的小型の武器から、軍用の艦艇や航空機などの大型のものまで多岐に渡り、用途も流通経路も様々である。通常兵器を保有・使用しているアクターも、軍や警察から一般市民、反政府集団や犯罪組織まで幅広い。

通常兵器の軍縮・軍備管理に関しては、19世紀以降、数多くの合意文書が起草され、規制が試みられてきた。そうした規制は概して、主権国家の自衛権と、その権利を行使するために通常兵器を保有・使用することを前提にしている（過度の人道被害をもたらすなどの兵器については一定の規制を設けるにせよ）。しかし、この前提に依拠した規制の目的や方法は変化してきた。この章では、過去の全ての通常兵器規制合意を網羅することはできないが、とりわけ近年の規制に重点を置いて概観し、現在の課題を示す。

第1節　通常兵器の定義と規制概観

1　通常兵器の定義

通常兵器（conventional arms、conventional weapons）という用語は、概して「大量破壊兵器」と見なされるもの以外の兵器を指して用いられる。ただし、通常兵器という概念は、冷戦期に「大量破壊兵器」と対比する形で次第に用いられるようになったものであり、核兵器の登場以前には用いられなかった。また、大量破壊兵器という用語も、核兵器の登場以前には爆撃機を指して使用されたり、冷戦期初期にはこの用語の定義に爆撃機や戦艦・航空母艦等を含めるべきか否かが論争されたりしていた。したがって、「通常兵器」と「大量破壊兵器」の境界線も、歴史のなかで移り変わってきたといえる。

1990年代以降、通常兵器のなかでも1人から数人で運搬や使用が可能な兵器については、**「小型武器・軽兵器」（SALW）**と総称されるようになった。1997年の国連政府専門家パネルによる報告書は、小型の武器を、主に戦争での使用を目的に軍用規格のもとで製造された、兵士1人で携帯や使用が可能な「小型武器」、兵士数人で運搬し使用される「軽兵器」、「弾薬（小型武器と軽兵器の弾薬）・爆発物」の3種類に分類した。これに対して、通常兵器のなかでも比較的大型のものは「重兵器」と呼ばれ、例えば国連軍備登録制度（1992年）においては、戦車、装甲戦闘車両、大口径火砲システム、戦闘用航空機、攻撃ヘリコプター、軍用艦艇、ミサイルおよびミサイル発射装置という7カテゴリーに区別されている。ただし、これらの定義は他の全ての国際会議や文書において共有されているわけではない。また、通常兵器には輸送用や偵察用の軍用車両や軍用航空機等も含めるのか、弾薬、爆発物、部品、構成品、生産・運用等の技術、技術の組み合わせにより構成されるシステム、汎用品等を含めるのかについて、各国共通の理解は必ずしも存在しない。

2　「伝統的」通常兵器規制

冷戦期以降、軍縮・軍備管理は、国家の軍事的安全保障の観点からおこなわれる軍備にまつわる施策として広く理解され、軍備、軍隊、軍事支出の規制、制限、削減、撤廃に関する措置や、兵器の開発、実験、生産、配備、展開、拡散、移転、使用の制限や禁止を含む様々な措置を指して用いられる傾向にあった。こうした発想に基づくとされる規制としては、例えば、1980年に採択された「過度に傷害を与え又は無差別に効果を及ぼすことがあると認められる通常兵器の使用の禁止又は制限に関する条約」（特定通常兵器使用禁止制限条約:CCW）、1950年の対共産圏輸出統制委員会（COCOM）による移転規制、1990年に採択された欧州通常戦力（CFE）条約などが挙げられる。

まず、1980年に3つの附属議定書とともに採択されたCCWは、過度の傷害・不必要な苦痛を与えるまたは無差別に効果を及ぼすことがあると認められる通常兵器の使用を禁止・制限することを趣旨としている。冷戦期までの国際社会において、各国は通常兵器を保有し自衛権行使の目的のために使用することができるものの、特定の性質をもつ兵器の使用は禁止されるとの原則が存在するとの認識が形成された。CCWは、こうした認識に基づき、特定の通常兵器の使用を禁止・制限しようとするものである。

また、1950年に西側諸国が発足させたCOCOMには、アイスランドを除く**北大西洋条約機構（NATO）**加盟諸国と日本、オーストラリアが参加した。COCOMは共産主義諸国に対する封じ込め政策の一環として、西側自由主義陣営の相対的な技術優位性を保つべく、共産主義諸国への軍事技術・戦略物資の移転を共同で統制しようとするものであり、冷戦が終結すると意義を失い1994年に解散した。その後、かつての規制対象国である旧共産主義国の大半も参加したうえで1996年に「通常兵器および関連汎用品・技術の輸出管理に関するワッセナー・アレンジメント」（ワッセナー・アレンジメント）（第7章3節参照）が発足した。

1990年に採択され1992年に発効したCFE条約は、冷戦期の東西の軍事同盟であった**ワルシャワ条約機構（WTO）**とNATOの間で、通常戦力を削減したうえで保有量を均衡させるべく交渉された条約である。ただし、この条約の採択後にWTOが解体しソビエト連邦が解体したため、CFE条約の前提が崩れることになった。こうした状況の変化を受けて、1999年にCFE条約適合合意（適合条約）が策定された。2024年9月現在、この適合条約は発効要件を満たしておらず未発効である。

3　1990年代以降：「人道的軍縮・軍備管理」

1990年代を通じて、通常兵器の軍縮・軍備管理について、国家中心主義的・軍事中心主義的な安全保障の観点だけでなく**「人間の安全保障」**の視点にも基づいて検討すべきであるとの主張が支持を集めた。2000年代には、「人間の安全保障」の視点も加味するといわれる合意や施策が「人道的軍縮・軍備管理」と呼ばれるようになった。そして、「人道的軍縮・軍備管理」の領域には、従来の軍縮や軍備管理の定義に収まりきらないものも含まれるようになった。例えば、SALW規制の枠組みでは、武装解除・動員解除・社会復帰（DDR）、軍・警察・司法機関等を対象とする治安部門改革（SSR）、紛争後の国家やコミュニティにおける和解促進、社会的関係の再構築、暴力の文化の撲滅と平和の文化の構築なども議論され実施されるようになった。

同時に、CCWにおいて扱われた「過度の傷害・無用の苦痛」といった概念についても、戦闘員および文民に対する身体的・物質的被害だけでなく心理的被害や長期的な社会的・経済的被害（武力紛争後の社会・経済開発への悪影響など）を含めると解釈したうえで、対人地雷などの兵器についてその傷害や苦痛が著しいものと見なし、その使用だけでなく開発から使用に至るまで全面禁止すべきだと提唱する動きが生まれた。さらに、通常兵器移転についても、国家安全保障上の脅威である特定国・地域への武器移転を規制するタイプの移転規制ではなく、開発、平和構築、「人間の安全保障」といった観点に基づいて移転可否の判断基準を設けるタイプの規制が提唱された。

「人道的軍縮・軍備管理」の議論には、欧米の非政府組織（NGO）や研究者が中心となって設立した「グローバル市民社会」を称するキャンペーンが関与した。例えば、対人地雷の禁止・廃絶を求める「地雷禁止国際キャンペーン」（ICBL）とSALWの規制を求める「国際小型武器行動ネットワーク」（IANSA）は、それぞれ「対人地雷の使用、貯蔵、生産及び移譲の禁止並びに廃棄に関する条約」（対人地雷対人地雷禁止条約：1997年）と「あらゆる側面における小型武器・軽兵器非合法取引の防止、除去および撲滅のための行動計画」（国連小型武器行動計画：2001年）の形成過程に関与した。とりわけICBLについては、CCWという既存の枠組みを離れてカナダなどの有志国と協力して全面禁止条約の締結を推進した点に注目が集まった。その後も、「クラスター弾連合」（CMC）の関与のもとに、再びCCWという既存の枠組みを離れるかたちで「クラスター弾に関する条約」(2008年)が形成され、さらにコントロール・アームズやIANSAが推進した武器貿易条約(ATT)(2013年)が合意された。ATTには、輸出先において国際人道法・人権法の重大な違反行為に使用されるなどのリスクが著しい場合には輸出を許可しないといった共通の判断基準が盛り込まれた。

(榎本珠良)

第2節　「非人道的」な通常兵器の禁止

1　国際人道法の発展と兵器規制の原則

国家の自衛権は通常兵器の保有や使用を前提としているが、過度の人道被害をもたらす「非人道的」な通常兵器には一定の規制が課されている。規制の形態は様々で、使用のみならず保有や開発等を含め兵器そのものが全面的に禁止される場合もあれば、特定の使用法だけが禁止される場合や、一定の基準を満たしていない兵器の保有や使用が禁止される場合もある。

では、一体どのような兵器が「非人道的」とみなされるのだろうか。この判断基準は、19世紀後半以降、**国際人道法**の枠組みで設定されるようになった。まず1868年に、欧州諸国を中心とする17カ国が、400グラム未満の爆発性発射物等の使用を放棄する**サンクト・ペテルブルク宣言**に署名した。この宣言の歴史的重要性は、兵器の非人道性の判断基準を初めて法的文書の中で明文化した点にある。その基準とは、「戦争中に国家が達成しようと努めるべき唯一の合法な目的は敵の軍事力の弱体化」であり、「既に無力化された者の苦痛を無意味に増大する又はその死を不可避的にする兵器の使用は、この目的を越える」ため「人道の法に反する」というものである。1899年の**ハーグ平和会議**では、サンクト・ペテルブルク宣言の精神に基づきダムダム弾、気球から投下する爆発物、毒ガスの使用を禁止する宣言が採択された。さらに、1899年および1907年のハーグ陸戦条約の規則第23条には、一般的な原則として、「過度の傷害」、「不必要な苦痛」を与える兵器は禁止されると明記された。

1949年には、おびただしい数の犠牲者を産み出した第2次世界大戦の反省に基づき、文民(民間人)や傷病兵などの戦争犠牲者の保護を目的とする**ジュ**

ネーブ諸条約が49カ国の参加する外交会議で採択された。その後、兵器や戦闘方法の規制に関する交渉が、**赤十字国際委員会(ICRC)**や国連が主催する各種の国際会議の場で行われた。一連の交渉では地雷や**焼夷兵器**といった個々の通常兵器の合法性も議論されていたが、各国の見解の相違を埋めることが難しかったため兵器禁止の一般原則に関する合意形成が優先され、それが1977年のジュネーブ諸条約第1追加議定書に盛り込まれることとなった。

同議定書の第35条では、過度の傷害・不必要な苦痛を与える兵器の使用禁止が再確認されている。また、第48条は、戦闘員・軍事目標と文民・民用物を区別し、前者のみを軍事作戦の対象(攻撃目標)としなければならないと規定している(**区別原則**)。第51条では、攻撃によって得られる軍事的利益と比較して過度の付随的被害(文民への被害)をもたらす攻撃が禁止されている(**均衡原則**)。さらに、同条は**無差別攻撃**も禁止している。

現在、これらの原則は、議定書の非締約国をも拘束する慣習法として確立していると考えられている。しかし、原則には曖昧な点も多い。例えば、傷害や苦痛の大きさの判断に主観的な要素が含まれるのは避けられないし、完全に数値化できない軍事的利益と付随的被害を比較することも容易ではない。また、原則の多くは、兵器そのものの性質ではなく、その使用法に関わるものである。そのため、第1追加議定書の規定のみに基づいて個々の兵器の違法性を断定することは難しく、実際の兵器禁止は特定の兵器を対象とした個別の条約によって行われるのが一般的となっている。

2　特定通常兵器使用禁止制限条約(CCW)

第1追加議定書が採択された際、各国は個々の通常兵器規制に関する交渉を継続すると決定し、その結果、1980年に76カ国が参加した国連会議の場で特定通常兵器使用禁止制限条約(CCW)と3つの附属議定書が採択された。CCWの正式名称は「過度に傷害を与え又は無差別に効果を及ぼすことがあると認められる通常兵器の使用の禁止又は制限に関する条約」であり、これはCCWによる兵器規制が国際人道法の原則に依拠したものであることを示している。

CCW自体は条約の適用範囲や発効要件などを定めているだけで、実際の兵器規制は附属の議定書によって行われる。これまでに6つのCCW議定書が採択されているが、CCW 締約国（2024 年 9 月現在で 128 カ国）に全議定書を批准する義務はなく、少なくとも 2 つの議定書を選択して批准すればよい。

CCW の第 1 議定書は、人体内に入った場合に X 線で検出できない破片により傷害を与えることを第一義的効果とする兵器の使用を禁止する。第 2 議定書および改正第 2 議定書については、地雷に関する項で後述する。第 3 議定書では、人口稠密地域（都市の居住地区等）の中に位置する軍事目標を空中から焼夷兵器で攻撃することなどが禁じられている。ただし、人口稠密地域であっても空中発射型ではない焼夷兵器であれば、効果を軍事目標に限定し、付随的被害を極小化するための実行可能な予防措置をとる等の条件の下で使用が認められる。1995 年に採択された第 4 議定書は、永久失明をもたらすよう特に設計されたレーザー兵器の使用を禁止している。もっとも、こうした兵器が開発された事実はなく、また、軍事用レーザーの副次的効果としてもたらされる失明は容認される。2003 年採択の第 5 議定書は、クラスター弾の項で取り上げる。

CCW 議定書の採択には CCW 締約国のコンセンサスが必要となるため、合意内容は各国間の妥協の産物となりがちである。事実、CCW で規制されている兵器の大半は、軍事的重要性が比較的低い兵器である。CCW 交渉過程で議論されていた小口径弾や燃料気化爆弾の規制については、軍事的有用性の高さが一因で合意できなかった。また、使用以外の保有、開発、製造等は規制の対象外で、使用についても例外が認められている場合が多い。CCW には米露中などの軍事大国の多くが加盟しているという強みがあるが、軍事大国は軍事的有用性を重視する傾向にある。そのため、以下で述べる対人地雷やクラスター弾の例のように、CCW の議定書で軍事的重要性の高い兵器に厳しい規制を課すことは容易ではない。

3　対人地雷の禁止

1980 年に採択された CCW 第 2 議定書は、文民居住地や非戦闘地域における**地雷**（対人地雷と対車両地雷）の使用を禁止した。ただし、文民居住地であっても、地雷が軍事目標に近接して設置される場合や、文民保護のための予防措置（警告標識の掲示等）がとられる場合は、使用が認められる。また、区別原則に反する無差別的兵器だとして中立諸国が使用の全面禁止を求めていた**遠隔散布地雷**

についても、**自己破壊装置等**を備えたものの使用が容認された。

1990年代になると、紛争時に敷設された対人地雷が紛争終了後も文民犠牲者を産み続けている状況が注目されるようになり、対人地雷は無差別的兵器であり全面禁止すべきとの国際世論が強くなった。1992年には、後に対人地雷禁止条約策定に対する功績でノーベル平和賞を受賞することになる**地雷禁止国際キャンペーン（ICBL）**が設立され、対人地雷廃絶に向けた運動を開始した。

CCW締約国は、国際世論に押される形で対人地雷の規制交渉を開始し、1996年に改正第2議定書を採択した。しかし、この議定書も、対人地雷の部分的禁止にとどまった。改正議定書によって使用が原則禁止されるのは、一般的な地雷探知機で探知できない対人地雷と、一定の条件を満たさない対人地雷である（遠隔散布式を含む）。その条件とは、使用された地雷の90%以上が敷設後30日以内に自己破壊し、かつ、99.9%以上が敷設後120日以内に自己破壊または自己不活性化し起爆不可能となることである。ただし、これらの数値の測定や検証に関する規定がないため、使用された地雷が本当に条件を満たしているか否かを判断することは容易ではない。

対人地雷の全面禁止賛同国やICBLにとっては、改正議定書の内容は不十分であった。そのため、カナダを中心とする有志国は、ICBLと協力し、対人地雷の全面禁止を目指す交渉（オタワ・プロセス）を開始した。その成果が、1997年に採択された**対人地雷禁止条約（オタワ条約）**である。この条約は、対人地雷の使用・開発・生産・貯蔵・保有・移譲等を禁止し、保有する対人地雷の原則4年以内の廃棄を締約国に義務づけている。また、締約国は、自国領域内に敷設された対人地雷を原則として10年以内に除去する義務も負う。加えて、地雷除去と犠牲者支援について締約国間の協力を促す規定も設けられた。

2024年9月現在、164カ国がオタワ条約の締約国となっている。しかし、米露中等の軍事大国や、インドとパキスタン、北朝鮮と韓国、イスラエルとイランといった潜在的紛争国の多くは非締約国の地位にとどまっており、この点がオタワ条約にとって最大の課題となっている。ただし、オタワ条約支持派は、条約が対人地雷に「非人道的兵器」という「烙印」を押した結果、条約非締約国も国際社会からの非難を忌避し、禁止規範に沿った行動をとるようになると主張している。事実、米国は1997年に対人地雷の製造を中止し、中露印も輸出・

移転を控えている。米中印は新たな対人地雷の敷設も控えるようになったが、ロシアはチェチェン紛争やジョージアとの紛争で対人地雷を使用したとされる。さらに、2022年2月に開始されたロシアによるウクライナ侵攻では、ロシアのみならずオタワ条約締約国のウクライナも対人地雷を使用しているとの情報が存在する。

4　クラスター弾の禁止

クラスター弾とは、砲弾型のケースの中に複数の子弾を内包した弾薬である。子弾は空中から広範囲に散布されるため、着弾時に目標付近にいる文民が犠牲となる危険性も高い。しかし、最も問題視されたのは、子弾の不発率が高く、地雷と同様に不発子弾が紛争終了後も文民に被害をもたらすことであった。

こうした被害が特に注目されるようになったのは、多数のクラスター弾が使用された1999年のNATOによるコソボ空爆以降のことである。オタワ・プロセスに関与したNGOは、対人地雷と同様にクラスター弾も規制されるべきだと主張し、ICBLをモデルとする**クラスター弾連合（CMC）**を2003年に結成した。CCW締約国も世論の高まりを受け、紛争終了後に残される不発弾や遺棄爆発物全般を指す爆発性戦争残存物（ERW）に関する交渉を2002年に開始した。

2003年に採択されたCCW第5議定書は、ERW除去の責任や援助等の在り方を定めるもので、いかなる兵器の使用も規制していない。各国がERWに焦点を絞ったのは、難航が予想されるクラスター弾の規制問題を棚上げし、合意可能な分野で速やかに議定書を作成しようとしたためである。CCW締約国は第5議定書採択後にクラスター弾に関する交渉を開始したものの、全面禁止を求める国と、クラスター弾の合法性を主張する国の見解が激しく対立し、合意形成はほぼ不可能であった。そのため、2006年のCCW会合の場でノルウェーは、有志国による条約交渉（オスロ・プロセス）を開始すると宣言した。この交渉の結果、2008年に**クラスター弾条約（オスロ条約）**が採択された。

オスロ条約は、クラスター弾を「それぞれの重量が20キログラム未満の爆発性子弾を散布又は投下するよう設計された通常弾」と定義し、その使用・開発・生産・貯蔵・保有・移譲等を禁止している。規制対象から除外されたクラスター弾も存在するが、非常に厳しい条件が設定されている（子弾数が10未満かつ精密誘導機能や自己破壊装置が子弾に搭載されていること等)。また、保有するクラスター弾の原則8年以内の廃棄や、原則10年以内の不発子弾除去・廃棄も締約国に義務づけられている。犠牲者支援に関する規定も、オタワ条約より大幅に強化された。

2024年9月現在のオスロ条約締約国は、112カ国である。オスロ条約にとっても、最大の問題は米露中印パ、北朝鮮、韓国等の軍事大国・潜在的紛争国の未加盟である。クラスター弾については非締約国の行動の変化は限定的で、米露、エジプト、ジョージア、リビア、サウジアラビア、スーダン、シリア、ウクライナ等が、オスロ条約採択後にクラスター弾を使用したとされる。また、条約締約国のリトアニアは、ロシアによるウクライナ侵攻に起因する安全保障環境の変化を主な理由として、条約からの脱退を2024年9月に通告した(条約の規定上、脱退は通告の6カ月後)。

一方、CCWでは、オスロ条約採択後にクラスター弾に関する交渉が再開された。2011年の会議ではオスロ条約非締約国の大半が**第6議定書案**に賛成していたが、ノルウェー等のオスロ条約支持派は議定書案の規制内容がオスロ条約よりも弱いことを理由に反対したため、新議定書の採択には至らなかった。

(福田　毅)

第3節　小型武器・軽兵器規制

1　小型武器・軽兵器が問題とされた背景

小型武器・軽兵器(SALW)という用語は、1人で携帯・使用できる小型武器(small arms)、数名で運搬・使用できる軽兵器(light weapons)、そして、それらの武器に使用される弾薬および爆発物を指して用いられることが多い。この定義によると、ライフル、ピストル、自動小銃に加え、携帯式地対空ミサイルやグリネードロンチャーの一部もSALWに含まれる。2020年の国連安保理における中満泉国連事務次長・軍縮担当上級代表の報告によると、世界では約10億丁のSALWが流通しており、2010年から2015年の間には毎年約20万もの人々がSALWの犠牲者となった。

SALWの問題はこれ以前にも、安全保障上の大きなリスクであるとして国際社会で取り上げられてきた。1990年代には冷戦構造が崩壊したことにともない、世界各地で内戦や民族紛争が増加し多くの非戦闘員が犠牲となった。SALWはこれらの紛争地帯で使用され、武力紛争の長期化を助長した。ブトロス・ガリ（Boutros Boutros-Ghali）国連事務総長（当時）は『平和への課題・追補』（1995年）において、対人地雷や小型武器は事実上の大量破壊兵器だとし、これら武器の規制を「ミクロ軍縮」と称して国際社会に対してSALWを含む通常兵器規制への取り組みを呼びかけた。地域レベルでも、SALW規制の合意形成の機運は高まっていた。旧ソ連邦や東欧諸国からの余剰武器の流入への対応に迫られていたヨーロッパや、紛争地帯におけるSALW流入の問題に早期から警鐘を鳴らしていた西アフリカや東アフリカ地域を中心に、国際合意を形成する動きが強まった。

2　国連SALWプロセス

こうしたなかで国際社会は、SALWの非合法流通の規制、過剰に蓄積されたSALWの回収・廃棄などの取組の強化に乗り出した。1995年の国連総会では小型武器政府専門家パネルの設置を求める議決が成立した。これを受けて1997年には日本の堂乃脇光郎元軍縮代表部大使を議長とする小型武器政府専門家パネルの活動が開始されSALWが明確に定義されたほか、国連が採るべき措置の勧告が行われた。1999年には小型武器政府専門家グループが編成され、2001年までに国際会議を開催することが勧告された。

こうして開催された国連小型武器会議（2001年7月）では、「小型武器・軽兵器の非合法取引の防止、除去、撲滅に向けた小型武器行動計画（PoA）」が採択された。PoAは、その後の国際社会によるSALWの取組の主要な枠組みを提供することとなった。具体的な提言として、SALWの非合法取引を規制するための法制度整備、トレーシングに関する措置（刻印、製造・移譲等に関する記録保持）、実効的な輸出入許可制度の確立・維持、SALWの非合法ブローカー取引の規制、武器禁輸処置の効果的実施の確保、小型武器の回収・破壊を含む「武装解除・動員解除・社会復帰」（DDR）の実施などが示されている。なおPoAはあくまでも非合法の取引を対象としており、合法的に取引されるSALWは対象外となっている。

PoAではまた、PoA履行のためのフォローアップとして国連小型武器会議以降に隔年で会合を開催すること、2006年には履行を検討する会議を開催することが示された。以後この取り決めに従い、国連SALWプロセスの下で2年ごとに会合が開催され、2008年会合では国際協力と支援、非合法ブローカリング、備蓄管理と余剰廃棄およびトレーシングに関する議論が、また2010年会合では国際協力と支援、トレーシング、国境管理についての議論がなされた。このPoAのフォローアップ・プロセスにおいて、PoAに基づいて「トレーシング国際文書(ITI)」(2005年)と「ブローカリング政府専門家会合報告書」(2007年)が作成された。

2005年9月の第60回国連総会で採択されたITIは、正式名称を「諸国が非合法な小型武器・軽兵器を迅速かつ信頼できる方法で特定し追跡することを可能にするための国際文書」といい、追跡の定義(対象となる武器、不法性、追跡の定義)、刻印(製造時および輸入時の刻印等)、記録保持(記録保持義務、記録保持期間等)についての内容で構成されている。ITIは非合法で流通しているSALWがどのようなルートで武器製造国もしくは輸出国から流通したかを特定・追跡するための国際協力の枠組みを特定している。具体的には、各国が武器の製造時、輸入時に刻印を行い、刻印に関わる情報を保持し、国際捜査などで必要な際に情報共有することにより、非合法で流通するSALWの追跡を行うとしている。

PoAに基づいて作成されたもう1つの文書である「ブローカリング政府専門家会合報告書」(2007年)は、仲介者(ブローカー)を介在しての非合法な武器の輸出入を取り締まるためのブローカリング規制に関する国内法の模範例、国際協力の促進措置や勧告を含んでいる。また、各国が実際に国内措置を取る上の参考として具体例が列挙されているなど、各国に行動を促す内容にもなっている。

6年ごとに開催される履行検討会議においては、第1回履行検討会議(2006年)では成果文書の合意に至らなかったものの、第2回履行検討会議(2012年)および3回履行検討会議(2018年)でPoAおよびITIの履行状況の検討が議論された。これらの成果文書には、PoA及びITIの履行促進のための優先課題として、国内法制度の整備、履行を担当する職員の研修、小型武器の輸出入や国内における流通の管理の強化を通じた非合法市場への流出防止、各国が属する地域の特性を踏まえた地域協力や地域を超えた国際協力及び支援、国別報告書の一層の提出促進による情報の共有と交換、SALW問題解決のための政策決定への女性の参加促進が盛り込まれた。

このように、PoAのフォローアップ・プロセスでは、トレーシングやブローカリングに関する成果文書を作成するなど一定の成果が積み上げられた。しかし一方で、SALW問題は、2001年の国連小型武器会議開催とPoA合意をピークに、単独でのアジェンダ形成の推進力を失っていった。また移転規制の問題に関しては、2006年の履行検討会議においてPoAよりも厳格な規制内容をめぐって調整が難航した結果、成果文書の作成には至らず、以後、武器の移転規制の枠組みをめぐる議論は国連SALWプロセス以外の場を求めることとなった。

こうしたなか、2000年代後半以降のSALW規制の取組は、より幅広い政策アジェンダに接合されることで実質的取組を推進するアプローチへと転換していった。例えば、2015年に採択された**持続可能な開発目標（SDGs）**では小型武器に関連するターゲット（**SDG16・4**）と指針（SDG16・4・2）が示され、アントニオ・グテーレス（António Guterres）国連事務総長は『軍縮アジェンダ』（2018年）のなかで、SDGsが国連システム全体でSALW問題に対応するための新たな機会をもたらしたと述べている。また2019年の事務総長報告書では、安保理アジェンダ（文民の保護、平和活動、武器禁輸措置、女性と平和・安全保障、子どもと武力紛争、テロ対策、国際組織犯罪等）のなかでSALW問題を主流化することの必要性が示された。このように、SALW規制の取組は、テロ、組織犯罪、ギャングの抗争などを含む広範な課題領域のなかで捉えられるようになっている。

3　SALW規制の取組実施状況

こうして形成された国際合意を実施するため、**モジュール式小型武器規制実施要綱（MOSAIC）**、国際弾薬技術指針（IATG）、非合法武器記録・追跡管理システム（iARMS）、INTERPOL銃器参照表（IFRT）をはじめとする数多くのガイドラインやツールが、国連や国際刑事警察機構（INTERPOL）などによってとりまとめられた。

武力紛争や復興社会においては平和維持、平和構築、復興と開発といった枠組みの中で、SALWの規制の取組が国際機関、地域機構、政府や地元住民によって実施されてきた。紛争地や紛争影響社会におけるSALW管理の取組は、主に国連平和維持活動（PKO）ミッションや特別政務ミッションにおいて**武装解除・**

動員解除・社会復帰（DDR）や**コミュニティ暴力削減**（CVR）プログラムの一環として行われている。ハイチにおける取組では、国連ミッションによるDDR（のちにCVR）の実施、武器・弾薬管理支援などを通じ、SALW規制が紛争復興から平和構築への取組において持続的に行われている。そのほかにも、弾薬の取り扱いに関する研修（マリ）やSALWの回収・破壊（スーダン・ダルフール）が実施されている。

紛争後の社会における復興支援や開発援助の文脈で行われるSALW規制の取組には、小型武器回収プログラムがある。こうした取り組みは「**開発のための小型武器回収プロジェクト**」と呼ばれ、1990年代後半から2000年代前半にかけて国連やEUなどによって実施され、日本政府も国連開発計画などを通じ、シエラレオネ、カンボジア、リベリアなどで支援を行った。DDRが武装勢力の構成員を対象に強制的に武器を没収するのに対し、小型武器回収プロジェクトは市民社会に不法もしくは余剰に流通している小型武器を対象として、市民からの自発的な供出を求める。開発援助プログラムとして行われる場合は、開発プロジェクトが武器の供出を促すためのインセンティブとして、回収された武器をセレモニーで公開処分するイベント（**平和の炎**）と共に対象地域で実施されることが多かった。

こうした国際社会による取組のほかに、地元住民自身によって小型武器軍縮の取組がなされてきたことは、見逃されてはいけない。1990年代のマリ共和国においては、国連や政府の取組に先駆けて地元住民（特に女性）によって武装勢力に対して停戦と武器の放棄を呼びかける運動があったことが、国連軍縮研究所の調査で明らかになっている。地元コミュニティの役割の重要性は**治安部門改革**と連携して行われるSALW規制の取組でも指摘されている。例えばマラウィでは、警察改革の一環として、地元コミュニティが警察と連携して小型武器の拡散によるリスクについての啓蒙活動や地元の治安向上を目指すコミュニティ・ポリシングの取組に参加することなどを通じ、警察への信頼醸成に寄与したとの報告がある。

4　SALW規制の実施を巡る課題

1990年代からのSALW問題の国際アジェンダ形成から始まり、国連SALW

プロセスを中心にPoAやITIなどの国際文書が合意されるなど、2000年代におけるSALW規制の取組は一定の成果を挙げた。一方で、国レベルではこれらの文書の履行がなされているとは言い難い。その要因として、国によっては国際合意に対応するための国内法整備がなされていないこと、国際合意に定められた取組を実行するための体制や能力が追い付いていないこと、国際機関によって開発されたガイドラインやツールが専門家の間でも認知されておらず活用されていないことなどが、調査によって明らかになっている。にもかかわらず、各国が担う取組実施の負担は増している。例えば前述のように、2015年からはPoA、ITIに加え、SDGsでもSALW規制に関する指標が設けられ、更に2019年のSALWの非合法取引に関する国連事務総長報告（A/74/187）では国別履行強化に向けてPoAおよびITIに関する国別の行動計画に基づいてSALW管理に関わる国別目標を提出することが提言された。国際合意の履行実施にかかる各国の能力不足の問題は2001年のPoA合意前後から既に指摘されており、能力強化のための国際支援も実施されてはいるものの、国レベルでの実施能力の問題は依然として大きな課題であり続けている。

加えて、PoA合意当時には想定されていなかった新しい技術の台頭による課題も生じている。特に、**モジュラー・デザイン**による小型武器の製造や3Dプリンターを使用してのポリマー製銃器の製造は、PoAでは対応していない新たな問題として2014年の国連事務総長報告書で取り上げられた。モジュラー・デザインを用いて武器を製造すれば武器をばらばらにして密輸入できるほか、武器の改造も容易に行うことができるため、武器の追跡が困難になる。また、インターネットによって武器製造データを送信し、ポリマー材質を用いて3Dプリンターで武器を製造することも可能となる。日本でも2015年に3Dプリンターによって殺傷能力を持つ拳銃を含む銃器を製作・所持したとして、銃刀法違反で逮捕者が出た事例がある。2024年の第4回履行検討会議ではこうした新しい技術による銃器製造や追跡の課題に対する対応策として、オープン・エンド技術専門家部会の設立が決定した。

（小山淑子）

第4節　通常兵器移転規制

1　移転とは

武器の「移転」(transfer)という言葉は、概して、武器が政治集団の境界を越えて移動する現象を包括的に示し、武器自体の移動だけでなくその所有権や管轄権の政治集団間の移動も含む意味で用いられることもある。武器の「貿易」(trade)や「輸出」(export)、「輸入」(import)について、有償の商取引として武器が越境移動する場合に限定されるとの解釈もありうるが、無償の場合も含むものと解釈されることもある。移転、貿易、輸出といった用語の定義は、それぞれの国際合意や、各国の貿易管理や武器所持規制等の法制度により若干の相違がある。

2　19世紀から冷戦期まで

主権国家システム成立後の国際合意のうち、今日の通常兵器移転規制の原型といわれるものは、1890年に締結された「**アフリカの奴隷貿易に関するブリュッセル会議一般協定**」である。この協定で、列強諸国は、アフリカの大部分の地域への武器移転を禁止した。その後、第1次世界大戦後の国際連盟や、冷戦期の国連では、武器移転規制に関する合意形成が進展しなかった。戦間期に、列強諸国が武器移転規制合意の形成を主導し、当時独立して間もない小国も交渉に参加したが、条約は未発効に終わるなどした。

冷戦が始まると、本章第1節で解説したCOCOM(1950年)に代表される、冷戦構造を反映した国際的な移転規制枠組みが創出された。また、冷戦期の国連での武器移転規制としては、まず、安全保障理事会(以下、安保理)決議による**国連憲章第41条**に基づく武器禁輸を挙げることができる。ただし、この時期には、1966年の国連安保理決議232(対南ローデシア)と1977年の国連安保理決議418(対南アフリカ)を除けば、常任理事国5カ国が武器禁輸の合意に至ることはなかった。次に、国連総会においても、西側諸国は、軍備競争による紛争や緊張の助長や、「南」の軍備増強が経済・社会開発に与える悪影響を問題視し、通常兵器移転の報告制度を通じた信頼醸成による移転抑制が可能であると主張して、報告制度の創設を目指す国連総会決議案を幾度となく提案した。しかし、多くの「南」の国々は、自国内での生産や調達の情報を公開しないままに武器移転情報のみを公開する制度は、武器輸入国の軍備の情報だけを開示しようとする差別的な措置であると非難したため、1970 年代までの決議案は採択に至らなかった。

その後、1980 年代に、「南」の累積債務問題や東西間の緊張緩和を背景に「南」の結束力や影響力が弱まり、さらに冷戦終結に向けて東西双方が武器移転規制に対してより積極姿勢をとるようになると、国連での通常兵器移転規制の議論にも変化が訪れた。1988 年に採択された国連総会決議は、「通常兵器の国際移転の透明性を推進する方法に関する研究を行う」ことに合意した。

3　冷戦終結後：輸出国の責任としての移転規制

1990 年のイラクによるクウェート侵攻および 1991 年からの湾岸戦争の際にイラクが保有していた兵器（特に重兵器）の多くは、クウェート侵攻以前に欧米諸国から移転されたものであった。そのため、欧米諸国の国内では、自国からの武器移転がイラクによる侵略行為を助長したのではないかとの批判が高まった。また、1990 年代初頭の国連では、湾岸戦争だけでなく、旧ユーゴスラビア、ソマリア、マリなどにおける武力紛争への対応が重要課題として取り上げられ、こうした紛争地域に通常兵器を輸出する行為が批判された。

このような問題意識を背景に、また冷戦構造が崩れ安保理常任理事国の合意が比較的容易になったことをうけ、1990 年の国連安保理決議 661（対イラク）、1991 年の国連安保理決議 2216（対ユーゴスラヴィア）、1992 年の国連安保理決議 733（対ソマリア）、1993 年の国連安保理決議 864（対アンゴラ）、1994 年の国連安保理決議 918（対ルワンダ）をはじめ、国連憲章第 41 条に基づく武器禁輸に合意する安保理決議が採択されていった。また、1991 年に採択された国連総会決議に基づき、1992 年に各国の信頼醸成や過度の軍備の蓄積防止を目的に掲げて**国連軍備登録制度**が創設された。

国連軍備登録制度は、重兵器を中心とする 7 カテゴリーの通常兵器について報告年前年の移転数や移転相手国といった情報を各国が国連事務局に自発的に報告することを要請する趣旨であり、報告は義務ではなく、移転自体に制約を課すものでもなかった。しかし、1990 年代には、通常兵器の移転について、主に「南」における戦争を激化・長期化させ開発に悪影響を及ぼし「人間の安全保障」を脅かすリスクがあるものとして問題視され、移転自体に制約を課すことが検討された。そして、まずは「北」の武器輸出国（とりわけ欧州諸国）を中心に移転規制の合意形成が試みられ、特定の国や地域への移転を禁止するのではなく、移転の可否を判断する際の基準を設けるアプローチが検討された。例えば、1991年には欧州理事会で合意された**「不拡散および武器輸出に関する宣言」**、国連安保理常任理事国5カ国により合意された**「通常兵器移転ガイドライン」**、1993年に欧州安全保障協力機構（OSCE）で合意された**「通常兵器の移転に関する原則」**、1996年に国連軍縮委員会（UNDC）で合意された**「1991年12月6日の総会決議46/36Hに関連する国際武器移転ガイドライン」**、1998年に欧州連合（EU）で合意された**「武器輸出に関する欧州連合行動規範」**、2000年にOSCEで合意された**「小型武器・軽兵器に関するOSCE文書」**には、人権、紛争予防、開発といった視点に基づく基準が盛り込まれた。

4　欧州以外での地域的合意の形成

2000年代になると、通常兵器の移転の可否を判断する基準を設ける合意を欧州以外の地域でも形成する試みがなされた。そして、2005年に大湖地域およびアフリカの角地域諸国による**「小型武器・軽兵器に関するナイロビ宣言およびナイロビ議定書の実施のためのベスト・プラクティス・ガイドライン」**、同2005年に中米統合機構（SICA）による**「武器、弾薬、爆発物および他の関連物資の移転に関する中央アメリカ諸国行動規範」**、2006年に西アフリカ諸国経済共同体（ECOWAS）による**「小型武器、軽兵器、その弾薬および他の関連物資に関するECOWAS条約」**、2010年に**「小型武器・軽兵器、その弾薬並びにそれらの製造、修理、組立のために使用されうる全ての部品および構成品を規制するための中央アフリカ条約」**などが合意された。

5　「グローバル」な合意形成

2000年代以降、地域等の垣根を超えた合意形成の試みも進展した。そして、2006年から国連の場で武器貿易条約（ATT）の交渉が行われ、2012年7月に条約交渉会議が開催された。この交渉は決裂し、2013年3月に再度開催された会議でも交渉は決裂に終わったが、この過程で形成された条約案を支持する国々は、条約案を過半数による意思決定が可能な国連総会の場に持ち込んだ。最終的にATTは2013年4月の国連総会で採択され、2014年12月に発効した。

採択されたATTには、規制対象として、まず、戦車、装甲戦闘車両、大口径火砲システム、戦闘用航空機、攻撃ヘリコプター、軍用艦艇、ミサイルおよびその発射装置、SALWが列挙されている。さらに、これらの兵器により「発射され、打ち上げられ、または投射される弾薬類」と、これらの兵器を「組み立てる能力を提供する方法で」輸出が行われる場合の部品および構成品にも、一定の規制がかけられている。そのうえで、兵器、弾薬類、部品・構成品がジェノサイドや人道に対する罪などに使用されるであろうことを「移転について許可を与えようとするときに」知っている場合には移転を許可してはならないといった規定、それらが国際人道法や国際人権法の重大な違反、テロ行為の実行または助長に使用される等の可能性を輸出国が評価し、「著しい」(overriding) リスクがあると認める場合には輸出を許可しないといった規定が盛り込まれた。2022年12月現在のATT加盟国数は113カ国である。

こうして様々な合意が形成されたものの、共通の基準に基づく武器移転の可否判断は、国によって大きく異なる場合もありうる。例えば、2015年以降にイエメンの紛争に軍事的介入を続けたサウジアラビアへの通常兵器移転については、ATTに照らし合わせてリスクが著しい事例にあたるとの批判を受けて移転を控える判断をした締約国もあれば、リスクが著しいとは言えないと主張して通常兵器を移転した締約国もある。

また、ATTは、移転、輸出、輸入といった基本的用語も定義しておらず、各国の武器輸出入等の報告書を公開するか否かも、どのような種類の情報を報告書に記載するのかも明瞭に記していない。条約発効後に各国が実際に自国の武器輸出入について提出した報告書も、記載内容にバラつきがみられるうえに、全てが公開されているわけではない。ATTの第1条は、「通常兵器の国際貿易における締約国間の協力、透明性および責任ある行動を促進し、もって締約国間の信頼を醸成する」ことを目的の1つとしているが、実際には各締約国の輸出入情報の相互参照にも困難が生じている。

さらに、仮にATT加盟国が特定の国への武器輸出を一律に控えたとしても、ATT非加盟国がその国に武器を輸出する可能性が残っている。実際に、アメリカやロシア、中東諸国などの非加盟国には、通常兵器の輸出国や、通常兵器の製造・輸出能力を高めている国も含まれる。

なお、中国は2020年にATTに加入したが、輸出先において通常兵器が国際人権法の重大な違反に使用されるリスクなどに関して、同国が欧州諸国と同様の判断を下すとは限らない。また、中国が欧州とは異なる視点や利害に基づきATTの移転許可基準を解釈して移転可否判断を下すことによって、ATT締約国による国家実行の様態がさらに多様化する可能性も否定しきれない。

(榎本珠良)

第5節　通常兵器規制におけるジェンダー

1　軍縮・軍備管理におけるジェンダー主流化

2000年に「女性・平和・安全保障に関する国連安保理決議1325号」(第10章2節参照)が採択されて以降、軍縮・軍備管理の分野においてもジェンダー主流化と呼ばれる取り組みが加速した。

第10章2節でも示されるように、従来から、軍縮・軍備管理の理論や概念、規制枠組みや実践については、国家中心主義的・軍事中心主義的・男性中心的な安全保障観に基づいていることが指摘されてきた。この分野におけるジェンダー主流化を求める議論には、そうした安全保障観からの脱却を求める視点も存在する。その一方で、そのような根本的な変化は求めず、合意文書や実践において何らかの「ジェンダーの視点」が有用と思われる際にそれを採用する程度の変容を想定する論調もみられる。軍備管理・軍縮分野の各組織内や意思決定の場における女性の参加を推進しジェンダー・バランスを改善させる試みにおいても、男性により作り上げられてきた組織・会議における男性中心主義的な文化・構造およびそこで生み出される理論や規制内容の変容を目的とする見方もあれば、組織・会議内の女性比率にまつわる数値目標を達成することを目指すものの文化的・構造的変容は目指さない立場もみられる。したがって、現在のところ、様々なアクターが推進する「ジェンダー主流化」は、必ずしも目的や方向性が一致しているわけではない。

本節では、通常兵器の軍縮・軍備管理についてジェンダー主流化が推進されるなかで行われた研究や政策論議を概観し、合意された文書を紹介したうえで、課題を提示する。なお、生物兵器に関するジェンダー主流化については第6章4節、核兵器に関するジェンダー主流化については第10章2節を参照されたい。

2　通常兵器の軍縮・軍備管理におけるジェンダー主流化

まず、1990年代から2000年代初頭までは、武力紛争や暴力の被害者の多くは女性である、といった主張がしばしば見られた。しかし、2000年代にジェンダー別のデータの収集・研究が進展するにつれ、実際の被害者には男性が多いことが明らかになった。

例えば、アントニオ・グテーレス国連事務総長が2018年に発表した『軍縮アジェンダ』においては、2016年の全世界の「暴力による死者」(violent deaths)のうち84%が男性および少年であったとしている。この背景の1つとしては、武力紛争時の戦闘や組織犯罪の活動に加わる機会は男性が多いことが挙げられる。その一方で、国連薬物犯罪事務所(UNODC)が2019年に発表した報告書『殺人に関するグローバルな調査』によれば、2017年に配偶者などのパートナーによる暴力による死者の82%が女性、パートナーを含む家族からの暴力による死者の64%が女性であった。また、パートナーを含む家族からの暴力による女性の死者のうち78%がアジアやアフリカで死亡していた。こうした調査結果も踏まえて、近年では、通常兵器の使用を伴う場合を含むさまざまな暴力について、ジェンダー別の加害者・被害者データの収集が行われ、その分析がなされている。

次に、「ジェンダーに基づく暴力」(GBV)についても、研究や政策論議が行われてきた。まず、GBVの定義としては、『国内避難民支援保護のためのハンドブック』(2010年)などに掲載されている定義がしばしば援用される。それによれば、GBVとは「身体的、精神的、性的な危害や苦痛を与える行為、そのような行為の脅迫、強要、その他の自由の剥奪を含む、ジェンダーないし生物学的性別に基づいて人に向けられる暴力」であり、①性的搾取・虐待を含む「性暴力」、②殴る蹴る等の「身体的暴力」、③言葉やいじめによる「心理的暴力」、④女性器切除等の「身体に有害とされる伝統的慣習」、⑤社会的疎外や貧困といった「社会的・経済的暴力」を含む。

こうした暴力のうち、1990年代の通常兵器に関する研究や議論においては、兵器の使用（あるいは使用するとの脅迫）を伴う①性的搾取・虐待を含む「性暴力」――とりわけ女性に対する性暴力――に焦点が当たる傾向がみられた。

しかし、その後に研究が進むにつれて、例えば北部ウガンダで反政府軍に男児が誘拐され兵士にされ身体的暴力を受け戦闘に参加させられ、親族を殺すよう強要される事例をGBVの枠組みで捉えるなど、被害者が女性でない事例を含む幅広いGBVが研究対象として捉えられるようになった。

男性に対する性暴力についても研究が進んだ。そうした研究については、紛争下や難民・避難民キャンプなどでの性暴力被害について、多くの実務者・研究者が事前に想像していたよりも男女差が小さかった点が注目された。例えば2010年にコンゴ民主共和国東部で行われた調査では、女性回答者のなかで性暴力の被害を報告した人の割合は39.7%、男性回答者のなかで性暴力の被害を報告した人の割合は23.6%であった。2008年にリベリアの元戦闘員に対して行われた調査では、女性回答者のなかで性暴力の被害を報告した人の割合は42.3%、男性回答者のなかで性暴力の被害を報告した人の割合は32.6%であった。そして、男性の性暴力に対する医療的支援が不足しがちである、とりわけ同性愛がタブー視される傾向のある社会においては男性被害者が男性からの性暴力被害について訴えにくい、男性に対する性暴力にかかわる法整備がなされていない国もある、といった問題点も指摘されている。

こうした研究動向と連動する形で、近年では、通常兵器の軍縮・軍備管理分野の国際会議において、それぞれの会議で扱う兵器にまつわる被害に関するジェンダー別データを収集し政策に生かすことや、被害者に対してジェンダーに配慮した支援を行うことが合意されるなどしている。また、通常兵器に関する条約の本文のなかにも「ジェンダー」という文言が盛り込まれるようになった。

例えば、武器貿易条約（ATT）の交渉においては、締約国が自国からの通常兵器の輸出可否を判断するときに考慮する基準として、GBVの遂行や助長に使用される可能性といった基準を含めることが検討された。2013年に採択されたATTの第7条第4項には、締約国が条約規制対象の通常兵器等の輸出可否を判断する際に、その通常兵器等がジェンダーに基づく重大な暴力行為あるいは**女性および子どもに対する重大な暴力行為**の遂行あるいは助長のために使用されるリスクを輸出国が考慮する旨が盛り込まれた。これにより、ATTはGBVという文言を盛り込んだ初の軍縮・軍備管理条約となった。2008年に採択されたクラスター弾に関する条約の前文および第5・6条にも、クラスター弾による被害者に対して年齢およびジェンダーに配慮した援助を行うことが明記された。

さらに、2010年代半ばには、軍縮・軍備管理業界内部のセクシズムやセクシャル・ハラスメントが批判されたり、関連する組織や会議におけるジェンダー・バランスに関する質的・量的調査の結果が報告されたりするようになった。そうした報告においては、軍縮・軍備管理分野の国際会議では他分野に比べても参加者の男性比率が全般的に高く、とりわけ1カ国から1名が参加するような小規模会議には参加者が全員男性の会議もみられる（各国から1名参加する場合に女性が選ばれない）こと、規模が大きい会議では全体の女性割合が3割程度に高まることもあるが、その場合も代表団長や発言者の女性比率は低いことなどが指摘された。

このような調査と並行して、関連する条約の締約国会議プロセスなどにおいて、各国代表団やサイド・イベントなどのジェンダー・バランスを改善し女性の「意味ある参加」を確保する試みがなされている。また、交渉が深夜におよぶことを前提にした国際会議の運営など、多様な人びとの参加を困難にするような組織内・業界内の慣習についても改善が求められている。

3　課　題

通常兵器の軍縮・軍備管理をめぐる2000年以降のジェンダー主流化にはどのような課題がみられるだろうか。

まず、しばしば指摘されるのは、2000年以降のジェンダー主流化は、結局のところ国家中心主義的・軍事中心主義的・男性中心的な安全保障観に基づく軍縮・軍備管理の理論や概念、規制枠組みや実践に変容をもたらしたとはいいがたく、既存の秩序・制度のなかで有用だと認められた「ジェンダーの視点」が採用されているに過ぎない点である。また、これまでの「ジェンダーの視点」は、概してシスジェンダー（生まれたときに割り当てられた性別に違和感のない人）かつ異性愛者の視点に基づきがちであり、トランスジェンダーの視点や異性愛以外の性的指向をもつ者の視点を軽視しがちだとの指摘もみられる。

たしかに、軍縮・軍備管理にかかわる会議や組織における多様なアクターの参加を確保する際の「多様性」が「ジェンダー」と同義に語られ、さらに「ジェンダーの視点」がシスジェンダーかつ異性愛者の視点に偏ることにより、セックスやセクシャリティ、さらには人種、言語、経済的環境、身体的特徴といった他の要素に関する視点が看過ないし軽視されてきたことは否定しがたい。2018年に国連事務総長が発表した『新しい軍縮アジェンダ』も、ジェンダー・バランス改善や女性や若者の参加推進にまつわる記述が多い一方で、セクシャリティや人種をはじめとする他の要素への言及はみられない。

その結果として、「女性の参加」は、実質的には先進国の白人エリート女性の参加に置き換えられ、彼女たちの参加は、男性中心・先進国中心・白人中心になりがちな軍縮・軍備管理業界における構造や言説を根幹的に変容させるというよりは、むしろ既存の構造や言説を再生産し、他の様々なアイデンティティを持つ人々に対する排除を不可視化してきた側面があることも否定しがたい。この分野におけるジェンダー主流化については、それがもたらしてきた影響を検証するとともに、今後の世界においてジェンダー主流化を推進する目的について議論する余地があると言えるだろう。

（榎本珠良）

第6節　展　望

1　条約普遍化と実施

本章で紹介したように、1990年代以降に通常兵器の分野では様々な合意が形成されたものの、普遍化や実施といった側面においては困難も指摘されている。

例えば、対人地雷禁止条約やクラスター弾条約については、アメリカ、イスラエル、イラン、インド、韓国、北朝鮮、中国、パキスタン、ロシアなどの国々は加盟していない。武器貿易条約にも、アメリカ、イラン、インド、北朝鮮、パキスタン、ロシアおよび中東・北アフリカの多くの国は未加盟である。そして、例えばクラスター弾条約については、一部の未加盟国がこの条約の採択後にクラスター弾を使用したとされるなど、条約が非加盟国の行動に及ぼす影響には一定の限界がみられる。例えば、2022 年 2 月以降のロシア・ウクライナ戦争においては、両国ともクラスター弾条約を使用しているといわれるが、両国ともにクラスター弾条約の未加盟国である。さらには、対人地雷については、対人地雷禁止条約の未加盟国であるロシアだけではなく加盟国であるウクライナも使用しているといわれている。

また、通常兵器の軍縮・軍備管理にまつわる合意には、文言の弱さや法的拘束力のなさゆえの問題もみられる。例えば、国連軍備登録制度は国連加盟国に「自発的」に通常兵器の移転情報を報告するよう要請する制度に過ぎず、国連小型武器行動計画は法的拘束力のある文書ではない。それゆえ、国連軍備登録制度において実際に報告書を提出しない国も多く、国連小型武器行動計画に盛り込まれた規制を実施していない国もある。

2020-2021 年には、通常兵器分野の条約実施にまつわる活動に若干の停滞がみられた。新型コロナウイルス感染症（COVID-19）問題により、例えば 2020 年には、国連小型武器行動計画の中間会合は延期となり、ATT の第 6 回締約国会議は書面で見解書を提出する形に終わった。また、各国における条約実施のための法制度整備、関連人材育成、地雷除去、被害者支援、元兵士の社会復帰支援などの活動のなかには、遅延や停滞を余儀なくされたものもみられた。COVID-19 問題が収束しつつあるなか、既存の合意の実施状況を確認し、各国の実施を促進する活動が求められているといえるだろう。

2　非国家主体への武器移転

1990 年代以降の通常兵器分野の議論において、コンセンサスが得られたといえない問題が、輸入国の許可なく非国家主体（反政府武装集団など）に武器を移転する行為の正当性である。これまで、概してアフリカ諸国はそのような移転行為は禁止すべきだと主張し、アメリカと対立してきた。2001 年の**「国際的な組織犯罪の防止に関する国際連合条約を補足する銃器並びにその部品および構成部分並びに弾薬の不正な製造および取引の防止に関する議定書」（銃器議定書）**の交渉においては、アフリカ諸国とアメリカの間で議論が紛糾し、議定書の文言は曖昧になった。すなわち、議定書の第 10 条第 2 項は輸入国の輸入許可なく輸出許可を発行することを禁じたが、第 4 条第 2 項により、各締約国の裁量次第で非国家主体に対する武器移転の全部ないし一部を議定書の規制の適用範囲外と見做すことが可能となった。2001年の国連小型武器行動計画の交渉過程においても、その後の履行検討会議などにおいてもこのテーマは論争されつつも意見の一致に至っていない。

2013年のATTは、非国家主体の通常兵器移転に関する明示的文言が記されなかったものの、この条約に盛り込まれた基準に照らし合わせて、移転先が国家主体であるか否かにかかわらず全ての移転の可否を判断すればよいと解釈しうる文言となっている。この文言については、アフリカ諸国をはじめとするATT締約国からも依然として批判がみられる。

3　通常兵器の軍縮・軍備管理への省察

近年、通常兵器分野の軍縮・軍備管理に関する根源的な省察を促す議論が生じている。本章第5節で解説したように、この分野におけるジェンダー主流化を求まる論者のなかには、国家中心主義的・軍事中心主義的・男性中心的な安全保障観からの脱却を志向するものもみられる。また、2020年の「ブラック・ライヴズ・マター」(Black Lives Matter) 運動を契機にして、通常兵器の軍縮・軍備管理の議論や実践が西洋中心主義的で人種主義的になりがちなことを内省する動きも生じている。

例えば、「人道的軍縮・軍備管理」を推進してきた「グローバル市民社会」と呼ばれる連合体の政策的意思決定に関与する者の大半は、欧米に拠点を置く国際NGOや研究機関の関係者である。彼らは、例えば対人地雷問題や通常兵器移転の問題について、概して「南」(ないし「開発途上国」) の人びとが武器を用いて遂行する野蛮で過剰な暴力をいかに抑制するかという問題として論じてきた。そして、彼らが「人道的なもの」として提唱した規制には、「南」の人びとや国家を危険視する見方が反映されている。例えばATTは、輸出国が自国からの通常兵器輸出を許可すべきか判断する際に輸出先で国際人道法の重大な違反行為等に使用されるリスクが著しい (と輸出国が判断した) 場合には輸出を許可しないことに合意するものであるが、これは「北」の輸出国から「南」の輸入国への武器輸出を問題視する発想・言説に基づいた規制であるといえる。それゆえ、ATTについては、「北」の輸出国が「南」の輸入国の「リスク」の程度を一方的に判断することを正当化する差別的な条約であるとの批判が根強い。

通常兵器の軍縮・軍備管理は誰の視点に基づき構想され、誰の利益にかなうべきなのか。この根本的な問いは、今後、非西洋圏の新興諸国が影響力をさらに強め、「北」と「南」の境界線がより曖昧化するなかで、強まることも考えられる。

（榎本珠良）

クローズアップ⑧：開発と軍縮の融合

本章で示したように、1990年代以降の通常兵器の軍備管理・軍縮に関する議論や合意文書には、開発や平和構築の分野と重複するものも含まれるようになった。通常兵器の軍備管理・軍縮と平和構築や開発の境界線は薄れていき、軍備管理･軍縮に関する議論や政策実施には、開発、人権、組織犯罪対策、ジェンダーといった幅広い分野の専門組織も関与するようになった。

こうした開発と平和構築､軍縮などを融合させる発想は､1990年に主に「南」で生じた武力紛争に関する特定の見方に依拠していた。当時、「南」で生じていた武力紛争については、それまでの国家間の戦争とは様相を異にする「新しい」武力紛争だと論じられた。そして、そのような武力紛争を引き起こす要因としては、貧困、欠乏、社会的排除、国家の脆弱性･失敗･破綻など、「南」の開発問題を含む内的諸問題に焦点が当てられた。また、「南」の武力紛争は、直接的な身体的・物質的被害を生むものとしてだけでなく、「南」の社会や経済に悪影響を与え、「人間の安全保障」を脅かし、ひいては将来の暴力や武力紛争を再生産して国際の平和と安定に悪影響をもたらしうるものとしても危険視された。マーク・ダフィールド（Mark Duffield）は、この言説においては開発問題と安全保障問題が不可分に融合されていると指摘し、「開発と安全保障の融合」と呼んだ。

1980年代以前の国連等での議論においては、「南」の武力紛争の原因を国家や個人の内的問題に求める主張は、国連などにおいて主流の位置を占めていなかった。しかし、1990年代以降には、紛争の背景として南北間の不平等な関係などを問題視する論は影を潜め、代わって「南」の内的問題を紛争の根本原因と見做す見方が主流になり、「南」の貧困、低開発や「政府の統治能力」の低さが危険視されるようになったのである。そして、こうした議論においては、「南」の政府が人々の安全を保障しないどころか不安全を引き起こしたりする可能性が問題視され、「人間の安全保障」の担い手としての「南」の国家の正当性が疑問視された。

1990年代以降の軍縮と平和構築、開発を融合させる発想は、こうした「南」の人びとおよび国家を危険視する「北」からの眼差しに根ざしているともいえる。

（榎本珠良）

第9章
新技術、サイバー空間、宇宙の規制

榎本珠良・森山隆・齊藤孝祐・
佐藤丙午・寺林裕介・青木節子

本章のねらい

軍縮・軍備管理において、いまだ存在しない兵器や開発されつつある技術は、古くて新しい課題である。既存の国際法で規制される兵器と、開発され配備されつつある（あるいは近い将来に開発・配備が予想される）兵器とのギャップは19世紀には既に認識され、そのギャップを埋めるための試みがなされてきた。とりわけ近年は、情報通信技術（ICT）やコンピューター制御技術、人工知能（AI）の進展と軍事利用の可能性が注目され、無人兵器、自律型致死兵器システム、サイバー空間といった新たなテーマが議論されてきた。本章では、これらのテーマとともに、冷戦期より議論が続いてきたミサイルとミサイル防衛および宇宙の軍備管理の問題を検討する。

第1節　新技術、サイバー空間、宇宙の規制の意義

1　国際法と新技術

いまだ存在しない兵器や開発されつつある技術に対する懸念が軍縮・軍備管理の議論を促す現象は、過去にも見られた。例えば、19世紀末から20世紀初めの列強諸国は、工業化と軍国化による新兵器開発の波に直面し、近い将来に開発されうる兵器について危惧した。しかし、彼らがとりわけ懸念して条約の禁止対象にした兵器と実際に開発・使用された兵器との間にはギャップが生じた。例えば、1899年に毒ガス禁止宣言が合意されたものの、第1次世界大戦においては、この宣言の禁止対象外と解釈できる方法で毒ガスが使用された。1899年および1907年のハーグ陸戦条約（第10章1節参照）に盛り込まれた「マルテンス条項」には、こうしたギャップの可能性に対する問題意識を垣間見ることができる。この条項は、「より完備された戦争法の法典が制定されるまでは、締約国は、自らが採択した規則に含まれない場合でも、人民及び交戦者が文明諸国間で確立された慣行、人道の諸法、公共良心の要求から生ずる国際法の諸原則の保護と支配の下に置かれ続けることを宣言することが正当であると考える」という趣旨であり、これは国際法の欠如や不完全の可能性を認めたうえでそれを補完しようとし、なおかつ将来的には技術進歩と国際法とのギャップを埋めようとする発想ないし期待に基づいているといえよう。

もちろん、当時の国際法学者や政治家、軍人のなかには、技術進歩により新兵器の効果が高まり戦争期間が短縮される可能性や、より破壊力の大きな兵器の登場により戦争が抑制される可能性に期待するものもいた。しかし、そうした期待は第1次世界大戦により裏切られ、戦間期以降も各国は技術進歩による新たな戦争手段の開発や使用の問題に引き続き直面し続けることになった。本章では、現在の軍縮・軍備管理において新技術という観点からとりわけ注目されているテーマ——無人兵器、自律型致死兵器システム、サイバー空間、ミサイルとミサイル防衛、宇宙——をとりあげ、それぞれの議論の経緯や現在の論点を検討する。

2　新技術とその規制

まず、近年、情報通信技術（ICT）やコンピューター制御技術の進歩に伴い、軍用の無人の航空機や車両、船舶、潜水艇の利用が拡大しており、とりわけ武装した無人航空機の使用が問題視されている。武装無人航空機については、「ミサイル技術管理レジーム」（MTCR）、「ワッセナー・アレンジメント」（WA）、武器貿易条約（ATT）などによって、主に輸出が規制されている。ただし、ATTにはアメリカやロシアをはじめとする輸出国の一定数が非加盟であり、ATT以外の枠組みには法的拘束力がない。

次に、人工知能（AI）の軍事利用により、「自律型致死兵器システム」（LAWS）――人間の判断や操作を必要とせずに、システムそのものが環境を感知し、予測し、行動を判断する、完全自律型の致死性のある（lethal）システム――が生み出される可能性を懸念する声が高まり、2014年より特定通常兵器使用禁止制限条約（CCW）の枠組みで議論が行われている。しかし、LAWSをどのように定義し、LAWSにかかわる技術をいかに特定し、かつ刻々と変化を遂げる技術と規制とのギャップをいかに狭めるのかといった様々な課題が生じている。

ただし、2010年代からAIの軍事利用に関する議論がLAWSの問題に集中してきた一方で、実際にはLAWSと呼びうるものは実用化されていない。さらに、近年に各国によって開発と実用化が実際に進められてきたのは、完全自律型ではなく、直接に人間を殺傷するものでもないが、標的の選択や攻撃といった機能を人間が関与せずとも実行できる「自律型兵器システム」（AWS）であったり、標的を瞬時に特定してその情報を提示し有効な攻撃手段を提案する「AI意思決定支援システム」（AI-DSS）であり、これらの問題はLAWSの禁止ないし規制によって解決されるものではない。

また、情報通信技術（ICT）の発展に伴い、デジタル情報を伝達するコンピュータ同士のネットワークによって人工的に構成されたサイバー空間における、特定情報の窃取やシステムの停止・破壊といった行為も問題視されるようになった。サイバー攻撃により経済・社会に不可欠なインフラや各国の軍事システムが機能不全に陥る状態や各国間における「サイバー戦争」を防ぐための方策について、国連などでの議論が進められている。

ミサイルとミサイル防衛はより長い歴史を持つ課題であるが、近年開発が進められている極超音速滑空体(HGV)は、地上配備レーダーでの探知が困難な低い高度を飛翔し、極超音速で目標に向かって突入するなど、迎撃が困難な新兵器の開発・配備も進められており、その技術の拡散を懸念する見方もある。

宇宙の軍備管理も冷戦期からの歴史を持つ課題である。1967年の宇宙条約は、天体を「もっぱら平和的目的」で利用することが義務づけ、大量破壊兵器や軍事基地等の設置などを禁止している。その後、地上から宇宙への攻撃を禁止すべきかが検討されてきたが、その禁止は弾道ミサイルやミサイル防衛システムの禁止を意味しうることもあり、議論が進展しにくい状況にある。近年では、宇宙兵器には、宇宙システム(衛星、通信リンク、地上設備)の脆弱な部分を攻撃する悪意あるサイバー活動が含まれるとの認識が広がり、新たな課題となっている。

このような、技術進歩による新たな戦争手段の開発や使用をめぐる課題については、これまでは欧州諸国やアメリカ、ロシア、中国などを中心に議論がなされてきた。今後ますます新技術の拡散が進み利害関係を持つ国が増えるなかで、どのように交渉を進めいかなる規範を形成することができるのかについても、課題の1つだろう。

(榎本珠良)

第2節　無人兵器の規制

1 「標的殺害」を可能にさせた武装無人航空機とは

敵がいる危険な場所に近づかず、任務を安全に行えるようにする試みは、操縦者を乗せずに動く軍用の航空機や車両、艦艇、水中航走体といった「ドローン」と呼ばれる無人兵器の実用化を促してきた。また、無人化された乗り物ではなく、巡航ミサイルに近い兵器だが、上空をうろつくように飛びながら標的を探し、発見したら突撃する「**徘徊型兵器**」(loitering munition)も「自爆ドローン」や「カミカゼドローン」などと呼ばれている。これらのドローンは、人が遠隔で制御することが可能な移動体であると同時に、人が制御していなくても、移動体自らが障害物などの接近を感知して衝突を回避したり、標的を発見して追跡したりできる「自律動作・遠隔操縦システム」(AROS)である。

このような性質を持つドローンは、今や軍事的に有用な兵器の一つとして多用されている。ドローンを名指しして、その使用を禁止する国際法規範はないが、対テロ作戦で「標的殺害」という任務を実行するための対地攻撃用の精密誘導ミサイルを搭載した**武装無人航空機**の運用のあり方が問題視されている。

地上から機体を目視できない高さの上空を、時には24時間以上飛び続けてテロリストを探索し、発見したら精密誘導ミサイルを発射する標的殺害の実行を可能にさせた武装無人航空機の始祖鳥に当たるのが、米空軍が運用していたMQ-1プレデターである。セスナ機ほどの大きさの固定翼機であるMQ-1プレデターは、衛星通信などを通じて地上で人が遠隔操縦する「地上管制局」(GCS)という設備によって運用される。GCSには、機体のカメラが捉えた標的やその周辺の様子をリアルタイムで映し出すモニターがあり、機体の操縦者のほか、センサーや精密誘導ミサイルのレーザー目標指示装置の操作者、作戦について判断を下す指揮官などがいる。このような形で機体とGCSが一体を成しているMQ-1プレデターは、偵察から標的の捕捉、攻撃に至るまでの一連の指揮統制に関わる兵器システムになっている。

2001年9月11日の米国同時多発テロをきっかけに運用が始まったMQ-1プレデターは、米国内のGCSにおいて遠隔操縦され、アフガニスタンの領空内を飛行しながら国際テロ組織であるアルカイダの要員を発見し、殺害するために使用された。MQ1-プレデターは、海を隔てたはるか遠方にいる国のテロリストの殺害を、現地に人を送り込むことなく実行できる「大陸間遠隔操縦」の実用化に成功した、軍用無人航空機史上初の機体でもある。

2018年3月9日にMQ-1プレデターが退役となって以降、米空軍はMQ-1プレデターを改良したMQ-9リーパーを後継機として使用している。MQ-9リーパーを用いて、2020年1月3日にイランのカセム・ソレイマニ革命防衛隊司令官を殺害したほか、2022年7月31日には、アルカイダの最高指導者の座についていたアイマン・ザワヒリの殺害にも成功した。

2　誤爆も多発し民間人が犠牲に

一方、標的殺害を実行するための武装無人航空機から発射されたミサイルの着弾時の爆風や破片などで付近の住民まで死傷する事態を招くことがあった。

また、武装無人航空機を用いた標的殺害には「識別特性攻撃」(signature strikes)も含まれていたため、テロリストではない無関係な民間人や友軍の要員を殺害してしまう誤爆も多発した。識別特性攻撃とは、武装無人航空機のカメラを通して GCS のモニターに映し出された人の身元を特定するのではなく、その人がテロへの関与につながる不審な行動をしていた場合、テロリストであると判断して攻撃するという手段である。ただ、想起されるのは、2021 年 8 月 29 日に、アフガニスタンの首都カブールの空港に向かって走行していた車両を、過激派武装勢力である「イスラム国」(IS)系の組織に所属する複数人のテロリストと爆発物を乗せて自爆テロを実行しようとしている車両だと誤認して、MQ-9 リーパーで攻撃した結果、車両に乗っていた 7 人の子どもを含む、10 人の無辜の民間人の殺害に至ったことである。これは、MQ-9 リーパーによる偵察を通じて、男性が車両のトランクに積み込んでいた水の容器を爆発物であると誤認し、実行に移されてしまった識別特性攻撃が招いた惨事である。

こうした状況を重く受け止め、国連人権理事会の「超法規的・略式・恣意的処刑問題に関する特別報告者」を務めたフィリップ・オールストンが 2010 年に、アニエス・カラマールが 2020 年に、また、国連人権理事会の「テロ対策における人権と基本的自由の促進と保護に関する特別報告者」を務めたベン・エマーソンが 2013 年と 2017 年に、フィオンヌアラ・ニー・アオラインが 2020 年と 2023 年に、標的殺害を実行する武装無人航空機の使用の実態に関する調査結果をまとめた報告書を国連人権理事会に提出した。これらの報告書には、武装無人航空機による標的殺害をめぐり、「自衛権の発動による武力の行使に該当するか」「国際人道法と国際人権法は遵守されているか」といった疑問に対して、それぞれの報告者が示した見解が盛り込まれている。

3 武装無人航空機と自衛権

国際法上、国家が他国に武力を行使することは原則として違法だが、その違法性が阻却される事由の一つに、国連憲章第 51 条に規定されている自衛権がある。実際、米国などは、武装無人航空機を使用した標的殺害を自衛権の発動による武力の行使だと国連安全保障理事会(安保理)に報告している。一方、オールストンによると、武装無人航空機を使用して行われた標的殺害が「急迫して、圧倒的であり、手段を選ぶ余裕もなく、熟慮の時間もないような自衛の必要性があるとき」とする自衛権の発動要件を満たしていたことはほとんどなく、合法性をめぐり議論のある先制的自衛に当たる武力行使になる傾向が強いという。また、アオラインは、たとえ過去にテロに関与していたとしても、その後、新たにテロを計画して実行する様子がない者を武装無人航空機による攻撃で殺害するのは、国際法上違法な武力による復仇であると指摘している。

カラマールは、武装無人航空機を用いて一国の軍の司令官を攻撃した初の事例でもあるソレイマニの殺害が、「差し迫った脅威」を確認できないのに行われた武力による復仇ではなかったかと疑問を呈している。また、ソレイマニはイラクの首都バグダッドにいたところをMQ-9リーパーによる攻撃で殺害されたが、イラク政府がこの攻撃の実行に同意していなかったことも問題になった。この点について、当時のトランプ政権は、ソレイマニの命令で行われていたイラクにある米軍基地などへの度重なる攻撃をイラク政府が阻止できずにいたため、武装無人航空機によるソレイマニの殺害に踏み切ったと釈明した。

このトランプ政権の釈明は、2001年9月11日の米国同時多発テロ以降、米政府がたびたび言及するようになった方針に基づいている。エマーソンによると、自国が他国にいる武装勢力やテロリストなどの非国家主体から攻撃される脅威に直面しており、かつ領域国の政府が非国家主体による攻撃を阻止する「意思または能力に欠ける」(unwilling or unable) 場合、他国の領域内で活動する非国家主体に対してであっても自衛権を発動し、武力を行使できるとする方針を米政府は掲げているという。この方針を裏付ける国連憲章の規定も、国際司法裁判所 (ICJ) の判例もないが、米政府が援用しているのは**中立法**であるとエマーソンは指摘している。つまり、中立法は、戦争の当事国ではない中立国が、自国の領域を当事国に利用させてはならないことなどを義務づけているが、中立国にその義務を果たす「意思も能力もない」(neither the desire nor the power) 場合、当事国は武力の行使を含む自力救済を行い、中立国が一方の当時国に自国の領域を利用させているのであれば、それをやめさせられるとしていることから着想を得て米政府が掲げるようになったのが、上記の方針である。

さらに、この方針は**慣習国際法**として成立していると、米国をはじめ一部の国々が主張している。例えば、シリアで活動していたISへの空爆を行った米国やオーストラリア、カナダ、トルコなどの国々が、シリア政府はISによるテロを阻止する「意思または能力に欠ける」ため、自衛権を発動して武力を行使したと安保理に報告しており、このような国家実行の積み重ねを根拠に、慣習国際法として成立しているのだという。ただ、この主張に反発している国も多い。アオラインは、領域国の政府が「意思または能力に欠ける」ことを理由に、他国の領域内にいる非国家主体に対して自衛権を発動し、武力を行使できるとする方針が慣習国際法となったかどうかについては、各国の見解が一致していない中、標的殺害の対象としたテロリストがいる領域国の同意を得ずに武装無人航空機を使用して攻撃を行えば、その領域国の主権を侵害することになるとともに、武力の行使を禁じた国際法の原則にも違反すると結論づけている。

4　国際人道法と国際人権法をめぐる問題

国際人道法は軍事目標と非軍事目標を区別し、攻撃は軍事目標だけに限るとする「区別原則」を定めているが、武装無人航空機を使用した標的殺害の場合、戦闘行為に直接参加しておらず、戦闘行為の準備をしている素振りも見られない者が「軍事目標」とされ、攻撃されていることをオールストンは問題視している。そもそも、武装無人航空機による標的殺害は、明白な敵対行為が見られない中で行われることが多いが、そのような状況で標的の拘束よりも殺害を優先するのであれば、恣意的に人の命を奪うことを禁じた「**市民的及び政治的権利に関する国際規約**」第6条の違反を助長することになると、全ての報告者が危惧している。

また、米空軍が運用するMQ-9リーパーには現在、「R9X」と呼ばれる新型の精密誘導ミサイルが搭載されている。爆発性の弾頭がないR9Xは着弾時に爆発しないため、爆風や破片で付近の民間人が死傷するという事態にはならないとされている。ソレイマニとザワヒリの殺害にもR9Xが使われた。ただ、アオラインは、R9Xの実装が民間人への被害の軽減につながってはいるものの、誤認による識別特性攻撃などで無関係な民間人を殺害してしまう可能性がいまだにあることに懸念を示している。

一方、標的殺害を実行するための武装無人航空機は秘密裏に使用されることも少なくない。カラマールはまず、大前提として、武装無人航空機を使用して標的殺害を実行した国は、国連憲章第51条に基づき安保理に報告すべきであり、報告された内容が自衛権の発動による武力の行使と見做せるかどうか、個別の事例ごとに検証する必要があると強調している。さらに、カラマールは、武装無人航空機を使用した標的殺害が、国際人道法と国際人権法を遵守して行われたものであるかどうかについても検証されなければならないと指摘している。カラマールは、北大西洋条約機構（NATO）が2018年6月に承認された「文民の保護のための軍の考え方」に基づき、付随的損害の軽減に向けた取り組みに力を入れており、軍事作戦が行われた場合、民間人に被害が及んでいないか調査していることを例として挙げ、武装無人航空機を使用した標的殺害についても同様の措置を講じることが重要であると付言している。

かつては、武装無人航空機を使用した標的殺害は米国の独壇場だったが、バード大学ドローン研究センター（2020年春に活動停止）がまとめた報告書によると、2020年3月の時点で標的殺害を実行できる武装無人航空機を使用中の国は10カ国に上る。また、ロシアや中国、イスラエル、トルコ、イラン、インド、北朝鮮など、MQ-9リーパーに似た武装無人航空機を独自に開発した国も増えている。加えて、カラマールは徘徊型兵器も標的殺害を実行できる兵器へと進化していると指摘する。今や、徘徊型兵器の中には、標的を発見できなかったら自律飛行で帰投し、再使用が可能なものも存在する。また、5～6時間ほど飛行可能な徘徊型兵器もある。したがって、徘徊型兵器を使用して偵察を行い、標的を発見したら突撃させるという形で標的殺害を行える。

5　非国家主体が市販のドローンで攻撃も

非国家主体も、取得した市販のマルチコプター型ドローン（複数の回転翼を備えた無人航空機）を改造し、それを使って爆発物を標的に投下したり、機体に爆発物を取り付けて徘徊型兵器のように標的に突撃させたりする攻撃を行っている。また、市販のマルチコプター型ドローンにはカメラもあるため偵察も可能であり、標的殺害のようなことも実行できる。カラマールによると、ISをはじめ、シリアの反政府武装勢力であるシャーム自由人イスラム運動、パレスチナのイスラム抵抗運動組織で、イスラエルに対する武装闘争を続けているハマスやイスラム聖戦、イエメンの反政府武装勢力であるフーシ派など、少なくとも20

の武装勢力が市販のドローンを利用した攻撃を行っているという。

このような状況を受け、国連テロ対策事務所（UNOCT）が中心となり、2021年から「AROSに関する地球規模のテロ対策プログラム」を進めている。このプログラムは、非国家主体が市販のドローンをどうやって取得しているのか、また、市販のドローンを利用した攻撃にはどのような形態があるのかなどについて調査し、その情報を国連加盟国に提供することで、非国家主体による市販のドローンの取得と攻撃への利用に対処するための取り組みや指針作りを促すことを目的としている。国際民間航空機関（ICAO）や、英国に拠点を置く「紛争兵器研究所」（CAR）なども、このプログラムに協力している。

6　ドローンの移転を規制する国際的な枠組み

一方、武装無人航空機や徘徊型兵器などのドローンの移転を規制する多国間の枠組みとして、大量破壊兵器（WMD）の運搬手段であるミサイルとその関連汎用品や技術の輸出管理に関する「ミサイル技術管理レジーム」（MTCR）、通常兵器とその関連汎用品や技術の輸出管理に関する「ワッセナー・アレンジメント」（WA）、通常兵器の移転を規制する武器貿易条約（ATT）の三つがある。ただ、MTCRとWAは参加国の自発的な意思に支えられている枠組みで、法的拘束力を有していない。また、MTCRの参加国は35カ国、WAの参加国は42カ国と少なく、ドローンの輸出上位国である中国とイスラエルはMTCRとWAに参加していない。

MTCRとWAはそもそも輸出の禁止を求める枠組みではないが、MTCRは搭載能力が500キログラム以上で、かつ射程が300キロメートル以上の「巡航ミサイルシステム、**ターゲット・ドローン**、偵察ドローン」といった**無人飛行体（UAV）**であれば、それらの輸出の目的にかかわらず特段の慎重な考慮が行われ、「輸出は拒否されるべきであるとする強い推定が働く」との指針を示している。つまり、この指針に従う場合、目的がWMDの運搬ではなくても、UAVの輸出が許可される見込みはほとんどない、極めて厳格な管理が行われることになる。ただ、搭載能力が500キログラム以上で、かつ射程が300キロメートル以上という要件に当てはまる武装無人航空機や徘徊型兵器は非常に少ない。MQ-9リーパーはこの要件に当てはまるが、米国はトランプ政権時に、搭載能力が500キログラム以上で、かつ射程が300キロメートル以上という無人航空機であっても、最高巡航速度が時速800キロメートル以下であれば、上記のMTCRの指針による規制の対象から外れるとする独自の解釈を示し、米国内で実施されていたMQ-9リーパーに対する輸出規制を緩和した。

ATTは条約であるため、法的拘束力を有する義務を締約国に課す。ATTはドローンについて明文で規定していないが、第2条1項の(d)「戦闘用航空機」と(e)「攻撃ヘリコプター」に武装無人航空機が含まれ、(g)「ミサイル及びその発射装置」に徘徊型兵器が含まれると解釈されている。武装無人航空機や徘徊型兵器の開発と製造が盛んな米国やロシア、イスラエル、トルコ、イラン、インドはATTの締約国になっていないが、中国は締約国である。

7　EWIPAへの懸念とドローン

国際人道法は、多くの住民が暮らす市街地での戦闘を禁じていないが、民間人の犠牲や民間施設への被害を最小限にとどめるための措置を講じることを紛争当事者に義務づけている。しかし、広範囲に被害をもたらす**爆発性兵器**が市街地で使用された場合、多数の民間人が死傷する事態を招きかねない。この「人口密集地における爆発性兵器」(EWIPA)をめぐる問題への国際的な懸念が高まっている。爆発性の弾頭を搭載した徘徊型兵器も、人口密集地で使用されている爆発性兵器の一つである。また、人口密集地に爆発物を投下する運搬手段として用いられているドローンもある。

例えば、ウクライナに侵攻するロシア軍は、弾道ミサイルや巡航ミサイルと一緒に、自国製の「ランセット」やイラン製の「シャヘド136」といった徘徊型兵器をウクライナの市街地に向けて発射しているほか、ドローンを使ってウクライナの市街地に爆発物を投下するという攻撃も行っており、ウクライナの民間人の死傷者の増加や電力設備などの民生用インフラの損壊をもたらしている。シャヘド136については、あらかじめ場所が分かっている標的の位置情報を入力して発射するというものであったことから、位置情報が分からない標的も探し出して攻撃する徘徊型兵器とは異なり、言わば、低コストで大量生産が可能な巡航ミサイルではないかと考えられていた。ところが、ロシアはシャヘド136を改造し、米国のスペースX社が提供するスターリンクによる衛星通信を利用して、飛行中であってもリアルタイムで遠隔操作できるようにしたため、シャヘド 136 を徘徊型兵器として運用することが可能になっているという。

2022 年 11 月には、アイルランドの首都ダブリンで開かれた国際会議で、EWIPA の使用をめぐり、国際人道法を遵守し、民間人の保護を強化する必要性を確認する政治宣言が採択された。この政治宣言は、人口密集地で爆発性兵器を使用する場合、民間人や民間施設に過剰な被害が及ぶことが予測されるのであれば、使用の中止を含む適切な措置を講じることなどを求めており、2024 年 5 月の時点で、武器輸出上位国である欧米諸国をはじめ日本や韓国など 86 カ国が署名している。

EWIPA に関する政治宣言に基づく各国の取り組みを促すため、国連軍縮研究所（UNIDIR）や非政府組織（NGO）の連合体である「爆発性兵器に関する国際ネットワーク」（INEW）などが連携し、世界各地の紛争において、人口密集地で爆発性兵器が使用された事例を調査し、民間人にどのような被害が及んでいるのかなどに関する情報を提供している。人口密集地で徘徊型兵器が使用されたり、ドローンを使って爆発物が投下されたりした事例についても調査が行われている。

一方、広範囲に被害をもたらす兵器ではないので EWIPA とは別の事例になるが、イスラエル国防軍は、人口密度が高い上に数多くの建物が立ち並び、路地も複雑に入り組んでいるパレスチナ自治区ガザ地区の市街地に潜む標的をピンポイントで攻撃する手段として、「ラニアス」などの小型の徘徊型兵器を使用している。ラニアスは建物の中にも侵入して標的を探し、見つけたら標的に近づいて自爆する。ラニアスの爆発時の威力は小さいものの、殺傷力を有している。ガザ地区の市街地で軍事作戦を進めるイスラエル国防軍は「マトリス 600」などの大型のマルチコプター型ドローンの上部に複数のラニアスを搭載して運搬し、標的が潜んでいる場所の付近でラニアスを飛ばしている。ラニアスの飛行可能時間は 7 分ほどしかないため、大型のマルチコプター型ドローンがその運搬手段となっている。そのように用いられている大型のマルチコプター型ドローンの下部には自動小銃が取り付けられており、標的を銃撃することも可能である。ラニアスのような小型の徘徊型兵器は、人口密集地で使用されても民間人や民間施設に被害が及ばないようにすることができる。ただ、スイスのジュネーブに拠点を置くNGOである「欧州地中海人権モニター」によると、ガザ地区で避難所になっている建物や病院などに避難した民間人まで、ラニアスなどの小型の徘徊型兵器による攻撃にさらされて死傷していることに加え、路地を歩いているだけの民間人も、自動小銃を取り付けた大型のマルチコプター型ドローンにより銃撃されたことがあったという。

(森山　隆)

第3節　自律型致死兵器システム

1　LAWSとは何か

各国で**人工知能**(AI)の軍事利用が模索されている。その用途は戦場から通常業務まで幅広い。そのような中で、AIを組み込んだシステムがたどり着く一つの形として、「自律型致死兵器システム」(LAWS)がある。LAWSは操作する人間の判断や操作を必要とせずに、システムそのものが環境を感知し、予測し、行動を判断する。その意味で、LAWSは人型のロボットが敵を殺傷するような「キラーロボット」のイメージとは異なり、外形的な特徴に左右されるものではない。

実際のところ、具体的に何をLAWSと呼ぶかということ自体が争点の一つとなってきた。それはLAWSが兵器を作動させるのに必要な、さまざまな技術の組み合わせによって構成されるシステムとして理解されているためである。さらに、LAWSは人間に近い思考能力を持ち、自らの判断で標的を選択し、攻撃することのできる「完全自律型」の兵器システムであるとの認識が多くの国に共有されているものの、そのような兵器システムはまだ存在しないと考えられている。しかし同時に、LAWSのような兵器システムの将来的な登場は、軍事的にも不適切であると考えられており、技術の実現に先行して規制の検討が始まっている。

こうした状況において、LAWSの規制をめぐるルールの形成過程では、どのような規制が必要であるかということと同時に、そもそも何を規制すべきであるかという点が大きな論争になっている。さらには、LAWSを構成するであろう新興技術は、民生分野で急速に発展しているものでもある。そのため、

LAWSにかかわる新興技術と、民生分野で活用される新興技術とを区別し、民生分野の動きを妨げないようにすることも重視されている。

2　CCWにおける指針の形成

LAWSに対する危惧が表面化し始めたのは比較的最近のことである。一つのきっかけとして、2013年4月に、ヒューマン・ライツ・ウォッチなどの国際非政府組織が参加する「キラーロボット反対キャンペーン」の発足がある。同キャンペーンが契機となりLAWSが実用化された場合の問題などに国際的な関心が集まるようになった。2013年4月には、国連人権理事会の超法規的・略式・恣意的処刑問題に関する特別報告者を務めたクリストフ・ヘインズ（Christof Heyns）が「致死性自律型ロボット」への懸念を指摘した報告書を提出したことを受け、LAWSの国際的な規制をいかにして進めるべきかを議論する交渉が本格化した。

まず、2014年から2016年にかけて、特定通常兵器使用禁止制限条約（CCW）

表9-1　2019年のCCW-GGEで合意された11項目の指針

・LAWSの将来的な開発と使用にも国際人道法を適用
・兵器システムの開発から使用、廃棄に至るまでの全段階の決定の責任は人間にある
・人間と機械の相互作用の確保
・CCWの枠組みにおける新兵器システムの開発、配備、使用の責任は、人間の指揮統制の下での運用の責任も含め、適用可能な国際法に基づくべき
・国際法で禁止されているかどうかにかかわらず、新兵器の研究、開発、取得、採用の決定は、国際法に基づく国家の義務に従ってなされるべき
・LAWSの開発に必要な新興技術のテロ集団の取得防止
・兵器システムに使われる新興技術の設計、開発、試験、展開の各段階でのリスク評価とリスク低減措置の実施
・LAWSの開発に必要な新興技術の使用が、国際人道法とその他の適用可能な国際法を遵守しているか検討すべき
・LAWSの擬人化の禁止
・CCWに基づく議論や政治的措置が、制御可能な自律技術の平和利用を妨げてはならない
・CCWがLAWSに関連する新興技術の問題を扱う適切な枠組みを提供し、軍事的必要性と人道的配慮のバランスを追求

の枠組みの下で、LAWSについて議論する非公式専門家会合が開催された。ここでの議論では、兵器システムにおける人間の管理について、①「人間が直接関与し、制御する」(human in the loop)、②「人間が監視し、必要であれば関与する」(human on the loop)、③「人間が介在しない」(human out of the loop)という三つの段階に分けて検討された。このうち、①と②については人間の関与があり、国際人道法の遵守が担保されうると見込まれたため、議論の初期段階で検討の対象から外れていった。その上で、③を規制する必要があるという点については、CCW加盟国の間にほぼコンセンサスがあった。

「人間が介在しない」兵器システムをめぐる問題意識とは、すなわち、LAWSが誤認識や誤作動によって誤爆のリスクを発生させたり、予想外の反応を示したりした場合、人間の関与が不在のまま、兵器システムを管理できなくなることへの懸念である。CCWの非公式専門家会合で抽出されたこうした問題意識を踏まえ、議論の場はCCWの政府専門家会合(GGE)に移された。2017年11月のGGEでは、技術、軍事的効果、法律・倫理といった側面からLAWSの規制に向けた意見交換が行われた。続く2018年会期では、LAWSをめぐるこれまでの議論に関する報告書がまとめられ、それに基づいて、LAWSへの国際人道法の適用をはじめとする10項目の「指針となりうる原則」が示された。2019年11月に開催されたGGEでは、米国の提案によって、そこに「人間と機械の相互作用」の確保を求める1項目を加えた11項目が、LAWSの規制を検討する際の「指針」として合意された。

3　人間と機械の関係をどのように考えるか

規制の具体化に向けて残された論点は数多い。中でも大きな問題は、LAWSに対する人間の関与の捉え方をめぐって、さまざまな解釈が生じている点である。例えば、「人間が介在しない」レベルの自律性を兵器システムにもたらす技術とはいったい何なのか。これを定義すること自体に困難があることは、2014年に国連軍縮研究所(UNIDIR)が指摘しているように、早くから認識されていた。この指摘では、LAWSの自律的機能が「目標の達成に向けた計画を立て、それを実行する能力」、「予測する能力」、「標的を探知し、正確に識別する能力」などのさまざまな要素の相互作用で制限されたり、逆に拡張されたりするため、一義的な技術規制が困難であることが示唆されている。攻撃用か防御用かといった運用目的の差異や、民間人の人口密度や軍事目標と非軍事目標の混ざり具合などのような運用環境の違いも、LAWSの使用可否の評価に影響するとの議論もある。

また、人間による管理についての議論も進んでおり、近年では「人間と機械の相互作用」をいかにして確保するか、という問題として検討されている。しかし、どの段階で人間と機械の接点を持つべきかという点にも複数の考え方がある。

例えば、ドイツの科学政策財団が設立した「自律型兵器の規制に関する国際パネル」(iPRAW)は、2018年12月の報告書で、人間の管理を「技術的管理」と「運用上の管理」の二つに分けることをGGEに提案した。「技術的管理」とは「設計による管理」であり、LAWSがシステムの状態を自己診断し、また、周辺環境の確認を行うことのできる機能を技術的に備え、さらにその情報を人間の操作員とも共有した上で、武力行使に至る前の全ての段階で人間が介入の機会を持つことが必要になる。また、「運用上の管理」とは、LAWSが運用される環境について、そこで国際人道法を満たす兵器運用ができるかどうか事前に特定し、可能な限りの説明責任を果たすことを求める方法である。

一方、2018年のGGEで議長を務めたインドのアマンディープ・ギル(Amandeep Gill)軍縮大使は、人間と機械の「接点」が必要となる段階を、⓪開発の前段階における政治指針、①研究開発、②試験、評価および認可、③配備、訓練および指揮統制、④使用と使用の中止、⑤使用後の評価の六つに分類した。その上で、国内的な規制が⓪から⑤までの全ての段階にわたる一方、産業界の基準は①と②のみに及ぶにとどまり、国際的な規制対象も③と④のみに限定されることを示している。このような論点は、多岐にわたる人間と機械の接点の問題を整理したものとしてGGE参加国に承認されており、規制のあり方をめぐる議論の指針のひとつとなっている。

4　議論の継続と変質――LAWSに加えAWSや軍用AI-DSSも

このように、LAWSをめぐる議論では「人間が介在しない」システムへの懸念は共有されている一方、その意味合いや管理方法をめぐって長らく論争が続いている。ただ、規制形成の遅れに比して、AIの技術的発展と普及は急速に進んでおり、完全自律型ではなく、直接的に人間を殺傷するようなものでもないが、標的の選択（探索、識別、追跡など）や攻撃（標的の殺害や破壊だけでなく、無力化などの非致死性の攻撃も含む）といった「決定的に重要な機能」を、人間が関与せずとも実行できる「自律型兵器システム」（AWS）が各地の紛争で既に多用されている。例えば、有人戦闘機に先行して飛びながら防空レーダーを前もって発見し、破壊する徘徊型兵器であるイスラエル製のハロップもAWSの一つだが、ナゴルノ・カラバフ紛争で使用された際には、兵士が使っていた携帯電話の電波にも反応し、突撃するということがあった。

また、ロシア軍と交戦中のウクライナ軍や、イスラム抵抗運動組織ハマスが実効支配するパレスチナ自治区ガザ地区を攻撃しているイスラエル国防軍は、軍用の「AI意思決定支援システム」（AI-DSS）を利用している。軍用AI-DSSは、複数の標的の居場所を瞬時に特定し、その情報を提示するとともに、有効な攻撃手段を提案するというシステムである。ただ、イスラエル国防軍が利用している軍用AI-DSSは、ガザ地区の民間人に加え、人道支援に従事する国連やNGOの職員まで標的の候補としているのではないかと疑われている。

こうした現状の中、国連のグテーレス事務総長は「人間の制御と監視なしで機能し、国際人道法に従って使用することができないLAWSを禁止するとともに、他のあらゆる種類のAWSを規制する法的拘束力を有する国際法文書」を2026年までに成立させるように各国に呼び掛けている。さらに、2023年12月に採択された国連総会決議は、LAWSやAWSなどに関する議論のさらなる深化を促す報告書の国連総会への提出をグテーレス事務総長に要請している。この報告書は各国の見解や立場を踏まえて作成されることになっているため、日本政府は2024年5月に、「人間の関与が及ばない完全自律型の致死性兵器の開発を行う意図はない」との立場を示した報告書を国連に提出した。

LAWSに加え、AWSや軍用AI-DSSも含めた規制についても議論を進めることを目的に、CCWのGGEの枠外でも国際交渉が行われ始めている。

例えば、2023年2月に、オランダと韓国が共催する「軍事領域における責任あるAI利用」（REAIM）サミットが開かれ、その成果物であるREAIM宣言には、AWSや軍用AI-DSSの規制に関わる文言も盛り込まれており、欧米諸国や日本、中国などを含む60カ国が支持を表明している。また、REAIM宣言とは別に、米国が「AIと自律性の責任ある軍事利用に関する政治宣言」をサミットの場で発表した。米国の政治宣言では「AIの軍事利用は、国際人道法上の国家の義務に合致した形で、責任ある人間の指揮命令系統の下で運用し、責任の所在を明らかにする必要がある」との原則が示され、各国は「軍事AI能力」の開発、配備、使用の各段階で、その原則を実行に移すための適切な措置を講じるべきであると明記されている。ここでの「軍事AI能力」とは、兵器システムだけでなく軍用AI-DSSも含む概念である。米国の政治宣言には、欧州諸国をはじめ、日本や韓国など54カ国が支持を表明している。

さらに、2023年には、ルクセンブルクやコスタリカ、トリニダード・トバゴ、フィリピンなどの国々も、グテーレス事務総長の呼び掛けを踏まえ、完全自律型で国際人道法が遵守されずに用いられるLAWSの禁止やAWSの規制に向けた議論の活性化をめざした国際会議を相次いで主催した。

無論、こうした動きは依然として各国に明確な規制をかけるものとなっているわけではない。ただ、軍事領域におけるAIの実装が進むにつれて、伝統的な武器技術規制としての課題も、より明確な輪郭を持つことになる点に留意したい。例えば、各国の安全保障戦略におけるAIの位置付けの違いや技術力の差は、規制論議に際してより大きな対立を生む。民生分野でのAIの実装も加速する中で一律の技術規制を行えば、国家間、特に先進国と途上国の間の格差を改めて固定化することになるとの懸念も根強い。新興技術としてのAIが投げかける未知の問題と、国際関係において繰り返し表出してきた論点が混在し、ますます複雑なものとなる中、こうした利害の差異が国際交渉を経てどのように収斂していくのか、そこに各国の利害や規範意識がいかなる形で反映されていくのかを注視する必要があろう。

（齊藤孝祐・森山隆・佐藤丙午）

第4節　サイバー空間の規制

1　サイバー空間の安全確保

サイバー空間は、陸、海、空、宇宙といった自然空間とは異なり、デジタル情報を伝達するコンピュータ同士のネットワークによって人工的に構成されたものであり、領域や国境を越えて存在する。近年、情報通信技術（ICT）は、インターネットを介して相互につながった IoT 機器の普及や人工知能（AI）の活用とも相まって経済・社会の中に深く組み込まれており、人間生活に欠かせないツールとなった。それと同時に、サイバー空間を利用して特定情報を窃取したり、システムを停止・破壊したりするなどの侵害行為（サイバー攻撃）が甚大な被害を引き起こすことから、これを相手国との間で政治、経済、軍事的側面で優位に立つために利用しようとする国家が増加している。また逆に、こうした自国への敵対的行動に対処し、コンピュータ・ネットワークを保護するサイバーセキュリティの重要性が認識されている。

米国では 2010 年頃から、陸、海、空、宇宙に次ぐ「第 5 の作戦領域」としてサイバー空間が位置付けられるようになった。2018 年 2 月の「核態勢の見直し（NPR）」では、米国の核の指揮、統制、通信（NC3）施設に対するサイバー攻撃の脅威が認識され、そのような脅威の発生を回避するための核兵器使用も示唆している。ロシアは、2008 年にジョージアとの間で衝突があった際に軍事行動と同時にサイバー攻撃を実施するなど、軍事と非軍事的手段を複合的に使用するマルチドメイン（多領域）作戦を展開した。2022 年のウクライナ侵略でも早い段階からサイバー攻撃が実施された。ロシアの核抑止政策（2020 年発表）は、重要な軍事施設へのサイバー攻撃など敵国からの干渉に対する核兵器使用の可能性を排除していない。また、日本で確認されたサイバー攻撃については、中国の管轄する IP アドレスを起点としたものが多いことが報告されており、中国においても情報戦で優越を目指す動きが盛んである。

サイバー空間をどのように利用するか各国の意図や行動は多様であり、また、サイバー攻撃を端緒とした核兵器使用を含む紛争へのエスカレーションの危険も懸念されることから、サイバー空間をいかに管理するか、国際ルールや一定の行動規範の検討が求められている。しかし同時に、サイバー空間における最大の利点である情報の自由な流通を確保する必要もあり、サイバー空間の安全を確保するための規制との両立が模索されている。

2 サイバー攻撃の特徴

サイバー攻撃は、コンピュータの特定のプログラムやネットワークそのものに対して行われ、結果として、経済・社会に不可欠なインフラや各国の軍事システムを機能不全にさせる。例えば、エストニアが2007年に受けた**DDoS攻撃**では、ウイルスに感染した世界中のコンピュータからエストニアの政府機関、銀行等のウェブサイトに対して一斉にアクセスがあり、数日間、社会機能が一部麻痺することとなった。2007年にイスラエルがシリアの核施設を空爆した作戦では、事前にイスラエルがシリアの防空システムにサイバー攻撃を仕掛けたため、シリア軍のモニターには平時の画像が映されたままとなり、イスラエル戦闘機によるシリア領空への侵入を察知できなかったとされる。

サイバー攻撃には、上記のように相手国の重要なインフラを破壊して社会機能を麻痺させる行為や、戦闘開始以前に敵の指揮通信システムや兵器の制御システムの能力を無効にする行為のほか、それ以前に重要なデータを窃取するエスピオナージュ（スパイ行為）、偽情報を流布したり暴露したりするプロパガンダ等がある。いずれも物理的な直接攻撃ではないが、サイバー攻撃はその後の軍事行動と組み合わせることにより、いわゆる**ハイブリッド戦**の手法として利用される。

サイバー攻撃の最大の特徴は、攻撃者の帰属（attribution）、すなわち、誰がそのサイバー攻撃を行っているのか特定するのが困難なことにある。また、たとえ実行犯が特定できたとしても、国家の行為として実行されたものであるのか、政府の意を受けた代理人によるものなのか、あるいは政府とは関係のない私人によるものなのかを特定することが難しい。こうしたサイバー攻撃の持つ匿名性は攻撃側を圧倒的に優位に立たせるため、安易に攻撃を仕掛けようとする動機を与える。逆にサイバー攻撃を受けた国は、その攻撃の目的や意図を特定できずに状況認識を見誤り、エスカレーションを誘発する可能性が高まる。とはいえ、将来の国家間における戦争では、その前段階、若しくは軍事行動と並行しつつサイバー攻撃が実行されることは必然となるだろう。そのため、各国はより効果的なサイバー攻撃を可能とする能力や技術を得ようとして、言わばサイバー空間における「軍拡競争」が起こっている。また、サイバー攻撃により、敵国の防御能力を低下させることができた場合、これに続けて従来の兵器による攻撃を仕掛ける敷居も低くなることが懸念される。

3　サイバー空間における国際法の適用

近年、サイバー空間の利用拡大に伴ってサイバー攻撃が各国の経済・社会システムに多大な影響を及ぼすようになる中、サイバー空間における国際ルールをめぐり議論が行われてきた。サイバー空間を利用した国境を越える犯罪行為に対処するため、**サイバー犯罪条約**が2004年に発効した。しかし、本条約による国際協力は非締約国に義務を生じさせるものではなく、また、国家によるサイバー攻撃に適用されるものでもなかった。

サイバー空間における国際法の適用について、欧米諸国や日本は既存の国際法規範をもって十分であるとしている。ロシアや中国はサイバー空間に新しい国際ルールを構築しようとする動きを見せているが、新たなルールの策定には国家による通信内容の規制も含みかねないとして欧米諸国や日本に警戒感を抱かせている。**サイバーセキュリティに関する国連政府専門家会合（GGE）**第3会期報告書（2013年）には、サイバー空間に国際法、特に国連憲章が適用可能であることが明記された。しかし、国際法がどのように適用されるかについて同第4会期報告書（2015年）では、国家主権、平和的紛争解決、内政不干渉の原則及び人権・自由の尊重についてサイバー空間にも適用可能と言及するに留まり、自衛権の行使や国際人道法の適用についてはコンセンサスが得られなかった。このうち国際人道法の議論は進展し、武力紛争時のみとしながらも国際人道法が適用されることが第6会期報告書（2021年）に明記された。

現行国際法のサイバー空間への適用については、各国の国際法専門家によって作成された**タリン・マニュアル**が参考になる。タリン・マニュアルは、2007年のエストニア事件を契機に首都タリンに設立されたNATOサイバー防衛研究センター（CCD COE）の研究成果であって国際的な合意が得られているわけではないが、このマニュアルはサイバー空間における国際法の適用に関する有力な検討材料となっている。

タリン・マニュアルにおいては、サイバー攻撃に対する自衛権の行使について一定の条件下では可能とする見解が示された。すなわち、サイバー攻撃は、その規模及び効果によっては国連憲章第2条4が禁止する「武力の行使」に該当するとし、また、サイバー攻撃が国連憲章第51条の自衛権発動要件である武力攻撃に該当するか否かについてもその規模及び効果によるところとされた。例えば、重要インフラへの攻撃として、2010年に**スタックスネット(Stuxnet)**と呼ばれる**マルウェア**が、イランのウラン濃縮施設で使われていた遠心分離機に損害を与えた例について、当該攻撃が上記の「武力の行使」に当たることで専門家たちの意見は一致したが、武力攻撃に該当するか否かについては意見が分かれた。サイバー攻撃に対して自衛権の行使として反撃することも可能とするタリン・マニュアルの見解をロシアや中国などは認めていない。また、サイバー能力が十分でない国からも、正当な理由なく自国がサイバー攻撃の加害国とみなされ、他国の自衛権行使の対象になるとして懸念が示されている。

4　サイバー空間の規制の考え方とその手段

上記のサイバー空間における国際法の適用だけでなく、サイバー空間をいかに規制していくのか、国際社会で統一した考え方が確立していない。サイバー攻撃の事案が多くなる中、ロシアや中国などは国家が責任を持ってサイバー空間を規制すべきとする立場をとり、他方、欧米諸国や日本は、サイバー空間の自由な利用を重視し、政府による情報通信の過度な統制は望ましくないとの立場をとっている。サイバー空間における情報の自由な流通について、それを抑制すべき脅威であると認識するのか、保護する価値があるものと捉えるのかで意見が分かれている。

サイバー空間における国際規範を形成しようとするプロセスでは、国連サイバーGGEのほかにも、国連の内外において各国政府、民間企業等が参加する場で議論が重ねられている。例えば、2019年9月から**サイバーセキュリティに関する国連オープン・エンド作業部会(OEWG)**が開始され、全ての国連加盟国を参加可能とし、また、企業や非政府組織等が参加できる会合を持つなどして議論が進められている。国連以外では、2017年2月に設立された「サイバー空間の安全性に関するグローバル委員会(GCSC)」で議論が行われ、2019年11月に最終報告書が公開された。これら並行して進められる議論は、多方面の検討と複雑な利害調整の機会を増やすメリットがあるが、自らの望ましい規範を形成しようとする各国の主導権争いも垣間見える。

サイバー攻撃は、個人のコンピュータを乗っ取って攻撃を仕掛ける例や、使われていないIPアドレスを含めた無差別攻撃の例など多種多様であり、戦闘機やミサイルのように種類と数量を規制する伝統的な軍備管理は技術的に困難である。2019年12月のワッセナー・アレンジメント（WA）総会で、サイバー攻撃を行うためのソフトウェアやその技術が新たに輸出管理品目に追加されたように、サイバー攻撃に利用可能な品目や技術の輸出入制限を通じた規制の手段はある。また、政治的な対応として、民間企業のコンピュータを攻撃対象から外すことや重要インフラへの攻撃を抑制することなど一定の合意を取り付ける努力も重要である。現状では、各国のサイバー戦略に関する情報交換などを通じて信頼醸成措置を重ねていくところから始める必要がある。

（寺林裕介）

第５節　ミサイルとミサイル防衛

１　ミサイル技術開発の進展

ミサイルとは一般に、目標に向かって自己の推進力で飛翔し、誘導装置で経路を修正しながら標的を破壊する無人の兵器であり、核・生物・化学兵器など大量破壊兵器（WMD）の運搬手段として使用される。現在、**弾道ミサイル**は30カ国以上、**巡航ミサイル**は80カ国以上が保有し、また、極超音速滑空体（HGV）など新兵器の開発も進められており、ミサイルの拡散や技術開発の進展は、グローバルな安全保障環境にとって重大な脅威として認識されている。

特に弾道ミサイルの脅威性は、長射程、超高速という特徴にある。例えば、射程１万kmの大陸間弾道ミサイル（ICBM）は、発射から着弾まで30分程度、落下速度はマッハ10から20に達する。大気圏高層や大気圏外から超高速で落下してくる弾道ミサイルの弾頭にWMDが搭載されていれば、命中精度が低くても大変な惨事を引き起こすこととなる。

巡航ミサイルはあらかじめ計画されたコースを飛行して目標に到達する。例えば米国の「トマホーク」は、地形照合によって進路を補正しつつ誘導され、命中精度に優れている。ただし、巡航ミサイルの速度は亜音速からマッハ２程度であり、最大射程距離の2,000km程度を飛行するのに２時間以上必要とする。現在は、空気の圧縮を利用して超音速で作動するラムジェットやスクラムジェットを使用し、マッハ5から10で飛行する極超音速巡航ミサイルが開発されている。

2 極超音速滑空体（HGV）

近年、マッハ5を超える極超音速で飛翔する極超音速兵器の開発と実用配備が各国において加速している。弾道ミサイルと極超音速巡航ミサイル以外で極超音速に達する兵器の種類として、極超音速滑空体（HGV）がある。HGVは、弾道ミサイルと同様にロケットブースターで打ち上げられるが、その後、弾道軌道を離れ、滑空体自体の空力学的揚力を利用して大気圏内を飛翔し、高速で目標に向かって突入する。HGVはその高速性能に加え、弾道ミサイルに比べて低い高度を飛翔する。防御側から見れば地球の水平線から突然姿を現すことになり、地上配備レーダーでの探知が遅れ、迎撃を困難にさせる。HGVは迅速に相手の防空レーダー、航空基地、指揮統制施設などを狙って攻撃できるため、戦闘の初期段階で有用であると指摘される。これに対して防御側は、HGVを探知してから短時間でその弾頭にWMDが搭載されているか否かの判断を迫られることから、防御側が最悪の事態を想定して核攻撃を開始するエスカレーションも懸念される。

HGVや極超音速巡航ミサイルについては、現在、ロシア、中国、米国を中心に開発・配備が進んでいる。ロシアは、2002年に米国が弾道弾迎撃ミサイル制限条約（ABM条約）から脱退した後、米国のミサイル防衛開発を自国の核抑止力を脅かすリスクとして認識し、HGVの開発を加速させた。2019年12月にロシア国防省が実戦配備を公表した「アヴァンガルド」は、核兵器を搭載可能なHGVである。中国は複数のHGVを開発しており、2014年以降「DF‐ZF（WU-14）」と呼ばれるHGVの実験を繰り返してきた。米国は、2003年5月に「通常兵器による迅速なグローバル打撃（CPGS）」構想を開始し、地域紛争で使用可能な核兵器を搭載しない極超音速兵器の技術開発を進めた。なお、近年、北朝鮮がHGV開発に意欲を見せており、また、インド、オーストラリア、フランス、ドイツ、日本などその他の国でも極超音速技術の応用に関心が集まっている。各国の研究活動の進展とともに、この技術に関する知識が予期しない形で拡散することが懸念される。また、こうした新技術による兵器のカテゴリーの拡大は、将来の軍備管理交渉に複雑さと曖昧さを提供することになり得る。

3　ミサイルの不拡散

ミサイルの規制については、米ソ2国間の軍備管理交渉の結果として、弾道ミサイルの配備を制限したり、中距離核戦力条約（INF条約）など一定のカテゴリーのミサイルの保有を禁止したりするものはあったが、多国間でその開発、製造、使用等を制限する国際約束は今のところ存在していない。WMDの有効な運搬手段となり得るミサイルに制限を課すことは、WMDの使用を抑制することにつながるため、ミサイルの拡散防止に関するいくつかの取組が試みられた。

まず、米国がミサイル関連技術の供給能力を持つ西側諸国に呼びかけ、1987年4月、G7の間で創設されたのが**ミサイル技術管理レジーム（MTCR）**である。この国際輸出管理レジームは法的拘束力を有するものではなく、参加国は国内法令に基づき、ミサイル及び関連汎用品・技術に関して合意されたリストの品目について、ガイドラインに従った輸出管理を実施することが求められる。第三世界諸国のミサイル開発は、外国からの協力に多くを依存していることから、MTCRはミサイルの拡散防止に一定の効果がある。しかし、MTCR参加国以外の国の輸出に網をかけることはできず、また、MTCRはミサイルの独自開発を禁止するものでもない。そのため、一部の国では国内の生産能力を高め、こうした拡散懸念国が開発した弾道ミサイルが非国家主体の手に渡っていることも報告されており、ミサイルの不拡散が徹底されているとは言いがたい。

1990年代後半にインド、パキスタン、イラン、北朝鮮で弾道ミサイル発射実験が相次ぐと、ミサイル拡散防止の普遍化を目指してMTCRを中心に国際的な規範の策定が検討された。その結果、2002年11月、**弾道ミサイルの拡散に立ち向かうためのハーグ行動規範（HCOC）**が採択された。HCOCは法的拘束力を持つ国際約束ではないが、弾道ミサイルの拡散防止・抑制、弾道ミサイルの実験・開発・配備の自制を原則とし、事前発射通報や透明性などの信頼醸成措置で構成される。2024年5月までに145カ国がHCOCの参加国となり、ミサイル不拡散の国際規範として広く認識されるようになった。ただし、中国を含めミサイル問題で重要な国が参加しておらず、これらの国に対してHCOCへの参加を働きかける必要がある。また、HCOCは弾道ミサイルに焦点を当てており、他の種類のミサイル、特に巡航ミサイルがその対象に含まれていないことが交渉段階から指摘されてきた。現在ではHGVのような新技術による兵器も開発されており、ミサイル不拡散の国際規範を維持する上でもHCOCの対象範囲の妥当性が問われている。

2001年9月の米国同時多発テロの後、WMDの拡散にテロリストグループなど非国家主体が関与する脅威が強く認識された。パキスタンのA・Q・カーン博士を中心とした核の闇市場（第7章1節参照）の発覚も、その拡散経路に非国家主体が多く介在していることを示した。国連安全保障理事会では、非国家主体によるWMDやその運搬手段の取得を防止すべく、2004年4月に国連安保理決議1540（第7章4節参照）が採択された。また、拡散懸念国や非国家主体がWMDやその運搬手段の関連貨物を輸送する段階で、それを阻止しようとする各国の協力行動として「拡散に対する安全保障構想（PSI）」（第7章5節参照）の取組も進んでいる。このほか、特定の拡散懸念国に対して弾道ミサイル開発を禁止している例として、北朝鮮の弾道ミサイル発射に対して国連安保理が2006年7月に国連安保理決議1695を採択しており、この決議は北朝鮮に対して弾道ミサイル計画に関連するすべての活動を停止するよう要求している。その後も北朝鮮については、国連安保理決議1718から始まる関連の制裁決議に基づき、国連加盟国によるWMDやミサイル関連品目の輸出入を禁止する決定がなされた。イランについても、国連安保理決議1737と1803によってMTCR規制リストの品目の移転・調達が禁止されていた。これらの禁止措置は国連安保理決議2231により終了したが、機微技術等については現在でも一定の制限が課されている。ミサイルの不拡散については、上記の国際輸出管理レジーム、行動規範、国連安保理決議等が相互に補完しつつ存在しており、各国がこれらの取組への協力を強めていくことが求められる。

4　ミサイル防衛

ミサイルの不拡散の取組が十分な成果を得られず、また、軍事的な予防手段が成功しなかった場合に備えた防御手段として、ミサイル防衛システムが必要となる。冷戦期の米ソ間では相互確証破壊（MAD）理論が採用され、戦略弾道ミサイルを迎撃するミサイル防衛システムを制限し、防御の手段を失わせるABM条約が成立していた。しかし米国は、冷戦後の世界にあって弾道ミサイルの拡散など自国への脅威に対抗するためにミサイル防衛の必要性を認識し、ABM条約から脱退した。拡散懸念国のミサイル攻撃に対する拒否的抑止の一環として、各国は自国の実情に適合するミサイル防衛システムを整備しており、現在、米国、ロシア、フランス、インド、イスラエルなどが独自のシステムを保有し、中国も迎撃実験を重ねている。また、日本やNATO諸国、中東諸国のように米国のシステムを導入し、共同研究を進める例もある。

高速で飛来する弾道ミサイルを迎撃するためには、特別に開発された**弾道ミサイル防衛（BMD）**システムが必要となる。米国のBMDシステムは、弾道ミサイルが発射されてから、まず早期警戒衛星によりその熱源を探知し、地上・海上配備型及び移動型の警戒レーダーで追尾する。次に迎撃については、大気圏外のミッドコース（中間）段階において地上配備型迎撃ミサイル（GBI）やイージス艦又はイージス・アショア（陸上型）搭載のSM‐3による迎撃と、ターミナル（終末）段階においてTHAADやPAC‐3による迎撃の2段階で行う。

日本では、北朝鮮による弾道ミサイル発射等を契機にBMDシステムの配備、法整備、米国との共同研究が進められた。日本政府は2003年12月にBMDシステムの導入を決定し、自動警戒管制システム（JADGE）と警戒管制レーダーからなる指揮統制・通信システム、イージス艦搭載SM‐3、PAC‐3から構成される迎撃体制を整備した。システム構築後も、イージス艦の能力向上や防護範囲の広いPAC‐3MSEを導入するなど迎撃体制を強化している。

近年、新技術による開発や技術拡散がミサイルの脅威を格段に高めた。弾道ミサイルは固体燃料化により短時間で準備が可能となり、また、発射台付き車両（TEL）の使用により奇襲能力も備える。ミサイルの軌道が予測できれば迎撃は可能であるが、迎撃を回避するため射程を抑えて高い軌道をとるロフテッド軌道や低い軌道をとるディプレスト軌道などいくつかの飛翔軌道を取らせることも可能となっている。弾道ミサイルに加え、極超音速巡航ミサイルやHGV、ステルス戦闘機、無人航空機（UAV）を含めた多様で複雑な経空脅威に対応する必要がある。そのため米国は、全ての対航空・ミサイル防衛システムをネットワーク化して対応する「統合防空ミサイル防衛(IAMD)」構想を進めている。さらに、高速で低い高度を飛翔するHGV等を探知・追尾するためには宇宙配備型のセンサーが不可欠となり、衛星コンステレーションの開発と配備が計画されている。日本においても、米国のIAMD構想とともにミサイル防衛と防空の一体化が追求され、また、ミサイル迎撃能力の向上だけでなく、敵基地攻撃能力(反撃能力)の保有のための防衛力整備が進められている。

ミサイル防衛システムの配備は、競争相手国から見れば自国の戦略環境を大きく変化させる可能性を秘めているが、その戦略的な意味やエスカレーションの結果について慎重に検討がなされる前に開発が先行している。ミサイル防衛の追求が、結果的にそれへの対抗措置として新技術によるミサイル開発を助長し、軍拡競争が起きている側面があることは否めない。

(寺林裕介)

第6節　宇宙の軍備管理

1　軍事目的で始まった宇宙開発

米国、ソ連ともに、第2次大戦終結直後から宇宙開発に着手したが、これは、核兵器の運搬手段としての大陸間弾道ミサイル(ICBM)開発と、偵察・通信・ミサイル誘導などを目的とする軍事衛星を搭載するためのロケット開発が渾然一体となった形で進められていた。しかし、両国とも国際社会に対しては、宇宙線、地磁気、経度・緯度測定などを世界中の科学者が協力して行う「国際地球観測年(IGY)」行事の一環として、宇宙観測のための衛星打上げを行うと公表し、宇宙開発が科学的・平和的目的であることを強調した。1957年10月4日にソ連が世界初の人工衛星「スプートニク1号」の打上げに成功すると、同年11月には、早くも宇宙に向けての物体の発射は「もっぱら平和的・科学的目的」でなければならないとする国連総会決議1148が**採択**されている。しかし、同決議は、宇宙の平和利用を勧告したというよりは、核兵器搭載ミサイルが宇宙空間を通過することを回避させようとするものであった。その後、1959年には、**国連総会の補助機関**としての**宇宙空間平和利用委員会(COPUOS)**常設化が決定し、1961年以降、COPUOSにおいて宇宙活動を規律する文書づくりが開始された。

軍事衛星の開発利用は一貫して米国が先行した。1959年には、後にコロナシリーズと命名される初の軍事衛星である画像偵察衛星の打上げに成功し、1960年には、ICBMの発射を探知する早期警戒衛星を打ち上げた。ソ連は、COPUOS法律小委員会で、宇宙の平和的目的の利用とは宇宙の「非軍事的（non-military）」な利用であると主張して、1962年にはスパイ衛星禁止条約案を提出したが、1960年代半ば頃から自国の軍事衛星打上げが軌道に乗り出すと、そのような主張を行うことはなくなった。この頃までに、米ソ間で、宇宙の平和的目的の利用とは、宇宙の「非侵略的（non-aggressive）」な利用——自衛権の範囲内の宇宙の軍事利用——であるという了解が成立したとされる。

2　1960年代に定まった許容される軍事利用の範囲

1958年から1962年にかけて、米ソ併せて約10回、高度100キロメートル以上での核実験を行ったが、地球と宇宙の環境被害のみならず、その結果発生した電磁パルス（EMP）により、確認されただけでも6機の衛星（米国4機、ソ連と英国が各1機）に不具合が生じたことが、宇宙空間での核実験禁止の気運につながった。1963年の部分的核実験禁止条約（PTBT）（第1条1(a)）により、宇宙空間での核実験は禁止された。

同年12月に採択された国連総会決議1884は、米ソ両国が大量破壊兵器（WMD）を宇宙空間に配置しないという意図を表明したことを歓迎し（第1項）、すべての国がWMDを地球周回軌道、天体、宇宙空間のいかなる場所にも導入しないこと（第2項(a)）、また上記行動を奨励等しないこと（同(b)）を要請した。同決議とやはり1963年に採択された国連総会決議1962（宇宙活動9原則）をほぼ再録する形で1966年に採択され、1967年に**発効**したのが**宇宙条約**（1967年）である。現在、宇宙条約以上に厳格な宇宙軍備管理条約は存在せず、宇宙軍備管理は、実質的には1963年、正式な条約という形では1967年に確立し、その後は顕著な進展がみられない分野である。

3　宇宙条約による軍備管理

宇宙条約の軍備管理の中心は第4条であり、天体は、「もっぱら平和的目的」

で利用することが義務づけられ、具体的には、大量破壊兵器の設置、「軍事基地、軍事施設及び防備施設の設置、あらゆる型の兵器の実験並びに軍事演習の実施」が禁止されている。科学的・平和的目的の軍の要員の使用は禁止されていない。この規定は、南極地域の非軍事化を実現したとされる南極条約（1959年）第1条の規定ぶりに類似する。

「平和的目的」の解釈は、米ソ間の了解が「非侵略的」利用であり、また、禁止事項の列挙は、南極条約にみられる例示列挙ではないので、列挙事項以外の軍事的性質を帯びる行為は、平和的＝「非侵略的」目的の範囲内に留まるかぎりは、禁止されていないと解する余地もある。しかし、少なくとも現在の科学技術では、具体的に禁止されている活動以外の軍事活動は想定することができず、実質的に非軍事化が達成された、と解釈することが妥当といえよう。

宇宙条約の締約国は、相互主義に基づいて天体上のすべての、「基地、施設、装備及び宇宙飛行機」を訪問し、天体の非軍事化が遵守されているかの査察を行うことができる（第12条）。南極条約と異なり、すべての締約国が天体の現地査察を実施することができるが、施設の安全を確保し正常な活動に対する干渉を回避するために、訪問計画について「合理的な予告」（同条）を行う法的義務がある。これまで査察が要請されたことはない。

宇宙空間（真空部分）については、国連総会決議1884の内容と同一であり、WMDを地球を回る軌道に乗せないこと、および他のいかなる方法によっても宇宙空間に配置しないことが法的義務である。条約の反対解釈により、通常兵器を宇宙空間に配置することや、地球周回軌道に乗らない弾道ミサイルにWMDを搭載することは、宇宙条約第4条によっては禁止されていない。また、軍事衛星の利用も禁止されていない。

宇宙空間には「平和的目的」での利用義務は規定されていない。しかし、宇宙であるか地上であるかにかかわらず、「武力による威嚇又は武力の行使」（国連憲章第2条4項）は禁止されているので、宇宙の軍事利用は、「非侵略的」利用の範囲内に留める義務があり、結果として、「非侵略的」＝平和的目的の宇宙利用義務が課されているといえる。自国の衛星を破壊する**対衛星（ASAT）攻撃**実験は、武力の行使には当たらず、軌道上に配置されたWMDを用いた実験でない限り、宇宙条約によっては禁止されない。

宇宙条約はまた、他の締約国から要請された場合には、自国が打ち上げる宇宙物体（ロケット、衛星を中心とする地上由来の人工物で、宇宙空間に導入されるもの）の飛行を観測する機会を与えるよう平等の原則に基づいて考慮を払わなければならないと規定する（第10条）。「宇宙物体の飛行を観測する」という文言の意味は必ずしも明確ではないが、打上げの現地査察を意味するという解釈もある。2002年に採択されたハーグ行動規範（HCOC）（第9章5節参照）は、ミサイルやロケットの射場に任意で国際的な監視団を招聘することを勧告（第4パラ a) ii)）しており、宇宙条約に基づく観測というよりHCOCに基づく信頼醸成措置として、これまで日本（2005年）、フランス（2011年）、ノルウェー（2014年）が、打上げに外国の関係者を招待した事例がある。

4　宇宙条約以後の軍備管理条約

多国間条約では、1977年の環境改変技術禁止（ENMOD）条約があるが、宇宙条約第4条の規制を越えるものではない。ただし、同条約は、将来重視される可能性がある。ENMOD条約は、「広範な、長期的な又は深刻な効果をもたらすような」 環境改変技術の軍事的使用・敵対的使用を禁止する（第1条）。「環境改変技術」とは「自然の作用を意図的に操作することにより——宇宙空間の構造、組成又は運動に変更を加える技術」と定義される（第2条）。また、条約自体に定義はないが、同条約の了解事項で、「広範な」＝「数百平方キロメートル」、「長期的な」＝「数カ月または1季節」、「深刻な」＝「人命または天然・経済資源等の資産に重大なまたは著しい破壊または傷害」という基準を示している。将来、敵対国の軍事衛星等への衝突や敵対国の宇宙での軍事活動を阻害することを目的として、自国の衛星を破壊して意図的に大量の**宇宙ゴミ**（以下「デブリ」）を作り出す国があった場合、上記基準に従って、大量のデブリ放出が環境改変技術の使用と判断されることがあり得るだろう。ENMOD条約は、国際武力紛争中に「自然環境に対して広範、長期的かつ深刻な損害を与えることを目的とする又は与えることが予測される戦闘の方法及び手段」の使用を禁止する1949年ジュネーブ条約第1追加議定書（1977年）の第35条3項と異なり、平時に突然行う意図的な大量のデブリ放出であっても、それが軍事的・敵対的な使用であれば、適用可能である。

また、**月協定**の軍備管理協定にも若干の言及が必要である。月協定の適用上、「月」とは地球以外の太陽系のすべての天体ならびに月を回る軌道および月に到達するその他の飛行経路を意味し、「月」とは天体と宇宙空間の双方を含む概念である（第1条1―2項）。月協定の軍備管理規定は、文言上宇宙条約第4条に類似するが、「月面上」の非軍事化規定は、月の軌道や月に到達する飛行経路での軍事実験や軍事演習の一切の禁止と解する余地があり、そうであれば宇宙条約を超える厳格な軍備管理規定といえる。しかし、2024年現在月協定の締約国は17カ国に留まり、その中に主要な宇宙活動国が含まれないため、宇宙の軍備管理という観点からは、この条約の意義は乏しい。

米ソ（後に米ロ）の対弾道迎撃ミサイル制限条約（ABM条約）（1972年）は、両国が移動式地上基地または、海上、空中、宇宙に配置するABMミサイルとその構成要素を開発、実験、展開しないことを義務づける（第5条）。通常兵器であってもミサイル迎撃兵器の配置を禁止する点で、宇宙条約より厳格な軍備管理を規定していたが、米国が2001年12月に**廃棄**を通告したことにより、翌年6月に終了した（第15条2項）。

5　その後の停滞と今後の希望

1980年代以降、宇宙の軍備管理についての討議は、軍縮会議（CD）の全体会合や下部組織である**宇宙の軍備競争防止（PAROS）アドホック委員会**（1985年―1994年）で行われるようになった。既に軍事衛星の利用が進んでおり、また、宇宙技術の汎用性のため、衛星が民生利用であるか軍事利用であるかは技術によってではなく目的によってのみ区別することが可能であることに鑑みて、CDでは地上の軍事活動を支援するために宇宙を用いることは「宇宙のミリタリゼーション」として許容し、それ自体が攻撃能力をもつ物体――「宇宙兵器」――を宇宙空間に配置し、宇宙空間または地上に向けて発射することは「宇宙のウェポニゼーション」として禁止すべきであるという見解が大勢を占めた。見解が分かれたのは、地上から宇宙への攻撃を禁止対象に含めるか否かであった。含める場合、最も安価で効果的な「宇宙兵器」は弾道ミサイルとなることから禁止対象とする兵器の定義が困難となり、また、核戦力の一環として構築されているミサイル防衛（MD）システムを禁止することはほぼ不可能と考えられたからである。

さらに、21世紀になると宇宙のウェポニゼーションには、衛星、通信リンク、地上設備からなる**宇宙システム**の脆弱な部分を攻撃する悪意あるサイバー活動が含まれることが共通了解となり、禁止対象の中心を宇宙に配置する兵器に限ることは、米国が先行する宇宙配備型MDシステム開発の牽制に効果はあっても、宇宙安全保障向上にはならないという見解が特に西側諸国で共有されるようになった。最近ではロ中が、2008年、2014年に兵器の宇宙空間配置と**宇宙空間物体**に対する武力の行使等を禁止する**宇宙兵器配置禁止条約（PPWT）案**を提出したが、コンセンサス方式を取るCD（65カ国）では、その後の進展は望めない状況である。

国連では、2017年の総会決議に基づいて、2018—2019年にかけてPAROSについての法的拘束力を有する文書——「条約」——の実質的要素を議論し、コンセンサスに基づいて国連事務総長に報告書を提出するための政府専門家会合（GGE）が開催されたが、ロ中側と西側諸国の見解は大きく隔たり、コンセンサスは醸成されなかった。2022年に再び同様の国連総会決議が採択され、2023-2024年にかけてGGEを開催することになった。

他方、非拘束的な文書の作成であれば成功例もある。

国連COPUOSでは、2007年にスペースデブリ低減ガイドライン（第4ガイドラインは可能な限り宇宙物体を意図的に破壊しないことを要請）、2019年に宇宙活動に関する長期持続可能性（LTS）ガイドライン（21項目のTCBM措置）を採択した。宇宙での安全な活動の勧告は、宇宙軍備管理と重なる部分もあるが、民生活動に対する技術ガイドラインであり、やはり限界は否めない。そのような状況下、2020年の国連総会で英日などの主導で**「責任ある行動の規範、規則および原則を通じた宇宙における脅威の低減」決議**が採択された。その後、2022-2023年にかけて、宇宙システムに対する具体的な脅威や無責任とみなされる行動の同定などを任務とするオープン・エンド作業部会（OEWG）が開催されたが、ロ中等の反対により、コンセンサス醸成には到らなかった。

米国は、2022年4月に、直接上昇型ミサイルによるASAT実験を今後実施しない旨の一方的宣言を行い、日本（2022年9月）を含む西側諸国も、上記OEWGの内外で同調する宣言を行った。同年12月には、ミサイルを用いて物理的に衛星を破壊するタイプのASAT実験を行わないよう要請する国連総会決議が155カ国の賛成を得て採択された。ロ中は反対し、インドは棄権した。

（青木節子）

第7節　展　望

1　技術の汎用性

本章でとりあげた事例のうち、とりわけ無人兵器、人工知能（AI）の軍事利用、サイバー空間の規制については、共通して技術の汎用性をめぐる課題に直面しているといえる。例えば軍用無人航空機に使用される技術は、民間の組織あるいは個人によって測量、宅配、空撮をはじめとする用途に使用される技術と区別しがたい。AI技術も、軍用だけでなく民生用にも利用されており、人々の生活において不可欠なものとなりつつある。サイバー空間自体は現代の生活に欠かせない存在であり、サイバー攻撃を可能とする能力や技術の取得はより容易になっている。こうした課題について、過去の軍縮・軍備管理のモデル——例えば軍用艦艇のように種類や数量を制限したり、小型武器・軽兵器のように輸出規制をしたり、対人地雷のように特定のモノの開発から移転、使用までを全面禁止したり——を単に適用することの意義は低いと言わざるをえない。刻々と変化しかつ民生用にも使用されうる技術にまつわる諸課題にいかに対応するのかは、今後も大きな課題となるだろう。

2　アクターの多様化

冷戦期以降、技術進歩による新たな戦争手段の開発や使用をめぐる課題については、主に欧州諸国やアメリカ、ロシア、中国などを中心に議論がなされてきた。しかし、近年にはアジア・中東・南米などの新興諸国が経済力や技術力を増大させており、なかには新技術の軍事利用を進める国もみられる。今後ますます新技術の拡散が進み利害関係を持つ国が増えるなかで、どのように交渉を進めいかなる規範を形成すべきかについても、課題の1つになるだろう。また、汎用性の高い新技術については、個人や反政府武装集団などが個人あるいは集団に対する攻撃に利用する可能性も懸念されている。そうした行為に関して、国家間の合意による規制には限界が考えられる。新技術を軍用ないし攻撃用に用いうるアクターが多様化するなかで、国内・国際的な規範をいかに形成し実施しうるのかが問われている。

（榎本珠良）

クローズアップ⑨：「キラー・ロボット反対キャンペーン」への批判と注目

欧米の非政府組織（NGO）や研究者などにより2013年に設立された「キラーロボット反対キャンペーン」（Campaign to Stop Killer Robots）は、「キラーロボット」ないし「自律型致死兵器システム」（LAWS）――人間の関与なしに人工知能（AI）等により自律的に攻撃目標を設定できる、致死性を有した兵器システム――が近い将来に開発される脅威を訴え、その開発・使用を全面禁止する条約を形成すべきだと訴えてきた。

しかし、その後10年以上たっても、LAWSと呼びうるシステムは実用化されていない。そもそも、各国政府・軍関係者にとって、例えばAIが完全に勝手に人間を殺傷すべきかを判断してしまい、その判断に軍関係者などが関与できる余地が一切ない兵器システムを導入する意義は、極めて低いまたは無い。さらに、不確定要素が非常に多く不安定極まりない戦場という環境にLAWSを投入しても十分に機能しない可能性もある。また、LAWSが敵側に「乗っ取られ」た場合には、むしろ自国兵士に危険をもたらしかねない。加えて、多くの政府・軍関係者には、彼らのあずかり知らぬところでLAWSが開発されるなどして、「テロリスト」により使用される可能性を懸念する傾向もある。LAWSに使用されうる技術と介護用などの民生用に用いられる技術が区別しにくいなか、規制ないし禁止の対象定義や交渉枠組み、合意の種類（条約か政治的合意か等）などをめぐって各国に見解の相違があるとはいえ、基本的にはLAWSは軍事的有用性が低い兵器システムである。

その一方で、21世紀に入ってから、殺傷すべきかどうかの判断に人間の介在余地がありつつも一定の自律性がある兵器や、殺傷をめぐる判断を遠隔地にいる人間が行う武装無人兵器、殺傷に直接には関わらない偵察用や輸送用等の無人兵器などの開発・生産が急速に進んだ。そして、完全に自律型ではなかったり人間を直接に殺傷する機能を持たなかったりする先端兵器・システムは、2022年以降のロシア・ウクライナ戦争や2023年以降のイスラエルによるガザに対する攻撃においても使用され、かつ民間人の犠牲をもたらしてきた。そのような、実際に開発され現実の戦闘で使用されるようになった（つまり軍事的有用性が高い）先端兵器・システムについて、「キラーロボット反対キャンペーン」が国際的な規制ないし禁止策を具体的に提示してきたとは言いがたい。

（榎本珠良）

第 10 章
軍縮の多元的パースペクティブ

友次晋介・中村桂子・土岐雅子・水本和実

本章のねらい

軍縮に向けた取り組みは、大国から中小国まで多様な国家間の外交を通じて展開されてきた。しかし、国家の政策的判断は、常に国際関係における権力政治上の計算のみに立脚しているというわけではない。市民社会のなかに存在する多元的なものの見方によっても左右される。これまで国際社会において払われてきた様々な軍縮努力を見ると、人道上の観点から様々な問題提起があったことが分かる。これは、一定の価値観に基づき行為を規律しようという「規範」に基づいたものでもあったが、この規範の形成には、市民社会の中にある様々な働きかけが一定の役割を果たしてきた。

本章は国家を中心としない軍縮論である。ここでは、ジェンダー、NGO と市民社会、広島・長崎の被爆者の声、軍縮・核不拡散教育、及び企業の社会的責任（CSR）の一環として行われている金融機関の活動を取り上げ、その歴史的な経緯と近年の変化、動向を検討する。これらの問題は、21 世紀の軍縮の政策場裏において、ますます重要になり得る要素になっていくと考えられる。

第1節　軍縮の多元的パースペクティブの意義

今日の主権国家体制において国家は、究極的に自助によってその生存を図る。しかし、そのような世界であっても、軍備拡張や兵器の近代化を際限なく続けることは、国家の限りある人的・経済的資源の観点からも、国際社会の安定の観点からも望ましくない。全面戦争ともなれば、文民問わず、甚大な被害が生じ得る。そこで国家は、外交を通じて相互に信頼を醸成し、軍備を相互に管理し、ひいては軍縮も行ってきた。

しかし、これまで国際社会において払われてきた様々な軍縮努力を振り返ると、国益上の計算からのみならず、人道・規範上の観点からなされた問題提起も時に無視しえない要素として作用してきたことが分かる。国家は慣習国際法や、法的拘束力を持つ条約などの形で、許されざる事象、行為を相互に制限ないしは禁止してきた。例えば国際社会は、ペテルブルク宣言（第8章2節参照）、**ハーグ陸戦条約**、ジュネーブ諸条約（第8章2節参照）、ジュネーブ諸条約第1追加議定書・第2追加議定書（第8章2節参照）などを通じ、国家間戦争やその他の様々な形態の紛争において兵士に不必要な苦痛を与えない、また文民は保護する、といった国際規範を形成してきた。

生物兵器禁止条約や化学兵器禁止条約も、こうした国際規範の形成の過程で成立した。1966年12月には、ジュネーブ諸条約の遵守などに関するハンガリーの呼びかけが発端となって、国連総会で化学兵器及び細菌兵器の使用を非難する決議が採択された。また1969年6月には、ウ・タント国連事務総長が『化学・細菌（生物）兵器とその使用の影響』を刊行し、これらの兵器の禁止に向けた議論を訴えた。米国内には、生物兵器の軍事的効用を認める見解も確かに存在していたが、ニクソン大統領は1969年11月、こうした国内の声を退け、致死性のある化学兵器の先行使用の放棄を再確認するとともに、「大規模で予測不可能、かつ制御不可能な結果」をもたらし、「地球規模の（感染症の）流行と次世代の健康を損なうかもしれない」生物兵器を処分すると宣言した。性格の異なる生物兵器と化学兵器をともに禁ずる条約を作るのではなく、まず前者を禁止する条約を作るべきであるとの英米の主張が結果的に通り、1971年の国連総会でまずは生物兵器禁止条約が採択され、翌1972年に署名開放されて、1975年に発効した。

化学兵器禁止条約については、1992年9月にジュネーブ軍縮会議で採択され、翌1993年1月13日の米露を含む各国による署名を経て、1997年4月に発効した。米国ではクリントン政権が共和党の一部の強硬な反対論を抑えて超党派の支持を取り付け、批准にこぎつけた。同政権の判断は化学兵器の破棄が米国の軍事的能力を制限しないとの見通しに基づいてはいたものの、それでも、化学兵器を使用してはならないという国際規範の形成なくしては、禁止条約の成立はなかったであろう。生存を目的とする国家が、安全保障上の関心にも拘わらず軍縮努力を行う背景の1つには――それが唯一のものではないにせよ――国際社会における人道上の規範の形成・強化がある。

冷戦後は、規範の形成に市民社会が一定の役割を果たすようになり、とりわけ近年では、現場の経験や高い専門性を有するアドボカシー型の国際NGOの役割が増大している。1970年代から1993年まで内戦状態にあったカンボジアにおいて多数の対人地雷が文民に深刻な被害を及ぼした。また1995年NATOによる**ボスニア・ヘルツェゴビナ空爆**でクラスター爆弾が用いられた。これらの被害を受け、一部の有志国は、国際NGOとも連携しながら、対人地雷禁止条約、クラスター弾条約(CCM)(第8章2節参照)の成立を主導した。2021年1月には核兵器禁止条約(TPNW)(第3章4節参照)が発効した。同条約の場合、オーストリアなどの「人道グループ」と呼ばれる国々が核兵器の非人道性を訴え条約採択に向け運動したことに加え、国際NGOの「核兵器廃絶国際キャンペーン」(ICAN)が精力的に活動したことが、条約成立を後押しした。無論、国際的な核兵器廃絶の主張は広島・長崎の被爆者長年の訴えが基盤となっていることは論を待たない。

2015年9月の国連サミットで持続可能な開発目標(SDGs)(第8章3節参照)が採択されて以降、国際社会では環境、社会、およびコーポレートガバナンスに配慮したいわゆる**ESG投資**がこれまでより一層、喧しく謳われるようになった。こうした中、人権侵害への関与が疑われる事業者や、非人道的な兵器の製造企業への投資を手控えたり、これまでの投資を引き上げたりする企業、銀行が現れてきている。ICANは、核兵器の製造にかかわる企業とそれらを支援する銀行を浮き彫りにさせるプロジェクトを進めており、そうした「市民社会の目」が企業文化や彼らの行動変容を促す可能性もある。教育の役割も無視できない。究極的には、為政者や市民社会がその必要性を認識しない限り、彼らが特定兵器の軍縮や不拡散といった政策課題が取り組むことはないだろうからである。2002年国連総会で「軍縮および不拡散教育に関する国連事務総長の報告書」が採択されて以来、国連を中心とした国際場裏で教育の重要性が喧伝されるようになってきている。

軍縮の実現には国際規範の存在が重要である。それは、過大視は出来ないものの、無視もできない要素である。次節以降では、その国際規範の形成に影響し得る、近年多元化しつつある軍縮のアクターとその活動、背景にある多様な観点について論じる。

（友次晋介）

第2節　軍縮とジェンダー

従来より、安全保障分野の政策決定では男性が支配的な地位にあり続けている。米国の政治学者ティファニィ・バーンズとダイアナ・オブライエンによれば、1990年代、防衛担当の閣僚であった女性は世界で5人にすぎず、2000年からの10年間では劇的に増えたとはいえ、29カ国にとどまっていた。他の政策分野と比べれば男性優位の傾向は依然顕著である。女性の防衛相は近年増加してきてはいるものの、政策決定に関わる人間のほとんどが今も実際に男性であり、その傾向は続いており、軍縮に関わる問題についても男性が掌ることが多かった。しかし、こうした状況を変えていかなければならないという問題意識が今日では広く、軍縮コミュニティにおいて共有され始めている。後述する通り、もともとジェンダーの問題を討議する国際的な場は国連であった。まず、国連における問題提起があって、それを受けて最初は医療、保健や国際開発の分野でジェンダー平等の改善への動きが見られるようになり、それが軍縮という安全保障にかかわる分野にも波及した形である。

ジェンダーとは、純粋な生物学的に見た男女の差異ではなく、「女らしさ」「男らしさ」という言葉に代表されるような、文化的、社会的に後から構成されたものである。ジェンダー平等と性差別の問題はかなり重なり合っているが、完全に一致するものではない。性差は身体的特徴に根差すものであるが、ジェンダー平等は、様々な性自認がある中で、社会が固定的な役割を強要したり、個人の正当な権利を奪ったりすることを問題にする。以下ではジェンダー平等が政策の場裏では無視できない重要な要素になってきた歴史的経緯を振り返り、次にかかる社会的変化が軍縮の分野にどのように到達したかを論じる。なお、生物兵器とジェンダーに関しては本書の第6章4節において、通常兵器とジェンダーに関しては第8章5節において論じられている。そこで本節においては、これらの議論を踏まえつつ、核軍縮も含めた軍縮とジェンダーの関係を歴史的に跡づける。

1　ジェンダー平等を求める国際的潮流

欧州で主権国家体制が形成され世界に広がって以降、外交や国際交渉などは男性が担うものであり、女性は家族や家庭を担うべきとの考え方が国際社会においても存在していた。とくに軍縮の問題は、安全保障の問題と不可分である。そこで、「女らしい」女性は、「男らしい」安全保障には参加することはなく、またそうすべきではないとの考えが根強くあった。そのため、安全保障の政策過程に直接的に参加する女性は、実は社会的に形作られたに過ぎないマッチョ的な所作が求められることになった。そうではない一般の女性は、むしろ、政府や国家間関係に対置される「市民社会」において、その存在感、影響力を示してきた。

こうした考え方や社会の在り方を告発する動きや、伝統的な考えに異議を唱える動きが次第に現れてきている。元来、国際場裏におけるジェンダー平等は、最初は性差別の撲滅という形で目指された。1945年6月に署名された国連憲章では、「経済的、社会的、文化的又は人道的性質を有する国際問題を解決することに関し、並びに人種、性、言語又は宗教による差別なく全ての者のために人権及び基本的自由を尊重するように助長奨励することについて、国際協力を達成すること」が謳われている。その後、1952年には通称「婦人参政権条約」が署名され、女性の選挙権、被選挙権、及び公職に就く権利について保障するよう明文化された。

女性の権利擁護の運動がジェンダー平等の理念に支えられて進められるな

かで、女性の位置づけは、保護をしなければならない身体的に弱い存在から、人間として機会平等を保障しなければならない存在へと次第に変容した。もともと1967年に採択された女性差別撤廃宣言では、妊娠することなど女性の身体的な特性に基づく保護を理由にした措置は差別とまではみなされてはいなかったが、このことに対する批判が出た。

1979年に採択された「女性差別撤廃条約」では妊娠後の休暇（母性休暇）を理由とした解雇の禁止が明文化され、保護を口実にした女性の不当な処遇は是正されるべきとの理解が広がった。1975年6月19日〜7月2日に国連の主催でメキシコにおいて開催された第1回女性会議では、「男は仕事、女は家庭」という伝統的な性別役割分業を変革する必要性が確認された。この会議で1975年は「国際女性年」、1976年〜1985年は「国連女性の10年」と定められた。その後、家庭内における性別のみによる強制的、固定的な役割分担といった私的領域におけるジェンダー不平等の是正が、政治や職場といった公的領域への女性の参画を推進するうえでも不可欠との理解が国際的にも進んだ。1993年6月25日には、ウィーン宣言及び行動計画が採択された。この文書によって、あらゆる形態のセクシャルハラスメント、女性の搾取、売買、女性に危害を加えるような伝統や文化的慣行の根絶が合意された。こうして、ジェンダー平等へと運動の理解が転換していくようになる。

さらに、1990年代後半になると、国連を中心に、国際場裏において**ジェンダー主流化**が提唱されるようになった。1997年会合において国連経済社会理事会（ECOSOC）は、ジェンダー主流化のことを、永続的に女性と男性が平等に利益を得られるように、「女性並びに男性の関心と経験を、全ての政治的、経済的及び社会的領における政策及び計画の立案、履行、監督、評価における不可欠な要素にする戦略である」と定義づけた。こうして、どの政策領域における、いかなるフェーズにおいてもジェンダー平等が考慮されなければならないというジェンダー主流化の概念が国連をはじめとした国際行政の現場で認識され始めた。

2　安全保障・軍縮におけるジェンダー観点の重視

ジェンダー主流化の流れが国際機関をはじめとして広がりを見せ始めるな

か、「女性・平和・安全保障に関する国連安保理決議1325号」(以下、**国連安保理決議1325**)が2000年10月に採択された。この決議では、紛争当事者全てが文民としての女性と少女の権利と保護を行うこと、国際連合の現地活動において軍事監視、文民警察、人権及び人道要員の中に女性の役割と貢献を拡大させること、平和構築における女性の特別なニーズに配慮すること等を求め、さらに国連加盟国に対しては、その実現のための行動計画を策定することが、呼びかけられた。

国連安保理決議1325は、採択された当初は、国家間の紛争というよりは、どちらかと言えば、国民の安全や生計を保証する能力にかける「脆弱な国家」内あるいは地域の武力紛争下の女性への暴力の防止や平和構築プロセスにおける女性の参画が念頭に置かれたものであったと思われる。しかし、同時に同決議は、広い意味での安全保障と女性とを結び付けた最初の安保理決議として画期的なものであった。そしてこの決議は、紛争によって影響を被るリスクの比較的高い女性が、政策過程に参加していないという現実を、政策担当者に気づかせる効果ももった。

本書の第8章5節に示されている通り、2008年に調印されたクラスター弾に関する条約では、国連安保理決議1325に留意することが前文に明記され、第5・6条にも、クラスター弾による被害者に対して年齢およびジェンダーに配慮した援助を行うことが明記された。また、戦車、攻撃用ヘリや航空機、艦船、小型武器を含む通常兵器の国際貿易を規制する武器貿易条約(ATT)の交渉において、締約国が自国からの通常兵器の輸出可否を判断する基準として、ジェンダーに基づく暴力の遂行や助長に使用される可能性を考慮することが論議された。そして2013年に採択されたATTの第7条第4項には、ジェンダーに基づく重大な暴力行為あるいは女性と子供に対する重大な暴力行為の遂行あるいは助長のために通常兵器が使用されるリスクを輸出国が考慮するよう、盛り込まれた。このように軍縮分野で人間が被る被害に着目する議論は、とりわけ国連安保理決議1325が採択されて以降、顕著となった。

2015年5月には、「小型武器・軽兵器に関する国連安全保障理事会決議2220号」が採択された。同決議は、小型武器の違法な譲渡、蓄積や悪用と闘い、根絶させるためのあらゆる政策決定、計画立案、実施過程に、完全で意味のある形で女性を参加させる一層の取り組みを行うよう促した。グテーレス国連事務総長は2020年4月、報告書『あらゆる側面における小型武器・軽兵器における違法取引、小型武器・軽兵器取引の阻止と徴収のための国家への支援』を公表し、これらの兵器の規制が紛争における性暴力を未然に防ぐこと、多岐にわたる兵器の違法取引が女性、男性、女児、男児に異なった影響を与え続けていることを指摘、調査と対策の必要性を訴えた。

大量破壊兵器に関わる問題でも女性の被害に着目し、ジェンダーの観点を考慮する動きが強まっている。核軍縮の政策分野では2013～2014年まで3度にわたり開催された「核兵器の人道的影響に関する国際会議」の第3回大会（2014年12月8日～9日、オーストリア政府主催でウィーンにて開催）において行われた、国際NGO「核情報資料サービス」（NIRS）のメアリー・オルソンによる発表が契機となった。2011年の福島第一原子力発電所の重大事故に触発されて行われたオルソンの発表は、核兵器が使用された場合、その影響被害は男女に有意な差異が認められること、女性により大きな身体影響が出ることを強調した点が特徴であった。被爆したとき、新生児から5歳であった男児と女児を比較すると、女子のほうが癌の発症率が2倍高かったというのである。彼女の発表は先行研究を独自に再構成したもので、その意味でオリジナルなものではなかったが、ジェンダーの問題を核軍縮に関する国際場裏に公論化したこと、そして国連安保理決議1325の精神を、核軍縮分野に適用しうることを明示的に示したことに意義があった。

オルソンはまたアイルランド、オーストリア、コスタリカ、デンマーク、スウェーデン、トリニダート・トバゴの各国連政府代表部が2015年5月5日に共催した、NPT再検討会議のサイドイベント「ジェンダーと核兵器」でも登壇し、核兵器の非人道性に着目してこれを全廃しようとする「人道グループ」の国々に少なからず影響を与えた。ウィーンのアイルランド政府常駐代表部は、2017年5月に開催された2020年の核兵器不拡散条約（NPT）再検討会議の準備委員会に提出した、作業文書『ジェンダー・開発・核兵器』で、オルソンが行った発表に言及しつつ、NPTにおいてジェンダー問題が最重要課題であるとの考えを示した。

オーストリアやアイルランドなどの「人道グループ」の国々が中心となり推

進した「核兵器禁止条約」は2017年7月に採択された後、2020年に発効要件を満たし、2021年1月22日に発効した。同条約は、核兵器の開発、実験、生産、保有、使用を禁止し、核で威嚇することも禁じる初めての国際条約であるが、前文で、「平等かつ完全で効果的な女性と男性双方の参加は持続性ある平和と安全の促進・達成の重要な要素であり、核軍縮における女性の効果的な参加の支持と強化に取り組むことを再確認」することが謳われている。軍縮を目的とした条約において、このように女性の権利が明文規定に入ったことは近年の注目すべき変化であった。生物兵器や化学兵器の分野でも次第にジェンダー視点に基づいた議論が活発になってきている。生物兵器に関しては、本書第6章4節で示されているように、2014年に西アフリカで流行したエボラ出血熱の対応時においては前線労働者として活動する女性がより深刻な影響を受けたことが、当該兵器の使用における同様の影響に関する議論を喚起した。

一方、国連軍縮研究所は2019年11月、生物兵器条約と化学兵器条約において、ジェンダーに基づく被害や性による影響の相違が、これまで十分に考慮されてきてはいなかったと問題提起した。**インターナショナル・ジェンダー・チャンピオンズ（IGC）・軍縮インパクトグループ**によれば、上記の国連軍縮研究所の問題提起が契機となり、2019年及び2020年は、生物兵器禁止条約、化学兵器禁止条約におけるジェンダー的観点を盛り込むことをめぐって多くのサイドイベントが開催された。

3　ジェンダー規範の強化

種類を問わず兵器の使用は、男性と女性に顕著に異なった影響を与えているとの認識が強まり、国際社会では、従来からの安全保障、軍縮の政策領域における女性の過少代表がより問題視されるようになってきている。兵器の被害の感受性の高さゆえに、女性は男性よりも保護されなければならないということだけが問題なのではない。そうではなく、より大きな被害を受ける可能性があるにもかかわらず、そうした女性が政策決定の場において十分に代表されていないという、過少代表の不当性の方が次第に深刻視されるようになりつつある。

兵器に対する被害の感受性という観点は、国家の生存そのものよりも、人の生存や地球環境に着目しているという点で、2014年12月開催の前述の「核兵器の人道的影響に関する国際会議」の趣旨とも共通する部分があろう。この会議において、オーストリア政府が提唱した『人道の誓約』は、核爆発の即時的、及び中長期的な影響が、過去の理解よりも重大であること、その被害は国境線によって制限されず、地域的なあるいは全地球的な影響を持ち、潜在的に人類の生存をも脅かすことを訴えた点で特筆すべきものである。さらに2018年5月にグテーレス国連事務総長が発表した『軍縮アジェンダ』も、「人類を救う軍縮」「命を救う軍縮」というタイトルの独立した章を設けている。

同報告書は、核戦争には勝者がいないということの重要性や、包括的核実験禁止条約の批准、非核兵器地帯の強化、化学兵器を禁ずる規範強化のための安全保障理事会の指導力の回復、申し立てられた生物兵器使用に対する独立調査能力の構築など、事務総長として取っていくべき軍縮に関する多岐にわたる「行動」を列挙している。これらの行動には、ジェンダーに関わるものも含まれており、事務総長として軍縮、国際安全保障にかかわる全ての意思決定プロセスに女性の完全かつ平等な参加を呼び掛けること、軍縮分野における全てのパネル、委員会、専門家グループのジェンダー平等の実現を呼び掛けることが明記されている。

第8章5節にある通り、ジェンダー主流化はこれまでのところ、国家中心主義的・軍事中心主義的・男性中心的な安全保障観に基づく軍縮・軍備管理の理論や概念、規制枠組みや実践に変容をもたらしたとはいいがたいとの批判もある。しかし、ジェンダー平等や人間の生存をより重視していこうとする議論とその実践は、とりわけ国連を中心とした軍縮の政策場裏において、今後、一層活発に進められていくと思われる。

（友次晋介）

第3節　市民社会、NGO

1　はじめに

軍縮の分野において、市民社会・NGOの果たす役割や貢献は、ますます重要かつ不可欠なものと認識されるようになっている。軍縮問題に市民社会が関与することの重要性は、2018年5月に国連のアントニオ・グテーレス事務総長が発表した「軍縮アジェンダ」においても次のように強調されている。

> 「市民社会は、軍縮のあらゆる側面において、欠くことのできない役割を果たしている。（中略）これまで20年以上の間に成功裏に実現した主要なイニシアティブの背後には、アドボカシー団体や関心ある世界中の市民に率いられたキャンペーン活動やネットワークが存在していた。」（『軍縮アジェンダ』第5章「軍縮のためのパートナーシップを強化する」より）

もちろんこの分野における市民社会・NGOの台頭は近年に限ったものではない。核時代の初めから、市民社会の多様な組織が核兵器廃絶に向けた運動を世界各地で展開し、核をめぐる国際情勢に影響を与えてきた。しかし市民社会・NGOの飛躍的な発展は冷戦後である。世界が主権国家中心からグローバル化の時代へと進むにつれ、市民社会・NGOはその活動を質・量ともに拡大させ、「新しいスーパーパワー」（コフィ・アナン元国連事務総長）と称されるほどに国際社会におけるプレゼンスを高めてきた。本節では、軍縮にかかわる市民社会・NGOの発展の流れを振り返り、その特徴や今後に向けた課題を考察する。

2　市民社会・NGOとは何か

そもそも市民社会・NGOとは何であろうか。NGO（Non-Governmental Organization）は非政府組織と訳される。その形態や種類、活動内容の多様性から、国際的に一致したNGOの定義というものは存在しない。しかし一般的には、貧困、人権、持続可能な開発、地球環境、ジェンダー、平和構築、軍縮といったグローバルな課題に取り組む民間の非営利団体のことを指すことが多い。

他方、市民社会（Civil Society）は、政府とも、また、企業・市場とも異なる、社会における3つ目の領域として位置づけられる。市民社会に属する様々な形態の非営利・非政府組織の1つがNGOであり、他には労働組合、宗教団体、アカデミアなどが含まれる。市民社会の様々な団体を指して、市民社会組織（CSO=Civil Society Organization）と呼ぶこともある。

NGOという言葉は、国連憲章に登場したのがその始まりである。その第71条は、経済社会理事会（ECOSOC）との協議を通じてNGOが国連の活動に関与することを可能にしている。ECOSOCより同理事会との協議資格（「特殊諮問資格」）を付与されたNGOは現在4千を超えている。もちろん協議資格を有しない NGO も国連の活動に関与することは可能である。事実、核不拡散条約（NPT）再検討会議といった多国間軍縮協議の場には、ECOSOC の協議資格の有無を問わず様々な NGO が参加登録し、情報収集・発信やロビー活動などを積極的に展開しているのが常である。

NGO 活動の一般的なイメージとして、途上国における支援などが挙げられることが多いが、実際の NGO の活動内容はきわめて多岐にわたる。扱うテーマはもちろんのこと、組織の規模や主たる活動の場所も様々である。多くの有給専従スタッフを抱える大規模な組織形態もあれば、数人のボランティアスタッフが運営しているような団体もある。

軍縮問題にかかわる NGO の規模・活動内容も当然ながら一様ではない。問題の所在を伝えて意識喚起、教育啓発を図り、署名や抗議行動などを通じて人々を動かしていくことを目指すキャンペーン型の NGO もあれば、情報収集・分析を行い、活動の基盤となる正確で公正な情報を提供したり、各国政府や国連などにオルタナティブな政策の在り方を提案したりするアドボカシー（政策提言）型の NGO もある。しかし実際の取り組みにおいてはこうした複数の機能が交じり合っている場合が多く、必ずしも 1 つの NGO がいずれかの種類に当てはまるということではない。

3　NGO の発展

国際世論の形成において、市民社会・NGO の存在は不可欠であった。とりわけ、核兵器の非人道性に対する国際的な認知拡大に向けては、広島・長崎の被爆者および被爆者団体、そしてその支持者たちが果たしてきた役割が大きい。核兵器廃絶を求めて 100 万人がニューヨークの街を行進した 1982 年の第 2 回国連軍縮特別総会（SSD2）では、長崎の被爆者・山口仙二氏が各国政府代表を前に、自らのケロイドの写真を手に掲げて「ノーモア・ヒバクシャ」と訴えた。国際的な舞台における被爆者の継続的な訴えは、後述する核兵器禁止条約の成立の基盤となるものであった。

東西冷戦の激化とともに核戦争による人類滅亡への危機感が人々を突き動かし、反核運動の波が広がる中で、各地で様々な団体や組織が作られていった。現在でも活動を継続している主要な NGO の多くも冷戦時代に誕生している。ともにノーベル平和賞を受賞したパグウォッシュ会議と核戦争防止国際医師会議（IPPNW）をはじめ、科学、医学、法学などの専門的知見を有する人々の団体が活動の幅を広げていった。専門家らは、科学的根拠とともに世界各地で行われていた核実験による深刻な影響を指摘し、核戦争回避に向けて具体的な提言を行った。これらの活動は1963年の部分的核実験禁止条約（PTBT）や1987年の中距離核戦力（INF）全廃条約の誕生にも貢献した。

このように冷戦時代においてもNGOの活動は活発であったが、その国際的な認知度が飛躍的に上がったのは、冷戦が終わった1990年代以降である。国際秩序が大きく様変わりする中、地球温暖化などの環境問題をはじめとする地球規模の諸課題が顕在化し、旧来の国家中心の思考に基づくやり方では解決に至らないとの認識が広まった。そうしたグローバル化の波の中で、国家の枠を越えたネットワークを形成し、戦略的に活動を展開するNGOが国際社会の新しい主体として注目されていったのである。

現在90カ国2千以上の団体が参加する核兵器廃絶のための国際ネットワーク「アボリション2000（Abolition 2000）」の誕生（1995年）は、NGOのネットワーク化の象徴的なものである。同時に、国家や国際機関に対するNGOの働きかけも一層戦略的なものとなっていった。核兵器の使用または威嚇の合法性について国際司法裁判所（ICJ）に勧告的意見を求める「世界法廷運動」が国際反核法律家協会（IALANA）を中心に立ち上がり、1996年の勧告的意見の発出に結実した。核不拡散条約（NPT）締約国には核軍縮交渉を誠実に行うのみならず、それを完結する義務を有するというICJの判断を受け、法律家や科学者など様々な分野のNGOが協力して「モデル核兵器禁止条約（Nuclear Weapon Convention）」を作成し、核兵器禁止と廃絶に向けた法的議論を進めるための国際的な運動を加速させた。

4　人道的軍縮とNGO

冷戦後においては、人間の安全保障の実現を前面に掲げた、新たな国際規範の形成というNGOの役割に大きな注目が集まった。NGOは、志を同じくする国家や国際機関と新しいパートナーシップを築き、人間や環境、社会に耐えがたい被害をもたらす非人道兵器の法的禁止と廃絶に向けた政治プロセスに積極的に関与していった。その最初の成功例が1997年成立の対人地雷禁止条約（オタワ条約）である。対人地雷の全面禁止を求めるNGOの連合体である「地雷禁止国際キャンペーン（ICBL）」は、70カ国、1,300を超えるNGOが参加するまでの巨大ネットワークに発展した。参加団体の様々な専門性を活かした高い調査・分析、政策立案能力を武器に、ICBLは、政府、マスコミ、世論に訴える大規模かつ戦略的なキャンペーンとロビー活動を展開し、対人地雷禁止の喫緊性を国際社会に周知させ、政治問題化することに成功した。そして、対人地雷の早期禁止に積極的なカナダをはじめとする中小の同志国家と密に連携し、条約草案の起草を含めた交渉プロセスに全面的に関与したのである。対人地雷禁止条約（オタワ条約）の成功体験は、その後、2008年成立のクラスター弾条約（オスロ条約）にも引き継がれていった。

特定の兵器について、その使用のもたらす壊滅的な人道上の影響に焦点を当て、国際世論を喚起して法的禁止を実現させ、規範の強化によって廃絶を促すこうした一連の取り組みは「人道的軍縮」と呼ばれる。そこでは、大国主導、国家中心の従前の安全保障概念と異なり、1人ひとりの人間の安全を守ることが優先される。

この系譜に連なる、もっとも近年の成功例が、2017年の核兵器禁止条約（TPNW）の採択であった。この歴史的な条約の採択に貢献したのは、世界110カ国、650以上の団体（2022年11月末現在）が参加する「核兵器廃絶国際キャンペーン（ICAN）」である。その功績が称えられ、ICANは2017年のノーベル平和賞を受賞した。もちろんこうしたNGOネットワークの活動は条約の採択と発効で終わるものではなく、国際規範のさらなるに向け、様々な進化を遂げながら継続されている。条約義務の遵守を促進するための監視や検証にかかる活動もその1つである。

5　NGOの特徴

NGOが発展を遂げた背景として、国家あるいは国連など国際機関と異なるNGOの特色が挙げられる。その筆頭が既に述べたような国境を越えたネットワーク力である。1つ1つのNGOの影響力は限定的であっても、目的を共有する多数のNGOが国内外で協働して強いメッセージを発することにより、国際世論を動かし、各国政府や国連などの政策に影響を与えることが可能となる。上述したICBLやICANに連なった世界各地の組織・団体が「特定の兵器の非人道性を根拠にその非合法化を訴える」という1点で結束したのはその最たる例であろう。

情報革命はこうしたネットワーク化を後押ししてきた。インターネットやソーシャルメディアのめざましい進化は、国際情勢の動きを素早く受け止め、遠く離れたNGO同士で情報を共有するとともに、広く一般大衆に情報発信していく上で大きな役割を担っている。こうした動きは現在の世界的なコロナ禍の中でさらに加速しているといえるだろう。

加えてNGOには、個別権益の追求による埋まらない溝という国家間の外交交渉が陥りやすい行き詰まりを避け、より普遍的な、人類共通の利益を掲げて活動できるという強みがある。こうした中立性・普遍性がNGOに対する様々な関係アクターからの信頼にも繋がり、困難な課題に対処することを可能にしていった。また、組織が巨大かつ複雑で、意思決定や実施までのプロセスに時間がかかる国家や国際機関と比較し、NGOはより柔軟性に長け、問題の対処における即応性が高いと評されている。めまぐるしく変化する情勢に対応し、より効果的なアプローチを探っていく上で、こうしたNGOの特性が活かされてきた局面は多い。

また、時代とともに、NGOと各国政府や国際機関との関係性が変化してきたことも特筆すべき点である。より多くのNGOが高い専門性と実務経験の豊富な蓄積を武器に、政府や国連など国際機関に対して情報提供や助言、政策提言を行う力を持ち、より良い社会を創るための不可欠な存在として認識されるようになっていった。長らく、NGOはいわば「外から」国家の政策に影響を与えようと圧力をかける存在であった。それが1990年代になり、「内から」、つまり外交交渉のプロセスを担う主体の一角として、より直接的に政策に影響を与えるようになったのである。前述したような軍縮条約の起草や採択をめざした活動もその1つである。

6　NGOの課題

以上述べてきたように、近年においてNGOの活動は質・量ともに大きく発展してきた。条約を含めた国際合意の決定といった役割は国家にしか担えず、NGOの関与には当然ながら限界もある。しかしながら、国際安全保障環境の不安定化が進む現在、問題解決に向けたプロセスにおいてNGO・市民社会が果たしうる役割への期待はいっそう増している。

こうした中、NGOが自らの持つ特性を最大限に活かし、各国政府や国際機関とのさらなる連携強化を図っていくためには、乗り越えるべき多くの課題がある。情報の透明性向上はその1つである。とりわけ軍縮・軍備管理・安全保障といった分野では、NGOにとって多国間交渉等の進展にかかわる情報にアクセスすることが困難であることも多く、さらなる情報公開が求められている。また、NGOがその見解や主張を各国政府や国際機関と共有する場や手段も一層拡充されるべきである。

社会全体におけるNGOの役割に対する認知度の向上と、財政面、人的面を含めた支援拡大が必要であることは言うまでもない。とりわけ軍縮問題を扱う多くのNGOが「先進国発」であり、NGOの活動にも南北格差があるのが現状である。NGO内部におけるジェンダー格差も解消されていかなければならない問題の1つであろう。

（中村桂子）

第4節　軍縮・不拡散教育

1　軍縮・不拡散教育の歴史的背景と目標

2002年の国連総会で、「軍縮および不拡散教育に関する国連事務総長の報告書」が採択されたことは、軍縮・不拡散教育の分野において画期的であった。それ以来、軍縮・不拡散教育を推進する努力が徐々にではあるが、強化されてきている。軍縮・不拡散を進展させ、より平和で安全な社会を築くために教育の重要性を明言したこの文書は、様々なアクターにその分野での教育の実践を促してきている。本節では国際社会、国連、政府、市民社会など様々なアクターがどのように軍縮・不拡散教育の推進、実践に取り組んできたかを論じる。

①国連における初期の軍縮教育の努力

軍縮・不拡散教育は、正義、平和、自由のための教育は人間の尊厳のために欠くことができないというユネスコの理念に基づき、国連の場を中心として行われてきた。2002年の報告書は、それまでに国連が軍縮教育の推進のために行ってきた様々な努力が結実したものであった。1978年の第1回国連軍縮特別総会はその重要な嚆矢であった。同会議においては、初めて軍縮教育が取り上げられ、その緊急性が宣言された。加えて、軍縮教育を進展させるうえで、教えることと、研究することの双方が重要であることが強調された。これを受け、この特別総会の最終文書では、政府、非政府機関、国際機関、特にユネスコに対して、軍縮平和教育のプログラムをあらゆるレベルの教育において開発していくために、段階的措置を取っていくことが勧告された。

その後1980年のユネスコ軍縮教育世界会議の最終文書にも、軍縮に関する研究と教育の勧告事項が数多く盛り込まれ、軍縮教育の流れを加速化させるきっかけとなった。また、1982年6月7日から7月10日に開催された第2回国連軍縮特別総会の決議を受け、**国連世界軍縮キャンペーン**が同年から始まった。これにより、軍備管理、軍縮の分野での国連の目標が国際社会において明確に理解され、より多くの人々に普及することが目指された。しかし、この頃は、冷戦がまだ終結しておらず、米ソは公式的には、依然としてイデオロギー対立を続けており、互いの軍備を非難しあっているような状況であった。そのため、このキャンペーンは実質的にはほとんど進捗しなかった。この会議以降、2000年の国連総会で軍縮・不拡散教育に関する報告書の提出を要求した決議が採択されるまでの約20年間、この分野での取り組みが目立った進展を遂げることはなかった。

2 「軍縮および不拡散教育に関する国連事務総長の報告書」

2002年国連総会で上記の報告書の採択に向け大きな力となったのは、軍縮に関する諮問機関のメンバーであったミドルベリー国際大学院モントレー校ジェームズ・マーティン不拡散研究所（CNS）所長のウィリアム・ポッター博士が当時のコフィ・アナン国連事務総長に対して行った、軍縮・不拡散に焦点を当てた教育の必要性に関する提案であった。同じ諮問機関のメンバーであったメキシコのミゲル・マリン・ボッシュ大使がその提案に全面的に賛同し、これを受けてメキシコ政府は2000年に**軍縮・不拡散教育のための政府専門家グルー**

プの設立を含めた国連決議案を提出した。その政府専門家グループには、日本からは、のちに国際原子力機関（IAEA）の事務局長を務めることになる故天野之弥氏が参加した。

当時、冷戦終結後からは10年以上経過していたものの、超大国間の全面核戦争の危機は減少した一方、核兵器の脅威に関する無関心や核兵器の現状から目をそらした安逸な雰囲気が蔓延しつつあった。こうした中、当時のアナン国連事務総長は、軍縮・不拡散を推進するためには、その必要性を理解する必要があるとして、教育の重要性を認識したのである。冷戦後より約30年が経過した今日においては、軍縮・不拡散をめぐる国際環境はいっそう複雑化している。こういった現状を打開し、より平和な世界を実現するためにもこの「軍縮および不拡散教育に関する国連事務総長の報告書」は時代を超えて、その重要性は増している。

この報告書では、軍縮・不拡散教育の目標として、国民および世界市民としての個人が、効果的な国際管理のもと、全面的かつ完全な軍備縮小に貢献できるように力をつけ、知識や技術を習得できるようにすることが述べられている。また、軍縮と平和の分野において、教育は、極めて重要であるが、充分に活用されていない旨が述べられている。さらに、軍縮・不拡散を推進し、国際安全保障、持続可能な経済、社会発展のためには、軍縮・不拡散教育は緊急を要する課題であることが確認されている。

加えて、同報告書では、教育のレベルに関わらず軍縮・不拡散教育の目標として、何を考えるかではなく、どう考えるかを学習することが大切であり、学習者の批判的思考能力を伸ばすことも不可欠であると指摘されている。そのため、1つの例ではあるが、その教育的効果の有益性から、参加型方式の教授法を採用することも推奨されている。平和を推進する心構えや行動を奨励し、平和な世界へ向けて、国際社会が一致して努力すること、また民族、国家、文明間の差異を乗り越え平和、寛容、非暴力、対話の価値を見出すために、軍縮・不拡散教育が、効果的に活用されることへの期待がこの報告書の随所に述べられている。

報告書には34項目の具体的な提案事項が含まれており、これらは次の5分野に大別される。すなわち、①公式・不公式な全てのレベルにおける教育において、軍縮・不拡散教育と訓練を推進する方法、②進歩し続ける教授法、情報通信技術革命の活用方法、③軍縮・不拡散教育を平和構築の貢献として、紛争後の状況に導入する方法、④国連システムと他の国際機関が軍縮・不拡散教育における努力を調和調整できるようにする方法、⑤今後の課題と実施方法について、である。その 2002 年の採択からすでに約 20 年経過するが、国際安全保障の環境が大きく変貌し、また、情報技術の著しく発展する中で、その精神、目的を保ちながら効果的に機能する軍縮・不拡散教育を実践していくことが求められている。

3　軍縮・不拡散教育と若者

2018 年 5 月にアントニオ・グテーレス国連事務総長が軍縮を進展させるために、種々具体的な提案を示した「軍縮アジェンダ」を発表した。その歴史的な文書の発表をするための演説をスイスのジュネーブ大学学生を対象に行なったという事実からも、国連の軍縮教育、また、若い世代への期待は確固としたものであることが窺われる。若い世代への教育の重要性は以前からも当然同意されてきたことであるが、軍縮アジェンダでは、若者世代のためのさらなる軍縮・不拡散教育の必要性が改めて特記されている。若者への期待をこめて、グテーレス事務総長も「若者は世界に変革をもたらす最も重要な力」と述べている。

これと関連して、国連総会は 2019 年に初めて「若者と軍縮、不拡散」に関する決議を採択し、若者が軍縮不拡散の推進に貢献する重要性を改めて確認した。また、さらに若者のエンパワーメントや、軍縮・不拡散への関与を推進するために国連軍縮部は、若者が軍縮教育に関与できる専用のデジタル・プラットフォーム「**ユース・フォー・ディスアーマメント**」を韓国政府からの資金提供により開設した。このプラットフォームは若者に親しみやすい空間となるよう設計されており、情報発信もソーシャルメディアを使い活発に行なっているとされる。同プラットフォームの最優先の軍縮教育のプロジェクトとして、ユースチャンピオン・フォー・ディスアーマメントが立ち上げられ、2020 年 6 月に世界中からの 6,000 人を超す応募者から、10 人が選抜されて、軍縮・不拡散教育のトレーニングを受けた。その後も、数々若者対象のプロジェクトを立ち上げている。日本政府も、唯一の戦争被爆国として軍縮・不拡散教育に力を入れている。具体的には、被爆の実相を次世代に伝えていく教育活動の一環として、2013年に軍縮・不拡散分野で活発に貢献する若い世代に外務省が**ユース非核特使**の任命を開始した。また、日本政府は2022年に「ヒロシマ・アクション・プラン」の一環として国連軍縮部（UNODA）が「ユース非核リーダー基金」を設立するために、国連へ拠出を行い、世界各国からの若者がオンラインコースや広島・長崎で、被爆の実相を学べる機会を提供している。被爆者の高齢化が進む中、若い世代への記憶の継承と、関連する活動を支援していくことが急務となっている。

若者への軍縮・不拡散教育の促進には市民社会、地方自治体、教育研究機関なども力を注いでおり、その内容は年々充実してきている。ミドルベリー国際大学院モントレー校CNSは、軍縮・不拡散教育のパイオニア的役割を果たし、その分野で、多様な教育活動を実践している。同大学院では世界初、唯一の不拡散とテロリズム研究での修士号が修得できる制度があるため、世界中から志のある学生が集っている。また、次世代を担うリーダーのための軍縮・不拡散教育の一環として高校生対象の教育プロジェクト、クリティカル・イッシューズ・フォーラム（CIF）は、高校生の批判的思考能力を育て、国や文化の異なる参加者に、大量破壊兵器の軍縮不拡散という複雑かつ難題で重要な、国際安全保障問題への理解を深めさせ、将来、平和、軍縮に貢献する人材を育成することを目的としている。現在、米国と日本からの高校が参加している。（ロシアの高校も2022年まで参加していたが、ロシアのウクライナ侵攻のため現在は参加が困難な状況である。）

①情報通信技術の発展に伴う、軍縮・不拡散教育の拡大

上述の「軍縮および不拡散教育に関する国連事務総長の報告書」が採択された2002年から今日に至るまで情報通信技術は、目覚ましく発展を遂げた。こうした中、各国の政府や政府、自治体組織、NGOなどの数多くの機関が、オンラインの教材の開発、インターネットを使用した同時配信の講義などの多様な手段を用いて、軍縮・不拡散教育を実践するようになっている。2020年のコロナ禍では、期せずして、初等教育～高等教育の現場でオンライン授業が多く用いられるようになった。軍縮・不拡散教育の分野においても、オンラインによる教育は、これまでにも増して多く活用されるようになった。こうした中、

低コストや、参加人数の拡大など、オンラインならではのメリットが再認識されるようになってきた。もっとも、オンライン方式の研修や教育には、相手の感情や表情が十分に伝わらないなどのコミュニケーション上の制約があることや、インターネットがときに接続困難になるなどの短所もある。年齢層によっては対面式の教育方法が必須であること、実際に会ってこそ伝えられる要素も指摘されている。そのため、教育を受ける対象者の状況を考慮に入れながら、オンラインと対面式を適切に使い分けたり、あるいはこの2つの方式を同時に使用したりするなどの工夫をする必要もあろう。またここ数年、急速な進展を遂げているAIなどを含む新興技術がいかに核軍縮に影響するかという議論が増えていることを踏まえ、軍縮不拡散教育の分野でもこの種の進展を考慮するべきでないかと思われる。

4　広島・長崎からの軍縮教育の発信の重要性

被爆地を訪れることができない場合でも、被爆の実相を被爆地から発信することができる情報通信技術には、大きな可能性があることは論を待たない。ただ、忘れてはならないのは、たとえ先端的なテクノロジーを駆使した教育の実践が可能になっても、そのこと自体が重要なのではない。あくまで軍縮・不拡散教育の基本は、被爆の実相を学ぶことにある。被爆者の被爆体験がこれまで、日本におけるあらゆる年齢層の軍縮教育に果たしてきた役割は計り知れないが、さらなる核軍縮を推進するうえで、国際的にも若い世代が広く、実際に核兵器が使われた際の言語に絶する悲惨さを広島、長崎の被爆者から学ぶことにも大きな意義が認められよう。この意味でも、広島が**国際平和拠点ひろしま**のプロジェクトを立ち上げ、世界の若い世代を対象とした軍縮教育プログラムを展開していることや、長崎大学が2012年に設立した核兵器廃絶研究センターが核軍縮・不拡散教育を活動の柱にしていることは特筆すべきであろう。

5　今後の課題と展望

核兵器禁止条約の前文には、「あらゆる側面における平和と軍縮教育、ならびに現代および将来世代における核兵器の危険性と結果を認知する重要性を認識し、さらに本条約の原則と規範の普及に向けて取り組む」ことが述べられている。核兵器なき世界へ向けて、軍縮・不拡散教育は不可欠である。これは、核兵器禁止条約に賛成であれ、反対であれ、共通した認識であろう。軍縮・不拡散教育に関する国連総会決議の共同提案国には、核兵器禁止条約に賛成・反対の双方の立場の国が含まれていることからも、このことは明らかである。軍縮・不拡散教育の実践は、「軍縮および不拡散教育に関する国連事務総長の報告書」が採択された2002年から比べるとその手法、対象者、実施団体の増加、多くの若者の参加など、拡大し、多様化し、大きく発展してはいる。しかしながら、さらなる発展、実践のためには、多様なアクターの意識変革、特に、締約国政府がさらに真摯に取り組むことが求められよう。

2002年以降、「軍縮および不拡散教育に関する国連事務総長の報告書」で推奨されている軍縮・不拡散教育を市民社会、国際機関、および締約国の各アクターが、どのように実践しているのか、国連事務総長は隔年で報告するよう要請されている。そのため、国連軍縮部はこれら、市民社会、国際機関、および締約国に対し、実施状況をまとめた報告書を提出するよう依頼している。今年で報告書の採択から22年を迎えるがこの節の執筆時点（2024年6月）では、2022年の20周年までの通算10回の報告書の提出の結果が発表されている。ただし、締約国からの提出は極めて低調である。毎回提出してる国は1カ国も無く、国連軍縮部のウェブサイトに掲載されている情報によると、日本とメキシコが、2022年までに10回の報告書のうち、最多でそれぞれ8回と9回提出しているのみである。平均すると提出している締約国の数は、7カ国にも満たない。

対照的に、教育、研究機関を含む市民社会からの提出は増加の傾向にあり、特に、核兵器の非人道性をめぐる議論が勢いを増してきた2010年頃から市民社会からの提出は、ほぼ毎回、20を超えるようになっている。第1回目と第2回目の「核兵器の非人道的影響に関する国際会議」が行われた期間と重なる2014年の報告書には、22団体が提出した。そして、同じく第3回目の会議が行われた時期と、核兵器禁止条約へ向けての勢いが増してきた期間と重なる2016年の報告書には、最高で43団体、そして、核兵器禁止条約の交渉会議が行われた期間に重なる2018年の報告書には、34団体が提出した模様である。このことは、核兵器の非人道性をめぐる議論に、市民社会、教育機関が積極的に参加し、被爆の実相を伝えるための教育・啓蒙活動を活発に行ってきたことを強く示唆する。前述のとおり、核兵器禁止条約の前文には、教育の重要性が述べられており、この条約が軍縮教育の推進に果たしうる役割は、看過できないものとなっている。

2018年に発表された「軍縮アジェンダ」にも記述されているように、軍縮をより効果的に推進するためには、そのための国際会議を開催していくことのみならず、政府、専門家、市民社会、産業界、そして一般市民といった異なるアクター間のパートナーシップを強化していくことが何よりも重要であると思われる。この意味で、近年、様々なバックグラウンドを持つ多様な市民社会が、軍縮・不拡散教育の充実に貢献しはじめていることは、歓迎すべきことと思われる。

国連事務総長の報告書によせられた故コフィ・アナン元国連事務総長による序文では、実存する核兵器の危険性、脅威といったものに、無関心でいられる原因として、無知と、自己満足をあげて、軍縮・不拡散教育の推進が喫緊の課題であると、警鐘を鳴らしている。コフィ・アナンが軍縮・不拡散の推進のためには、教育が必須の手段であることを強調し続けたことは、「教育とは、平和構築のための異名である」との氏の名言からも明らかである。この名言は、昨今の混沌とした国際情勢、安全保障の状況を鑑みたときに、ますますその意義が深まっているのではないだろうか。軍縮をめぐる現状がいかに厳しくとも、その現実を真正面から見つめ、現実を変えていくという強い意志を持った次世代のリーダーの育成にも批判的能力、創造性を育む軍縮・不拡散教育の必要性はいやまして大きいであろう。

（土岐雅子）

第5節　広島・長崎

1　はじめに――被爆地と核軍縮

人類の歴史の中で、核兵器が実際に戦争で殺傷目的で使用されたのは、広島と長崎に対してだけである。国内では戦後、広島・長崎で原爆の被害を受けたことを「被爆」、被害を受けた人を「被爆者」、被害を受けた広島・長崎を「被爆地」と呼び、通常兵器による空襲の被害など一般の戦災と区別をしてきた。それは、原爆投下による広島・長崎の被害が、他の戦災と比べて特殊で悲惨であるという認識を、日本社会が共有していることを示している。

広島・長崎に悲惨な被爆体験をもたらしたものが、核兵器の危険性である。戦後の国際社会では核軍拡と核軍縮が繰り返されたが、被爆の実相が示す「核兵器の危険性」を世界に伝える被爆者の努力が、核軍拡を抑制する1つの力になったと言われる。本節では被爆地が核軍縮に果たす役割について考えてみる。

2　広島・長崎が伝える核兵器の危険性

被爆地が果たす最大の役割の1つは、核兵器の危険性を伝えることである。

①原子爆弾の危険性と被害の特殊性

広島と長崎に投下されたのは、それぞれウラン型およびプルトニウム型の原爆で、爆発の威力はTNT火薬に換算して前者が16キロトン、後者が20キロトン。核分裂で発生する膨大なエネルギーの50%が爆風、35%が熱線、15%が放射線として一瞬のうちに放出され、甚大な被害をもたらした。

②被害の概要

【広島】広島への原爆投下は1945年8月6日午前8時15分。本来の投下目標は広島市中心部のT字型の相生橋だった。リトルボーイと呼ばれた原爆は、B29エノラ・ゲイ号により高度9,600メートルから投下され、目標から約300メートル南東の島病院の上空600メートルで爆発した。市内には住民や軍関係者など約35万人がおり、同年末までに14万人±1万人が死亡したと推定される。

【長崎】長崎への原爆投下は同年8月9日午前11時2分。ファットマンと呼ばれた原爆は、投下目標の長崎市中心部から北方に約3キロ離れた浦上地区で、B29ボックスカー号により高度9,600メートルから投下され、同市松山町の上空約500メートルで爆発した。同市によると当時の市内の人口約21万人のうち、同年末までに73,884人が亡くなった。

③原爆の被害の特徴

通常爆弾とは異なる原爆の被害の特徴を、広島の原爆で見てみよう。

【熱線】上空の爆心に爆発から1万分の1秒後に直径30メートル、表面温度30万度の火球が出現し、3秒後に火球は直径500メートルに膨張した後、10秒後に消滅した。爆心の地表の温度は3,000度～4,000度に達し、爆心から3キロ以内の木製の建造物などは自然着火した。人体の皮膚には、爆心から1.2キロメートル以内では5度（重度）の熱傷（黒焦げ）、3.5キロメートル以内では1度から4度の熱傷が生じた。

【爆風】高温高圧の火球が一気に膨張し、その表面から生じた衝撃波が巨大な圧力の壁となって、音速を超える速度で大気中を伝わった。衝撃波が地表に達するまでの時間は、爆心から1キロメートルで2秒、3キロメートルで7.5秒。衝撃波の到達の後、外向きの強風が続き、その後、爆心の空気が急速に収縮して内向きの強風が吹いた。爆心地付近の爆風は最大風速330メートル／秒、最大風圧24トン／㎡に達し、爆心から500メートル以内の鉄筋コンクリートの建物の多くが崩壊し、2キロメートル以内の木造家屋は大半が全壊した。

【放射線】浴びた放射線量に応じてさまざまな障害が起き、被爆直後から4カ月後までに生じる「急性障害」と、5カ月目以降に生じる「後障害」に大別される。急性障害には脱毛、皮膚溢血斑、口内炎、下痢、発熱、嘔吐など。後障害には白内障、白血病、および10あまりの臓器のがんが確認されている。

【死亡率】被爆当時の人口及び死者数から推定すると、原爆による広島の死亡率は約40%、長崎の死亡率は約30%で、広島市は「歴史上も他に類を見ない高い値」であり、「原子爆弾の非人間性、特異性」を容易に推測できるとしている。

3　被爆者と被爆体験

①被爆者とは

一般的には「広島・長崎で原爆の被害を受けた人」を指すが、行政上は被爆者援護法で以下の4通りの人々を援護対象の「被爆者」と定めている。

[1] 直接被爆者＝原爆投下時、広島・長崎市内周辺にいた人

[2] 入市者＝原爆投下から2週間以内に、爆心地から半径2キロ以内に入った人

[3] 救護従事者＝原爆投下時またはその後、広島・長崎で救護活動や死体処理などに当たり、原爆放射能の影響を受ける事情のあった人

[4] 胎児＝[1] 〜 [3] の被爆者の胎児

以上の分類に、前項の記述を踏まえて被爆者を定義するなら、広島・長崎において原爆（核兵器）の危険性を、身をもって経験した人といえよう。

②被爆体験とは

一般的には広島・長崎で原爆の被害を経験することだが、単なる苦難の戦争体験ではなく、広島・長崎において原爆（核兵器）の危険性を、身をもって経験することと集約できる。個人の体験だけでは分からない核兵器の多様な危険性が、多くの被爆者の証言と専門家の科学的分析で明らかにされてきた。

③被爆の実相と被爆体験の継承

被爆地では被爆者の高齢化と共に、被爆体験の継承の危機が叫ばれている。広島市は、自らの被爆体験を語る人を「証言者」、特定の証言者の体験を語る人を「伝承者」と位置付け、被爆体験伝承者を養成する事業を 2012 年に始めた。伝承者を目指す人を一般から公募し、2 年から 3 年の研修の修了者を伝承者と認定した後、伝承講話を行う機会を設けている。2022 年度からは新たに家族の被爆体験を伝える「家族伝承者」の養成も開始した。両方の伝承者による講話は 2023 年度中に 1,056 回行われ、33,261 人が聴講した。2024 年 4 月現在、被爆証言者 32 人、被爆体験伝承者 226 人、家族伝承者 38 人が平和記念資料館などで修学旅行生や訪問者を対象に証言や講話などの活動を行っている。

4　被爆地と核軍縮／核廃絶

①第 1 回原水爆禁止大会以降、世界の反核運動の先頭に

被爆地が最初に世界の核軍縮運動に登場したのは、原爆投下から 10 周年の 1955 年 8 月 6 日に広島で開かれた第 1 回原水爆禁止世界大会だといわれる。きっかけは 1954 年 3 月 1 日、太平洋ビキニ環礁で米国が行なった水爆実験によりマグロ延縄漁船第 5 福竜丸が死の灰を浴び、半年後に無線長の久保山愛吉が亡くなった事件である。3 月 14 日に同船が静岡・焼津に寄港して事件が発覚す

ると、乗組員の被曝に加えて、太平洋で獲れるマグロの放射能汚染への懸念が日本中に広まり、3月17日に東京・築地市場の本マグロの価格は半値、売れ行きは半分以下になった。その後も米国はビキニ環礁付近で水爆実験を5月半ばまでに計6回行った。3月から同年12月まで実施された厚生省の放射能検査の結果、全国でのべ865隻、485.7トンの魚が廃棄された。

ビキニ事件は当時、マグロを日常的な食料としていた日本の消費者の台所を直撃し、全国で主婦層を中心に市民が放射能汚染をもたらす核実験への危機感を抱いた。同年4月に東京・杉並区の主婦グループが原水爆禁止を求める署名活動を始めると、運動は全国に広がり、翌年の夏、広島で第1回原水爆禁止世界大会に集まった署名は3,200万を超え、世論の関心の高さを示した。

同大会の成果の1つは、内外からの参加者の多くが初めて広島・長崎の被爆者の証言を聞き、「被爆者の救済」を「原水爆禁止」と並ぶ緊急課題だと認識した事だった。8月8日に採択された大会宣言（広島アピール）には「今日が出発点」だとの言葉が盛り込まれ、原爆投下から10年間「世界の片隅」に追いやられていた被爆者の気持ちを代弁した。

②核兵器廃絶提言と広島・長崎

原水爆禁止世界大会以降、広島・長崎の名前は世界の反核平和運動のシンボルとして定着した。一方、海外でも理想主義者と称される多くの平和活動家が冷戦期から一貫して核兵器廃絶を求めてきたが、冷戦期には米ソ両陣営の対立が激しく、本格的な核軍縮の進展は期待できなかった。

だからこそ1989年のベルリンの壁崩壊、1991年のソ連邦解体に続いて東西冷戦が終結すると、米ロ間の大幅核軍縮の進展への期待が高まった。冷戦終結後は、各国の元政府高官や退役軍人、保守的研究者なども含む、いわゆる現実主義者の間でも核兵器削減への期待が高まった。1990年代中頃から、米国のシンクタンクや、核軍縮に熱心な国の政府の主催する専門家会議などが、相次いで核兵器廃絶への道筋などを盛り込んだ現実的な政策提言の報告書を出した。だがこの当時の提言には、広島・長崎への言及はほとんどなく、市民社会・NGOなどの理想主義と国家・政府関係者の現実主義の間には隔たりがあった。

しかし、2000年の核兵器不拡散条約（NPT）再検討会議のころから、その関係は変わっていく。同会議が、核兵器国による「核兵器廃絶への明確な約束」

などを盛り込んだ最終文書を採択して、一定の成果を上げた背景には、会議に国連NGOとして参加した大勢の市民の支援があった。核軍縮に熱心な政府と市民社会が共通の目的へ向けて協力する可能性がこの頃から芽生えた。

2006年には世界の14人の有識者からなる大量破壊兵器委員会が、核・生物・化学兵器に関する報告書『恐怖の兵器』を発表し、「核兵器の非合法化」や、市民社会・NGOの国際会議への参加支援など60項目の政策提言を行った。同報告書は核被害に関する記述で3カ所、広島・長崎について短く言及している。

2009年11月に日本とオーストラリア両政府の主導する核不拡散・核軍縮に関する国際委員会(ICNND)が報告書『核の脅威を断つために』を発表し、段階的な核兵器廃絶を提言した。この中で広島について8カ所、長崎について4カ所触れている。また同報告書は核兵器廃絶提言に関する報告書として初めて「被爆者」に言及した。被爆地を訪問して被爆証言を聞く事が高校生や大学生の教育に重要であることや、ICNNDの委員が広島の会合で被爆者の証言を聞いて感銘を受けたことなども記されている。

2010年ごろから核兵器の廃絶を求める運動は核兵器の非合法化を求める運動へと変わった。2012年に「核兵器の非人道性に関する16カ国共同声明」が出された後、共同声明への賛同国は増え続け、2015年には155カ国になった。この間、核兵器の非人道性に関する国際会議が3回開催され、広島・長崎からは被爆者や医師などが参加して報告を行った。こうした動きが2017年の国連での核兵器禁止条約成立を後押しした。

5　おわりに――核軍縮の世界に市民権を得た被爆地

核軍縮における被爆地の位置づけに関しては、以下の指摘ができるだろう。

第1に、1955年以降の原水禁運動において被爆地は中心的な場所を提供したが、冷戦期を通じ、核兵器廃絶を求める運動においては、主体的に政策提言に関わるよりむしろ象徴的な存在であった。

第2に、冷戦終結後、核兵器廃絶提言が相次いで出されたが、広島・長崎への言及はほとんどなかった。しかし、2000年以降、市民社会と核軍縮に熱心な国家との連携が深まるにつれて、広島・長崎も市民社会の一員として、国家から徐々に認知され始めた。

第3に、2010年代に入り、核軍縮に熱心な国家と市民社会・NGOが協力して核兵器の非人道性を土台に核兵器の非合法化を目指す運動が広がる中で、被爆地広島・長崎の被爆者は「核兵器の危険性」を伝え、核兵器の非人道性の証人として、核兵器禁止条約の成立に貢献したとして、核軍縮に熱心な国々や市民社会からは評価されている。

（水本和実）

第6節　軍縮の多元的パースペクティブの展望

対人地雷禁止条約、クラスター弾条約（CCM）、及び核兵器禁止条約（TPNW）は、中小の有志国が国際NGOとも連携しながら議論を牽引して支持を広げたことが、少なからず条約成立に寄与した点で共通している。また、いずれの条約も、特定兵器の及ぼす人道的な影響、人間ひとりひとりが受け得る、計り知れない苦痛に眼差しを向けていることでも共通している。安全保障におけるジェンダー平等という政策課題にしても、近年これが国連などでより一層、喧伝されるようになった背景には、人体への異なった被害の現れ方が予測されるにもかかわらず、女性が政策決定の場において依然十分に代表されていないことへの問題意識が国際社会において強まったことがある。

2015年5月に採択された、「小型武器・軽兵器に関する国連安全保障理事会決議2220号」にしても、2020年4月にグテーレス国連事務総長によって公表された小型武器・軽兵器に関する報告書にしても、さらには国連を中心に展開されてきた、軍縮・不拡散教育のイニシアティブにしても、結局のところ、ヒトという生物の個体に及ぼされる被害そのものに、大きな関心を向けているのである。

加えて近年、国家中心的な見方とは異なる、特定兵器の人道的影響に着目する新たな観点が、国際場裏での安全保障論議において一層、認識されるようになっている。このことは、問題意識を持った国際NGOの活動が冷戦後、活発化していることの証左と言えるかもしれない。核兵器の開発や保有は、貧困の撲滅や教育の普及、気候変動対策、ジェンダー平等の実現のために振り向ける人的、経済的資源を損なううえ、もし核兵器が使用されれば、人間の健康や地球環境に極めて重大な影響を与える。持続可能な開発目標（SDGs）達成への障害であるとの認識も市民社会において広く共有されている。

とは言え、国際NGOは自らが正義あるいは倫理的であると信ずるものを推進しており、国家運営に関わる公的な責任を有しているわけではなく、したがって、おのずと国家とはその立場が異なる。条約を締結するのは主権国家であることは従来通りであるので、国際NGOの影響力を絶対視することは適切とは言えない。以上に示したような人間中心の論議が、従来の国家中心の安全保障論議に完全に取って代わるとも考えにくい。グテーレス国連事務総長が2018年5月に公表した『軍縮アジェンダ』は「人類を救う軍縮」「命を救う軍縮」という独立した章を設けている。ここで看取されるのは、全人類の安全の視点であるが、グテーレスは同時に同報告書の前文において、以下のようにも述べてもいる。

> 我々は危険な時代を生きている。長引く紛争は語りつくせない人道上の苦痛を生んでいる。非常に多岐にわたる兵器を装備した、武装グループは拡散している。地球規模の軍事支出及び軍備競争は増加しており、複雑化した世界に、冷戦の緊張が復活している。今日の多極的な[国際]環境においては、かつての2つの超大国間の緊張を緩和するうえで役に立った接触と対話のメカニズムは衰退してしまい、有効性を失っている。

最近の国際社会では、核兵器の必要性を再認識し、実際にこれを生かそうとする「核の復権」とも言われるような状況も出現している。米露は核兵器の更新や近代化プログラムを進め、中国も核戦力を充実化させている。中国の台頭や2014年のウクライナ南部クリミヤのロシアによる強制編入を契機に先鋭化したロシアと欧米諸国の対立は大国間競争の復活を国際社会に強く印象付けた。世界は多極化、複雑化し、2022年2月に始まったロシアのウクライナへの軍事侵攻ともあいまって、米露の緊張緩和の対話メカニズムが冷戦期のように機能することは困難となっている。

市民社会に比較的近い左派政党が連立政権に参加し、かつ米国の核の傘の庇護にあるような国では、安全保障政策をめぐる葛藤は深まると思われる。とりわけ欧州では気候変動に対応するための脱酸素社会の実現が市民の間で大きな争点になっていることもあり、緑の党などのリベラル政党が今後勢力を伸ばす可能性もある。

今日の世界では、国際NGOをはじめとする市民社会の勃興と、米中露を中心とした軍事面での熾烈な大国間競争の復活の動きが併存している。軍縮に対する観方、アプローチ、関与するアクターは多元化しており、安全保障環境は見通すことは今後ますます難しくなるかもしれない。

（友次晋介）

クローズアップ⑩：核軍縮と金融

包括的核実験禁止条約機関（CTBTO）準備委員会によれば、原爆開発を行ったマンハッタン計画には20億ドルの資金が投じられ、これは2007年の価値で230億ドルに相当するという。ここからさらに2020年の価値に換算すると、インフレ率を年1.72%として、約287億ドルに相当する。開発段階や種類によって異なるが（後発の国は比較的廉価に核兵器を取得できる）、今日でも核兵器の保有に多額の資金が必要であることに変わりはない。

このことに着目し、市民社会においては、核兵器の開発と取得に必要な資金の調達を阻害することを目的とした、金融セクターへの働きかけが近年見られるようになっている。国際NGOの核兵器廃絶国際キャンペーン（ICAN）のプロジェクトの一部としてオランダのNGO「PAX」が実施している「Don't Bank on the Bomb（爆弾をあてにするな）」は、そうした取り組みの1例である。PAXは核兵器製造企業に対する世界の金融機関による投資状況について調査、公表している。このようにして、特定兵器の非人道性にもかかわらず、関連企業への投資が恥ずべきことであるという風潮を作り上げようとしているのである。この運動は、国家間の核軍縮をただちに導くものではないものの、反核運動を刺激し、各国政府とくに欧州のNATO同盟国の政府に対し、核兵器の危険の削減に一層取り組むよう圧力をかける可能性がある。

金融機関の側でも、自発的に社会的責任の一環として、核兵器の製造に関与する企業への融資をとりやめる動きが生まれている。前述の「Don't Bank on the Bomb」プロジェクトの2017年報告書では、世界94の金融機関が核兵器製造企業への投資をやめたことが明らかにされている。日本では、りそなホールディングスが2020年11月、「核兵器・化学兵器・生物兵器等の大量破壊兵器や対人地雷・クラスター弾等の非人道的な兵器の開発・製造・所持に関与する先」に融資しないことを宣言した。米国でも、ニューヨーク市に本店を置くアマルガメーテッド銀行が、核兵器禁止条約が署名開放された2017年9月20日に、核兵器製造企業に投資しない方針を公表した。

以上のような金融機関の取り組みにより、市民社会と国際社会における反核兵器の規範が強まることが期待される。

（友次晋介）

軍縮関係用語解説（各章本文中の太字用語）

序　章　軍縮の現状と課題		
序-1	**主権国家**	当該領域において自らに優越するような権威が国内外に存在せず、警察や軍などの「暴力装置」を保有し、領域を統治する政府を持つ国家。他国に支配されたり干渉されない権利（内政不干渉の原則）を持ち、他の主権国家と対等である（主権平等の原則）。
	国際連合（国連）憲章	国際連合の基本事項を規定した条約で、1945 年月のサンフランシスコ平和会議で採択、同年 10 月に発効。集団安全保障の考え方に基づく戦後の平和維持のあり方や経済社会協力に関する規定、総会、安全保障理事会、経済社会理事会、事務局など組織のあり方などに関する規定が盛り込まれている。
	「アナーキー」な国際社会	国際政治において「アナーキー」とは、主権国家の上位に法や秩序を規定し執行・強制するための集権的な政治的権威が存在しない状態を意味する。そこでは、主権国家間の関係は水平的、分権的である。
	戦時国際法	戦争状態においても諸国間に適用され、軍事組織が遵守すべき義務を明文化したもの。人道的観点から文民の保護や交戦手段を規制する交戦法規と、交戦国と中立国の関係を規律する中立法規からなる。
	セキュリティ・ジレンマ	自国に対する脅威への対応として安全保障を高めるための国家の行動が、その当該他国の脅威認識を高めて対抗的な行動を促し、結果として両者の緊張を高めてしまうこと。
	ホットライン	キューバ危機の後、米ソの首脳間で直接対話を行うことで偶発的な戦争を防止するために設けられた専用の回線。米ソ以外の核保有国間でも設置されている。
	ダムダム弾	標的に命中する際に弾頭部がつぶれて広がったり、中の鉛が飛び散るなどして弾丸を貫通させず損傷を大きくする工夫がなされた弾頭。不要な苦痛を与えるとして禁止された。
	ワシントン海軍軍縮条約	アメリカ、イギリス、日本、フランス、イタリアが、1922 年 2 月にワシントンで締結した海軍の軍拡抑制と軍備制限のための条約。条約は 10 年間新艦の建造を禁止し、米、英、日、仏、伊の保有艦の総排水量比率を 5:5:3:1.67:1.67 と定めた。

	ロンドン海軍軍縮条約	ワシントン海軍軍縮条約は、巡洋艦以下の補助艦艇に関する規制を持たなかったため、条約の規制を回避する形での艦船（いわゆる「条約型巡洋艦」）の建造競争を激化させてしまった。そのため、巡洋艦、駆逐艦、潜水艦、その他の補助艦艇の制限を目的に、1930年に新たに結ばれた。
序-2	**国際連盟**	1920年1月に発足した、史上初の常設的な一般的（国際平和、国際協力など広範な目的を持つ）国際機関。米国大統領ウィルソンの構想に基づき、ベルサイユ条約など第1次世界大戦の後に敗戦国との間で結ばれた講和条約により設立された。総会、理事会、事務局、各種専門委員会、それに国際労働機関、常設国際司法裁判所によって構成される。意思決定の最高機関は総会で、総会、理事会とも全会一致を原則とした。1934年には加盟国は58カ国を数えるも、米国が不参加、日独伊が相次いで脱退、ソ連の除名などもあり、国際平和の維持や政治問題の処理においては限定的な役割しか果たすことができなかった。
	ユトレヒト条約	スペイン継承戦争を終結させるために、1713年から1715年にかけ、スペイン、フランス、イギリス、オランダ、サヴォイア、プロイセン、ポルトガルが、それぞれの間で結んだ諸平和条約の総称。王位継承、領土問題、通商問題の解決が定められた。1648年のウェストファリア条約では国家主権尊重、内政不干渉という近現代国際社会の基盤となる考え方が規定されたが、ユトレヒト条約では、勢力均衡の考え方が導入された。すなわち1カ国の突出した力が欧州に不安定をもたらすとの考え方のもと、多国間の取り決めにより勢力の均衡を通じた平和の構築を目指す考え方が示された。
	勢力均衡（balance of power）	19世紀以降の欧州の国際秩序において、突出した軍事力を持つ国家の台頭を防ぎ、複数国間での力の均衡（パリティ）を形成することにより、紛争の誘因を低下させ、地域の秩序を維持するという考え方。国家間の関係は必ずしも友好的ではなく、むしろ対立関係を前提とし、この勢力の均衡が崩れることが紛争の勃発につながるとして、均衡を確保することで平和の維持を追求する。

不戦条約（ケロッグ＝ブリアン条約）	紛争を解決するための手段として戦争を放棄すること、すなわち戦争の違法化を定めた初めての条約。アメリカに対して戦争を違法化する条約を提案したフランス外相ブリアンに対し、アメリカを欧州安全保障に引き込もうとする意図を懸念したアメリカ国務長官ケロッグが、多国間条約とすることを提案し、1928年にアメリカ、フランスに加え日本など15カ国により調印された。
拒否権	国連安全保障理事会では、15カ国の理事国のうち9カ国の賛成すれば決議案は採択されるが、常任理事国の1カ国でも反対すれば否決される。この常任理事国の反対投票は一般的に「拒否権」と呼ばれる。なお、常任理事国が投票を棄権した場合には拒否権は行使されたことにならない。
自衛権	国家が事故に対する急迫不正の侵害を受けた時、これらを排除するためにやむを得ず武力をもって必要な行為を行う国際法上の権利。国連憲章には、個別的自衛権と集団的自衛権が言及されているが、集団的自衛権とは、自国と密接な関係にある外国に対する武力攻撃を、自国に対する攻撃と同等にみなし、実力をもって阻止することが正当化される権利。
朝鮮戦争	1950年6月25日、武力統一を目指し、中国からの支援の約束を取り付けた北朝鮮は、38度線を越えて韓国側に奇襲攻撃を仕掛けた。国連安保理では、北朝鮮を平和の破壊者と認定し、武力制裁によって韓国を防衛するために加盟国に軍事力と支援を提供する決議を採択した。なおこの時ソ連は「中国」の代表権問題をめぐり安保理をボイコットしていた。日本占領のために駐留していた米軍及び英国連邦軍を中心として多国籍軍、いわゆる朝鮮半島における国連軍が編成された。この連合軍は、国連憲章第7章に規定された正規の手続きを経ているわけではないが、国連の旗を使用する権限が与えられている。戦闘は、当初北朝鮮軍の優位で推移したが、その後米軍が主要戦線よりも北に位置する仁川に上陸し北朝鮮軍を挟撃することに成功し、形成が逆転した。国連軍が38度線を超えると中国（中華人民共和国）義勇軍が参戦し、38度線まで押し返すと戦況は膠着した。1951年4月、中国本土の爆撃や原爆の使用を主張したマッカーサー司令官が解任され、同年7月には停戦交渉が開始された。1953年7月27日、休戦協定が成立した。なお、2022年7月現在でも休戦状態が続いている。

国連軍	国連憲章第7章では、安保理が国際の平和と安全の維持または回復のために強制措置を取ることが規定されている。憲章第41条に定められた非軍事的措置が不十分であると認めた場合、第42条で軍事行動を取ることができると定められている。第43～45条ではこの目的のために加盟国と特別協定を締結し兵力の提供を含む協力が規定されている。さらに第46条、47条では、提供された兵力の運用を指揮する軍事参謀委員会について規定する。この軍事参謀委員会は安保理常任理事国で構成される。なお、朝鮮戦争における「国連軍」は、第7章に規定された手続きに従って編成されていないため、第7章の手続きに従った国連軍は一度も編成されたことはない。
国連軍縮委員会	国連総会第一委員会と並び、国連における軍縮・不拡散の議論を行う総会の補助機関。すべての加盟国が参加でき、総会の外で特定の問題を重点的に取り上げて議論を行う。1952年に設置され、休眠状態を経て1978年の第1回国連軍縮特別総会において再編されて活動が再開された。
18カ国軍縮委員会(ENDC)	多数国間での軍縮交渉を行う唯一の機関であるジュネーブ軍縮会議(CD)の前身のうち、1962年から1968年にかけて設置されていたもの。メンバー国は、米国、英国、フランス、カナダ、イタリアの西側5カ国、ソ連、チェコスロバキア、ポーランド、ルーマニア、ブルガリアの東側5カ国に加え、公平な地理的配分に基づき、ブラジル、ビルマ、エチオピア、インド、メキシコ、ナイジェリア、スウェーデン、アラブ連合の非同盟8カ国である。
国連軍縮特別総会	軍縮問題について討議するために開催される国連総会の特別会期。1976年にコロンボで開催された非同盟諸国首脳会議でユーゴスラビアが提唱、同年秋の国連総会にて開催が決定され、1978年に第1回国連軍縮特別総会が開催された。この総会では、軍縮の原則、行動計画、機構改革などを含む129項目からなる最終文書が採択された。全面完全軍縮を最終目標と掲げつつも核軍縮を優先課題と位置付けた。また、1980年代を「第2次軍縮の10年」と位置付けた。1982年に開催された第2回では「世界軍縮キャンペーン」などが決議されたが、厳しい東西対立を反映し、具体的成果は乏しかった。また1988年には第3回が開催されたが核兵器保有国と非同盟諸国との厳しい対立の中で最終文書は採択できなかった。

軍縮会議	多数国間で軍縮に係る交渉をする唯一の機関で、1978年の第1回国連軍縮特別総会の決定により、従来の軍縮委員会を改組して設置された。現在加盟国は65カ国。これまで核兵器不拡散条約（NPT、1968年）、生物兵器禁止条約（BWC、1972年）、化学兵器禁止条約（CWC、1993年）、包括的核実験禁止条約（CTBT、1996年）などの軍縮条約が交渉されてきた。最近は、コンセンサスによる意思決定方式のために実質的な議論や交渉ができていない。
キューバ危機	1962年10月、ソ連が革命後のキューバにミサイル基地を建設しているのを、米国の偵察機が発見した。米国はソ連に対し核ミサイル（中距離弾道ミサイル、準中距離弾道ミサイル）基地の撤去を迫るとともにキューバを海上封鎖した。両国間の緊張が高まり腹の探り合いが続く中、ソ連のフルシチョフ首相は、トルコに配備した米軍のジュピター・ミサイルの撤去を条件にキューバのミサイル撤去に応じる書簡を送った。同じ日、米軍の偵察機がキューバ上空でソ連軍の地対空ミサイルで撃墜された。これに対しては即時の空爆を主張する参謀本部に対し、ケネディ大統領は危機が制御不可能な状況にまでエスカレートすることを懸念し、1日の猶予を置いた。また、カリブ海では、ソ連の核魚雷を搭載した潜水艦が海上封鎖線を超えてキューバ海域に向かおうとしていた。これに対し、米海軍はこれらの潜水艦が核魚雷を搭載する事実を知らずに爆雷を投下した。ソ連の潜水艦では核魚雷の使用が決定されそうだったが、その直前にこれをやめ、浮上して交戦の意思がないことを示すことで戦端が開かれることが回避された。ソ連側でも、これらの事件を受け、また対米強硬姿勢を促すキューバのカストロからの書簡に、事態のエスカレーションが制御不能になる懸念が高まった。ケネディ大統領は、キューバからのミサイル撤去の条件として、キューバを攻撃しないこと、海上封鎖の撤去を約束する書簡を発出していたが、フルシチョフ首相はこれを受け取ると直ちに受諾し、ラジオでミサイル撤去を発表した。また同時に両国はトルコのミサイル撤去の密約も結んだ。危機かが顕在化した10月16日からミサイル撤去の発表が行われた28日までを「暗黒の13日」と呼ぶ。その後、11月にキューバのミサイル基地は解体され、63年4月にトルコのジュピター・ミサイルが撤去された。またこの危機を契機に米ソ首脳同士が直接対話するホットラインが開設された。

	潜水艦発射弾道ミサイル(SLBM)	潜水艦から発射されれる弾道ミサイル。現在潜水艦に搭載されている弾道ミサイルは核弾頭を搭載しており、大陸間弾道ミサイル(ICBM)、戦略爆撃機と合わせ、戦略核戦力の「トライアド」を構成する。
序-3	**新冷戦**	もともとは、1970年代後半の米ソ間で緊張緩和(デタント)がソ連のアフガニスタン侵攻によって米ソ両国が対立を深めることになった状態をさす言葉。その後、冷戦終結後、米中での対立が激化し、また欧州においても米ロの対立が激化した。このような米中ロの間の新たな緊張関係を新冷戦と呼ぶ。
	ペレストロイカ	1985年3月、ゴルバチョフがソ連の書記長に就任すると、ソ連社会の立て直しのために、グラスノスチ(情報公開)、ウスコレーニエ(加速化)と並び、「建て直し」を意味するペレストロイカを掲げ、ソ連の改革に乗り出した。ペレストロイカの下で、国営企業の民営化など急激な経済体制の改革を進め経済の活性化を目指した。政治面では、共産党独裁体制が放棄され複数政党制と大統領制が導入された。しかしながら、改革は中途半端に終わり経済は混乱しインフレが進んだ。一方で外交面では、「新思考」外交の下、東西の緊張緩和が進められた。1987年には中距離核戦略全廃条約(INF条約)が結ばれ、89年にはソ連軍をアフガニスタンから撤退させ、90年には欧州通常戦力条約が、そして91年には第1次戦略核兵器削減条約(START I)が結ばれた。1991年8月のクーデターを契機に、12月にはソ連が解体し、ペレストロイカは終わりを迎えた。
	G8グローバル・パートナーシップ	2002年のG8カナナスキス・サミットで合意された。旧ソ連諸国における大量破壊兵器(核、生物、化学兵器)及びその関連物質等の拡散懸念に端を発し、それらの拡散防止を主な目的として旧ソ連諸国を対象に化学兵器廃棄や退役原潜解体、核分裂性物質処分、科学者の再雇用などの支援事業を実施した。
	平和の配当	冷戦が終結した結果、米国では予算や技術、人材などを軍事から民生へとより振り向けることが期待された。国際社会でも、軍事から開発や社会福祉の向上などへと資源を振り向ける期待が高まった。また転じて、米ロの緊張緩和が東西両陣営だけでなく国際社会全体の平和につながることが期待された。
	黒鉛減速炉	核分裂を制御するための減速材として黒煙を用いる原子炉で、使用済み燃料のプルトニウム239の含有量が多く、核兵器用のプルトニウムを作りやすい。

序-4	**プラハ演説**	バラク・オバマ大統領は、2009年4月5日、チェコの首都プラハで、核兵器を使用したことがある唯一の国として「核兵器なき世界」の実現のために行動する道義的責任があると演説を行った。この演説では、「核なき世界」という理想が注目されたが、実際に実施された政策としては、核セキュリティ・サミットの開催、イランの核拡散問題への対処が重要であった。
	ジェンダー	ジェンダー（gender）とは、社会的・文化的・心理的な性のありかたを意味し、生物学的な性のありかた（sex）とはしばしば区別される。この用語が用いられるようになった背景には、性に関わる問題が社会的・政治的に構築されるものであり、権力関係を含んでいることへの問題意識があるといえる。「ジェンダー平等」や「ジェンダー主流化」については第10章第2節参照。生物兵器にかかわるジェンダー主流化の動きについては第6章4節参照。通常兵器にかかわるジェンダー主流化の動きについては第8章5節参照。
	軍縮アジェンダ	2018年5月24日、グテーレス国連事務総長はジュネーブ大学で講演し、軍縮アジェンダを発表した。アジェンダでは3つの優先課題として、人類を守るための軍縮、人命を救うための軍縮、そして未来世代のための軍縮を訴えている。
	国連軍縮諮問委員会	世界各国の専門家や実務家15名で構成され、軍備制限や軍縮に関連した問題について事務総長に助言を与え、国連軍縮研究所の評議会として機能する。
第1章　核兵器の削減		
1-1	**戦略的安定**	大規模な核戦争など戦略戦争が起こる可能性の低い状況を意味し、危機時に先制攻撃を行う誘因が低い状態である「危機における安定（crisis stability）」と、戦略戦力の量的拡大・質的向上の誘因が抑制された状態である「軍拡競争に係る安定性（arms race stability）」からなる。
1-2	**相互確証破壊（MAD）**	敵の先制攻撃に対しても残存する核戦力で耐え難い報復を敢行する確証破壊能力を双方が持つ状況。
	複数個別誘導弾（MIRV）	1基の弾道ミサイルに複数の再突入体（弾頭）を搭載し、それぞれの弾頭が個別の飛翔軌道をとって異なる目標に対して攻撃できるミサイル。1基に10発以上の弾頭を搭載可能な弾道ミサイルもある。
	弾道弾迎撃ミサイル（ABM）	広義には弾道ミサイルを迎撃するための兵器システムを、また狭義には冷戦期に米ソが開発した戦略弾道ミサイル迎撃システムを指す。後者について、冷戦期に米ソが配備したABMシステムは、自国領域内などで核弾頭を爆発させて、飛来する弾道ミサイルを迎撃するというものであった。

	自国の検証技術手段（NTM）	軍縮・不拡散義務の遵守を検証する手段のうち、それぞれの国家が保有する手段を用いて一方的に他方の履行状況を監視するもの。代表的なものとして、偵察衛星を含む人工衛星を利用した宇宙空間からの査察などがある。
	重 ICBM	発射重量または投射重量の大きい ICBM。SALT II では、最大の軽 ICBM（ソ連の SS-19）を上回る発射重量または投射重量をもつ ICBM と定義され、ソ連の SS-18 がこれに該当する。
1-3	中距離核戦力（INF）	1987 年 12 月 8 日署名。1988 年 6 月 1 日発効。射程 500 ～ 5,500km の地上発射型の弾道ミサイルと巡航ミサイルの全廃を米ソで合意した軍縮条約。2018 年 10 月、当時のトランプ大統領は INF 条約からの脱退を示唆、翌 2019 年 2 月、米国はロシアに同条約の破棄を正式に通告した。これを受けてロシアもまた条約で定められた義務履行の停止を表明した。これにより、同条約は 8 月 2 日に失効した。
	NATO の二重決定	ソ連が米本土には届かないが西ヨーロッパ全域を射程に収める中距離核ミサイル SS-20 を配備したことに対して、1979 年 12 月 12 日に NATO 理事会が下した決定。NATO はソ連に SS-20 の撤去を求めつつも、1983 年末までにそれが撤去されない場合、「パーシング - II」と巡航ミサイル（GLCM）を導入するとした。後に交渉は合意をみず、旧ソ連は交渉の無期限中断を通告し、「パーシング - II」と GLCM が配備された。
	戦略防衛構想（SDI）	1983 年にレーガン大統領が提唱し、研究が進められた米国の弾道ミサイル防衛構想。発射された戦略弾道ミサイルをその各飛翔段階において、宇宙配備の迎撃システムなどを用いて迎撃することを目指し、「スターウォーズ計画」とも称された。膨大な研究開発費や技術的な困難さが課題となり、冷戦終結やソ連との戦略核削減などを受けて、続くブッシュ政権は計画を大幅に縮小した。
	国連総会第一委員会	国連総会における 6 つの主要委員会のうちの一つ。軍縮と国際安全保障に関する議題を取り扱う。
1-4	核・宇宙交渉（NST）	1985 年 3 月から開始された米ソ間での軍備管理交渉。戦略核兵器、中距離核兵器、宇宙兵器の 3 分野について協議が行われた。

	協調的脅威削減(CTR)計画	ソ連崩壊によって懸念が高まった核兵器をはじめとする大量破壊兵器、ならびにその関連物資・技術の管理状況を改善するために、ロシアなど旧ソ連諸国に対して実施。ミサイルや原子力潜水艦の解体、核弾頭・核物質の管理・防護などが実施された。
	ブダペスト覚書	ベラルーシ、カザフスタンおよびウクライナがNPT締約国となったこと、ならびに核兵器をロシアに移管することについて、またロシア、米国および英国は前述の3カ国に対して、独立、主権および既存の国境を尊重すること、威嚇や武力行使、ならびに核兵器の使用を行わないことなどを、それぞれ約束した。
	戦域ミサイル防衛(TMD)	飛翔する短距離、準中距離および中距離ミサイルを迎撃するミサイル防衛システム。
	本土ミサイル防衛(NMD)	米国本土に対する長距離ミサイルの迎撃を目的としたミサイル防衛システム。クリントン政権以降、地上発射・衝突破壊方式の迎撃システムが研究・開発され、G・W・ブッシュ政権下で地上配備ミッドコース防衛(GMD)として配備が開始された。
1-5	**ならず者国家**	米国に敵対的で、大量破壊兵器を保有しようとしたり、テロリストを支援したりする国家。クリントン政権下で初めて使用され、イラク・イラン・北朝鮮・リビアなど7カ国が指定された。G・W・ブッシュ政権では、イラク・イラン・北朝鮮が名指しされ、「悪の枢軸」と呼ばれた。
1-6	**通常即時グローバル打撃(CPGS)**	ICBMやSLBMに通常弾頭を搭載し、地球上のいかなる目標に対しても1時間以内に攻撃ができる打撃システムを構築するという米国の構想。技術的な困難などから配備には至っていない。
	テレメトリー情報(の均衡の原則)	ミサイルの位置や燃料の残量などを伝えるための電波信号の情報。米露核軍備管理条約では、弾道ミサイルの飛翔実験におけるテレメトリー情報を条約上の義務の遵守状況を検証するために用いてきた。新STARTでは、ICBMおよびSLBMの発射に関するテレメトリー情報を「均衡の原則(parity basis)」で交換することが定められている。
	ロシアが新たに開発した核運搬手段	ロシアは極超音速滑空飛翔体「アバンガルド」を実戦配備したのに加えて、原子力推進の長距離核魚雷「ポセイドン」や原子力推進巡航ミサイル「スカイフォール」といった、従来にはない(「エキゾチック」な)運搬手段の開発を進めている。

第2章　NPT・IAEA体制		
2-1	**拡散派のケネス・ウォルツと不拡散派のスコット・セーガンの間で学術的な論争**	核兵器がもたらす絶大な抑止力が戦争の可能性を減らすことから、より多くの国が核兵器を保有することはむしろ安定をもたらし望ましいと主張するウォルツに対し、軍の一般的な特性や拡散国における軍に対する文民統制の欠如といった主に組織理論の観点から核抑止理論が前提とする合理性といった幾つかの前提が成り立たないとして核兵器は拡散させるべきでないとセーガンが反論した論争。
2-2	**北朝鮮のNPT上の法的地位**	1993年と2003年に北朝鮮はNPT第10条を援用し、同条約からの脱退を宣言した。1993年の際は、脱退が有効となる直前に北朝鮮は自ら宣言の効力を停止させた。他方、2003年にも再びNPTからの脱退を宣言したが、その際にNPT第10条規定の脱退する理由としての「異常な事態」の説明がないことから、宣言の有効性と実効性への疑念がもたれており、現時点では北朝鮮のNPT上の法的地位をめぐり曖昧な法的状況が継続している。
	平和のための原子力(Atoms for Peace)	1953年にアイゼンハワー米大統領がニューヨークの国連本部にて開催されていた国連総会で行った演説のことを指す。これにより、国際社会では爆発的に原子力エネルギーへの関心と導入が進められた。同演説では、あくまでも原子力エネルギーの活用は平和目的に限るとしており、その監視にあたるIAEAの創設につながった。
	中国による核実験	中国は1964年に世界で5番目に核実験を行い、核兵器の保有に至った。中国は隣国のインドとの長年の対立や、冷戦期における東西対立を背景に安全保障上の理由から、独自の核武装に至った。中国の核実験によって触発されたインドは、その後1974年に平和目的の核爆発と称した核実験を敢行した。
	「持てる者」(核兵器国)と「持たざる者」(非核兵器国)	NPTでは核兵器の保有を法的に認められた5カ国(米露英仏中)を核兵器国、またその他すべての国を非核兵器国に分類する。このことを、俗に「持つ者」(Haves)と「持たざる者」(Have-nots)と呼び、条約が持つ差別性や不平等性への批判がしばしばなされてきた。
	少量議定書	NPT締約国のうち、国内に核物質を保有しない、もしくは包括的保障措置協定が適用される基準量以下の核物質しか保有しない、そして原子力施設を保有せず、建設予定もない国が、IAEAと包括的保障措置協定を締結する際に、締結できるものである。これにより、当該国とIAEAの作業負担を軽減するなど、効率的かつ適切に保障措置を受ける制度が設けられている。

全面的かつ完全な軍縮	全面的かつ完全な軍縮を推進することは、通常兵力の軍備管理と大量破壊兵器の廃絶を意味しており、国連が取り組む最も重要な課題として1959年の国連総会決議に明記された。
「核の威嚇又は使用の合法性」に関する勧告的意見	1993年の国連総会による要請を受けて、国際司法裁判所は、核兵器の使用と威嚇に関する勧告的意見を出した。裁判官14名のうち、「核兵器の威嚇と使用を特に容認する国際法がない」点など、全会一致した意見が多数あった一方で、「核兵器の威嚇と使用は、人道法に一般的に違反するが、自衛の極端な状況においては、これを合法か違法化を決定的に結論することはできない」という点については、7対7で意見が割れた。
積極的安全保証（PSA）	非核兵器国が核攻撃または威嚇を受けた場合、その国は国連を通じて支援を受けることができる。もともとは国連代表権を持っていなかった中国を想定していたものであり、最近ではインド、パキスタン、イスラエル、北朝鮮といった核兵器国以外の核保有国からの脅威に対抗する手段として想定されている。
消極的安全保証（NSA）	核兵器国が非核兵器国に対して、核兵器を使用しない、もしくは核兵器を使用すると脅さないことを保証することを指す。現時点では、非核兵器地帯の議定書の批准による限定的な消極的安全保証は存在するが、一般的かつ包括的に消極的安全保証を担保するには至っていない。
先行不使用（NFU）	いかなる状況下においても相手よりも先に核兵器を使用しない政策を指す。ただし、相手の核使用に対しての報復手段としての核使用は選択肢として留保する。5核兵器国のうち、中国は核兵器の先行不使用を宣言している一方で、米英仏露は武力紛争時における核兵器の先行使用の選択肢を維持している。
条約の運用検討プロセスの強化	1995年に開催されたNPT運用検討・延長会議において3つの決定がなされたうちの、一つである。1995年以降もNPT運用検討会議を引き続き5年に1度開催することと同時に、それに向けた準備委員会を会議開催前の3年間にわたって3回開催する（場合によっては4回目の会議も開催可）ことで、本会議での実質的な議論を深めることが目指されている。

2-3	**核燃料サイクルの多国間アプローチ**	原子炉に用いられるウラン燃料の製造（フロント・エンド）や使用済み核燃料の管理・処分（バック・エンド）から構成される核燃料サイクルのうち、特に、ウラン濃縮や使用済み核燃料からプルトニウムを分離する再処理といった技術は、核兵器に用いられる核分裂性物質の生産にも使用され得ることから、核不拡散上のリスクを低減させるために提唱されたウラン濃縮施設や再処理施設を多国間で管理するアプローチ。
	高濃縮ウランの最小化	濃縮度が20%以上の高濃縮ウランは、長年にわたって世界中で研究炉や原子力艦船、医療用アイソトープ生産に用いられてきたが、核兵器目的に転用されるリスクが非常に高いため、高濃縮ウランが使用される場面を極力減らすことで核不拡散リスクを減じる努力
2-4	**国連関係機関**	国連関係機関は国連の下部機関ではなく、国連と協力関係にある自律的機関である。包括的核実験禁止条約機関準備委員会（CTBTO）、化学兵器禁止条約機関（OPCW）や世界貿易機関（WTO）なども国連の関係機関である。
	35カ国の理事国	35カ国の理事国は、IAEA総会で選出される22カ国とIAEA理事会で指定される13カ国から構成される。理事会で指定される13カ国のうち日本を含む9カ国（米、カナダ、英、仏、独、ロシア、オーストラリア、中国）は、IAEA憲章第VI条に基づき原子力最先進国として常に理事国に指定されている。
	不遵守	IAEA保障措置協定の不遵守については、IAEA憲章第12条に規定が設けられており、IAEAは憲章に定められた手続きに従い、保障措置協定の不遵守を安保理に報告できることになっている。
	地域グループ	IAEA憲章第VI条は、IAEA理事会の構成要素として8つの地域グループ（北米、ラテンアメリカ、西欧、東欧、アフリカ、中東・南アジア、東南アジア・太平洋、極東）を定め、各グループからの代表が理事国として理事会に議席を持てるよう手続きを定めている。なお、イスラエルはIAEAにおいていずれの地域グループにも属していないため、IAEA理事国になることはできない。
2-5	**ユーラトム（欧州原子力共同体）**	仏、西ドイツ、オランダ、ベルギー、ルクセンブルク、イタリアの6カ国のイニシアティブにより、1957年のユーラトム条約の締結を経て、1958年1月1日に設立された原子力産業の推進を目的とする欧州地域共同体。

	ブラジル・アルゼンチン計量管理（ABACC）	1991 年 7 月 18 日にブラジル、アルゼンチンの間で署名された「原子力の平和限定利用に関するアルゼンチンとブラジル間の協定に基づいて、同年 12 月に設立された 2 国間の核物質計量管理機関。
	核物質計量管理	核物質計量管理は、保障措置の基本手段として、原子力施設における核物質の在庫量や搬入・搬出量を管理することである。封じ込めは、核物質が納められている容器や機材などに封印を行い、IAEA の知らないところで封印が開けられて核物質が使われたかどうか把握できるようにするもの、監視は、ビデオカメラや放射線測定装置、モニターなどを使って核物質の移動を監視することで、核物質計量管理による基本手段の補助的手段と位置付けられている。
	封じ込め・監視	
	保障措置実施報告書	IAEA が前暦年に実施した保障措置活動について、IAEA 事務局長が毎年 6 月の IAEA 理事会に提出する報告書である。
	補完的なアクセス	追加議定書の規定に従って、未申告の核物質および原子力活動が存在しないことを確認するために、24 時間前（査察が行われている最中の施設については 2 時間前）の事前通告で、IAEA の査察官が施設に立ち入って行うことができる査察。査察受け入れ国は実施を拒否することはできないが、商業上、安全保障上の理由から実施の方法について IAEA 側と調整することはできる。
2-6	**不法移転**	英語では Unauthorized Removal。IAEA の勧告文書では、「核物質およびその他の放射性物質の盗取またはその他の不法な持ち出し」と定義されている。IAEA のデータによると、1993 年から 2019 年の間に 1,023 件の核物質を含む放射性物質の盗取や紛失が確認されている。
	妨害破壊行為	英語では Sabotage。IAEA の勧告文書では、「原子力施設または使用、貯蔵または輸送中の核物質、ならびに放射性物質関連施設または関連活動に対して行われる故意の行為であって、放射線被ばくまたは放射性物質のばら撒きによって職員や公衆の健康と安全または環境に直接的または間接的に危害を及ぼす恐れのあるもの」と定義されている。

核物質防護	英語では Physical Protection。「物理的防護」や「物的防護」とも言われるが、使用中、貯蔵中および輸送中の核物質および原子力施設を物理的に防護し、核物質の不法移転や原子力施設に対する妨害破壊行為といった悪意ある行為を防止するための一連の対策を意味する。
汚い爆弾(dirtybomb)	通常の爆薬を爆破させて放射性物質をまき散らすことにより、生命や身体、財産または環境に損害を与える爆弾。核兵器や核爆発装置とは異なり核爆発は起こさない。放射性物質の発散により人々に恐怖を感じさせたり、地域の社会活動を麻痺させたりすることとなり、使用された場合の心理的、経済的影響は大きい。
核テロ防止条約	正式名称は、「核によるテロリズムの行為の防止に関する条約」。2005 年 4 月の国連総会において採択、同年 9 月に署名のため開放された。本条約は締約国に対し、IAEA 勧告等を考慮しつつ、条約上の犯罪防止を目的に核物質を含む放射性物質等に対する防護措置を講じることを求めているほか、情報の秘密保護、犯罪人の引渡し、犯罪発生後の核物質を含む放射性物質の返還などについても規定している。
改正核物質防護条約	正式名称は、「核物質及び原子力施設の防護に関する条約」。2005 年 7 月に条約の改正が採択された。1987 年 2 月に発効した「核物質の防護に関する条約」は締約国に対して国際輸送中の核物質の防護措置などを義務づけたものであったが、改正条約は適用範囲を拡大し、自国の管轄下にある国内の核物質および原子力施設の防護制度を確立すること、原子力施設に対する妨害破壊行為を処罰する犯罪に追加すること、などを義務づけた。
核セキュリティ・シリーズ文書	IAEA が 9・11 テロ以降整備している核セキュリティに関連する一連の指針文書の総称。核セキュリティ・シリーズ文書は、ピラミッド型の 4 階層からなる体系となっており、重要度に応じて上位から下位の順に、基本文書(Fundamentals)、勧告文書(Recommendations)、実施指針(Implementing Guides)、技術指針(Technical Guidance)で構成されている。
核鑑識	英語では Nuclear Forensics。捜査当局によって押収、採取された核物質を含む放射性物質について、それら物質の組成、物理的特徴、化学的特徴、元素的特徴等を分析し、当該物質の出所、履歴、輸送経路等を推定、解析する技術的手段。

	INFCIRC/225	1975年にIAEAが出版した核物質防護に関する勧告文書。法的拘束力を有しない国際的な指針文書であるが、国際条約や2国間原子力協定等においてINFCIRC/225の防護要件を考慮することとされており、核物質防護措置に関する実質的な国際基準を提供している。IAEAの核セキュリティ・シリーズ文書が整備されて以降は、同シリーズの中に組み込まれた。2021年5月現在、2011年1月に出版された改訂第5版（INFCIRC/225/Rev.5）が最新版。
	評価ミッション	各国の専門家によって構成される、加盟国の核セキュリティの有効性を評価するサービスであり、加盟国からの要請に基づいて派遣される。国際核セキュリティ諮問サービス（INSServ）や、国際核物質防護諮問サービス（IPPAS）などがある。
2-7	**個別の保障措置協定**	NPT締約国ではない国は、NPTに明記されている包括的保障措置協定をIAEAとの間で締結する義務がない。他方、これらの国が他国と2国間での原子力協定などに基づいて核物質や関連資機材を受領する際には、IAEAと個別の協定を締結して、これらの物質や資機材を対象とした保障措置を受ける必要がある。
	米印原子力協定合意	米印は2008年に締結された協定において、インドの核（原子力）関連施設のうち、民生用の施設はIAEAの保障措置を受けることなどを条件として、米国はインドに原子力協力を行うことに合意した。米国は国内法の改正や、NSGでの例外的措置を推し進めることで、インドを核不拡散体制への囲い込みを目指したが、NPT未加入かつ核保有国であるインドとの原子力協力は、現行の核不拡散体制に対する重大な挑戦であるとの懸念が強まった。
	日印原子力協定	日本からインドへの原子力技術の輸出を認める2国間協定であり、これにより日本企業のインドの原子力関連市場への参入が可能となった。他方、NPTに未加入のインドへの原子力技術の輸出が、新たな核拡散への加担にもつながりかねないとの懸念の声も小さくない。
	核セキュリティ・サミット	バラク・オバマ（Barack Obama）米大統領が2009年のプラハ演説において、核テロの脅威について触れ、世界規模での取り組みの必要性を訴えたことを契機として立ち上げられた、首脳レベルの協議の場である。核テロ対策に対する基本姿勢や取り組みの状況、あるいは国際協力の在り方についての議論が、2010年から2016年にかけて計4回のサミットを通して行われた。

第 3 章　核兵器の禁止		
3-2	**核実験**	核実験には実施国により様々な目的が付与されると考えられる。一般に、核実験の軍事的意義として重要視されるのは核兵器の信頼性の検証である。また、兵器開発上の威力や性能に関する多様な環境下での実証試験や、核爆発が電子装置や防御措置に及ぼす影響の調査といった個別の意味合いもあるとされる。他方、国家威信の発揚や軍事科学技術の卓越性にかかるアピールといった、核実験の政治的な側面を強調する見方もある。
	部分的核実験禁止条約（PTBT）	大気圏内、宇宙空間、水中またはその他の環境での核実験またはその他の核爆発を禁止し、防止し、実施しないよう締約国に求めた多国間軍備管理条約。米国、ソ連、英国により交渉が開始され、1963 年にこれら 3 カ国を寄託者として発効した。条約上の検証制度を備えないが、交渉時の議論を踏まえ、各締約国が有する自国の検証技術手段（NTM）によって、他の締約国による条約遵守状況の検証を行うことを実質上認めた。
	地下核実験制限条約（TTBT）	米ソ二国間軍備管理条約として核出力 150kt 以上の地下核実験を禁止するとともに、初めて条約上の検証制度を設けた。1974 年に署名され、2 年間かけて核実験で生じる核出力の情報交換などを検討したが、肝心な現地査察は侵入度の高さを理由に合意できなかった。その後、1998 年の米ソ核実験場での共同検証実験（JVE）を経て、流体力学的手法による核出力測定、地震学的監視、現地査察を含む検証制度に関する議定書が署名され、1990 年に発効した。
	平和目的核爆発（PNE）	冷戦期に米ソが実施した、核爆発の破壊力を平和目的に利用することを指す。核兵器不拡散条約（NPT）第 5 条で非核兵器国もその利益を享受する権利があると謳われたが、2000 年の NPT 運用検討会議最終文書で同第 5 条は CTBT に照らして解釈すると明記された。冷戦期の米ソ核実験の約 7% が PNE であり、港湾や地下施設の建設、石油・天然ガスの抽出促進、深層の地震学的調査を目的に実施された。なお、英仏中は公に PNE の実施を宣言したことはない。
	平和目的核爆発条約（PNET）	部分的核実験禁止条約（TTBT）が禁止対象に含めなかった PNET について、米ソ間で爆発規模を 150kt までに制限する二国間軍備管理条約。1976 年に署名、1987 年に検証議定書交渉を開始、1990 年に発効。

	TTBTと同様の流体力学的手法による核出力測定や現地査察制度を備えた。なお、PNEは個別に特定され検証されたものを除き、核出力にして単発で150kt以上、複合的爆発で総核出力1.5MT以上、さらに合意された検証手続きで個々の爆発が識別・測定されない限り、複合的爆発で150kt以上のものを禁止した。
CDのコンセンサス・ルール	ジュネーブ軍縮会議(CD)では手続き規則上、その意思決定は加盟国65カ国による全会一致方式(コンセンサス・ルール)とすることが定められた。これは冷戦期の東西両陣営間で合意に基づく軍備管理・軍縮を追求したがための制度であり、CDの前身によるものも含めて、核兵器不拡散条約(NPT)からCTBT交渉まで成果を挙げてきた。しかし、その後はコンセンサス・ルールに阻まれる形で、CDで実質的な交渉や議論が膠着した状態にある。
北朝鮮の核実験(2006年、2009年、2013年、2016年、2017年)	CTBTO準備委員会は2006年10月の北朝鮮の核実験で実体波マグニチュード4.1(mb)を観測し、2週間後にカナダで放射性希ガスXe133を検知した。2009年5月の核実験で4.52(mb)を、2013年2月の核実験では4.9(mb)を観測し、その2カ月後に日本でXe131及び133を検知した。2016年1月と9月の核実験はそれぞれ4.85(mb)及び5.0(mb)、2017年9月の核実験は6.1(mb)を観測した(いずれもCTBTO準備委発表による)。なお、北朝鮮は2016年の核実験から水爆実験の実施を主張している。
国際監視制度(IMS)	CTBTのIMSは①地震学的監視、②放射性核種監視、③微気圧振動監視、④水中音波監視からなる321カ所の観測施設及び、16カ所の放射性核種実験施設で構成される。①は地下核実験の探知と位置の特定を、②は探知された事象が核実験か否かを確定し、核実験に起因する放射性希ガス探知を担う。③は大気中若しくは浅い地下での核実験で発生する微気圧振動を探知し、④は水中、海面付近の大気中、海岸線付近の地下核実験で発生する音波を検知する。
現地査察(OSI)	CTBTでは執行理事会における承認後、40日以内に被査察国立ち入り地点に40名の査察団が入り、1,000㎢の査察区域内でOSIを行う。査察団は最長130日間のOSI活動を通じて、目視による監視、上空飛行、共鳴地震計測、電気伝導度や重力異常の測定、磁場マッピング、地中貫通レーダー、掘削などの査察技術を駆使し、核実験の痕跡を突き止めねばならない。

	グリーンライト方式	CTBTの現地査察では、要請締約国による査察の発動要請を執行理事会が承認する形式をとる。このプロセスを信号機の青信号に見立てて、グリーンライト方式と呼ぶ。なお、この反対の方式として、化学兵器禁止条約（CWC）が採用するレッドライト方式があり、同方式では執行理事会で査察実施に反対する意思決定がなされない限り、疑惑のもたれる国に査察団がより迅速に派遣できる仕組みとなっている。
	ロシアの「ゼロイールド」概念に対する解釈疑惑	1998年8月、ロシアで極低核出力核実験が疑われる事象を米国が観測したが、核実験か否かを判別できないとの結論に至った。2019年5月、米国ロバート・アシュリー国防情報局長官がロシアのゼロイールド基準に基づく核実験モラトリアム違反の可能性に言及し、ロシア側の強い反発を受けた。2020年4月には米国国務省報告で中国による極低核出力核実験の準備の可能性が指摘され、ロシア同様に「ゼロイールド」概念の解釈疑惑が取り沙汰された。
	核実験再開に向けた待機態勢（「セーフガード」）	米国は1992年の核実験モラトリアム以来、地下核実験再開の意思決定から実施までに24-36カ月の待機体制（セーフガード）を敷いてきた。しかし国家核安全保障局（NNSA）の2018年度の報告書で、新たにシンプルな核実験の実施を決定した場合、6-10カ月で実験再開が可能となる措置が導入された。なお、米国は1993年以降、核兵器の備蓄管理計画（SSP）を採用しており、核兵器の信頼性維持のために核実験は必要ないとの立場を採っている。
	検証関連分野での技術刷新	CTBTの検証技術が策定されたのは今を遡ること四半世紀以上前のことであるため、CTBTO準備委員会では核実験の検証・監視分野の科学的進歩に関するワークショップの開催などを通じて、技術刷新の恩恵を導入する試みを続けるのと同時に、CTBTの検証インフラが科学技術の発展や、核軍備管理・軍縮の世界的な取り組みに寄与することで、国際学会や各国の研究機関との学術的連携を盛んなものにしている。
3-3	**シャノン・マンデート**	1993年の国連総会にて当時の米国クリントン大統領が提案した核兵器もしくは他の核爆発装置のための核分裂性物質の生産禁止に関する条約交渉のために設置されることになったFMCT特別委員会（ジュネーブ軍縮会議に設置）の交渉すべき事項などについて、カナダのシャノン大使が取りまとめたことから、シャノン・マンデートと呼ばれる。CD/1299という文書番号で公表されている。

	政府専門家グループ（GGE）	Group of Governmental Experts。2012年12月3日の国連総会決議(67/53)により、FMCTについて議論するため2014年及び2015年にジュネーブで計4回の開催すること、地政学的に公平に25カ国を選び、加盟国の見解を聴取した報告書を第68回国連総会に提出することなどを求められて設置された。日本からは須田明夫元軍縮代表部大使が政府専門家として参加した。報告書は2015年に国連事務総長に提出され、A/70/81という文書番号で公表されている。
	ハイレベル専門家準備会合	2016年12月23日に国連総会での採択決議(71/259)により、国連事務総長により25カ国から構成されるFMCTに関するハイレベル専門家準備会合が設置された。日本からは、佐野利男外務省参与（前軍縮代表部大使）が専門家として参加した。非差別的で多数国間条約で検証可能な条約としてのFMCTに必要な実質的な内容について、2017年及び2018年にジュネーブで2週間の議論を2回開催し、報告書を取りまとめた。報告書は2018年7月に国連事務総長に報告され、A/73/159という文書番号で公表されている。
3-4	**被爆者**	被爆者とは、広島･長崎の原爆被害者の生存者を指す。日本原水爆被害者団体協議会の代表らが「ノーモア・ヒバクシャ」と国連で訴えるなどの活動を重ねた結果「ヒバクシャ（hibakusha）」の語は国際共通語となった。世界の核実験被害者ら核被害者を「グローバル・ヒバクシャ」と呼ぶこともある。
	実験に関わる人員や風下・下流域の住民（核実験被害者）	核実験場周辺の住民や核実験従事者は、放射性降下物（死の灰）による被害を受けてきた。マーシャル諸島のビキニ環礁では、米国の水爆実験により多くの住民が居住地を追われたほか、近海で操業していた漁船が被ばくしたことは第五福竜丸事件として知られている。米国ネバダ核実験場の風下住民の間ではがんや白血病が発生しており、旧ソ連のセミパラチンスク核実験場（カザフスタン）においても同様な被害が出ている。
	原爆裁判（下田事件）	原爆裁判（下田事件）とは、1955年に被爆者下田隆一らが広島・長崎への原爆投下は国際法違反だと主張し、日本政府に損害賠償を請求した訴訟。1963年12月の東京地裁判決は賠償請求を棄却したが、原爆投下は国際法違反だと認定した。原告、被告ともに控訴せず、判決は確定した。

世界法廷運動	国際司法裁判所（ICJ、世界法廷）に対して核兵器の違法性に関する勧告的意見を出すことを求める市民運動。国際反核法律家協会が1992年に提唱し、国際平和ビューローや核戦争防止国際医師会議と共に展開した。運動は世界的に広がり、日本でも多数の署名が集められた。この結果、1993年に世界保健機関（WHO）総会において、また、1994年に国連総会において、ICJに勧告的意見を求める決議が採択された。
勧告的意見	国際司法裁判所（ICJ）は1996年7月8日、核兵器の使用・威嚇の合法性に関する勧告的意見を出した。核兵器の使用または威嚇は国際法とりわけ国際人道法の原則に「一般的に違反する」としつつ、「国家の存亡に関わる自衛の極限的状況」においては合法か違法か「判断できない」とした。同時に、裁判官の全員一致により「厳格かつ効果的な国際管理の下において、全面的な核軍備撤廃に向けた交渉を誠実に行い、かつ完結させる義務がある」とした。
モデル核兵器禁止条約	生物兵器禁止条約（BWC）や化学兵器禁止条約（CWC）を参考に、それをさらに発展させた形で包括的に核兵器の禁止と廃絶を定めた条約の構想が、NWC（Nuclear Weapons Convention）と呼ばれ、そのモデル案がモデル核兵器禁止条約（モデルNWC）である。1997年にNGOが起草し、2007年に改訂版が出された。
非同盟運動（NAM）諸国	非同盟運動（NAM）は、冷戦時代に東西の軍事ブロックのいずれにも加盟しない諸国が国際平和や国際関係の民主化を掲げて始めた運動。現在約120カ国が参加している。
核兵器の非人道性に関する共同声明	核兵器の非人道性に関する共同声明の第1回（2012年5月）はスイス、ノルウェーなど16カ国。第2回（2012年10月）は35カ国、第3回（2013年4月）は80カ国と拡大し、第6回の2015年5月には159カ国に達した。日本は当初参加を拒んだが、国内外の批判を受け第4回（2013年10月、125カ国が参加）から参加している。
核の飢饉	核の飢饉とは、核戦争で引き起こされる大規模火災による煤煙が、地球規模の気温低下（核の冬）や降水量の減少をもたらし、それが大規模な飢饉につながるとする予測のことである。核戦争防止国際医師会議（IPPNW）は2013年、インド・パキスタン間の限定的な核戦争によって気候変動により全世界で20億人が飢餓に瀕するとの報告を発表している。

人道の誓約	2014年12月の核兵器の非人道性に関するウィーン会議終了時に「オーストリアの誓約」という題名で、核兵器をその非人道性とリスクに鑑み、禁止し廃絶すべく行動すると誓約する文書が発表され、翌年5月に「人道の誓約」に改称された。
効果的措置	NPT第6条は「各締約国は、核軍備競争の早期の停止および核軍備の撤廃に関する効果的な措置につき…誠実に交渉を行うことを約束する」と定めている。核兵器禁止条約推進諸国は、同条約はNPT第6条の定める効果的措置として交渉され成立したものだと主張している。
核兵器廃絶国際キャンペーン（ICAN）	核兵器廃絶国際キャンペーン（ICAN）は2007年にオーストラリアで発足したNGOの連合体で、核兵器禁止条約採択に貢献したとして2017年にノーベル平和賞を受賞した。同年12月の授賞式典ではベアトリス・フィン（Beatrice Fihn）事務局長と被爆者サーロー節子（Setsuko Thurlow）氏が講演を行った。2022年12月現在110カ国650団体が参加。日本からはピースボートが国際運営団体として参加。
核兵器禁止条約交渉会議	核兵器禁止条約交渉会議は国連総会決議71/258に基づき、2017年3月と6～7月の計4週間にわたりニューヨーク国連本部で開催された。開幕時には藤森俊希日本被団協事務局次長が発言。NATO加盟国から唯一オランダが参加し、条約採択時に反対票を投じた。
核兵器禁止条約（TPNW）	2017年7月採択、9月署名開始、2021年1月22日発効。核兵器の開発、実験、製造、取得、保有、貯蔵、移譲、使用、使用の威嚇やそれらの援助、奨励を禁止。核保有国も核廃棄を決めたなら条約に参加可能である。核兵器の使用・実験の被害者への援助も定めている。
人道的軍縮	兵器がもたらす人々の苦しみや環境への危害に、国際法で対処していこうという取り組みを人道的軍縮（humanitarian disarmament）と呼ぶ。対人地雷、クラスター弾、小型武器、武器貿易などに取り組んでいるNGOが集まり活動している。核兵器禁止条約もこの中に位置づけられ、近年では、自律型致死兵器システム（LAWS、いわゆる殺人ロボット）についてもこの枠組みの中で議論されている。
原子力平和利用の「奪いえない権利」	原子力平和利用の奪いえない権利は、NPTでは第4条に規定されている。
留保	留保とは、締約国が、条約の特定の条項について適用を制限すること。

	締約国会議	核兵器禁止条約の締約国会議は、第1回が条約発効から1年以内に開催され、その後は2年ごとに開かれる。この定めに従い第1回会議は2022年1月に開催が予定されたが、新型コロナウイルスの影響で同年6月に延期・開催された。第2回は2023年11～12月に開催された。また、締約国の3分の1以上の要請によって締約国特別会合が招集可能である。これらとは別に、発効から5年経過した後に条約運用の再検討会議が開かれ、その後6年おきに開かれる。(第8条2、3、4項)
	被爆者援護法	1995年に施行された被爆者援護法は、被爆者健康手帳の交付、医療の給付、医療費の自己負担無料化、健康管理手当、健康診断、相談、養護、居宅生活支援など、国による被爆者援護を定めている。
3-5	**核軍縮の実質的な進展のための賢人会議**	核軍縮をめぐる国際的な信頼関係を再構築し、実質的な進展に資する提言を得る観点から、2020年5月に行われたNPT運用検討会議第1回準備委員会で日本政府が立ち上げを表明した、国際的な有識者会議。核兵器国及び非核兵器国間、さらには非核兵器国間での意見対立が顕在化する中、各々の立場の有識者に加えて、被爆地である広島・長崎からも有識者が参加している。
第4章　地域の核軍縮・不拡散		
4-1	**中朝友好協力相互援助条約**	中国と北朝鮮が1961年7月11日に締結した軍事同盟のための条約。一方が外国から攻撃されれば、他方は軍事的に援助するという自動介入条項を含み、冷戦後も堅持されている。20年毎の更新が定められており、近年では2021年7月に更新された。
	欧州通常戦力条約(CFE条約)	1990年11月北大西洋条約機構(NATO)とワルシャワ条約機構(WTO)の23カ国により署名。それぞれの軍事同盟のグループが保有する5つの主要通常兵器(戦車、装甲戦闘車量、火砲、戦闘機、戦闘ヘリコプター)について保有上限を設けた。大西洋からウラル山脈までの欧州締約国の全陸地領域と全島嶼地域における通常戦力が規制の対象となった。2007年にロシアが履行を停止した。
4-2	**南極条約**	1959年12月1日署名、1961年6月23日発効。締約国は55カ国。南極地域を平和目的のみに利用することを定め、軍事基地の設置、軍事演習の実施、核実験を含むあらゆる兵器の実験といった軍事利用や、放射性廃棄物の処分を禁止した国際条約。

	核兵器および他の大量破壊兵器の海底における設置の禁止に関する条約	「海底核兵器禁止条約」などと略される。1971年2月11日署名開放、1972年5月18日発効。締約国は94カ国（2022年8月末現在）。自国の沿岸から12海里以遠の海底に、核兵器ならびに他の大量破壊兵器の貯蔵、実験、あるいは使用を目的とした構築物や発射設備を設置することを禁止した国際条約。
	ラテンアメリカ核兵器禁止機構（OPANAL）	「ラテンアメリカ及びカリブにおける核兵器の禁止に関する条約（トラテロルコ条約）」第7条に基づき、条約履行のためにつくられた地域機構で、1969年に設立された。本部はメキシコシティ。総会、理事会及び事務局から構成されている。核軍縮・不拡散の目的に特化した世界唯一の地域機構である。
	アフリカ非核化宣言	フランスによるサハラ核実験場（アルジェリア）での大気圏及び地下核爆発実験に対するアフリカ諸国からの反発を受け、アフリカ統一機構（OAU）第1回首脳会議（カイロ）が1964年7月に採択した宣言。国連との密接な協力の下、非核化に向けた国際条約の締結をめざすとのアフリカ諸国の意向を明記した。これは翌年の国連総会に提出、採択された。
	アルマトイ宣言	中央アジア5カ国（カザフスタン、キルギス、タジキスタン、トルクメニスタン、ウズベキスタン）が発した1997年2月の首脳会議声明。非核兵器地帯構想を打ち出した。アルマトイは当時のカザフスタンの首都。
4-3	**南北非核化共同宣言**	1991年12月、南北間の核問題に関する代表接触で採択された文書（92年2月発効）。ブッシュ（父）米大統領の戦術核撤去宣言（91年9月）と盧泰愚大統領の「韓半島核不在宣言」（91年12月）を受け、核兵器の実験・製造・生産・接受・保有・貯蔵・配備・使用を行わないこと、核エネルギーを平和利用に限ること、ウラン濃縮施設、核再処理施設を持たないことが約された。相互査察も明記されたが、双方の合意が前提とされ実施されなかった。
	接近拒止・領域拒否（A2/AD）	米国防総省が発表する年次報告書『中華人民共和国の軍事力』の2009年版に言及された中国人民解放軍の海上軍事戦略に関する米国の呼称で、A2/ADはAnti-Access/Area Denialの略である。2011年版の同報告書では「領域支配軍事戦略（Area Control Military Strategy）」が用いられた。台湾への米軍介入、南シナ海への米軍展開を阻止する中国の海上戦略を指す。

米朝枠組み合意	北朝鮮が核施設を凍結して最終的に解体することに対して、米国は「安全の保証」に言及した上で、北朝鮮が黒鉛型減速炉と関連施設を凍結し、最終的に解体することに合せて軽水炉建設のために国際事業体を構成することを約束し、それは後に朝鮮半島エネルギー開発機構（KEDO）として発足した。米国が対北朝鮮経済制裁の解除、連絡事務所の相互設置を経て、大使級の関係樹立に至る段階的な米朝関係を改善することも明記された。
6者会合	共同声明では北朝鮮が行った「原子力の平和利用の権限を有する」という発言を他の参加者が「尊重する」と述べたと明記され、「適当な時期」に北朝鮮への軽水炉の提供について議論を行うとした。また、ここでは、米国と日本が北朝鮮との国交正常化のための措置をとることとし、「直接の当事者」によって平和体制樹立のため別の会議を開くことに合意した。
金融制裁	2005年9月、米財務省が中国のマカオ特別行政区にあるバンコ・デルタ・アジア（BDA）の北朝鮮関連口座が「資金洗浄（マネーロンダリング）」に利用されているとして、全米金融機関に取引停止を禁じたことに端を発する。これを受けマカオ当局は、北朝鮮関連口座（約2,500万ドル）を凍結した。これを北朝鮮は米国の「対朝鮮敵視政策」として、その措置の解除を6者会談の再開の条件としたため、6者会談は空転した。
板門店宣言	2018年4月27日、板門店でもたれた文在寅大統領と金正恩国務委員会委員長の間の南北首脳会談で発表された共同宣言を指す。同年内に朝鮮戦争終戦を宣言し、休戦協定の平和協定に転換するため、南北米3者、または南北米中4者会談の開催に合意したほか、不可侵合意の再認識・遵守、同年秋に文在寅の平壌訪問も約束された。なお、「完全な非核化を通して核のない朝鮮半島を実現する」ことも南北共通の目標として確認された。
9月平壌共同宣言	「板門店宣言」で約束された文在寅大統領の平壌訪問の際、金正恩国務委員会委員長との間で2018年9月19日に発表された共同宣言を指す。金正恩は同年6月12日の米朝共同声明の精神に沿って米国が「相応の措置」を取るならば、「寧辺核施設の永久的廃棄のような追加的措置」をとる用意も表明した。なお、この文書を受け、宋永武国防部長官と努光鉄人民武力相の間で偶発的武力衝突の防止のための「軍事分野合意書」が署名された。

	乙支フリーダム・ガーディアン	例年夏に行われていた在韓米軍と韓国軍の間のコンピュータ上の合同指揮所訓練を指す。「戦時」作戦統制権の韓国軍へ返還されることが合意された後、2007年以降、在韓米軍主導から韓国軍主導の訓練に形態を変えるとともに、名称も以前の「乙支フォーカス・ガーディアン」から変更された。2018年6月の第1回米朝首脳会談でのトランプ米大統領の発言を受け、いったん中止されたが、軍事演習自体は11月に規模を縮小して行われた。
4-4	**カナダ型重水炉**	カナダが開発した、減速材として重水を用いる原子炉。天然ウランを燃料に利用できる。商業用発電炉として開発されたものは、CANDU炉として広く知られ、中国やインド、パキスタン、韓国、アルゼンチンなどに輸出されている。1950年代にインドに供与されたCIRUS研究炉もこの系統で、平和目的でのみ利用が認められていたが、インドはCIRUS炉の使用済核燃料から抽出したプルトニウムを、1974年の核爆発実験で使用した。
	カシミール地方の領有権問題（カシミール問題）	インド・パキスタン対立の主要争点である領土問題。1947年に印パが旧英領インドから独立した時、英領に存在した多数の藩王国の1つであったカシミール藩王国で、ヒンドゥー教徒の領主はインドへの帰属を選んだが、住民の多数派と宗教を同じくするパキスタンが介入し、決着がつかなかった。第1次印パ戦争を経て、印パそれぞれが一部を実効支配したまま、現在まで懸案になっている。東側の一部は中国の支配下にあり、中印の領土問題の争点でもある。
	損害限定	相手の報復核攻撃能力の一部または全部を無力化し、核戦争での被害限定を試みる核戦略上のアプローチ。敵核戦力を先制核攻撃で破壊するカウンターフォースを中心に、迎撃ミサイルシステムによる敵核攻撃の迎撃や、核攻撃を受けた際の被害を限定する民間防衛などが組み合わせられる。冷戦期の米国で政策に取り入れられ、現在はインドが追求していると指摘されるが、兵器等に莫大な投資が必要で、新興核保有国には困難とも言われる。

	カーン・ネットワーク	パキスタンの「核兵器の父」と呼ばれるカーン博士が、1980年代から2000年代初頭にかけて、秘密裏に核関連技術・資機材を国外に売却するのに用いた不法取引ネットワーク。イラン、北朝鮮、リビアと取引があったことが知られている。1970年代以来、国際的な核不拡散施策が強化される中で、パキスタンがそれをかいくぐって核開発に必要な技術・資機材を集めるために構築した調達ネットワークを、逆流させる形で用いていた。
4-5	**軍事的側面の可能性**	核計画の「軍事的側面の可能性(Possible Military Dimension)」の問題：イランが2003年に核弾頭開発に必要な起爆装置の実験をした証拠が見つかり、IAEAはイランの核計画の「軍事的側面の可能性(PMD)」を指摘した。イラン核合意において「過去及び現在の未解決問題の明確化に向けたロードマップ」に基づく解決を図ることとなり、IAEAは2015年12月に、イランの核爆発装置開発関連の活動は2003年以前に行われ、2009年以降は活動の根拠は見いだせないとの結論を報告した。
	包括的共同行動計画(JCPOA)	2015年7月に米英仏独ロ中(P5+1)とイランとの間で最終合意された取決めであり、イランが核活動を大幅に縮小する見返りに、対イラン制裁を大幅に解除するという内容である。イランが核爆弾1発を製造するのに必要な量の濃縮ウランを備蓄するのに要する期間が1年以上になるように核活動を制限し、その状態を10年以上にわたって維持し、その間はイランによる核兵器製造を不可能とすることを意図したものである。
	リビアモデル	リビアの核問題は、制裁解除や国交正常化などの見返りの提供を中心とした米英による交渉を通じて、リビアに自発的に核を放棄させ、廃棄の検証後に見返りを付与する形で解決された。見返りの付与による核放棄や核廃棄検証後の見返り付与の手順により核放棄が成功したリビアの事例に因んでリビアモデルと呼ばれる。他方で、核放棄の数年後に発生した内戦への米国等による軍事介入でカダフィ政権は失脚したため、核を放棄すれば体制転換される事例としても言及される。
	「中東に関する決議」	1995年NPT再検討・延長会議で、「条約の再検討プロセスの強化」、「核不拡散及び核軍縮のための目標と原則」、及び「NPTの延長」の3つの決定に加えて採択された決議。NPT寄託国である米英ロが共同で提案した。中東のNPT非締約国に対しNPT早期加入及びIAEA包括的保障措置の受諾を求める一方、中東のすべての国に対し効果的に検証可能な中東非大量破壊兵器地帯創設に向け実際的措置を講じるよう求めている。

第5章　化学兵器の禁止		
5-1	**化学兵器**	化学兵器（致死性）は、大きく窒息剤、血液剤、糜爛剤、神経剤に分類される。窒息剤は、肺などに損傷を引き起こして呼吸器系障害を生じさせる剤で、代表的な剤は塩素ガス。血液剤は、細胞内呼吸を阻害する剤で、体表的な剤は青酸。糜爛剤は、皮膚や気道などに糜爛（ただれ）を引き起こす。マスタード・ガスやルイサイトが代表的な剤。神経剤は神経伝達阻害により呼吸停止を引き起こす。サリンやVXが代表的である。
	マスタード・ガス	マスタード・ガスは、からし（マスタード）臭があるためこのように呼ばれるが、不純物のない現在のものは無色・無臭であるといわれる。イラン・イラク戦争で使用された。
	ルイサイト	ルイサイトは、マスタード・ガスよりも強力な糜爛性ガスで、これを開発したイリノイ大学のルイス教授の名をとってこう呼ばれる。
5-2	**イラン・イラク戦争**	イラン・イラク戦争（1980～1988年）は、領土紛争を背景にして、イラン革命で弱体化したイラン軍に対してイラクが引き起こした武力紛争。しかし、地力に勝るイランが優勢となったため、これに対抗すべくイラクが化学兵器を使用した。
	オーストラリア・グループ	オーストラリア・グループは、化学兵器の生産に使用されうる化学物質の輸出管理グループとして1985年に結成された。その後、規制対象が、化学兵器関連の汎用施設・設備、生物兵器関連の生物剤、生物兵器関連の汎用設備にも拡大。2002年には、兵器関連輸出管理レジームとして初めて、「キャッチ・オール規制」（リストにない品目であっても大量破壊兵器の開発に利用される可能性がある場合には規制の対象とする）を導入した。
	湾岸戦争	湾岸戦争の正式な停戦を定める国連安保理決議687は、イラクに対して、化学兵器を含む大量破壊兵器および射程150キロ以上の弾道ミサイルの廃棄とともに、この目的のために設置された国連イラク特別委員会（UNSCOM）による査察の受け入れを義務づけた。UNSCOMは、1999年12月に国連安保理決議1284によって設置された国連監視検証査察委員会（UNMOVIC）に引き継がれた。

	ジュネーブ議定書の解釈をめぐる争い	ジュネーブ議定書は「窒息性ガス、毒性ガス」のほか「これらに類するガス」についてもその戦争における使用の禁止を規定するが、後者に非致死性の暴動鎮圧剤や除草剤も含まれるかが争われてきた。
	バイナリー兵器	バイナリー兵器とは、弾頭内に毒性化学物質（通常は神経剤）の原料となる比較的無害の 2 種類の化学物質を仕切板で隔てて別々に充填した兵器で、発射の衝撃で仕切板が破壊されて弾頭内でそれらの化学物質が化学反応を起こし、毒性化学物質を合成するよう考案されたもの。当初から毒性化学物質を充填する場合（ユニタリーという）に比較して取扱いが安全という利点があり、1987 年から米国が生産を開始していた。
	最終用途証明書	最終用途証明書には、以下の点が含まれていなければならないとされる（検証附属書第 8 部第 26 項）。①この条約によって禁止されていない目的のためにのみ使用すること、②再移譲しないこと、③種類および量、④最終用途、⑤最終使用者の名称および住所。
	申立てによる査察（申立査察）	化学兵器禁止条約違反の疑いがある場合に、いずれの締約国も、違反疑惑国の施設や区域に対して現地査察を行うよう OPCW に要請することができる。執行理事会が全理事国の 4 分の 3 の多数で反対しない限り、査察は実施される。チャレンジ査察ともいう。
5-3	**国連調査団**	この国連調査団は、1987 年の国連総会決議 42／37 C に基づいて結成された。この手続（国連事務総長調査手続と呼ばれる）は、1925 年のジュネーブ議定書または他の関連慣習国際法規則に違反する可能性のある化学兵器、生物・毒素兵器の使用にかかる報告があった場合に、その事実を確認するために国連事務総長が事実調査を行うというもので、対象となった国の同意があることが条件とされるほか、使用者の特定は任務に含まれない。
第 6 章　生物兵器の禁止		
6-1	**ジュネーブ議定書**	第 1 次世界大戦において大規模に毒ガスが使用され多数の死傷者をもたらしたことから、1925 年にジュネーブで開催された武器取引取締会議にて議論され、細菌学的戦争手段の禁止を抱き合わせて採択された。禁止の対象は戦争による使用に限定されていたため、批准した多くの国も開発、生産、貯蔵を継続した。

	炭疽菌郵送事件	2001年9月から10月にかけて米国で発生したバイオテロ。報道関係者や連邦議員宛てに粉末乾燥させた炭疽菌を入れた手紙が郵送された。FBIは米陸軍感染症研究所のブルース・アイビンス博士を容疑者として突き止めたが、逮捕直前に自殺し、動機不明のまま捜査は中止された。
	バイオセキュリティ	病原体や毒素を、実験施設、輸送途上、ワクチン製造施設などにおいて、不正アクセス、紛失、盗難、意図的な放出を防止し、病原体や毒素を安全に保つための対策。
	エボラ出血熱	2014年に西アフリカ諸国を中心に流行し1万人を超える死者を出した感染症。国連安全保障理事会は、この流行を国際の平和と安全に対する脅威と位置付けて国連安保理決議2177を採択し、国連加盟国に迅速な支援と協力を要請した。
	新型コロナウイルス	2020年に世界規模で流行し270万人（2021年3月末時点）の死亡者を出した感染症。多くの国で市民の生活と社会に大きな影響を及ぼした。
6-2	**生物兵器禁止条約**	正式名称は「細菌兵器（生物兵器）及び毒素兵器の開発、生産及び貯蔵の禁止並びに廃棄に関する条約」。生物兵器を禁止する多数国間軍縮条約であり、一つのカテゴリーの兵器を全面的に禁止する第2次世界大戦後初めての条約として意義を持つ。1972年4月10日に署名開放、1975年3月26日に効力発生。締約国は2024年10月までに187カ国条約。条約の履行を確保するための検証制度は備えていない。
	1979年にソ連のスベルドロフスクで発生した民間人の炭疽菌事件	冷戦中の1979年にソ連で炭疽菌の集団感染によると思われる多数の死者が発生し、ソ連による生物兵器禁止条約（BWC）違反が疑われた事件。検証制度を欠くBWCの実効性に疑念を抱かせ、その後の信頼醸成措置の導入や議定書交渉の契機となった。ソ連崩壊後、本件は秘密裏に開発・生産されていた炭疽菌が軍施設から大気中に放出されたことが原因であることが明るみとなった。
	信頼醸成措置	生物兵器禁止条約（BWC）の第2回運用検討会議で導入された任意の情報・データ交換制度。条約に検証制度が備えられていないことを踏まえ、締約国は、合意された事項について国連軍縮局に対して毎年任意に情報を提供することが求められている。提供された情報は他の締約国に送付される。情報提供対象事項は当初から再編され今日では6項目となっている。提出状況の改善が従来からの課題である。

	議定書交渉	生物兵器禁止条約（BWC）に検証制度の導入を目的とする議定書を作成するための外交交渉。1994年の締約国特別会議決定に基づいて設置されたアドホック・グループにおいて1996年2001年まで24回にわたり精力的に行われた。しかし、2001年7月に米国が政策を転換して議定書交渉そのものに反対の立場をとったため頓挫した。ロシア・中国・非同盟諸国は再開を強く主張するものの、西側諸国は一貫してこれに否定的な態度を示している。
6-3	**米国のバイオセキュリティ規制**	米国で、バイオセキュリティ規制の対象となるのは、指定生物剤と呼ばれる67の病原体・毒素である。なかでも、特に危険性が高いものは、第1階層生物剤として分類されている。第1階層生物剤には、炭疽菌や天然痘など、14種類の病原体が含まれている。第1階層生物剤を保有する研究機関には、追加的な安全対策（セキュリティ障壁、侵入検知とモニタリング、サイバーセキュリティ強化など）の実施が求められる。
	ウイルスをベクター（運び屋）として使用する戦略	ベクター（運び屋）となるウイルスに、感染防御抗原タンパク質の遺伝子を挿入して、ワクチンとして使用する戦略である。同じような戦略が、キツネなどの野生動物への狂犬病ワクチンの接種に応用された事例もある。
	バイオセーフティ	研究所の関係者や周辺の環境が偶発的に生物剤や毒素に曝露されることを防ぐための原則や技術および実践である。バイオセーフティとバイオセキュリティは、異なる概念であるが、どちらも病原体のリスク評価に基づいて行われる必要があり、また、職員の専門性と責任、研究試料の管理義務、移転の記録など共通の必須要素が含まれている。ゆえに、2つの概念は相互補完的なものとして捉えられている。
	パンデミックになる潜在性のある病原体（PPPs）	PPPsとして分類されているのは、基本的に、コロナウイルスとインフルエンザウイルスである。PPPsのなかには、第1階層生物剤に該当する病原体は1つも含まれていない。ここから、バイオセキュリティ上のリスクと、機能獲得研究を行ううえでのリスクが、必ずしも、一致していないということが分かる。
6-5	**世界保健機関（WHO）**	人間の健康に関する国連の専門機関。1948年成立、本部はスイス・ジュネーブにある。世界保健機関憲章に基づき「すべての人々が可能な最高の健康水準に到達することを」を目的として活動する。

	国際保健規則（IHR）	国際的な公衆衛生上の緊急事態への対応に関する国際協力の枠組みを規定したもの。1969年に採択されたIHRの後継として、2005年5月の世界保健総会にて満場一致で採択され、2007年に発効した。WHO憲章に基づき、WHO加盟国に対して法的拘束力を持つ。起源または発生源にかかわらず、生物（感染症）、化学物資、放射性物質に関する事例のすべてがIHRの範囲内であると解釈される。
第7章　大量破壊兵器の不拡散		
7-1	**デュアル・ユース技術**	軍事用にも商業用にも使える技術をさし、軍民両用技術、汎用技術、汎用品とも呼ばれる。典型例としては商業用のコンピューターなどとともに、スマート兵器にも使われる半導体などのエレクトロニクス部品、商業用の製品や部品の製造とともに兵器の製造にも使用される工作機械や検査機器などがある。
	アルカイダ	1979年のソ連のアフガニスタン侵攻に対して、ソ連軍に抵抗するために世界中からイスラム教徒の義勇兵が参戦し、それが組織化された母体。サウジアラビア出身のオサマ・ビン・ラディンがのちに首領となった。2001年9月11日の米国同時多発テロの首謀者であり、米国中心の対テロ戦争を誘発するきっかけとなった。ビン・ラディンは2011年に米軍により殺害されたが、「アルカイダ」を名乗る過激派や過激組織は継続して存在する。
	核の闇市場	パキスタン出身のA・Q・カーンが1980年代半ばより始め、不要になった核技術を海外に移転するビジネス。2003年の崩壊に至るまで、イラン、リビア、北朝鮮に濃縮技術や核兵器の設計図を売却した。
7-2	**オウム真理教**	麻原彰晃こと松本智津夫が創設者。東京でヨガ教室から始まり1989年に宗教法人となる。その後、繰り返しバイオテロ、化学テロを実行し、国際的に活動した。最盛期には国内だけで1万人以上の信徒がいた。現在は団体名をアレフなどに替えて複数に分派しているが、「団体規制法」のもと公安調査庁の観察処分下に置かれている。海外ではテロ組織として指定され、法律上制裁対象にする国がある。またこの団体の研究も海外では多数ある。

リシン	世界各地で栽培されているトウゴマの種子から抽出できる毒素で、その致死量(LD_{50})は3～5μg/kgで、青酸カリの500～1000倍の猛毒である。エアロゾル吸入か飲食物からの摂取によって、比較的短時間で高熱、嘔吐、下痢、腎不全、呼吸不全などの症状が現れる。ワクチンや抗毒素はなく、医師は対症療法のみで処置しなければならない。テロや国家機関による暗殺作戦から、より身近な刑事犯罪に至るまで世界で広く使われてきた。
米陸軍感染症医学研究所(USAMRIID)(ユーサムリード)	米メリーランド州の米軍施設「フォート・デトリック」にある国防総省傘下の研究所。同地はもともと生物兵器研究開発の拠点であったが、1969年にニクソン大統領が攻撃用生物兵器の放棄を宣言し、新たに設置されたUSAMRIIDが生物兵器や生物テロの防護研究を行ってきた。ワクチンや治療法、診断法の開発を通じて米軍人をバイオの脅威から守ることを主要任務とし、さらに公衆衛生上の脅威や疾病のアウトブレイクも調査する。
モナザイト郵送事件	財団法人の理事長がモナザイトを借金の担保として複数の貸主に渡し、さらに自ら保管して事業資金の捻出のために売却しようとしていた。取引に関係していた男が損失を被った恨みから、2000年6月に、財団が北朝鮮への密売に関わっているという文面と一緒に首相官邸ほか各省庁にモナザイトの粉末を郵送した。男は危険物郵送から郵便法違反容疑で起訴された。一方で保管者は管理を指導されたものの、事件としての立件は見送られた。
ポロニウム210	物理学者キュリー夫妻がピッチブレンドという鉱物から発見したポロニウムの同位体。鉱物のみならず空気、水など天然に広く存在し、人間は呼吸や飲食物から絶えずごく微量を摂取している。しかしその毒性は放射性物質の中でも極めて強く、1ギガベクレルの摂取(塩化物に換算するとわずか10μg)で致死量に相当する。血中に吸収され多臓器不全をもたらし死に至る。ポロニウムという名称はキュリー夫人の母国ポーランドに因む。
ノビチョク	ソ連が1970年代に開発した猛毒の神経剤。ロシア語で新参者を意味する。第2次世界大戦後に英米両国が開発した最強毒の神経剤であるVXガスよりさらに5倍以上もの致死性を有すると言われている。

		2018年のソールズベリー事件（本文）を契機に、化学兵器禁止条約でノビチョクを規制対象とすることが決定された。なお英BBCの実録ドラマ「ソールズベリー毒殺未遂事件」（2020年）は日本語字幕版が作製されCSで放送された。
	未然防止	日本では「テロの未然防止に関する行動計画」が2004年12月に閣議決定されて、その中にCBRNテロを防ぐための措置が含まれている。未然防止（および犯行後の処罰）に関する法律としては、「化学兵器禁止法」「サリン等人身被害防止法」「生物兵器禁止法」「感染症法」「放射線を発散させて人の生命等に危険を生じさせる行為等の処罰に関する法律」「核原料物質・核燃料物質および原子炉規制法」などがある。
	国民保護法	2004年に制定された国民保護法は、日本に対する「武力攻撃事態」（＝戦争）と「緊急対処事態」（＝大規模テロ、大量破壊兵器テロ）が国内で発生した場合に現場住民を避難させたり、救援したり、破壊後の災害対処を行う仕組みが規定されている。同法に基づいて国民保護訓練が各都道府県単位をはじめとして全国で実行されている。訓練は化学テロ想定が多い。「国民保護ポータルサイト」を検索参照のこと。所管は総務省消防庁と内閣官房。
	国民保護訓練	
	ゾーニング	CBRNテロが起きた際に、その汚染源（放射線源だったり化学剤が散布された場所）を中心に最も危険な区域を「ホットゾーン」、その外周に傷病者の除染などを行う「ウォームゾーン」、さらにその外側に中心から離れる分だけ危険度の低くなる「コールドゾーン」が設定される。この区分は初動対処のマニュアルにも必ずや記載され、訓練でも設定される。ゾーン設定とそれぞれの活動内容を決めておくことをゾーニングという。
	検知器	大量破壊兵器が使われた場合、核種や、化学剤、生物剤の種類を早急に特定することが傷病者の治療や現場での除染に、そして必要ならば避難措置のためにも不可欠である。警察や軍、消防が被害現場で測定、識別するための携帯型装備や、これら危険物の持ち込みや搬出を防止するために各所に設置する検査装置がある。東京ビックサイトで毎秋開催される「危機管理産業展」（一般入場可）で内外各社の最新製品を知ることができる。

7-3	**対共産圏輸出規制委員会（ココム）**	1949年にパリで創設されたソ連を中心とする共産圏への軍事的物資の輸出規制の枠組み。第2次世界大戦終了後、西側諸国がソ連およびワルシャワ条約機構による安全保障上の脅威に対抗するため、軍事的に重要な物資やハイテク品目の輸出を統制した。参加国は、NATO加盟諸国、日本、オーストラリアの17カ国。
	原子力供給国グループ（Nuclear Suppliers Group: NSG）	民生の原子力施設・活動に関連する資機材や技術の、核兵器の開発・製造等の核関連活動への転用防止を目的とした輸出管理レジームのこと。原子力専用資機材及びその関連技術を対象とするパート1指針と、原子力関連の汎用品及びその関連技術を対象とするパート2指針という法的拘束力を持たない二つのガイドラインに基づき、加盟国の自主的措置を通じた効果的な輸出管理の実現を目指している。
	オーストラリア・グループ（Australia Group: AG）	1984年のイラン・イラク戦争の際、イラクによる化学兵器使用が国連の調査で明らかになったことを契機に、化学剤の輸出管理の必要性が国際社会のアジェンダとなり、オーストラリアが主導して発足した輸出管理レジームのこと。1991年の湾岸戦争ではイラクにおける生物兵器の製造が問題視され、新たに生物剤や生物兵器関連資機材・技術に関しても当該レジームの規制対象範囲とされるようになった。
	ミサイル技術管理レジーム（Missile Technology Control Regime: MTCR）	冷戦期、米ソ間において核ミサイルの制限に関する条約が締結される中、核兵器と弾道ミサイルの拡散の懸念が高まりつつあった状況を受け、米国がミサイル関連技術の供給能力を持つ西側諸国に呼びかけて始動した輸出管理レジームのこと。核兵器の運搬手段となるミサイル及びその開発に寄与しうる関連デュアル・ユース品及び技術が規制されている。近年では、ドローンなどの汎用品も当該レジームの対象品目となった。
	ワッセナー・アレンジメント（Wassenaar Arrangement: WA）	冷戦の申し子とも言うべきココムが終了した2年後の1996年、通常兵器に転用可能な民生品を規制する枠組み、いわゆる不拡散のための輸出管理レジームとして発足した輸出管理レジーム。現行、400品目程度の品目が規制対象となっている。
	エマージングテクノロジー　（Emerging Technology）	エマージングテクノロジーとは、未だ研究段階で製品化に至る以前の形成途上の技術を指す。エマージングテクノロジーは、製品化に至った段階で「エマージング」ではなくなるため、指定される技術は常に入れ替わる。現在アメリカ政府が例示しているエマージングテクノロジーの14分野は、①バイオテクノロ

		ジー、②AI・機械学習、③測位技術、④マイクロプロセッサー、⑤先進コンピューティング、⑥データ分析、⑦量子情報・量子センシング技術、⑧輸送関連技術、⑨付加製造技術（3D プリンタ等）、⑩ロボティクス、⑪ブレインコンピュータインターフェース、⑫極超音速、⑬先端材料、⑭先進セキュリティ技術。
	無形技術移転（Intangible Technology Transfer：ITT）	自由貿易の原則の下では、技術が国境を超えて移転されることは何ら珍しいことではなく、むしろ自由に行われるべき経済活動の一つである。しかしながら、物品の輸出と同様、技術の移転にも一定の制限がかけられており、規制される技術は各輸出管理レジームで参加国の合意の下、規定されている。他方で、技術とは究極的にはヒトの頭の中に存在するものであり、物品と異なりモノが移動するわけではない。すなわち、技術とは「無形」なのである。この「無形である技術の移転（無形技術移転）」の管理は、どこの国にとっても輸出管理上の重要なアジェンダである。
7-4	**国連安全保障理事会（安保理）**	国際の平和及び安全の維持に主要な責任を負い、国連全加盟国に対して法的拘束力のある決定を行いうる唯一の国連機関である。米英ロ仏中の 5 カ国から成る常任理事国と、選挙により選出される非常任理事国 10 カ国（任期 2 年）により構成される。常任理事国は拒否権を有し、手続き事項を除くすべての事項に関する安保理の決定は、常任理事国 1 カ国の反対があった場合には成立しない。
	国連憲章第 7 章	国連安全保障理事会は、平和に対する脅威、平和の破壊及び侵略行為の存在を決定し、勧告を行うとともに、非軍事的強制措置・軍事的強制措置をとるかを決定することができる。第 7 章下で採択された決議は、すべての国連加盟国に対して法的拘束力を持つ。
	安保理常任理事国	安保理は、5 カ国の常任理事国（中国、フランス、ロシア、英国、米国）と、各地域に配分され、選挙により選出される 10 カ国の非常任理事国から構成される。常任理事国は「拒否権」を有し、手続事項を除くすべての事項に関する安保理の決定は、常任理事国の 1 カ国の反対があった場合には成立しないこととされている。
	国連安保理決議 687	湾岸戦争の停戦に関する決議。イラクの大量破壊兵器の廃棄に関する規定が定められ、決議採択後 15 日以内にすべての品目に関する申告書を国連事務総長に提出し、生物・化学兵器については本決議により設置された国連イラク特別委員会（UNSCOM）が、核兵器についてはIAEA による現地査察の実施が決定された。

国連イラク特別委員会 (UNSCOM)	湾岸戦争の際の停戦決議である国連安保理決議 687 (1991 年) に基づき、イラクにある化学兵器などの大量破壊兵器及びミサイルの脅威を除去することを目的に 1991 年 5 月 1 日に設置された。委員は日本を含む 21 か国 22 人で構成され、40,000 以上の化学兵器、800 基以上のスカッドミサイルをはじめ多くの大量破壊兵器とその運搬手段に対する査察およびその廃棄の監督を実施した。
国連監視検証査察委員会 (UNMOVIC)	UNSCOM の中断に伴い、1999 年 12 月に採択された安保理決議 1284 に基づき、UNSCOM に代わる新たな査察組織として設置された。日本人を含む 17 人の委員で構成され、イラクにおける査察活動の準備を進めたが、イラクと国連の間で査察受け入れに関する合意が得られず、査察活動は行われなかった。
多国籍軍によるイラク攻撃	イラクが国連の査察に対する非協力的な姿勢をとるなか、2002 年 9 月の国連総会においてブッシュ (George W. Bush) 米大統領は、イラクが核兵器の開発を継続していると主張。国連安保理決議 687 違反を根拠として翌年米英を中心とした融資連合によりイラク戦争に踏み切り、フセイン政権を打倒した。結果的にイラクでの大量破壊兵器開発を裏付ける証拠はなかった。
国連安保理決議 1973	リビアにおける停戦の即時確立を要求し、文民を保護する責任を果たすために、国際社会によるリビア上空の飛行禁止区域の設定と、外国軍の占領を除いたあらゆる措置を講じることを加盟国に容認した。
国連安保理決議 2118	2013 年 9 月 27 日に採択され、化学兵器の使用が国際法違反であること、化学兵器の使用一般が平和に対する脅威であること、化学兵器の使用者は責任を問われることを言及するとともに、シリアに対して、シリアの化学兵器を迅速かつ安全な方法で廃棄するための義務を課した。またシリアによる決議履行を監視するため OPCW と国連協働ミッションが設置された。
スマート・サンクション	対象を政策決定者や制裁の原因となる行為を行った人物・団体等に限定した形で実施する経済制裁。制裁対象国への衣料品や食料品を含む包括的な禁輸は、無辜の市民に対しても影響を与える恐れがあることから、スマート・サンクションが導入されている。特に資産を多く持つ有責者を対象にした制裁は効果が高いと論じられており、金融制裁に対する関心が高まっている。

	国連安保理決議 2270	北朝鮮による核実験に対し、金融面の措置、人の移動に関する措置、物品および技術訓練に関する措置を含む強力な決議である。金融面では、16 人 12 団体の資産凍結が規定されたほか、北朝鮮の銀行による国内での支店、子会社等の開設禁止および自国の金融機関による北朝鮮での支店、子会社の開設禁止が規定された。2016 年 3 月 2 日に採択された。
	国連安保理決議 2231	イランの核問題に関する最終合意「包括的共同作業計画（JCPOA）」を承認した国連安保理決議である。JCPOA が成立した翌週 2015 年 7 月 20 日に採択された。翌 2016 年 1 月には、IAEA がイランによる JCPOA の履行開始に必要な措置の完了を確認する報告書を発表したことを受け、決議 2231 に基づき、イランの核問題にかかる過去の国連安保理決議の規定が終了した。
	国連安保理決議 1540	大量破壊兵器の拡散防止のため、国連加盟国に対し、非国家主体による核兵器、化学兵器および生物兵器並びにそれらの運搬手段を取得、開発、取引又は使用するための支援を行わないための国内法を整備することを義務付けた国連安保理決議である。2004 年 4 月 28 日に採択された。
7-5	**大量破壊兵器と闘う国家戦略**	敵対国家やテロ組織への大量破壊兵器の拡散懸念を背景として、2002 年 12 月に米国のブッシュ政権が発表した戦略文書。「拡散対抗」「不拡散」「大量破壊兵器使用の結果への対処」の三本柱からなる包括的なアプローチを提唱した。このうち拡散対抗における重点分野の一つとして「阻止（interdiction）」を挙げ、拡散に対する安全保障構想（PSI）発表の契機となった。
	拡散に対する安全保障構想（PSI）	国際社会の平和と安定に対する脅威である大量破壊兵器・ミサイル及びそれらの関連物資の拡散を阻止するために、各国国内法と国際法の範囲内で、参加国が共同してとりうる移転及び輸送の阻止のための措置を検討・実践する取り組み。2024 年 10 月現在、114 カ国が参加。
	阻止原則宣言	PSI の目的や阻止活動の基本原則を定めた宣言文書。阻止原則宣言を支持することが PSI への参加意思表明とされている。
	拡散懸念国及び非国家主体	阻止原則宣言では「一般的に、①化学、生物及び核兵器並びにそれらの運搬手段の開発または獲得への努力、または②大量破壊兵器、その運搬手段、または関連物資の移転（売却、受領または促進）を通じ、拡散に従事しているとして PSI 参加国が阻止対象とすべきことを確定する国家又は非国家主体を指す」とされている。

オペレーション専門家グループ会合	PSI参加国のうち主要20カ国が、PSIの活動の調整や法的問題の検討などを行う会合。アルゼンチン、オーストラリア、カナダ、デンマーク、フランス、ドイツ、ギリシャ、イタリア、日本、オランダ、ニュージーランド、ノルウェー、ポーランド、ポルトガル、韓国、シンガポール、スペイン、トルコ、英国、米国で構成。
阻止訓練	PSIの主要な活動の1つで、各国の陸海空軍・自衛隊、海上保安当局、税関、警察などが参加し、PSIが対象とする阻止活動を想定した海上・航空・港湾・机上訓練などを行う。日本は2004年、2007年、2018年に海上阻止訓練、2012年に航空阻止訓練を主催。
便宜置籍国	税収などを目的として、船舶に対する優遇税制等の措置により他国船舶の誘致・置籍を図っている国。一般的にはバハマ、キプロス、リベリア、パナマ、バヌアツなどを指す。
2国間乗船協定	大量破壊兵器等の輸送が疑われる相手国船籍の船舶への公海上での乗船・捜索の要請に対し、一定時間内（例えば2時間以内）に相手国から回答がない場合は許可されたとみなすなど、迅速な阻止活動を可能にするための協定。米国が、パナマ、マーシャル諸島、リベリア、クロアチア、キプロス、ベリーズ、マルタ、モンゴル、バハマ、アンティグア・バーブーダ、セントビンセント及びグレナディーン諸島の11カ国と締結。
海洋航行不法行為防止条約（SUA条約）2005年議定書	船舶の不法奪取や破壊などの犯罪化と容疑者の関係国への引き渡しまたは自国当局への事件の付託を義務付けた海洋航行不法行為防止条約を改正し、船舶そのものを使用した不法行為や大量破壊兵器等の輸送行為などを犯罪化の対象とするとともに、円滑な乗船等のための規定をおくもの。2005年10月採択、2010年7月発効。
国際民間航空についての不法な行為の防止に関する条約（北京条約）	民間航空の安全に対する不法な行為の防止に関する条約（モントリオール条約）に大量破壊兵器等の不法な輸送などを条約上の犯罪として追加し、最近のテロ防止関連条約に共通に取り入れられている規定を導入する新条約。2010年9月採択、2018年7月発効。
PSI有志国共同声明	関連安保理決議に基づく船舶の検査や貨物の押収などを通じた対北朝鮮安保理決議2375及び2397の履行と、阻止原則宣言の下でのコミットメントについて再確認した共同声明。2018年1月に米国や日本を含むPSIオペレーション専門家グループの有志国17カ国により発表。その他のPSI有志国も加わり、同年5月までに計42カ国が賛同。

7-6	「レスポンシブル・ケア」	化学製品の開発から製造、物流、使用、最終消費を経て廃棄に至るサイクルにおいて「安全、健康、環境」を確保すること、製造する化学製品の品質の維持・向上を図ること、これらの活動について対話により社会での信頼を深めることを目指す、化学産業によるグローバルな自主的取り組みである。1985 年にカナダで始まり、現在 67 カ国の化学産業界で展開されている。
	被害管理	化学兵器、生物兵器、放射線および核兵器によるテロ攻撃（CBRN 攻撃）による特殊性に着目し、発生時の被害に対して迅速かつ最小限に封じ込め、対応するための管理のありかたを指す。具体的には、情報連絡体制の整備、リスクコミュニケーション、専門家ネットワークの構築、現場対処マニュアルの策定、現場での協議・調整体制の整備などが含まれる。
第 8 章　通常兵器規制		
8-1	小型武器・軽兵器（SALW）	1997 年の国連政府専門家パネルによる報告書は、回転式および自動式拳銃、ライフル銃、短機関銃、軽機関銃などを「小型武器」に位置付け、重機関銃、携帯型対空砲、口径 100 mm 以下の迫撃砲などを「軽兵器」と見做し、さらに、小型武器用の弾薬筒や軽兵器用の弾薬およびミサイル、対人・対戦車用手榴弾、地雷、爆発物などを「弾薬・爆発物」と定義したうえで SALW の「不可欠な部分」とした。
	北大西洋条約機構（NATO）	ヨーロッパと北米の 30 カ国（2021 年 3 月現在）による政府間軍事同盟である。原加盟国はアイスランド、アメリカ合衆国、イタリア、英国、オランダ、カナダ、デンマーク、ノルウェー、フランス、ベルギー、ポルトガル、ルクセンブルク。1952 年にギリシャとトルコ、1955 年に西ドイツ、1982 年にスペイン、1999 年にチェコ、ハンガリー、ポーランド、2004 年にエストニア、スロバキア、スロベニア、ブルガリア、ラトビア、リトアニア、ルーマニア、2009 年にアルバニア、クロアチア、2017 年にモンテネグロ、2020 年に北マケドニアが加入した。
	ワルシャワ条約機構	1955 年のワルシャワ条約に基づき結成された軍事同盟。アルバニア、ソ連、チェコスロバキア、ハンガリー、東ドイツ、ブルガリア、ポーランド、ルーマニアが加盟していた（アルバニアは 1968 年に脱退）。1991 年に解散した。

	人間の安全保障	概して、個人の生存、生活、尊厳などを脅かす多様な脅威――貧困、飢饉、感染症、災害、環境破壊、紛争、組織犯罪、薬物、人権侵害など――に対応しようとする安全保障の考え方である。一般的には、伝統的な「国家安全保障」の概念を否定する概念ではなく、それと相互に補完関係にある概念であると考えられている。
8-2	**国際人道法**	武力紛争における紛争当事者の権利・義務などを定める国際法。一定の条件を満たす内戦も対象とする。傷病兵、捕虜、文民等の保護を目的とするジュネーブ法と、戦闘手段・方法（兵器とその使用法）の規制を目的とするハーグ法に大別されることも多いが、後述するジュネーブ諸条約第1追加議定書等には双方の要素が含まれている。
	サンクト・ペテルブルク宣言	400グラム未満の爆発性発射物等が禁止されたのは、それが人体に着弾して爆発した際に激しい傷害をもたらすことが懸念されていたからである。現在では400グラム未満の対物攻撃用爆発性弾薬が普及しているため、400グラムという基準の実効性は失われているが、重量にかかわらず人体に命中した際に爆発するよう設計された弾薬は現在でも違法だと一般に考えられている。
	ハーグ平和会議	ロシア皇帝ニコライ2世の呼び掛けにより、1899年に第1回の会議が開催された。26カ国の代表が参加した第1回会議では、本文で示した3兵器の禁止宣言とハーグ陸戦条約のほか、ハーグに常設仲裁裁判所を設置する国際紛争平和的処理条約が採択された。1907年の第2回会議には44カ国が参加し、ハーグ陸戦条約の改正や艦艇からの砲撃に制約を課す海軍砲撃条約の採択などが行われた。
	ジュネーブ諸条約	1949年の外交会議では、陸上の傷病兵の保護に関する第1条約、海上の傷病兵の保護に関する第2条約、捕虜の待遇に関する第3条約、文民の保護に関する第4条約が採択された。さらに1977年には、ジュネーブ諸条約の内容と適用範囲を強化・拡大する第1追加議定書および第2追加議定書も採択された。戦闘手段・方法（兵器とその使用法）の規制は、主に第1追加議定書の第3編および第4編第1部で行われている。
	赤十字国際委員会 (ICRC)	1859年のイタリア統一戦争で負傷兵の保護を行ったアンリ・デュナンの活動を源流として1863年に設立された組織。1949年のジュネーブ諸条約は、ICRCが傷病兵・捕虜・文民等の保護・救済のために紛争当事国の同意を得て人道的活動を行うことを認めている。また、ICRCは国際人道法の発展・普及にも努めており、1949年のジュネーブ諸条約や1977年のジュネーブ諸条約追加議定書の採択等にも大きく寄与した。

焼夷兵器	ナパーム弾などのように燃焼性の物質を用いて火災を発生させることを目的とする弾薬。火災の範囲を軍事目標に限定することが困難なため、規制が議論されるようになった。後述するCCW第3議定書では、「目標に投射された物質の化学反応によって生ずる火炎、熱又はこれらの複合作用により、物に火炎を生じさせ又は人に火傷を負わせることを第一義的な目的として設計された武器又は弾薬類」と定義されている。
区別原則	第1追加議定書は、「紛争当事者は、文民と戦闘員及び民用物と軍事目標とを常に区別し、軍事目標のみを軍事行動の対象とする」と定め（第48条）、重ねて文民・民用物を攻撃対象とすることを禁じている（第51条2、第52条1）。ただし、何が正当な軍事目標であるのかについて明確な合意は存在せず、例えば、軍民双方に利用されている発電・通信施設等への攻撃が常に禁止されるかは曖昧である。
均衡原則	攻撃により得られる軍事的利益と攻撃がもたらす付随的被害（文民・民用物への被害）の均衡をとるよう要請する原則。第1追加議定書は、「予期される具体的かつ直接的な軍事的利益と比較して過剰な」付随的被害を「引き起こすことが予測される攻撃」を禁じている（第51条5(b)等）。軍事的利益と付随的被害の客観的比較の困難性や、予期・予測といった文言の曖昧さ等からして、原則を厳格に解釈・適用することは容易ではない。
無差別攻撃	軍事目標と文民・民用物を区別しない攻撃。第1追加議定書では、「特定の軍事目標に向けられていない攻撃」（事前に目標を確認せずに行われる攻撃等）、「特定の軍事目標に向けることのできない戦闘方法又は戦闘手段を用いた攻撃」（命中精度の劣悪な兵器による攻撃等）、「この議定書が要請する範囲内に効果を制限することのできない戦闘方法又は戦闘手段を用いた攻撃」と定義されている（第51条4）。
地雷（対人地雷と対車両地雷）	地表や地中などに敷設され、人または車両の存在・接近・接触によって起爆・爆発するよう設計された弾薬類（CCW第2議定書第2条1）。主に人間の殺傷を目的とする対人地雷と、主に車両の破壊を目的とする対車両地雷（対戦車地雷）の2つに大別される。文民や民間車両が接近・接触しても爆発することや、武力紛争終了後も爆発する可能性があることなどから、無差別性の高い兵器と言える。

遠隔散布地雷	大砲、ロケット、迫撃砲等から投射される地雷、または、航空機から投下される地雷（CCW 第 2 議定書第 2 条 1）。地表から遠い地点からランダムに散布されるため、一般的な地雷よりも無差別性が高くなる危険がある。
自己破壊装置等	地雷とクラスター弾の規制では、武力紛争終了後に弾薬が爆発することを防ぐ目的で、自己破壊装置（一定時間経過後に自爆する装置等）や自己不活性化装置（バッテリーの消耗により起爆不可能とする装置等）などを弾薬に搭載することが検討された。しかし、機械的な誤作動が生じる可能性は否定できないため、より強い規制を望む者は、こうした装置を搭載した弾薬の使用等に反対した。
地雷禁止国際キャンペーン (ICBL)	主に第 3 世界で地雷除去や地雷犠牲者支援等を行っていたヒューマン・ライツ・ウォッチやハンディキャップ・インターナショナル等の 6 つの NGO が中心となって 1992 年に組織された対人地雷の全面禁止を目指す国際キャンペーン。オタワ条約の策定に深く関与したほか、被害の実情や各国の対人地雷政策などに関する年次報告書『ランドマイン・モニター』を刊行している。
対人地雷禁止条約（オタワ条約）	対人地雷の使用、貯蔵、生産、移譲を禁止し、締約国における条約発効後の貯蔵地雷の 4 年以内の廃棄と、埋没地雷の 10 年以内の除去を義務付ける条約。1999 年 3 月発効。対人地雷は従来、1980 年成立、1996 年改正の特定通常兵器使用禁止制限条約の第 2 議定書により使用が規制されていたが、これを不十分と見て、対人地雷の全面禁止を求めるカナダなど有志国が、国際 NGO と連携して策定を主導した。
クラスター弾連合 (CMC)	ICBL をモデルとして 2003 年に発足した、クラスター弾の禁止を求める国際キャンペーン。ヒューマン・ライツ・ウォッチ等、ICBL で中心的役割を果たした NGO の多くが CMC にも参加している。オスロ条約策定をノルウェーとともに主導したほか、『クラスター弾モニター』を毎年刊行している。2011 年に ICBL と CMC は統合され、ICBL—CMC が発足した。
クラスター弾条約（オスロ条約）	親弾に内包された子弾を上空で散布し、1 度に無差別的に攻撃するクラスター弾の使用、開発、保有、移譲を禁止する国際条約。2010 年 8 月に発効した。
CCW 第 6 議定書案	オスロ条約よりも緩やかな規制を課す内容で、1979 年以前に製造されたクラスター弾の使用や保有を禁止する一方で、1980 年以降に製造されたクラスター弾については自己破壊等の安全装置が搭載された弾

		薬等の保有や使用を認めるなどしていた。オスロ条約非締約国の大半に加え、オスロ条約締約国である英仏独や日本も、第6議定書案に賛成していた。
8-3	持続可能な開発目標 (SDGs)	2015年の国連サミットで採択された「持続可能な開発のための2030アジェンダ」に記載された、持続可能な世界を目指す国際目標。17のゴールと169のターゲットから構成される。
	SDG16「平和と公正をすべての人に」	SALW規制に関するターゲットとして、SDG16・4「2030年までに、違法な資金および武器の取引を大幅に減少させ、盗難された資産の回復および返還を強化し、あらゆる形態の組織犯罪を根絶する」を、また指標としてSDG16・4・2「国際的な要件に従い、所管当局によって、発見／押収された武器で、その違法な起源又は流れが追跡／立証されているものの割合」を挙げている。
	モジュール式小型武器規制実施要綱(MOSAIC)	MOSAICは、PoA、ITI、銃器議定書、武器貿易条約で示された目的を各国政府が実行に移すために作成されたガイダンス集。前身であるThe International Small Arms Control Standards (ISACS: 国際小型武器管理基準) に基づき2020年に刊行された。国連、NGOや産業界の専門家グループが策定に参画し、法整備、小型武器管理取組の設計と管理・運用、横断的な課題としてのジェンダーと子供・若年層の各項目で構成されている。
	武装解除・動員解除・社会復帰(Disarmament, Demobilization and Reintegration: DDR)	武力紛争後の復興・開発を促進することを目的に、国連により策定された政策・プログラム枠組み。当初は軍事組織の戦闘員を対象としていたが、2000年代以降、和平合意が存在しない状況や主要な軍事組織の統制下にない武装グループが台頭する環境が増加したため、多様なアプローチを組み合わせ長期的平和構築プロセスとのリンクを重要視する第2世代DDRと呼ばれるアプローチが登場した。
	コミュニティ暴力削減(CVR)	DDRよりも対象を広げ、コミュニティにおける治安の向上、短期雇用創出、生計手段回復支援、職業訓練供与など、より長期かつ地域全体をターゲットにした取組。ハイチに展開する国連PKOミッションMINUSTAHによって2007年より実施されたのが先駆的事例。DDRより柔軟に現地の状況に対応でき、生計手段を与えることで武装勢力やギャングへの(再)動員を予防することが期待できるとされる。

	開発のための小型武器回収プロジェクト（Weapons for Development）	開発プロジェクトをインセンティブとして市民からの自発的な武器供出を促す取組。開発プロジェクトが交渉材料となったり、プロジェクト策定時に女性や若者が意思決定から排除され正確なニーズを把握できず開発プロジェクトが失敗に終わるなどしたため、次第に実施されなくなった。
	平和の炎（Flamme de la paix）	回収された小型武器を公の場で廃棄処分するセレモニー。西アフリカのマリで始まり、その際に武器に火をつけて焼却したことからこう称される。平和へ移行するシンボル的意味合いが強調されるが、武器回収に参加した地元住民にとっては、地域から供出された武器が確実に廃棄されるかを検証する機会であった。
	治安部門改革（Security Sector Reform: SSR）	軍隊、警察、司法制度など国家の中枢で秩序維持を担う様々な組織の実務能力の向上や民主的な組織への体質改善を目指して行う種々な改革の総称。地域の治安を向上させて小型武器を所有するインセンティブを軽減させるコミュニティ・ポリシング、非合法の武器流通を取り締まるための能力向上を目指した研修・機材の供与などを含む警察や国境管理への支援などが含まれる。
	モジュラー・デザイン	個々の部品に分解することができる製造方法のため、武器をばらばらにして密輸入できるほか、武器の改造も容易に行うことができるとされる。
	統合 DDR 基準	国連システム共通の統一 DDR ガイドライン。DDR に関する基本的概念や戦略アプローチ、DDR プログラムを策定・実行するための実務的ガイドラインを含む。2006 年の初版以降、2009 年～ 2014 年、2017 年～ 2019 年に改定が重ねられた。2017 年～ 2019 年の改定では、SALW 規制に特に関連するモジュール 4.10「軍縮」とモジュール 4.11「移行的武器・弾薬管理」に MOSAIC と ITAG を反映された最新版が、2020 年 6 月に発表された。
8-4	**アフリカの奴隷貿易に関するブリュッセル会議一般協定**	この協定は、第 8 条においてアフリカの北緯 20 度線から南緯 22 度線までの地域への銃器と弾薬の輸入を原則禁止した。また、第 9 条では、アフリカにおいて「主権や保護国の権利」を行使する締約国が銃器と弾薬を輸入することを認めたうえで、輸入された武器を公営倉庫で保管することや、武器の個人所有を制限し、個人に所有される武器を刻印・登録することなどを定めた。

国連憲章第 41 条	「安全保障理事会は、その決定を実施するために、兵力の使用を伴わないいかなる措置を使用すべきかを決定することができ、且つ、この措置を適用するように国際連合加盟国に要請することができる。この措置は、経済関係及び鉄道、航海、航空、郵便、電信、無線通信その他の運輸通信の手段の全部又は一部の中断並びに外交関係の断絶を含むことができる。」
国連軍備登録制度	1991 年の国連総会で採択された決議に基づき、各国の信頼醸成や過度の軍備の蓄積防止を目的に掲げて 1992 年に創設された。この制度は、重兵器を中心とする 7 カテゴリーの通常兵器について、報告年前年の移転数や移転相手国といった情報を各国が国連事務局に自発的に報告することを要請するものである。軍備保有や国内生産を通じた調達に関する情報を提出することも推奨されている。
不拡散および武器輸出に関する宣言	この宣言には、加盟国が武器輸出を許可する際の既存の基準として、武器の最終目的地の国における人権の尊重、最終目的地の国内情勢（緊張や武力紛争の存在）、地域的な平和・安全・安定の維持、移転先で第 3 者に流用されたり望ましくない条件下で再輸出されたりするリスクの存在などが挙げられ、これらの基準に基づく共通アプローチを形成し各国の政策を調和させることを望むことが記された。
通常兵器移転ガイドライン	このガイドラインには、武器の移転が既存の武力紛争を長期化あるいは激化させる可能性がある場合や、地域内の緊張激化や不安定化をもたらす可能性がある場合、国際テロリズムを支援または助長する可能性がある場合、受領国の経済に深刻な打撃を与える可能性がある場合などに、5 カ国は武器の移転を避けることが盛り込まれた。
通常兵器の移転に関する原則	この原則には、参加国が通常兵器および関連技術の移転を許可した場合に、人権および基本的自由の侵害あるいは抑圧に使用される、他国の国家安全保障を脅かす、既存の武力紛争を長期化あるいは激化させる、平和を脅かしたり地域の不安定化につながったりする、抑圧のために使用される、テロリズムを支援または助長する、受領国の正当な防衛や安全保障上の必要以外のために使用されるといった可能性がある場合には、移転許可を避けることが記された。

1991年12月6日の総会決議46/36Hに関する国際武器移転ガイドライン	このガイドラインには、国家が通常兵器を移転する際に、経済的・商業的考慮だけでなく、国際の平和および安定並びに国際的緊張を緩和するための努力、社会・経済的開発の促進、地域紛争の平和的解決、軍備競争の防止と国際的管理のもとでの軍縮の実現といった要素も考慮すべきであることなどが盛り込まれた。
武器輸出に関する欧州連合行動規範	この行動規範には、加盟国が武器の輸出許可申請を審査するにあたり、武器が輸入国内の抑圧に使用される明白なリスクがある、武器が輸入国の武力紛争を誘発あるいは長期化したり緊張や紛争を激化させたりする、輸入国が他国への侵略等にその武器を使用する明白なリスクがある場合には武器輸出を許可しないことが記された。2008年には、この行動規範の内容を修正したうえで、「軍用技術と装備の輸出規制に関する共通規則を定める2008年12月8日欧州連合理事会の共通の立場2008/944/CFSP」が合意された。
小型武器・軽兵器に関するOSCE文書	この文書には、参加国が小型武器の輸出を許可したときに、人権および基本的自由の侵害あるいは抑圧に使用される、他国の国家安全保障を脅かす、既存の武力紛争を長期化あるいは激化させる、組織犯罪を助長するといった明確なリスクがあると判断した場合には輸出許可を避けることが記された。
小型武器・軽兵器に関するナイロビ宣言およびナイロビ議定書の実施のためのベスト・プラクティス・ガイドライン	このガイドラインには、ナイロビ議定書の締約国は小型武器・軽兵器の移転について、人権の侵害や抑圧に使用される、・国際人道法の重大な違反の実行に使用される、最終目的地の国の国内情勢を悪化させるために使用される、テロ行為の実行あるいはテロリズムの支援または助長に使用されるといった可能性がある場合には移転を許可しないことが盛り込まれた。
武器、弾薬、爆発物および他の関連物資の移転に関する中央アメリカ諸国行動規範	この行動規範には、加盟国が次のような国に対する（あるいは次のような国からの）武器等の移転を行わないとして、人道に対する罪・人権侵害・国際人道法の重大な違反を実行ないし支援している国、武力紛争に関与している（自衛行為の場合等を除く）国、多数の避難民や難民を生みうる行為に関与している国、テロリズムや関連行為に関する国際合意を遵守していない国などが挙げられた。

	小型武器、軽兵器、その弾薬および他の関連物資に関するECOWAS条約	この条約には、締約国は次のような場合には小型武器・軽兵器等の移転を許可しないとされ、人権の侵害や抑圧に使用される、国際人道法の重大な違反やジェノサイド、人道に対する罪の実行に使用される、最終目的地の国内情勢を悪化させるために使用される、暴力犯罪あるいは組織犯罪を実行するあるいは実行を助長するために使用される、持続可能な開発を妨げるといった場合が挙げられた。
	小型武器・軽兵器、その弾薬並びにそれらの製造、修理、組立のために使用されうるすべての部品および構成品を規制するための中央アフリカ条約	この条約には、小型武器・軽兵器等が、国際人権法あるいは国際人道法の違反、戦争犯罪、ジェノサイドまたは人道に対する罪の実行、もしくはテロリストの目的のために使用されるあるいはその可能性がある場合には、締約国はその移転を許可しないものとした。
8-5	**女性および子どもに対する重大な暴力行為**	ATTにこの文言が含まれたのは、性が社会的に構築されるという思考に基づくジェンダー（およびGBV）概念は認めないが「女性と子どもに対する暴力」といった文言なら許容すると主張したバチカン市国などの国々に対する譲歩であったといえる。この文言について、多くのNGOは、女性と子どもを一括りにする発想に基づくものだと批判した。
8-6	**国際的な組織犯罪の防止に関する関する国際連合条約を補足する銃器並びにその部品および構成部分並びに弾薬の不正な製造および取引の防止に関する議定書（銃器議定書）**	2000年の国際組織犯罪防止条約に付随する3議定書のうちのひとつである。この議定書は、銃器等の非合法な製造および取引を犯罪と規定する国内法の整備、製造時および輸入時の銃器等への刻印、銃器等の製造や取引の記録保持などに関する各国の義務を規定している。
第9章　新技術、サイバー空間、宇宙の規制		
9-2	**徘徊型兵器（loitering munition）**	防空レーダーなどから発信される電波を感知したら、自動でその発信源に突撃して破壊する「対レーダー自動突入式」と、機体のカメラが捉えた標的の様子を映し出すタッチスクリーンのタブレット型コントローラーやFPV（1人称視点）ゴーグルなどで映像を確認しながら遠隔操作する「カメラ映像遠隔操作式」の二つがある。カメラ映像遠隔操作式のものには標的をロックオンする機能もあり、ロックオン後は移動する標的も自動で追跡する。

武装無人航空機	目的地まで自動操縦で移動したり、他の航空機の接近を感知し、自律的に衝突を回避したりできるが、基本的には遠隔操縦で運用される、高高度かつ長時間の飛行が可能で偵察を行える軍用無人航空機を武装したものである。ちなみに、飛行ドローンのほとんどは、国際民間航空条約（シカゴ条約）の適用対象となる「航空機」（aircraft）である。日本の場合、航空法で機体重量100グラム以上のドローンを「無人航空機」とし、運用を規制している。
中立法	国家による他国への武力の行使を原則として違法とした国連憲章が制定される以前の、戦争が国際法で禁止されていなかった時代に、慣習国際法として形成され、発展してきた戦争当事国と中立国の権利義務に関する法である。
慣習国際法	通常、法は成文化されているが、国際法の場合、慣習国際法という成文化されていない法もあり、国家を拘束する。国家間関係の中で同様の行為が継続的に繰り返される「一般慣行」が見られ、その一般慣行は国際法上の義務として行われていると多くの国が認識する「法的確信」がある場合、慣習国際法として成立する。
市民的及び政治的権利に関する国際規約	1966年12月16日の国連総会で採択された人権の国際的な保障を目的とする条約の1つである。法の下の平等、公正な裁判と無実と推定される権利、思想や良心、宗教の自由、表現の自由、平和的な集会や結社の自由、少数民族の権利の保護などを規定している。また、恣意的な生命の剥奪、拷問や残虐で品位を傷つけるような取り扱い、奴隷と強制労働、恣意的な逮捕、戦争の宣伝、人種的もしくは宗教的憎悪の唱道などを禁止している。
ターゲット・ドローン	対空射撃訓練で用いられる標的機である。AROSとしての機能を持つものも増えている。ターゲット・ドローンを改造して巡航ミサイルや徘徊型兵器のように使用している事例もある。また、例えば、米国のクレイトス社が開発しているXQ-58Aヴァルキリーなどの AI 搭載型無人戦闘機は自律型致死兵器システム（LAWS）に近いと考えられているが、その開発の基盤はジェットエンジンを搭載したターゲット・ドローンの技術である。

	無人飛行体	飛行ドローン全般に加え、巡航ミサイルなども含む用語である。国際民間航空機関（ICAO）は、飛行ドローンに関する航空管制上のルールを検討する過程で、国際民間航空条約（シカゴ条約）の適用対象となる「航空機」（aircraft）ではないものも含むUAVという用語の使用をやめている。
	爆発性兵器	爆発を引き起こし、爆風や破片による被害が広範囲に及ぶ兵器である。無誘導弾や多連装ロケット発射システム、即席爆発装置（IED）なども含まれると考えられている。
9-3	**人工知能**	人工知能の研究は、アルゴリズムや高性能な計算機の発達、ビッグデータの利用可能性などにより、「第3の波」を迎えている。特にディープラーニング（深層学習）の導入は、学習データから自動的かつ高精度の予測モデルの抽出を可能にし、軍事・民生用途を問わず実用化への動きを加速させた。その一方、思考過程のブラックボックス化や意思決定をめぐる責任の所在など、技術、法、倫理なども含む多様な問題が提起されている。
9-4	**DDoS攻撃**	DDoS攻撃とは、データの過負荷によりサービスを拒否させるDoS攻撃の分散型で、コンピュータ・ウイルスによって乗っ取った世界中のコンピュータから、ターゲットとなるウェブサイト等に同時にアクセスすることにより、ターゲットを機能不全に陥れる攻撃手法である。
	ハイブリッド戦	軍事的な手段にとどまらず、政治・経済的な圧力やサイバー攻撃、情報・心理戦などの非軍事的なツールも組み合わされた複合的な軍事戦略のこと。
	サイバー犯罪条約	欧州評議会が2001年に採択したサイバー犯罪条約（2004年発効）は、サイバー犯罪に対処するための唯一の条約であり、コンピュータ・システムに対する違法なアクセス等一定の行為を犯罪化することのほか、コンピュータ・データの迅速な保全等に係る刑事手続の整備、犯罪人引渡し等に関する国際協力等を締約国に求めるものである。
	サイバーセキュリティに関する国連政府専門家会合（GGE）	サイバー空間における国際安全保障に関して、国家の責任ある行動や国際法の適用について議論するため、2004年から国連第一委員会の下に設置された。2019年から2021年の第6会期では、25カ国の専門家（25名）によって国際法のサイバー空間への具体的な適用等について議論され、報告書が採択された。

	タリン・マニュアル	2007年のエストニア事件を契機に首都タリンに設立されたNATOによるサイバー防衛研究センター（CCDCOE）において、各国の国際法専門家により、サイバー攻撃に対して適用される国際法規について検討された結果を、『タリン・マニュアル』、『タリン・マニュアル2.0』として公表したもの。
	スタックスネット	2010年にイランのナタンズにあるウラン濃縮施設の遠心分離機を制御するシステムを攻撃したマルウェア。米国とイスラエルの共同作戦とされ、USBメモリに仕込まれたプログラムが、施設内の制御システムの脆弱性を標的として攻撃し、イランの核開発を妨害した。
	マルウェア	意図しない機能を作動させる不正ソフトウェアのことで、コンピュータやネットワーク上のウイルス、ワーム等が含まれる。
	サイバーセキュリティに関する国連オープン・エンド作業部会 (OEWG)	サイバー空間における国際法の適用や国際規範等について、ロシアや中国が主導して2019年に開始された。全ての国連加盟国のほか、民間企業、非政府組織等の参加を可能とする会合として2021年には報告書が採択され、さらに2025年までの期間で議論が行われている。
9-5	**弾道ミサイル**	弾道ミサイルは、ロケットエンジンにより大気圏高層や大気圏外の宇宙空間まで打ち上げられ、その慣性の力によって飛翔した後、大気圏に再突入して目標地点に落下する。原理としてはロケットと変わらないが、目標地点を攻撃する弾頭を搭載するなど、一般的には大量破壊兵器の運搬手段として使用される。
	巡航ミサイル	巡航ミサイルは、飛行機のように翼を持ち、ジェットエンジンにより自らの推進力で大気圏内を飛行する。第2次世界大戦でドイツが使用したV-1が史上初の巡航ミサイルとされ、弾道ミサイルに比べ技術開発や機材の入手が容易なことから拡散が助長された。
	ミサイル技術管理レジーム (MTCR)	核兵器の運搬手段となるミサイル及びその開発に寄与し得る関連汎用品・技術の輸出を規制することを目的として1987年に発足した紳士協定である。湾岸戦争を契機として、1992年7月には、生物・化学兵器を含む大量破壊兵器を運搬可能なミサイル及び関連汎用品・技術も対象とするガイドラインの改正が行われた。参加国は、2016年にインドが加わり、35カ国になっている。

	弾道ミサイルの拡散に立ち向かうためのハーグ行動規範(HCOC)	2002 年にハーグで弾道ミサイルの不拡散を目的として 93 カ国の参加を得て採択された初めての国際的合意であり、原則、一般的措置、信頼醸成措置、組織的事項から構成される。145 カ国が参加し、参加国は弾道ミサイル拡散を防止・抑制し、弾道ミサイルの実験・開発・配備を自制することが求められ、弾道ミサイルや宇宙ロケットの発射を事前に通報することや年次報告の提出を約束する。
	弾道ミサイル防衛(BMD)	相手国から発射され飛来してくる弾道ミサイルに対して、それが着弾するまでの間に撃墜し、国土を防衛しようとする構想、またはそれを撃墜するための兵器体系。相手に弾道ミサイルによる攻撃が無益であると認識させる拒否的抑止の代表例とされ、各種迎撃ミサイル、レーダー、通信システム等により、探知と迎撃を組み合わせた多層的なシステムが構築される。
9-6	**採択**	条約の締結手続きにおける 2 つの段階の区切りに位置し、作成した条約文をその後、法的拘束力をもつ文書とするための手続に乗せることを意味する。採択された条約文は原則として条約への署名が行われた時点で最終的に確定される。
	国連総会の補助機関	国連憲章第 22 条に基づいて、国連総会がその任務遂行に必要と認めたときに設ける機関をいう。
	宇宙空間平和利用委員会(COPUOS)	国連憲章第 22 条に基づき設置された 105 番目の委員会で、宇宙の平和利用における国際協力の推進や宇宙の探査・利用から生じる法的諸問題の研究を任務とする。
	発効	ある条約に拘束されることについて最終的な同意を表明した国家間で、当該条約が法的拘束力をもつようになることをいう。
	宇宙条約	正式名称は「月その他の天体を含む宇宙空間の探査及び利用における国家活動を律する原則に関する条約」。宇宙の探査・利用はすべての国の利益のために行う法的義務が課されること(第 1 条)、宇宙の領有の禁止(第 2 条)、非政府団体の活動についても国家が直接に国際的責任を有すること(第 6 条)などを規定する。

対衛星 (ASAT) 攻撃	ASAT は Anti-Satellite の略。ASAT 兵器には、地球から発射する弾道ミサイル、標的衛星と同軌道に入り体当たりをして破壊する地雷型衛星などさまざまなタイプがある。これまで衛星の物理的破壊を伴う ASAT 実験を行ったのは、米ソ (ロシア時代にはなし) に加えて中国、インドの 4 カ国である。
宇宙ゴミ	衛星打上げにおいて必ず放出されるロケットの上段、寿命を終えて機能を停止した衛星やその破片など、非機能宇宙物体をいう。
月協定	COPUOS が作成した 5 番目かつ最後の条約であり、1979 年に署名のために開放され 1984 年に発効した。2021 年現在の締約国は 18 カ国に留まり、その中に自国領域内に射場とロケットを保有する自律的宇宙活動国は存在しない。インド、フランスは署名のみで、批准はしていない。
廃棄	条約締約国が当該条約により拘束されない意思を一方的に表明する行為をいい、国際法が規定する要件を満たすとその法的効果が生じる。二国間条約の場合には当該条約は終了する。
宇宙の軍備競争防止 (PAROS) アドホック委員会	PAROS とは Prevention of Arms Race in Outer Space の略語である。PAROS 委員会は常設のものではなく、CD で毎年設置するか否かをコンセンサス方式で決定したためにアドホック委員会といわれる。
宇宙システム	「宇宙資産」(space assets) ともいう。宇宙で運用される物体は、地上設備から通信リンクを用いて管制されており、場所を区分してその安定的な運用を考えることが有益ではないことを強調する。
宇宙空間物体 (outer space object)	国連宇宙関係条約が用いる「宇宙物体」(space object) とは異なる概念で、地球を一周する軌道の少なくとも一部を通航しそこから他の場所に向かうか、地球周回軌道にあるか、それ以外の方法で宇宙空間にとどまる物体をいう。
宇宙兵器配置禁止条約 (PPWT) 案	ロ中が、2008 年および 2014 年に軍縮会議 (CD) に共同で提出した宇宙軍備管理条約案。宇宙空間に宇宙兵器を配置すること (少なくとも、地球周回軌道の一部を通過すれば、「配置」とみなされる) や、「宇宙空間物体」(新たに導入された概念で国連宇宙諸条約の「宇宙物体」とは異なる) への武力の行使または武力により威嚇を禁止するが、自衛権の行使であればそれらの行動は許容されるという内容である。

	「責任ある行動の規範、規範および原則を通じた宇宙における脅威の低減」決議	英国が主導し、日米を含む西側諸国が支持して 2020 年に採択された国連総会決議で、今後、国連での議論を通じて、宇宙システムに対する脅威の内容を同定し、「無責任な行動」および「責任ある行動」とはなにかを考察し、宇宙の平和、安全、安定的かつ長期持続可能な環境を実現するための規範、規則、原則を勧告文書として作成しようとするもの。
	ハーグ行動規範	2002 年に国連外で採択された政治的文書で正式名称は「弾道ミサイルの拡散に立ち向かうためのハーグ行動規範」。ミサイルやロケットの開発、実験、配備などについての透明性を確保するための信頼醸成措置を規定する。
第 10 章　軍縮の多元的パースペクティブ		
10-1	**ハーグ陸戦条約**	1899 年の第 1 回ハーグ平和会議で採択され、1900 年に発効した戦争法であるハーグ陸戦条約に、若干の修正を加えたものである。1907 年の第 2 回ハーグ平和会議で採択され、1910 年に発効した。22 条で害敵手段について無制限の選択を有するものではないことが明記され、また 23 条 a において戦時において不必要な苦痛を与える兵器、投射物、その他の物質の使用が禁止されている。
	ボズニア・ヘルツェゴビナ空爆	クロアチア系、ムスリム系、セルビア系の 3 つ巴の戦闘が繰り広げられていたボスニア・ヘルツェゴビナ共和国では 1995 年 7 月、スレブレニツァの大量虐殺事件が発生するなど人道危機が拡大した。これを食い止めるため、1995 年 8 月 30 日～9 月 20 日、NATO がセルビア人の軍事拠点を空爆した。
	ESG 投資	環境 (E)、社会 (S)、コーポレートガバナンス (G) に配慮した企業を選別して投資を行うもの。コフィー・アナン国連事務総長は 2006 年、金融機関に向け、社会に対してより責任のある投資を行うという「責任投資原則」(PRI) を呼びかけ、意思決定に際しては ESG の観点を考慮するよう要請した。SDGs とも整合する概念として認識されてきている。
10-2	**国連安保理決議 1325**	女性と平和・安全保障の問題を明確に関連づけた初の安保理決議で 2000 年 10 月に採択。武力紛争が女性に与える様々な影響に焦点を当て、紛争予防・平和構築・復興等のすべてのプロセスにおけるあらゆるレベルの意思決定への女性の参加を求めた。採択された当初はどちらかと言えば、平和構築における女性の保護と参画に主眼に置かれていたが、次第に軍縮分野での政策論議の場でも参照されるようになってきている。

	インターナショナル・ジェンダー・チャンピオンズ(IGC)・軍縮インパクトグループ	国連加盟国、国際機関、市民社会の女性リーダーと男性リーダーのネットワークとして、インターナショナル・ジェンダー・チャンピオンズ(IGC)が2015年7月に発足。IGC内には6つの重点的分野を推進するインパクトグループが置かれており、その1つが「軍縮インパクトグループ」である。2021年3月の時点で、カナダ、アイルランド、ナミビア、フィリピンの各代表と国連軍縮研究所が共同議長を務めており、対話の促進や知見の共有、軍縮プロセスにおけるジェンダー的視点を盛り込むための働きかけを行っている。
10-4	**国連世界軍縮キャンペーン**	1982年6月7日～7月10まで開催された第2回国連軍縮特別総会における決議により開始。軍備管理・軍縮の理解を広く一般に普及させることを目標に、教育資料を準備したり、セミナーを実施したり、広告・宣伝活動を展開したりした。しかし冷戦期、軍拡を続ける米ソに批判的とみられるようなキャンペーンの実施は難しく、予算も十分に確保できなかった。
	軍縮・不拡散教育のための政府専門家グループ	2000年にメキシコ政府が主導した国連決議案で、軍縮・不拡散教育を促進するための研究をすすめることが要請され、全会一致で採択された。そして2001年にこの決議に沿って、軍縮・不拡散教育のための政府専門家グループが国連事務総長によって任命された。このグループは、エジプト、ハンガリー、インド、日本、メキシコ、ニュージーランド、ペルー、ポーランド、スウェーデン、セネガルの10カ国からのメンバーで構成されていた。同グループは、2001年から2002年の2年間にわたり、ニューヨークで2回、ジュネーブ、モントレーでそれぞれ1回、計4回の会議を持ち、研究努力を重ね、「軍縮および不拡散教育に関する国連事務総長の報告書」を作成した。
	ユース・フォー・ディスアーマメント	2019年国連軍縮局が設立したアウトリーチイニシアチブである。世界各地の若者が、国際安全保障の問題や、国連の役割について知り、また、関連する活動に活発に参加するうえで必要な方法を学べるよう専門家との交流機会を提供している。軍縮促進への若者の主体的関与を促進するべくコンテストなどを含む様々なイベント、人材育成・教育活動を行っている。

ユース非核特使	被爆者の高齢化が進む中、被爆の実相の次世代への継承と活動の後押しを行うべく、日本政府は軍縮・不拡散分野で活発に活動する若い世代に対し、「ユース非核特使」の名称を付与して、核軍縮・不拡散関連の活動を委嘱している。ユース非核特使はこれまで、ジュネーブ軍縮会議でスピーチを行ったり、NPT 再検討会議など軍縮関係の国際会議に参加するなど活躍している。
国際平和拠点ひろしま	2011 年 10 月に核兵器無き平和な国際社会の実現のため、核廃絶のプロセスや復興・平和構築などの分野において世界の中の広島として果たす使命と役割等を「国際平和拠点ひろしま構想」として、国内外の有識者からなる策定委員会が取り纏めた。同委員会は翌年 10 月にその構想の具体化の取組の方向性を示す「国際平和拠点ひろしま構想推進ガイドライン」を策定。これに従って、核廃絶のメッセージを広島から発信する国際会議や、平和構築の人材育成等幅広い活動を展開している。

資料編

【資料 1】文献案内

【資料 2】図表

軍縮関連年表（2012 年以降）

軍縮関連条約一覧

【資料1】文献案内

1章

黒澤満『核軍縮と国際法』有信堂高文社、1992年

SALT、INF条約、STARTの交渉過程や条約の内容を、特に国際法の側面から分析したものである。

戸﨑洋史「米ロ軍備管理―単極構造下での変質と国際秩序」『国際安全保障』第35巻第4号（2008年3月）

冷戦期の二極構造下で形成された米ソ（露）二国間の核軍備管理が、冷戦終結後の単極構造下でどのように変容し、また課題を抱えたかを分析したものである。

戸﨑洋史「米露軍備管理―新STARTの『暫定性』とその課題」『立法と調査』第309号（2010年10月）

新STARTの背景、交渉過程、条約の内容、ならびにさらなる核兵器削減の課題について分析・検討したものである。

秋山信将編『NPT―核のグローバル・ガバナンス』岩波書店、2015年4月

米露（ソ）核軍備管理の背景、概要および課題について分析したものである。

森本敏、高橋杉雄編『新たなミサイル軍拡競争と日本の防衛―INF条約後の安全保障』並木書房、2020年9月

INF条約の概要や失効の背景、ポストINF条約時代の軍備管理・軍縮を含む安全保障課題について多面的に分析・検討したものである。

Rose Gottemoeller, *Negotiating the New START Treaty,* Cambria Press, 2021.

新STARTの米国の交渉主担当者が、条約の交渉過程や米政府内の議論などをエッセイ風に記述したものである。

2章

2-1

浅田正彦『核不拡散と核軍縮の国際法』有斐閣、2023年。

核不拡散と核軍縮をめぐる様々な問題を国際法の観点から解説。

Scott D. Sagan and Kenneth N. Waltz, *The Spread of Nuclear Weapons: An Enduring Debate,* Third Edition, New York, NY: W. W. Norton & Company Ltd., 2013.

核拡散派のケネス・ウォルツと核不拡散派のスコット・セーガンの間でなされた学術的な論争を収めたもの。

Ken Berry, Patricia Lewis, Benoit Pélopidas, Nikolai Sokov and Ward Wilson, *Delegitimizing Nuclear Weapons: Examining the validity of nuclear deterrence* , Monterey, CA: James Martin Center for Nonproliferation Studies, 2010.

核抑止理論の有効性を歴史、安全保障、国際法などの観点から検討した上で、核兵器の非正当化のための方策を論じたもの。その後の核兵器禁止条約の機運の高まり

において理論的な基盤を提供した。

Lawrence Freedman and Jeffrey Michaels, *The Evolution of Nuclear Strategy,* Fourth Edition, London, UK: Palgrave Macmillan, 2019.

1945年に核兵器が誕生して以来の核戦略の歴史をまとめたもの。

2–2

佐藤栄一、木村修三編『核防条約』日本国際問題研究所、1974年。

本書では、NPTが成立した過程や、当時の国際社会が抱えていた核をめぐる問題や日本がどのようにNPTを捉えていたかについてまとめられている。

秋山信将編『NPT：核のグローバル・ガバナンス』岩波書店、2015年。

本書では、国際社会に点在するさまざまな核問題に対して、不拡散、核軍縮、そして原子力の平和利用を3本柱に据えるNPTが、解決法や対策の基軸となっていることが理解できる。

2–3

秋山信将編『NPT：核のグローバル・ガバナンス』、岩波書店、2015年。

NPTにおける核軍縮・不拡散の取り組み、その成り立ちやダイナミズムを解説・分析したもの。

日本戦略研究フォーラム「NPTハンドブック」、2017年。

NPTにおける主要論点をまとめたもの。

広島県・日本国際問題研究所軍縮・科学技術センター編「ひろしまレポート(2022年版)」、2022年。

2010年NPT再検討会議で合意された行動計画の主要各国の履行状況をまとめたもの。

2–4

浅田正彦・戸﨑洋史編『核軍縮不拡散の法と政治』信山社、2008年。

IAEAを柱の一つとする国際的核不拡散体制について理解を深めるために役立つ一冊。

David Fischer, *History of the International Atomic Energy Agency: The First Forty Years*, IAEA, 1997.

IAEAの生い立ちや変遷などをより詳しく勉強したい人には必読の書。

2–5

今井隆吉『IAEA査察と核拡散』日刊工業新聞社、1994年。

原子力工学の専門家であり軍縮代表部大使も務めた著者が、科学的見地からIAEAの査察について論じた一冊。

秋山信将編『NPT：核のグローバル・ガバナンス』岩波書店、2015年。

NPTとIAEA保障措置との関係などについて理解を深められる。

浅田正彦『核不拡散と核軍縮の国際法』有斐閣、2023年、第1章。

IAEA保障措置の内容を包括的保障措置協定および追加議定書を含めて解説。

2–6

木村直人『核セキュリティの基礎知識』日本電気協会新聞部、2012年。

核セキュリティの強化に資する諸条約や国際基準の整備、技術開発の動向などについて、保障措置や軍縮に関する解説も含め、包括的な考察を行っている。

Christopher Hobbs, Sarah Tzinieris and Sukesh Aghara, *The Oxford Handbook of Nuclear Security*, Oxford University Press, 2024.

法的、政治的、技術的側面を含む幅広い検討を通して核セキュリティに対する包括的な視点の提供を目的とした一冊。

2–7

秋山信将『核不拡散をめぐる国際政治—規範の遵守、秩序の変容』有信堂、2012 年。

本書では、NPT と IAEA を中心とした核不拡散レジームが、冷戦後に散見された特定の国家や非国家主体による新たな核拡散の脅威に、どのように対応してきたのかについてまとめたものである。

広島県・日本国際問題研究所軍縮・科学技術センター編「ひろしまレポート」(https://hiroshimaforpeace.com/hiroshimareport/)。

2013 年より毎年刊行されている本レポートでは、核軍縮、核不拡散、核セキュリティに関する各国の最新の動向がまとめられており、核をめぐる最新の国際的な状況が確認できる。

3 章

3–1

秋山信将「大国間の戦略的競争と核軍備管理」『国際問題』第 700 号、2021 年 4 月、49-57 頁。

大国間競争が強まる国際環境の下で、抑止と人道性をどう考えるかについての理解を深めることができる。

3–2

ブルース・A・ボルト(小林芳正訳)『地下核実験探知』古今書院、1986 年。

地震学的手法を軸に、核実験の早期探知と検証の在り方を技術的見地から論じたもの。

Ola Dahlman, Jenifer Mackby, Svein Mykkeltveit, Hein Haak, *Detect and Deter: Can Countries Verify the Nuclear Test Ban?*, Springer, 2011.

核実験監視技術の現代的課題や、科学と核軍縮とのシナジーを中心に、CTBT に携わる主立った科学者らがとりまとめた専門書。

一政祐行『核実験禁止の研究—核実験の戦略的含意と国際規範』信山社、2018 年。

核兵器開発と核実験の関係や、核実験の禁止規範と在るべき検証・査察メカニズムを論じた研究書。

3–3

公益財団法人日本国際問題研究所軍縮・不拡散促進センター(平成 26 年度外務省委託研究)核兵器用核分裂性物質生産禁止条約(FMCT)。

軍縮・不拡散促進センターが外務省からの委託により行った研究会での FMCT に関

連する報告・議論を研究会のメンバーが取りまとめたもので、HPで公表されている。
A Fissile Material Cut-off Treaty Understanding the Critical Issues, UNIDIR Geneva, Switzerland, UNIDIR 2010/4, Copyright United Nations 2010.
スイス政府の支援の下、国連の軍縮関係の研究所が2009年から開始したFMCTの歴史や重要な問題について外交官に想起させることを目的に実施したプロジェクトで収集した成果を2010年に出版したもので、HPで公表されている。

3-4

川崎哲『核兵器　禁止から廃絶へ』岩波書店、2021年。
核兵器禁止条約の成立過程、内容、今後の課題を簡潔に整理したブックレット。

赤十字国際委員会『赤十字国際レビュー　核兵器：人類が払う代償』原版2015年秋、日本語版2021年1月。
核兵器の非人道性について国際的観点から概観した特集。

浅田正彦『核不拡散と核軍縮の国際法』有斐閣、2023年、第6章。
核兵器禁止条約の内容をNPTとの関係を含めて解説。

3-5

高橋杉雄「核使用を防ぐために必要なこと」『外交』Vol.73,　May/Jun 2022: 14-19.
核兵器使用のリスクがなぜ生じるのか、リスクを低減させるために政治指導者は何をすべきかを論じた、安全保障論の専門家による論考。

4章

4-1

秋山信将・高橋杉雄『「核の忘却」の終わり：核兵器復権の時代』勁草書房、2019年。
米国、ロシア、中国による大国間競争の復活によって「復権」しつつある核兵器の役割、インド、パキスタンの核兵器をめぐる動向、サイバー空間と核管理の問題等を扱う。

4-2

梅林宏道『非核兵器地帯　核なき世界への道筋』岩波書店、2011年。
既存の非核兵器地帯の設立経緯や背景、意義について広く解説するとともに、北東アジアを含め新たな地帯設立が目指されている地域の現状と課題を分析。

Exequiel Lacovsky, *Nuclear Weapons Free Zones: A Comparative Perspective*, Routledge, 2021.
既存の非核兵器地帯の設立経緯の比較分析から、非核兵器地帯の成立に向けた諸条件を明らかにし、とりわけ中東非大量破壊兵器地帯の実現可能性を探る。

4-3

森本敏・高橋杉雄・戸﨑洋史・合六強・小泉悠・村野将『新たなミサイル軍拡競争と日本の防衛：INF全廃条約後の安全保障』並木書房、2020年。
INF全廃条約失効を受け、軍備管理、欧州、ロシアの安全保障を専門とする研究者が刊行した論文集。地域の核拡散、大国間競争の復活という新たな事態を踏まえた軍備管理や抑止戦略について検討し、日本の安全保障への考察、提言も行っている。
小此木政夫・西野純也編『朝鮮半島の秩序再編』慶應義塾大学出版会、2013年
李明博政権の発足後に発刊されたが、韓国、北朝鮮の外交、安全保障政策、周辺国の対朝鮮半島政策を歴史的経緯も踏まえ、過不足なく検討している。
一政祐行『検証可能な朝鮮半島非核化は実現できるか』信山社、2020年
核実験の専門研究者の視点から朝鮮半島の非核化を概説している。合意文書の検討を基に、金正恩・トランプ両政権までの米朝関係を検討し、朝鮮半島非核化の可能性を論じている。

4-4

会川晴之『独裁者に原爆を売る男たち一核の世界地図』文藝春秋、2013年。
パキスタンのカーン博士が築いた「カーン・ネットワーク」を分析した新書。北朝鮮、イラン、リビアといった国々への核拡散の過程を紹介。
栗田真広『核のリスクと地域紛争—インド・パキスタン紛争の危機と安定』勁草書房、2018年。
インド・パキスタンの紛争における核兵器の役割を題材に、現代の地域紛争の中で核兵器が持つ意義を分析した研究書。
Yogesh Joshi and Frank O'Donnell, *India and Nuclear Asia: Forces, Doctrine, and Dangers*, Georgetown University Press, 2019.
インドの核戦略・核戦力の実態や発展の歴史と、その背後にあるインド固有の考え方を考察した研究書。

4-5

北野充『核拡散防止の比較政治』ミネルヴァ書房、2016年。
イスラエル、イラン、イラク及びリビアの中東4カ国の事例も含め、核開発の経緯や展開を詳細に辿り、理論を用いて各国の核兵器取得の動機を分析し、対応を検討した、外交官による専門書。
戸﨑洋史「中東の核兵器拡散問題と対応」秋山信将編『NPT：核のグローバル・ガバナンス』岩波書店、2015年、133-161。
NPTの文脈から中東の核拡散問題を概観・分析し、NPT強化との関連で重要な論点を提示した核不拡散の専門家による論文。

4-6

秋山信将『核不拡散をめぐる国際政治－規範の遵守、秩序の変容』2012年、有信堂。
核不拡散のための規範や政策措置の発展について概説。規範を維持することと、実効性を担保していくこととの両立をどのように図っていくのか、その課題は何であるのかを、2008年に最終的に成立した米印原子力協定や、2012年（本書の出版年）までのイランをめぐる核問題の経緯も踏まえ、分析したもの。
高橋杉雄「対北朝鮮抑止の再構築」『海外事情』2018-5・6、128-147。
報復能力があることを相手側に認識させ、攻撃には高い代償がともなうことを理解

させることによって相手側に攻撃を思いとどまらせるという抑止の考え方と、自国には損害を限定できる能力があることを相手側に認識させ、攻撃による目標達成は困難であると判断させることで、攻撃を思いとどまらせるという抑止の考え方について整理したうえで、北東アジアの戦略的変化を踏まえ、新たな抑止戦略構築の必要性について論じている。

合六強「長期化するウクライナ危機と米欧の対応」『国際安全保障』第48巻第3号、2020年12月、32-50。

ロシアが2014年、ウクライナのクリミアを一方的に併合したことによって悪化した、米国・欧州とロシアの関係に関連し、2020年夏までの状況について論じたものである。2022年2月24日に始まったロシアによる軍事侵攻に至る、ウクライナ危機の状況、欧米諸国が直面した隘路を知るうえで有益な論文である。

5章

阿部達也「化学兵器の使用禁止に関する規範の位相」『国際法外交雑誌』第110巻3号、2011年、1-26。

内戦における化学兵器の使用を犯罪化した、国際刑事裁判所規程の改正を手掛かりに、化学兵器使用禁止規範を分析したものである。

阿部達也「シリアの化学兵器廃棄」『法学教室』第402号、2014年、82-89。

シリアの化学兵器の廃棄に関する国連安保理決議2118を中心に、シリアの個別問題と一般的な化学兵器禁止規範を検討したものである。

浅田正彦「化学兵器使用禁止規範の歴史的展開とシリア内戦」『日本軍縮学会ニュースレター』第16号、2014年、7-15。

シリア内戦における化学兵器の使用に対する安保理の対応を中心に、化学兵器の使用禁止問題を検討したものである。

浅田正彦「化学兵器禁止条約における遺棄化学兵器の廃棄」柳井俊二・村瀬信也編『国際法の実践』信山社、2015年。

日本の中国遺棄化学兵器の廃棄に関する化学兵器禁止条約上の扱いを、貯蔵化学兵器と対比しながら検討している。

阿部達也「化学兵器禁止条約とリビア」『CISTEC Journal』第169号、2017年、52-67。

リビアによる化学兵器禁止条約の履行について、カダフィ政権下の措置とカダフィ後の措置とに分けて実体面と手続面の双方から論じたものである。

阿部達也「シリアの化学兵器問題」日本軍縮学会編『軍縮・不拡散の諸相』信山社、2019年。

シリアの化学兵器問題に対する国際社会の対応について、国際社会の協調と対立という構図に着目して議論したものである。

浅田正彦「化学兵器の使用と国際法」浅田正彦ほか編『現代国際法の潮流Ⅱ』東信堂、2020年。

19世紀以来の国際法における化学兵器使用禁止問題の展開を歴史的に検討したものである。

浅田正彦「シリアにおける化学兵器の使用とOPCWの使用者特定制度」『同志社法学』第74巻2号、2022年、1-57。

化学兵器の使用疑惑についての調査制度の歴史的変遷を、シリアにおける化学兵器の使用との関係で検討したものである。

Stockholm International Peace Research Institute, *The Problem of Chemical and Biological Warfare, Vol. III: CBW and the Law of War*, SIPRI, 1973.

特にジュネーブ議定書における化学兵器の使用禁止問題を詳細に論じている点で便利である。

Michael Bothe, Natalino Ronzitti and Allan Rosas (eds.), *The New Chemical Weapons Convention: Implementation and Prospects*, Kluwer, 1998.

化学兵器禁止条約に関連する種々の問題を検討した論文集である。

Walter Krutzsch, Eric Myjer and Ralf Trapp (eds.), *The Chemical Weapons Convention: A Commentary*, Oxford U.P., 2014.

化学兵器禁止条約の最も詳細な注釈書である。

Organisation for the Prohibition of Chemical Weapons, *OPCW: The Legal Texts*, 3rd ed., Asser Press, 2014.

化学兵器禁止機関(OPCW)が発足以来作成し、採択してきた化学兵器禁止条約関連の文書を集成したものである。

6章

日本軍縮学会『軍縮研究』第7号、2016年10月。

生物兵器禁止条約(BWC)第8回運用検討会議に向けた特集号であり、田中極子「BWCにおける条約順守確保の取組み」、四ノ宮成祥「生命科学のデュアルユース議論と機能獲得研究の現状」、斎藤智也「バイオセキュリティのランドスケープ：公衆衛生と安全保障の視点から」、天野修司「BWCにおける信頼醸成措置の現代的意義」が掲載され、生物兵器禁止の経緯から現代的課題への取組みを幅広く議論している。

天野修司「生物兵器禁止条約の役割の変化」山本武彦・庄司真理子編『現代国際関係学叢書第2巻：軍備・軍縮管理』志學社、2017年。

多様化する生物学的脅威の実像と、それに合わせたBWCレジームの役割の変化について解説している。

新井勉「生物兵器の危険性とその規制の困難性」『国際問題』第529号、2004年、52-67。

生物兵器開発の歴史や壁の特徴を踏まえて、なぜ軍縮がむつかしいのか、その理由がわかりやすくまとめられている。

四ノ宮成祥・河原直人編著『生命科学とバイオセキュリティ：デュアルユース・ジレンマとその対応』東信堂、2013年。

生命科学の発展に伴うデュアルユース・ジレンマの概念、歴史や現在の動向、また、それへの対応としての倫理とバイオセキュリティについて詳細に論じられている。

杉島正秋「国連総会決議37/98Dの研究」『名古屋大学法政論集』第112号、1986年、75-115。

黄色い雨に関する国連の事実調査活動をとりあげ、米ソの政治対立の中でどのように実施されたかを検討している。

田中極子「バイオ技術の発展と生物兵器の不拡散ーグローバル・ガバナンスの発展」『軍縮・不拡散の諸相』信山社、2019年。

バイオ技術の発展に伴うバイオセキュリティに対して、公衆衛生分野と安全保障分野の取組みと科学者コミュニティによる取組みによるガバナンスの形成について論じている。

ケン・アベリック（山本光伸訳）『バイオハザード』二見書房、1999年。

生物兵器禁止条約に違反して遂行された旧ソ連における生物兵器計画の実態を世に知らしめたBiohazardの邦訳。

Filippa Lentzos eds., *Biological Threats in the 21st Century*, Imperial College Press, 2016。

生物兵器の使用および開発の歴史、バイオテロや生命科学分野の発展に伴うデュアルユース懸念を含む現代的課題、生物兵器の軍縮・不拡散への取組みを網羅的に取り扱っている。

The National Academies of Science Engineering Medicine, *Biodefense in the Age of Synthetic Biology*, National Academies Press, 2018。

合成生物学の分野において、悪用される可能性が高い科学技術のリスク評価を行うためのフレームワークを示している。

7章

7-2

箱崎幸也編集主幹『CBRNEテロ・災害対処ポケットブック』診断と治療社、2020年。

核、生物剤、化学剤、爆発物の基本的な解説と、災害現場での対処マニュアル。学生もこのような実践的知識に興味を示すことが望ましい。

事態対処研究会編『実戦CBRNeテロ・災害対処』東京法令出版、2018年。

基本事項の解説にとどまらず、各分野の第一人者が日本の現状の問題点を鋭く提示していて読み応えがある。なお書名にあるeは爆発物explosiveのこと。

7-3

田上博道・森本正崇『輸出管理論ー国際安全保障に対応するリスク管理・コンプライアンス』信山社、2008年。

日本における輸出管理政策について網羅的に解説されている一冊。

村山裕三編『米中の経済安全保障戦略ー新興技術をめぐる新たな競争』芙蓉書房出版、2021年輸出管理を外交政策の側面から歴史的に分析している一冊。
浅田正彦編『輸出管理—制度と実践—』有信堂、2012年。
輸出管理に関する制度と実践について各地域・分野の専門家が執筆した教科書的な一冊。

7-5

吉田靖之『海上阻止活動の法的諸相：公海上における特定物資輸送の国際法的規制』大阪大学出版会、2017年。
第4章でPSIの法的基盤整備の試みとしての国連安保理決議1540、2国間乗船協定、SUA条約2005年議定書を分析している。
西田充「拡散に対する安全保障構想（PSI）」『外務省調査月報』2007年度No.1、31-67。
阻止原則宣言の内容を詳細に分析するとともに、PSI成立の背景にある米国の国防政策や、PSIと関連条約及び日本の国内法との関係について考察している。
萬歳寛之「拡散に対する安全保障構想（PSI）に関する国際法上の評価」『早稲田大学社会安全政策研究所紀要』第2号、2009年、145-168。
海上でのPSIの実施に伴う問題について、航行の自由や旗国主義といった国際法的観点から考察している。

8章

目加田節子『国境を超える市民ネットワーク—トランスナショナルシビルソサエティ』東洋経済新報社、2003年。
対人地雷禁止条約をはじめとする、NGOが関与した条約の成立過程について詳述している。
岩本誠吾「特定通常兵器使用禁止制限条約（CCW）の成立過程」榎本珠良編『禁忌の兵器—パーリア・ウェポンの系譜学』日本経済評論社、2020年、第6章。
1980年のCCW採択に至る長年の外交交渉の経緯を解説している。
足立研幾『オタワプロセス—対人地雷禁止レジームの形成』有信堂高文社、2004年。
NGOやカナダ等のミドルパワーの役割に注目しつつ対人地雷禁止規範の形成過程を分析している。
福田毅「国際人道法における兵器の規制とクラスター弾規制交渉」『レファレンス』第687号、2008年、第8章。
戦闘手段・方法に関する国際人道法の原則を解説した上で、クラスター弾規制交渉の論点を分析している。
榎本珠良『武器貿易条約—人間・国家主権・武器移転規制』晃洋書房、2020年。
小型武器のアジェンダ形成過程に関わるアクターに関して詳述、NGOを含む多様なアクターの役割やダイナミクスを分析している。また、19世紀のブリュッセル協定から現代の武器貿易条約（ATT）に至るまでの様々な移転規制にみられる人間観や国家主権観の変遷を指摘しつつ、ATTの形成過程や内容、採択後の諸課題を分析している。

佐藤丙午「小型武器問題とミクロ軍縮─新しい国際規範の形成と国連の役割」『防衛研究所紀要』第 6 巻第 1 号、2003 年 9 月、70-94。

初期の SALW 規制の国際規範形成過程を理解するために欠かせない論考。

西川由紀子『小型武器に挑む国際協力』創成社、2013 年。

アフリカ地域における小型武器の問題について、特に開発援助の見地から取り上げ、小型武器回収の課題に加え、小型武器が持つ文化的および社会経済的な価値についても検証している。

Shukuko Koyama "Just a matter of practicality: Mapping the role of women in weapons for development projects in Albania, Cambodia and Mali" in Vanessa Farr, Henri Myrttinen. and Albrecht Schnabel (eds.) *Sexed Pistols: The Gendered Perspectives on Small Arms and Light Weapons*. United Nations University Press. Tokyo, 2009: 329-355.

小型武器回収プロジェクトの実効性について、それまで主流であった量的調査手法ではなく、質的調査手法を用いて検証し、紛争調停や武器の回収において女性が主導的を担っていることを明らかにした。

Owen Greene and Nicolas Marsh (eds.), *Small Arms, Crime and Conflict: Global Governance and the Threat of Armed Violence*. Routledge. London and New York. SALW, 2012.

拡散のリスクについて紛争地域から家庭内暴力にいたる幅広い範囲で取り上げている。規制ガバナンスについて、コミュニティによる取組も視野に入れて検討している。

榎本珠良「西欧近代とアフリカ─非国家主体への武器移転規制の事例から」『アフリカレポート』第 55 巻、2017 年、116-127。

非国家主体への武器移転規制をめぐる問題認識や規制方法の歴史を概説し、それらの変遷がこの間の国家主権認識の変容を反映していることを論じている。

シンシア・エンロー（上野千鶴子監訳・佐藤文香訳）『策略─女性を軍事化する国際政治』岩波書店、2006 年。

女性兵士から性暴力の被害者、基地周辺の風俗関係者まで、かけはなれた状況にある女性たちを「女性の軍事化」という理論的枠組みで結びつけ、軍事とジェンダーの深い関係を照射している。

土佐弘之『グローバル／ジェンダー・ポリティクス─国際関係論とフェミニズム』世界思想社、2000 年。

日本の国際関係論においてジェンダーを正面から扱った数少ない文献の一つであり、フェミニズムに関心を持つ国際関係論者や安全保障研究者にとって必読の基礎文献。

榎本珠良編『国際政治史における軍縮と軍備管理─19 世紀から現代まで』日本経済評論社、2017 年。

19 世紀から現代までの武器移転規制と軍備の削減・制限の双方の側面を考察し、軍縮・軍備管理の歴史におけるこれら二側面の位置付けを理解し、過去の時代に関する研究が現代の政策論議に対して持ちうる示唆を考察している。

9章

リチャード・ウィッテル(赤根洋子訳)『無人暗殺機—ドローンの誕生』文藝春秋、2015年。

MQ-1プレデターの開発から実用化に至るまでの経緯を詳しくまとめている。

森山隆「『殺人ドローン』と呼ばれる武装無人航空機をめぐる議論の現状」榎本珠良編著『禁忌の兵器—パーリア・ウェポンの系譜学』日本経済評論社、2020年、371-377。

武装無人航空機の使用の禁止を求める主張も見られたが、そうならなかったのはなぜか解説している。

佐藤克枝「AI兵器に関する国際指針合意と国際人道法」『秋田法学』第61号、2020年、47-60。

LAWSの規制をめぐる主要国の立場を整理したうえで、国際人道法の観点からその存在や使用における課題を考察している。

佐藤丙午、森山隆「『自律型致死兵器システム』(LAWS)の禁止論と交渉の展望」榎本珠良編著『禁忌の兵器—パーリア・ウェポンの系譜学』日本経済評論社、2020年。

「パーリア・ウェポン」(=他の兵器に比べて特段に憎悪すべき存在)プロジェクトの一環として、LAWSの開発と規制をめぐる近年の論争を整理している。

ポール・シャーレ(伏見威蕃訳)『無人の兵団—AI、ロボット、自律型兵器と未来の戦争』早川書房、2019年。

「自律型兵器」と呼びうるものが発展してきた経緯と現代的問題、そして将来の課題について、米国の軍事アナリストが豊富な資料を用いてまとめている。

中谷和弘、河野桂子、黒﨑将広『サイバー攻撃の国際法—タリン・マニュアル2.0の解説』信山社、2018年。

タリン・マニュアル2.0の作成に参加した著者がこれを要約することで、サイバー攻撃に関する国際法を解説している。

谷脇康彦『サイバーセキュリティ』岩波書店、2018年。

サイバー空間における脅威の動向と、これに対する国家の対応や国際社会の議論等を紹介している。

小泉悠「寒い国から送り込まれた影のないスパイ」『軍事研究』第55巻第1号、2020年、66-79。

サイバー空間におけるロシアの活動を整理したものであるが、その事例を通してサイバー戦の全体像についての理解の助けにもなる。

村野将「「極超音速兵器」がもたらす安全保障上の影響」『海外事情』第68巻第2号、2020年、103-118。

HGVや極超音速巡航ミサイルについて解説し、主要国の動向をまとめ、極超音速兵器が今日の安全保障環境に与える影響を考察している。

Emmanuelle Maitre and Lauriane Héau, "The HCoC: A Small Yet Key Tool Against Ballistic

Missile Proliferation," HCoC Issue Brief, October 2020.
このペーパーをはじめとするHCOCの一連の論点ペーパーで、ミサイル不拡散の現状が把握できる。
有江浩一、山口尚彦「米国におけるIAMD（統合防空ミサイル防衛）に関する取組み」『防衛研究所紀要』第20巻第1号、2017年、37-61。
近年の複雑化する航空・ミサイル脅威について、米国のIAMDを解説しつつ将来の課題を整理している。
福島康仁『宇宙と安全保障―宇宙利用の潮流とガバナンスの模索』千倉書房、2020年。
宇宙の軍事利用の潮流を過去、現在、未来に亘り考察し、宇宙秩序構築のさまざまなアプローチを呈示する著書。
青木節子「21世紀の宇宙軍備管理条約案の現状と課題」日本軍縮学会編『軍縮・不拡散の諸相』信山社、2019年、421-441。
21世紀に軍縮会議に提案された個々の宇宙軍備管理条約案とそれに対する各国の見解を検討し、宇宙軍備管理条約作成困難の理由を呈示している。
黒崎将広、坂本茂樹、西村弓、石垣友明、森肇志、真山全、酒井啓亘『防衛実務国際法』弘文堂、2021年、247-248、528、550。
防衛実務者に向けた大部かつ高度な国際法教本であり、対衛星攻撃や宇宙武力紛争を規律する現行国際法の解説が含まれている。

10章

10-1

目加田説子『行動する市民が世界を変えた クラスター爆弾禁止運動とグローバルNGOパワー』毎日新聞社、2009年。
クラスター弾条約（CCM）の成立まで市民社会、国際NGO、及び金融セクターの働きなどについて描いている。
榎本珠良編著『禁忌の兵器―パーリア・ウェポンの系譜学』日本経済評論社、2020年。
各時代の国際的な政策論議において他の兵器と比して特段に憎悪すべき存在、忌避される兵器をパーリア・ウェポンと位置づけながら、ダムダム弾、地雷、クラスター弾や大量破壊兵器等をめぐる言説や概念や認識、政策がいかに展開したのか叙述、検討した学際的研究の成果である。特定兵器をタブー視する発想や既知の概念を所与のものとはせず、いかに構築されたものであるのかを問う試みでもある。

10-2

J. アン・ティックナー（進藤榮一訳）『国際関係論とジェンダー―安全保障へのフェミニズムの見方』岩波書店、2005年。
力強さ、権力、自立、合理性といったものは男性性に典型的に備わっている特質であるとの見方が国際政治や安全保障の議論や政策の前提とされてきたことを論じる。
サンドラ・ウィットワース『国際ジェンダー関係論―批判論的政治経済学に向けて』

藤原書店、2000年。

古典的リアリズムやネオリアリズム等の国際関係論とジェンダーの関係に関する理論的な考察と、国際家族計画連盟（IPPF）と国際労働機関（ILO）に関する事例研究からなる。

軽部恵子「国連レジームとジェンダー：グローバル・ガバナンスの可能性」、2007年3月、桃山学院大学総合研究所『桃山法学』第9号、27-52。

ジェンダーに関する国連レジームの形成の背景、経緯とジェンダーに関する国際レジームとグローバル・ガバナンスの可能性について論じる。

Tiffany D Barnes, Diana Z O'Brien, "Defending the realm: The appointment of female defense ministers worldwide," *Journal American Journal of Political Science*, Vol.62, Issue 2: 355-368.

防衛閣僚に女性が阻害されている現状と、女性が任命されている場合の条件や環境について論じている。

International Gender Champions, Disarmament Impact Group, Gender & Disarmament Resource Pack for multilateral practitioners Revised March 2021 May 2022.

これまでジェンダーの観点がどのように軍縮、軍備管理、大量破壊兵器の不拡散の分野において適用されてきたかを明らかにし、よりジェンダー包摂的な多国間会議の実現に向けたガイドラインを示している。

10-3

目加田説子『地球市民社会の最前線―NGO・NPOへの招待』岩波書店、2004年。

対人地雷禁止条約を実現させた国際NGOなど、国際社会でますます活躍の場を広げるNGOネットワークの活動実態を紹介。

Matthew Breay Bolton, Sarah Njeri and Taylor Benjamin-Britton, eds., *Global Activism and Humanitarian Disarmament*, Palgrave Macmillan Cham, 2020.

対人地雷禁止条約、クラスター弾禁止条約、核兵器禁止条約などを実現に導いた、軍縮を人道的側面から進めようとする新たなアプローチについて詳しく解説。

10-4

United Nations Office for Disarmament Affairs (UNODA), *Celebrating 15 years of Disarmament and Non-proliferation Education*（『軍縮・不拡散教育の15年を記念して』）, United Nations Office for Disarmament Affairs (UNODA) Occasional Papers No.31, December 2017.

2002年の国連総会で、「軍縮および不拡散教育に関する国連事務総長の報告書」が採択されて15年の節目を記念して出版されたオケージョナルペーパー。世界各地のこの分野の専門家による、軍縮・不拡散教育のための新たな視点、考察、発展などの論文の集約。

United Nations Office for Disarmament Affairs. Disarmament Education Dashboard.

国連軍縮部における軍縮教育ダッシュボード。軍縮・不拡散教育の資料を集めたウェブサイトで、オンラインの軍縮、不拡散、開発に関するインターラクティブなトレイニングコースを集めたオンラインポータル。閲覧には登録が必要。

土岐雅子「軍縮・不拡散教育の役割と課題」黒澤満編『大量破壊兵器の軍縮論』信山社、2004年、377-397。

2002年の「軍縮・不拡散教育に関する報告書」の採択を受け、これまでの軍縮不拡散教育の歴史を振り返り、現状、今後の課題を提示した論文。

土岐雅子「市民社会とNPT」秋山信将編「NPT：核のグローバル・ガバナンス」岩波書店、2015年、195-225。

多様な市民社会が核軍縮、NPTの促進にどのように貢献してきたか、また、軍縮・不拡散教育における市民社会の役割の重要性などを解説した論文。

10-5

広島市・長崎市原爆災害誌編集委員会『広島・長崎の原爆災害』岩波書店、1979年。

広島・長崎における原爆の被害を、国内の物理学、医学、社会科学の研究者らが多角的に検証した調査報告書。1979年発行でデータはやや古いが、今日でも被爆の実相を最も包括的に整理・分析した基本的資料として評価は高い。

丸浜江里子『原水禁署名運動の誕生－東京・杉並の住民パワーと水脈』凱風社、2011年。

1954年のビキニ水爆被災事件をきっかけに始まり、戦後日本の反核運動の原型とされる原水禁運動を、元中学校教員の著者が、その発端とされる東京・杉並の住民運動から検証してまとめた博士論文をもとに出版した。

水本和実「 論点 11 核軍縮：被爆地の訴えは核軍縮を促進したか 」日本平和学会編『平和をめぐる 14 の論点 平和研究が問い続けること 』法律文化社、2018 年、199 218 。

広島・長崎の歴代の平和宣言に盛り込まれた多様な訴えを整理し、その時々の核をめぐる国際情勢を比較することで、被爆地からの訴えが核軍縮を促進したかどうかを検証した論文。

10-6

António Guterres, United Nations Secretary-General, Securing Our Common Future: An Agenda for Disarmament, New York: Office for Disarmament Affairs, 2018.

通常兵器と大量破壊兵器（核兵器、生物兵器、化学兵器）の軍縮の進捗と諸課題を報告し、国連事務総長として取るべき行動を明らかにしている。また、サイバー空間や宇宙空間における紛争エスカレーションの防止や、ジェンダーの観点や新興技術の影響といった新たな要素の考慮を求め、地域の枠組みの活用、軍縮のための多国間の対話、交渉の枠組みの再強化等を呼び掛けている。

【資料2】図　表

軍縮関連年表

軍縮関連事項		世界の主な動き	
1925.6.17	ジュネーブ議定書署名（28年発効）		
1945.7.16	米国が最初の核実験実施	1945.8	広島、長崎に原爆投下
		10	国際連合が成立
194.12.14	国連総会、軍縮大憲章採択		
		1947.3	トルーマン・ドクトリン発表
		10	第1次印パ戦争勃発
		1948.5	第1次中東戦争勃発
1949.8.26	ソ連が最初の核実験実施	1949.4	北大西洋条約機構（NATO）成立
1949.12.8	ジュネーブ諸条約採択（50年発効）	1950.6	朝鮮戦争勃発
1952.10.3	英国が最初の核実験実施		
11	米国が世界初の水爆実験実施		
1953.12	アイゼンハワー米大統領、「Atoms for Peace（平和のための原子力）」演説	1953.7	朝鮮戦争休戦
1954.3.1	第五福龍丸被曝		
		1955.5	ワルシャワ条約機構成立
		1956.10	第2次中東戦争勃発
1957.7.29	IAEA（国際原子力機関）憲章発効		
1959.12.1	南極条約署名（60年発効）		
1960.2.13	フランスが最初の核実験実施	1960.6	日米安保条約発効
		1962.10	キューバ危機
1963.8.5	部分的核実験禁止条約（PTBT）署名（同年発効）		
1964.10.16	中国が最初の核実験実施	1964.3	第1回国連貿易開発会議開催
		1965.9	第2次印パ戦争勃発
1967.1.27	宇宙条約署名（同年発効）	1967.4	日本、武器輸出三原則を表明
2.14	ラテンアメリカ核兵器禁止条約（トラテロルコ条約）署名（68年発効）	6	第3次中東戦争勃発
		8	ASEAN（東南アジア諸国連合）結成
1968.2.5	日本、非核三原則を表明	1968.8	ソ連、チェコスロバキアに軍事介入

軍縮関連事項		世界の主な動き	
7.1	核不拡散条約（NPT）署名（70年発効）		
1971.2.11	海底核兵器禁止条約署名（72年発効）	1971.3	第3次印パ戦争勃発
1972.4.10	生物兵器禁止条約（BWC）署名（75年発効）	1972.6	国連人間環境会議
5.26	対弾道ミサイル（ABM）条約署名（同年発効）	9	日中国交正常化
5.26	5.26 戦略攻撃兵器制限（SALT Ⅰ）暫定協定署名（同年発効）		
		1973.1	ベトナム平和協定署名
		10	第4次中東戦争勃発
1974.5.18	インドが地下核実験実施		
		1975.7	欧州安保協力会議（CSCE）開催
1976.5.28	米ソ平和目的地下核爆発条約署名（90年発効）	1976.9	宇宙物体登録条約発効
1977.6.8	ジュネーブ諸条約第1追加議定書・第2追加議定書採択（78年発効）		
1977.9.21	原子力供給国グループ（NSG）設立、ロンドン・ガイドラインパート1採択		
1978.6.30	第1回国連軍縮特別総会、最終文書採択	1978.10	環境改変技術禁止条約発効
1979.6.18	米ソ、戦略攻撃兵器制限（SALTII）条約署名（未発効）	1979.2	イラン革命
12.5	月協定署名（84年発効）	12	ソ連、アフガニスタン侵攻
1980.3.3	核物質防護条約署名（87年発効）	1980.9	イラン・イラク戦争勃発
1980.10.10	特定通常兵器使用禁止制限条約（CCW）採択（83年発効）	1981.6	イスラエル、イラクのオシラク原発を空爆
		1983.3	レーガン米国大統領が戦略防衛構想（SDI）を発表
1985.6	オーストラリア・グループ設立		
8.6	南太平洋非核地帯条約（ラロトンガ条約）署名（86年発効）		
		1986.4	チェルノブイリ原発事故
1987.4	ミサイル技術管理レジーム（MTCR）設立		
12.8	中距離核戦力（INF）条約署名（88年発効）		
		1989.6	天安門事件

軍縮関連事項		世界の主な動き	
		11	ベルリンの壁崩壊
		12	米ソ首脳会議（マルタ）
1990.6.1	米ソ化学兵器削減協定署名（未発効）	1990.8	イラク、クウェート侵攻
11.19	欧州通常戦力（CFE）条約署名（92 年発効）	10	東西ドイツ統一
1991.7.31	米ソ、第 1 次戦略攻撃兵器削減条約（START I）署名（94 年発効）	1991.1	多国籍軍、イラクへの攻撃開始
11	米国、ソ連核脅威削減法成立	4	イラク、国連安保理決議 687 受諾
12.9	国連軍備登録制度設立	7	ワルシャワ条約機構解体
12.31	南・北朝鮮、朝鮮半島非核化共同宣言仮署名（92 年発効）	12	ソ連崩壊
1992.3.24	オープン・スカイズ条約署名（2002 年発効）	1992.6	国連環境開発地球サミット開催
4.19	NSG、ロンドン・ガイドラインパート 2 採択	7	ユーゴスラビア崩壊、内戦へ
		12	国連、ソマリアに多国籍軍派遣
1993.1.3	米露第 2 次戦略兵器削減条約（START Ⅱ）署名（未発効）	1993.5	米国のクリントン政権が SDI を終焉させ、弾道ミサイル防衛（BMD）計画を発表
1.13	化学兵器禁止条約（CWC）署名（97 年発効）	9	米国『ボトムアップ・レビュー』発表
1994.1.25	軍縮会議で包括的核実験禁止条約（CTBT）交渉開始	1994.1	NATO、平和のためのパートナーシップ構想採択
3	共産圏輸出統制委員会（COCOM）解消	7	第 1 回 ASEAN 地域フォーラム開催
10.21	米朝枠組み合意		
1995.4.11	非核兵器国の安全保証に関する国連安保理決議 984 を採択	1995.1	世界貿易機関（WTO）発足
5.11	NPT 無期限延長を決定	3	地下鉄サリン事件発生
12.15	東南アジア非核兵器地帯条約（バンコク条約）署名（97 年発効）	11	ラビン・イスラエル首相暗殺
		11	デイトン合意成立
1996.4.11	アフリカ非核兵器地帯条約（ペリンダバ条約）署名（2009 年発効）	1996.4	原子力安全モスクワ・サミット開催
7.8	核兵器の威嚇または使用の合法性に関する ICJ 勧告的意見	4	中露戦略的パートナーシップに関する共同声明採択
7.12	ワッセナー・アレンジメント設立		

軍縮関連事項		世界の主な動き	
9.24	包括的核実験禁止条約（CTBT）採択（未発効）		
1997.3.21	米露、START Ⅲの枠組みに合意	1997.5	NATO －ロシア相互関係に関する基本文書採択
5.14	IAEA モデル追加議定書採択	7	香港、中国へ返還
9.18	対人地雷禁止条約採択（99 年発効）		
9.26	START Ⅱ条約議定書署名		
1998.4.6	英・仏、核兵器国で初めて CTBT 批准	1998.12	米国、イラク空爆
5.11・13	インドが地下核実験を実施		
5.28・30	パキスタンが地下核実験を実施		
7	英国が国防戦略見直しを行ない核弾頭を削減		
8.31	北朝鮮が弾道ミサイル（テポドン）実験を実施		
1999.11	CFE 適合条約合意（未発効）		
2000.4-5	NPT 再検討会議開催	2000.6	南北朝鮮首脳会談開催
		10	米朝協議開催　オルブライト国務長官訪朝
2001.1	米国防省、『拡散—脅威と対応』報告書発表	2001.2	米国、イラク空爆
7	小型武器非合法取引防止のための行動計画の採択	2001.9.11	米国同時多発テロ事件
8	第 1 回国連ミサイル専門家パネル開催	10	対アフガニスタン武力行使
12	BWC 検証議定書交渉中断		
12	米国、ABM 条約脱退通告		
2002.5	米露、戦略攻撃力削減条約（モスクワ条約）署名（同年発効）	2002.6	ロシア、START Ⅱを放棄する声明発表
6	米国の正式脱退により ABM 条約失効	9	日朝平壌宣言採択
6.27	カナナスキス・サミットで「G8 グローバル・パートナーシップ」発表	12	米国の G.W. ブッシュ政権が本土防衛用のミサイル配備を決定
11	弾道ミサイルの拡散に立ち向かうためのハーグ行動規範（HCOC）採択		
2003.1.10	北朝鮮、NPT 脱退を宣言	2003.3	米・英、対イラク軍事作戦開始
4	北朝鮮外務省、核兵器保有を示唆	4	イラク・フセイン政権崩壊

軍縮関連事項		世界の主な動き	
5.31	拡散に対する安全保障構想（PSI）発表	11	爆発性戦争残存物に関する議定書採択
6	エビアンサミットで「G8 グローバル・パートナーシップ行動計画」採択	11	米、スプラット・ファース条項廃止
8.27-29	北朝鮮六者会合開始	12	KEDO が軽水炉プロジェクトを停止
9	PSI 阻止原則宣言の発表	12	日本の小泉政権が、弾道ミサイル防衛システムの配備を決定
11	第 1 回アジア不拡散協議開催		
12.19	リビア、大量破壊兵器開発計画放棄宣言		
2004.4.28	国連安保理決議 1540 採択	2004.1	イラン・エジプト国交回復
6	シーアイランド・サミットで「不拡散に関する G8 行動計画」採択		
7.15	国連小型武器トレーシング OEWG 第 1 回実質会合開催		
11.26	EU3（英仏独）、イランによる濃縮関連活動の停止を含む合意（パリ合意）		
2005.5	NPT 再検討会議開催	2005.2	京都議定書発効
9.14	核テロ防止条約署名（2007 年発効）	6	アフマディネジャド、イラン大統領に就任
9.24	IAEA 理事会、イランによる保障措置協定違反の認定	12	第 1 回東アジアサミット開催
2006.2	IAEA 理事会、イランによる保障措置協定違反を安保理に報告 米国、国際原子力エネルギー・パートナーシップ（GNEP）構想を提唱	2006.7	イスラエル、レバノンを空爆
7	G8 サンクトペテルブルクサミットで「不拡散に関する声明」採択、「核テロリズムに対抗するためのグローバル・イニシアチブ」提唱	12	サダム・フセイン元イラク大統領への死刑執行
7.31	国連安保理決議 1696 採択（イランの核開発）		
9.8	中央アジア非核兵器地帯条約署名（2009 年発効）		
10.9	北朝鮮、最初の地下核実験実施を発表		
10.14	国連安保理決議 1718 採択（北朝鮮の核実験）		
12.13	国連安保理決議1737採択（イラン制裁）		

	軍縮関連事項		世界の主な動き
12	ロシア、CFE条約履行停止		
		2007.5	米国・イラン公式協議
		5	ロシア、北朝鮮へのぜいたく品の禁輸を発表
		9	イスラエル、核施設の存在が疑われるシリアのデイル・エッゾールを空爆
		12	リスボン条約（欧州連合条約及び欧州共同体設立条約を修正する条約）調印
2008.5.30	クラスター弾条約採択（2010年発効）	2008.8	ロシア、グルジアに侵攻
7.8	G8洞爺湖サミット首脳宣言、原子力平和利用の原則としての3S（safeguards, safety, security）表明	11	米国、北朝鮮のテロ支援国家指定を解除
9.6	NSG「インドとの民生原子力協力に関する声明」合意		
12.18	米印原子力協定発効		
2009.4.5	オバマ米国大統領のプラハ演説	2009.2	イラン、国産ロケットによる衛星打ち上げに成功
6	国連安保理決議1874採択（北朝鮮の核、ミサイル実験）		
12	日豪、核不拡散・核軍縮に関する国際委員会（ICNND）報告書提出		
2010.4.6	米国オバマ政権、核態勢見直し（NPR）発表、核兵器の役割低減に言及	2010.3	韓国哨戒船、天安沈没事件
4.8	新START条約署名（2011年発効）	8	イラク駐留アメリカ軍が撤退
4.12-13	第1回核セキュリティサミット開催	11	NATOとロシアがミサイル防衛協力を実施することで合意
5.3-28	NPT再検討会議開催	11	延坪島砲撃事件
11	米国、CFE条約対ロシア履行停止		
		2011.1	チュニジア、ジャスミン革命が発生
		2	リビア内戦開始
		3	東日本大震災、福島第一原発事故発生
		5	ウサマ・ビンラディン殺害
		10	リビア、カダフィ大佐殺害
		12	北朝鮮、金正日総書記死去
2012.2.29	米朝合意（4月に北朝鮮が破棄を表明）	2012.4.13	北朝鮮、憲法に核保有国を明示
3.26-27	第2回核セキュリティサミット開催		

軍縮関連事項		世界の主な動き	
5	ソウル核セキュリティ・サミット開催		
7	武器貿易条約（ATT）国連会議開催		
2013.4.2	武器貿易条約（ATT）採択	2013.8	シリア内戦で化学兵器が使用される
2014.7	米国務省、ロシアのINF条約違反を公式に指摘	2014.3	ロシア、クリミア併合を宣言
12	核軍縮検証のための国際パートナーシップ（IPNDV）開始		
12	武器貿易条約（ATT）発効		
2015.7	イラン核問題に関する包括的共同行動計画（JCPOA）採択		
2016.3	国連安全保障理事会、北朝鮮核実験と長距離弾頭ミサイル発射実験に対する制裁決議2270採択	2016.1	北朝鮮、水素爆弾実験成功を発表
5	改正核物質防護条約発効	2	北朝鮮、長距離弾道ミサイル、中距離ミサイル「ムスダン」、潜水艦発射弾道ミサイル（SLBM）発射実験
		5	オバマ米大統領の広島訪問
2017.7.7	核兵器禁止条約（TPNW）採択	2017.11	北朝鮮ICBM「火星15」発射
7	日印原子力協定発効		
2018.5	米、JCPOA離脱	2018.6	米朝首脳会談
2019.8.2	INF条約失効	2019.2	米朝首脳会談
		2020.1	世界保健機関（WHO）が新型コロナウイルスについて「国際的に懸念される公衆衛生上の緊急事態（PHEIC）」を宣言
		1	英国、欧州連合（EU）より正式離脱
		3	テドロス・アダノムWHO事務局長が新型コロナウイルスの感染状況についてパンデミック相当との認識を表明
2021.1.22	核兵器禁止条約（TPNW）発効		
2.3	新STARTの5年間期限延長		
		2022.2	ロシア、ウクライナ侵攻
2023.5	広島でG7サミット会議開催、核軍縮に関する「広島ビジョン」発表。	2023.10	ロシア、CTBT批准撤回

軍縮関連条約一覧

(1) 多国間条約

2024年10月現在

条約名	Parties	Signatories	updated	備考
南極条約	57	12	8-Oct-24	2024年サウジアラビア加盟
部分的核実験禁止条約(PTBT)	125	104	8-Oct-24	
宇宙条約	115	89	8-Oct-24	2024年コロンビア批准
ラテンアメリカ核兵器禁止条約	33	33	8-Oct-24	
核兵器不拡散条約	191	93	8-Oct-24	
海底核兵器禁止条約	94	84	8-Oct-24	
生物兵器禁止条約	187	109	8-Oct-24	2024年ミクロネシア、ツバル加盟
特定通常兵器使用禁止制限条約	128	50	8-Oct-24	2024年トリニダード・トバゴ加盟 2024年イギリスが付属議定書5を採択
南太平洋非核地帯条約	13	13	8-Oct-24	
欧州通常戦力(CFE)条約	29	28	8-Oct-24	
欧州通常戦力(CFE)-1A議定書	29	-	8-Oct-24	
化学兵器禁止条約	193	165	8-Oct-24	
東南アジア非核兵器地帯条約	10	10	8-Oct-24	
アフリカ非核兵器地帯条約	43	51	8-Oct-24	
包括的核実験禁止条約(CTBT)	178	187	8-Oct-24	2024年パプアニューギニア批准
対人地雷禁止条約	164	133	8-Oct-24	
欧州通常戦力(CFE)条約適合合意	3	30	8-Oct-24	
銃器議定書	123	52	8-Oct-24	
中央アジア非核兵器地帯条約	5	5	8-Oct-24	
クラスター弾条約	112	108	8-Oct-24	2025年をめどにリトアニアが脱退
武器貿易条約	115	130	8-Oct-24	2024年ガンビア加盟、マラウイ批准
核兵器禁止条約	73	94	8-Oct-24	2024年インドネシア、シエラレオネ、ソロモン諸島、サントメプリンシペ批准

参照：UN Office for Disarmament Affairs Treaties Database

(2) 米ソ（露）二国間条約　2010 年～

2022 年 7 月 22 日現在

条約名	署名	発効	当事国数
弾道弾迎撃ミサイル条約（ABM 条約）	1972.5.26	1972.10.3 失効 2002.6.13	
戦略攻撃兵器制限暫定協定（SALT Ⅰ）	1972.5.26	1972.10.3 失効 1977.10.3	
ABM 条約議定書	1974.7.3	1976.5.24 失効 2002.6.13	
地下核実験制限条約	1976.5.28	1990.12.10	
平和目的核爆発条約	1976.5.28	1990.12.10	
戦略攻撃兵器制限条約（SALT Ⅱ）	1979.6.18	未発効	
中距離核戦力（INF）条約	1987.12.8	1987.12.8 失効 2019.8.2	
第一次戦略兵器削減条約（START Ⅰ）	1991.7.31	1994.12.5 失効 2009.12.5	
START Ⅰ 条約議定書	1992.5.23	1992.12.5 失効 2009.12.5	5
第 2 次戦略兵器削減条約（START Ⅱ）	1993.1.3	未発効	
START Ⅱ条約議定書	1997.9.26	未発効	
戦略攻撃兵器削減条約（SORT 条約、モスクワ条約）	2002.5.4	2003.6.1 失効 2011.2.5	
新戦略兵器削減条約（新 START）	2010.4.8	2011.2.5 延長 2026.2.4	

(3) 主要な国際合意・基準文書

a. グローバル・レベル

合意年月	合意枠組み	合意名
1978 年		原子力供給国グループ（NSG）ガイドライン（パートⅠ）

1985年	オーストラリア・グループ（AG）	
1991年	国連安保理常任理事国	通常兵器移転ガイドライン
1992年		原子力供給国グループ（NSG）ガイドライン（パートⅡ）
1994年		ブダペスト覚書
2001年	国連	小型武器・軽兵器の非合法取引の防止、除去、撲滅に向けた小型武器行動計画（PoA）
2002年		弾道ミサイルの拡散に立ち向かうためのハーグ行動規範（HCOC）
2002年	ワッセナー・アレンジメント	小型武器・軽兵器の輸出に関するベスト・プラクティス・ガイドライン
2005年	国連	諸国が非合法な小型武器・軽兵器を迅速かつ信頼できる方法で特定し追跡することを可能にするための国際文書（トレーシング国際文書、ITI）

b. 地域レベル

合意年月	合意枠組み	合意名
1993年	OSCE	通常兵器の移転に関する原則
1997年	EU	通常兵器非合法取引の防止及び対処のための欧州連合計画
1997年	OAS	銃器、弾薬、爆発物および他の関連物資の非合法な製造及び取引の防止に関する米州条約
1998年	EU	武器輸出に関する欧州連合行動規範
1998年	ECOWAS	西アフリカにおける軽兵器の輸入、輸出および製造に関するモラトリアム宣言
2000年	大湖地域およびアフリカの角地域諸国	大湖地域およびアフリカの角地域諸国における非合法な小型武器・軽兵器の拡散問題に関するナイロビ宣言
2000年	OSCE	小型武器・軽兵器に関するOSCE文書
2000年	OAU	小型武器・軽兵器の非合法な拡散、流通および取引に関するアフリカ共通の立場についてのバマコ宣言
2002年	アラブ連盟	武器、弾薬、爆発物、危険物に関するアラブモデル法
2003年	アンデス共同体	あらゆる側面における小型武器および軽兵器の不正取引の防止、対抗および撲滅のためのアンデス計画
2005年	SICA	武器、弾薬、爆発物および他の関連物資の移転に関する中央アメリカ諸国行動規範
2008年	EU	軍用技術と装備の輸出規制に関する共通規則を定める2008年12月8日欧州連合理事会の共通の立場2008/944/CFSP
2013年	NATOサイバー防衛研究センター	タリン・マニュアル

索　引

さ行

た行

な行

は行

ま行

や行

ら行

わ行

執筆者一覧

秋山信将（あきやま・のぶまさ）（序章）
一橋大学大学院法学研究科　教授。

戸﨑洋史（とさき・ひろふみ）（第 1 章）
広島大学平和センター　准教授。

直井洋介（なおい・ようすけ）（第 1 章クローズアップ①）
内閣府原子力委員会委員。

西田　充（にしだ・みちる）（第 2 章第 1 節、第 2 章第 3 節）
長崎大学多文化社会学部　教授。

向　和歌奈（むかい・わかな）（第 2 章第 2 節、第 2 章第 7 節）
亜細亜大学国際関係学部　准教授。

樋川和子（ひかわ・かずこ）（第 2 章第 4 節、第 2 章第 5 節）
長崎大学核兵器廃絶研究センター　教授。

宮本直樹（みやもと・なおき）（第 2 章第 6 節）
原子力規制庁職員。

新宮清香（しんぐう・さやか）（第 2 章クローズアップ②）
外務省軍縮不拡散・科学部不拡散・科学原子力課　主査。

岡田美保（おかだ・みほ）（第 3 章第 1 節、第 3 章第 5 節）
防衛大学校総合教育学群　教授。

一政祐行（いちまさ・すけゆき）（第 3 章第 2 節、第 3 章クローズアップ③）
防衛研究所政策研究部サイバー安全保障研究室長。

礒　章子（いそ・しょうこ）（第 3 章第 3 節）
公益財団法人核物質管理センター情報管理部長。

川崎　哲（かわさき・あきら）（第 3 章第 4 節）
ピースボート共同代表。核兵器廃絶国際キャンペーン（ICAN）国際運営委員。

友次晋介（ともつぐ・しんすけ）（第 4 章第 1 節、第 4 章第 6 節、第 10 章第 1 節、第 10 章第 2 節、第 10 章第 6 節、第 10 章クローズアップ⑩）
大阪経済大学国際共創学部　准教授。

中村桂子（なかむら・けいこ）（第 4 章第 2 節）
長崎大学核兵器廃絶研究センター　准教授。

倉田秀也（くらた・ひでや）（第 4 章第 3 節）
防衛大学校人文社会科学群　教授。

栗田真広（くりた・まさひろ）（第 4 章第 4 節）
防衛研究所政策シミュレーション室主任研究官。

堀部純子（ほりべ・じゅんこ）（第 4 章第 5 節）
名古屋外国語大学世界共生学部　准教授。

合六　強（ごうろく・つよし）（第 4 章クローズアップ④）
二松学舎大学国際政治経済学部　准教授。

浅田正彦（あさだ・まさひこ）（第 5 章、第 5 章クローズアップ⑤）
同志社大学法学部教授、国連国際法委員会委員。

田中極子（たなか・きわこ）（第 6 章第 1 節、第 6 章第 4 節、第 6 章第 5 節、第 6 章クローズアップ⑥、第 7 章第 1 節、第 7 章第 4 節、第 7 章第 6 節）
東洋英和女学院大学国際社会学部　准教授。

阿部達也（あべ・たつや）（第 6 章第 2 節）
青山学院大学国際政治経済学部　教授。

天野修司（あまの・しゅうじ）（第 6 章第 3 節）
日本医療科学大学保健医療学部　教授。

宮坂直史（みやさか・なおふみ）（第 7 章第 2 節）
防衛大学校国際関係学科　教授。

小野純子（おの・すみこ）（第 7 章第 3 節）
外務省不拡散・科学原子力課　輸出管理交渉官。

小田川肇（おだがわ・はじめ）（第 7 章第 5 節）
外務省不拡散・科学原子力課　課長補佐。

髙山嘉顕（たかやま・よしあき）（第 7 章クローズアップ⑦）
日本国際問題研究所軍縮・科学技術センター研究員。

榎本珠良（えのもと・たまら）（第 8 章第 1 節、第 8 章第 4 節、第 8 章第 5 節、第 8 章第 6 節、第 8 章クローズアップ⑧、第 9 章第 1 節、第 9 章第 7 節、第 9 章クローズアップ⑨）
明治学院大学国際学部国際学科 准教授。

福田　毅（ふくだ・たけし）（第 8 章第 2 節）
国立国会図書館調査員、拓殖大学国際協力学研究科非常勤講師。

小山淑子（こやま・しゅくこ）（第 8 章第 3 節）
早稲田大学社会科学総合学術院 社会科学部　准教授。

森山　隆（もりやま・たかし）（第 9 章第 2 節、第 9 章第 3 節）
「武器と市民社会」研究会共同代表、公明新聞論説部記者。

齊藤孝祐（さいとう・こうすけ）（第 9 章第 3 節）
上智大学 総合グローバル学部総合グローバル学科　教授。

佐藤丙午（さとう・へいご）（第 9 章第 3 節）
拓殖大学国際学部　教授。

寺林裕介（てらばやし・ゆうすけ）（第 9 章第 4 節、第 9 章第 5 節）
参議院事務局・外交防衛委員会調査室。

青木節子（あおき・せつこ）（第 9 章第 6 節）
慶應義塾大学法務研究科　教授。

中村桂子（なかむら・けいこ）（第 10 章第 3 節）
長崎大学核兵器廃絶研究センター　准教授。

土岐雅子（とき・まさこ）（第 10 章第 4 節）
米国ミドルベリー国際大学院モントレー校、ジェームズ・マーティン不拡散研究所、シニアプロジェクトマネージャー兼リサーチアソシエイト。

水本和実（みずもと・かずみ）（第 10 章第 5 節）
広島市立大学　名誉教授。

編集委員会

軍縮問題入門〔第5版〕

2025年2月10日　初　版第1刷発行　〔検印省略〕
定価はカバーに表示してあります。

編者©日本軍縮学会／発行者 下田勝司　印刷・製本／中央精版印刷

東京都文京区向丘1-20-6　郵便振替 00110-6-37828
〒113-0023　TEL (03) 3818-5521　FAX (03) 3818-5514
発行所 株式会社 東信堂
Published by TOSHINDO PUBLISHING CO., LTD.
1-20-6, Mukougaoka, Bunkyo-ku, Tokyo, 113-0023, Japan
E-mail : tk203444@fsinet.or.jp http://www.toshindo-pub.com

ISBN978-4-7989-1933-1 C3031

東信堂

ベーシック条約集〔二〇二四年版〕	編集代表 浅田正彦	二七〇〇円
ハンディ条約集〔第2版〕	編集代表 浅田正彦	一六〇〇円
国際法〔第5版〕	浅田正彦編著	三〇〇〇円
国際環境条約・資料集	編集 松井・富岡・田中・薬師寺・坂元・高村・西村	八六〇〇円
国際人権条約・宣言集〔第3版〕	編集 松井・薬師寺・坂元・小畑・徳川	三八〇〇円
国際機構条約・資料集〔第2版〕	編集代表 香西茂 / 安藤仁介	三二〇〇円
判例国際法〔第3版〕	編集代表 薬師寺・坂元・浅田・酒井	三九〇〇円
国際法新講〔上〕〔下〕	田畑茂二郎	〔上〕二九〇〇円 〔下〕二七〇〇円
ウクライナ戦争をめぐる国際法と国際政治経済	浅田正彦・玉田大 編著	二六〇〇円
【坂元茂樹・薬師寺公夫両先生古稀記念論集】現代国際法の潮流Ⅰ・Ⅱ	編集 浅田・桐山・徳川・西村・樋口	各八四〇〇円
21世紀の国際法と海洋法の課題	編集 松井・富岡・坂元・薬師寺・桐山・西村	七八〇〇円
国際海洋法の現代的形成	田中則夫	六八〇〇円
在外邦人の保護・救出―朝鮮半島と台湾海峡有事への対応	武田康裕編著	四二〇〇円
条約法の理論と実際〔第2版〕	坂元茂樹	七〇〇〇円
国際法で読み解く外交問題	坂元茂樹	二八〇〇円
国際海峡	坂元茂樹編著	四六〇〇円
グローバル化する世界と法の課題	編集 松井芳郎・木棚照一・薬師寺公夫・山形英郎	八二〇〇円
現代国際法の思想と構造Ⅰ―歴史、国家、機構、条約、人権	編集 松田竹男・田中則夫・薬師寺公夫・坂元茂樹	六二〇〇円
現代国際法の思想と構造Ⅱ―環境、海洋、刑事、紛争、展望	編集 松田竹男・田中則夫・薬師寺公夫・坂元茂樹	六八〇〇円
日中戦後賠償と国際法	浅田正彦	五二〇〇円
軍縮問題入門〔第5版〕	日本軍縮学会編	二七〇〇円
大量破壊兵器と国際法	阿部達也	五七〇〇円
サイバーセキュリティと国際法の基本―国連における議論を中心に	赤堀毅	二〇〇〇円

国際法・外交ブックレット

書名	著者	価格
為替操作、政府系ファンド、途上国債務と国際法	中谷和弘	一〇〇〇円
イランの核問題と国際法	浅田正彦	一〇〇〇円
もう一つの国際仲裁	中谷和弘	一〇〇〇円
化学兵器の使用と国際法―シリアをめぐって―	浅田正彦	一〇〇〇円
国際刑事裁判所―国際犯罪を裁く―	尾﨑久仁子	一〇〇〇円
気候変動問題と国際法	西村智朗	一〇〇〇円

※定価：表示価格（本体）＋税

〒113-0023　東京都文京区向丘 1-20-6　TEL 03-3818-5521　FAX03-3818-5514
Email tk203444@fsinet.or.jp　URL:http://www.toshindo-pub.com/